文渊 管理学系列

运筹学

Operations Research

马超群　主编

江资斌　兰秋军　周忠宝　任奕帅
何文　米先华　钟斐敏　　参编

机械工业出版社
CHINA MACHINE PRESS

运筹学是一门定量研究如何有效地组织和管理各种资源的学科，是现代管理科学的基础，旨在培养学生科学管理的思维和系统优化的思想。本书着重在培养读者的建模技巧和实践操作能力的基础上，激发读者对理论知识自觉探索的兴趣。全书写作基本按照"基本概念介绍→应用建模举例→计算机操作实践→实际应用案例"的思路，由浅入深，先易后难。通过本书的学习，读者既能掌握一些必要的理论知识，又能获得实际应用的一些体会。本书的操作实践部分主要介绍采用 Excel 2019 以及编者自主开发的 OR for Windows 软件求解运筹学模型。

本书可作为经济管理等专业本科生的教材，也可作为相关专业研究生、工程技术人员和企业管理人员的参考书。

图书在版编目（CIP）数据

运筹学 / 马超群主编 . -- 北京：机械工业出版社，2025.6. -- （文渊·管理学系列）. -- ISBN 978-7-111-78728-0

I. O22

中国国家版本馆 CIP 数据核字第 2025Q5E084 号

机械工业出版社（北京市百万庄大街 22 号　邮政编码 100037）
策划编辑：张有利　　　　　　　　　责任编辑：张有利
责任校对：甘慧彤　王小童　景　飞　责任印制：单爱军
北京瑞禾彩色印刷有限公司印刷
2025 年 9 月第 1 版第 1 次印刷
185mm×260mm · 17 印张 · 2 插页 · 385 千字
标准书号：ISBN 978-7-111-78728-0
定价：59.00 元

电话服务　　　　　　　　　网络服务
客服电话：010-88361066　　机　工　官　网：www.cmpbook.com
　　　　　010-88379833　　机　工　官　博：weibo.com/cmp1952
　　　　　010-68326294　　金　书　网：www.golden-book.com
封底无防伪标均为盗版　　　机工教育服务网：www.cmpedu.com

文渊 管理学系列

"师道文宗 笔墨渊海"

文渊阁 位于故宫东华门内文华殿后,是故宫中贮藏图书的地方,中国古代最大的文化工程《四库全书》曾经藏在这里,阁内悬有乾隆御书"汇流澄鉴"四字匾。

文渊 管理学系列

作者简介

马超群 博士、教授、博士生导师、国家级高层次人才人选、国家杰出青年科学基金获得者、教育部创新团队带头人、享受国务院政府特殊津贴专家；研究领域是运筹学，数字金融与数字监管，数据要素与数据资产。现任湖南大学"数字社会与区块链"研究院院长、教育部"高性能分布式账本与数字金融"重点实验室主任；兼任全国工商管理硕士专业学位研究生教育指导委员会委员、湖南省工商管理学会理事长、湖南省物联网行业协会会长、湖南省区块链协会名誉会长。

前言

组织的任何资源都是有限的，人类管理活动的目的就是在有限的资源约束下，尽可能地提高经济和社会系统的效率。运筹学是一门定量研究如何有效地组织和管理各种资源的学科，是现代管理科学的基础，目前已广泛应用于金融投资、财务会计、人力资源管理、市场营销、物流管理、工程项目管理、生产计划等经济与管理领域。它遵循提出问题、分析建模、求解和方案实施等一整套科学严密的方法，并始终贯穿着系统优化的思想，这使它在培养和提高管理人才的素质上发挥着重要作用。

我国高校很多专业，特别是经济管理类专业普遍以专业基础课的形式开设了管理运筹学课程，反映出高校对它极高的重视程度。然而，我们在多年的教学实践过程中发现，现有的很多教材都以数学理论为主。这使得许多学生误认为这是一门单纯的数学课程，常觉得枯燥、乏味，离实际太远而难以提起学习兴趣。其实，本课程的目的不在于将学生培养成"运筹学家"，而在于培养学生科学管理的思维和系统优化的思想，使学生在将来的工作实践中自觉地应用运筹学的理念去分析、思考和解决问题。本书以此为宗旨，着重在培养学生的建模技巧和实践操作能力的基础上，激发学生自觉探索理论知识的兴趣。全书写作基本按照"基本概念介绍→应用建模举例→计算机操作实践→实际应用案例"的思路，由浅入深，先易后难。通过本书的学习，学生既能掌握一些必要的理论知识，又能获得实际应用的一些体会。

本书的操作实践部分主要介绍采用 Excel 2019 以及作者自主开发的 OR for Windows 软件求解运筹学模型。之所以介绍 Excel 2019，主要是考虑到该工具的易获得性，而介绍 OR for Windows，主要是因为该软件是针对经济管理类专业学生开发的，诸多模型有求解步骤演示，能加深学生对运筹学理论知识的理解和应用。

全书按最高 48 学时、最低 32 学时设计，共分 10 章，涵盖了线性规划与单纯形法、对偶问题与灵敏度分析、运输问题、整数规划、指派问题、目标规划、图与网络分析、动态规划、决策分析等运筹学的主干分支内容。教师可根据具体情况选讲。其中第 1 章至第 6 章、第 8 章、第 10 章为基本内容，建议必讲，而第 7 章和第 9 章则可根据课时和授课对象选讲。此外，第 1 章至第 5 章的理论部分，教师可根据授课对象的具体情况选讲，且不会影响后续内容的学习。

本书虽然是作为经济管理类本科生教材而编写的，但也可作为除数学专业外的其他本、专科生教材，同时也可供研究生、工程技术人员和企业管理人员参考。

尽管我们对书稿内容进行了反复校对，然而囿于作者水平和经验，难免存在疏漏和错误之处，恳请广大读者提出宝贵意见。

本书实际应用案例部分选自所列参考文献，在此一并表示感谢。

目 录

前 言

第1章 绪论 ... 1
1.1 运筹学的发展简史 ... 1
1.2 运筹学的研究对象与特点 ... 3
1.3 运筹学模型 ... 3
1.4 运筹学工作步骤 ... 4
1.5 运筹学的应用 ... 5
1.6 运筹学的发展趋势 ... 7

第2章 线性规划与单纯形法 ... 8
2.1 线性规划问题的数学模型 ... 8
2.2 线性规划的图解法与解的情况 ... 13
2.3 单纯形法 ... 16
2.4 单纯形法的进一步讨论 ... 30
2.5 操作实践 ... 41
2.6 线性规划应用建模举例 ... 49
2.7 实际应用案例 ... 54
习题 ... 58

第3章 对偶问题与灵敏度分析 ... 62
3.1 对偶问题及其描述 ... 62
3.2 对偶问题的基本性质 ... 67
3.3 对偶解的经济含义 ... 72
3.4 对偶单纯形法 ... 75
3.5 灵敏度分析 ... 77
3.6 操作实践 ... 84
3.7 实际应用案例 ... 86
习题 ... 92

第4章 运输问题 ... 95
4.1 运输模型及其性质 ... 95
4.2 表上作业法 ... 97
4.3 运输问题应用建模举例 ... 105
4.4 操作实践 ... 110
4.5 实际应用案例 ... 114
习题 ... 117

第5章 整数规划 ... 119
5.1 整数规划问题 ... 119
5.2 整数规划求解方法 ... 121
5.3 0-1规划模型及应用建模举例 ... 125
5.4 操作实践 ... 130
5.5 实际应用案例 ... 133
习题 ... 135

第6章 指派问题 ... 138
6.1 指派问题模型 ... 138
6.2 匈牙利法 ... 140
6.3 操作实践 ... 145
6.4 实际应用案例 ... 148
习题 ... 152

第7章 目标规划 ······ 154

- 7.1 目标规划数学模型 ······ 154
- 7.2 目标规划应用建模举例 ······ 157
- 7.3 操作实践 ······ 162
- 7.4 实际应用案例 ······ 165
- 习题 ······ 171

第8章 图与网络分析 ······ 173

- 8.1 图的基本概念 ······ 174
- 8.2 最小生成树问题 ······ 180
- 8.3 最短路问题 ······ 184
- 8.4 网络最大流问题 ······ 188
- 8.5 最小费用最大流问题 ······ 191
- 8.6 中国邮递员问题 ······ 194
- 8.7 操作实践 ······ 197
- 8.8 实际应用案例 ······ 202
- 习题 ······ 204

第9章 动态规划 ······ 207

- 9.1 多阶段决策问题 ······ 207
- 9.2 最优化原理与动态规划的数学模型 ······ 212
- 9.3 常见的动态规划问题模型 ······ 216
- 9.4 操作实践 ······ 220
- 9.5 实际应用案例 ······ 225
- 习题 ······ 229

第10章 决策分析 ······ 231

- 10.1 决策问题及类型 ······ 231
- 10.2 不确定型决策 ······ 233
- 10.3 风险型决策 ······ 236
- 10.4 效用理论 ······ 241
- 10.5 操作实践 ······ 245
- 10.6 实际应用案例 ······ 250
- 习题 ······ 253

习题参考答案 ······ 255

参考文献 ······ 267

第1章 绪论

运筹学（Operations Research，OR）是用数学方法研究各种系统优化问题的学科。它是现代管理科学与系统工程的基础理论之一。中国科学工作者从《史记·高祖本纪》的"运筹策帷帐之中，决胜于千里之外"一语中，摘取"运筹"一词作为 OR 的意译，其含义是运用筹划，出谋献策，以策略取胜，比较确切地反映了 OR 一词的内涵。运筹学着重发挥已有系统的效能，应用数学模型来获得合理运用人力、物力和财力的最优方案，为决策者提供科学决策的依据。从上述对运筹学的定义可以看出：①应用运筹学解决问题的动机是为决策者提供科学决策的依据，即帮助管理人员科学地确定处理问题的方针和行动；②目的是解决系统优化问题，即制订合理运用人力、物力和财力的最优方案；③对象是各种系统，它可以是工农业、商业、民政、国防等部门的各种系统，特别是已经建立的各种系统；④方法是应用数学语言描述实际系统、建立数学模型并据此求得最优解。可以说，运筹学是一门在实践中得到广泛应用的学科，国外学术界也常把它称为管理科学（Management Science）。

1.1 运筹学的发展简史

生产越发展，彼此关联的因素就越多、越复杂，从经济的角度研究一个系统的业务问题时，原有的数学工具已经不敷应用了，客观上需要更多、更有效的数学方法，这正是运筹学出现的客观基础。运筹学诞生前有很多案例闪烁着运筹思想的光辉，仔细品味有助于领会运筹学真谛，开拓思维。

为运筹学发展做出贡献的早期研究工作，可追溯到 1914 年，即第一次世界大战期间，英国工程师兰彻斯特（Lanchester）发表了有关用数学研究战争的大量论述，并用微分方程描述了经过简化的战斗格局，分析数量优势、火力优势与胜负的关系，后来被称为兰彻斯特方程。在同一时期，美国发明家爱迪生（Edison）根据统计数据，用对策论的方法，研究出商船规避潜艇攻击的最佳航行方法。1917 年，丹麦工程师厄兰格（Erlang）在研究电话系统时，提出了排队论的一些著名公式。存贮论的最优批量公式也是在 20 世纪 20 年代提出的。1938 年，英国空军就有了飞机定位和控制系统，并在沿海设立了雷达站，用来发现敌机，但在一次空防演习中发现，这些雷达送来的常常是互相矛盾的信息，需要加以协调和关联，才能改进作战效能，于是提出了"运筹"的课题。为此，英国成立了专门小组，由罗威（Rahway）把这一课题研究命名为"运筹学"。专门小组就是空军运筹学小组，当时主要从事警报和控制系统的研究。在 1939—1940 年，这个小组的任务扩大到包括防卫战斗机的布置、对未来的战斗进行预测等，以供决策之用。1939 年，苏联数学家康托罗维奇（Kantorovich）教授提出了以"生产组织与计划中的数学方法"为名的科学报告，这是将运筹学方法用于经济领域的早期研究，因其在经济领域的杰出贡献，康托罗维奇获得了 1975 年的诺贝尔经济学奖。

第二次世界大战期间，英、美等国先后集中了一批军事、数学、物理学、化学、心理学等各方面的专家，组成了运筹学研究组，研究作战活动。如英国曼彻斯特大学布莱克特（Blackett）领导的运筹学小组和美国霍普金斯大学约翰逊（Johnson）领导的运筹学小组等。这些小组在确定扩建舰队规模、开展反潜艇战的侦察和组织有效的对敌轰炸等方面做了大量研究，为反法西斯战争的胜利做出了不可磨灭的贡献。

第二次世界大战后，曾在战争中从事运输模型研究的美国经济学家科普曼斯（Koopmans）看到了线性规划在经济中应用的意义，并呼吁年轻的经济学家要关注线性规划。英、美、西欧、日本等工业发达的国家和地区都积极在工业、商业、建筑业、交通运输业、公用事业等各个方面开展了运筹学的研究和应用。20 世纪 60 年代后，苏联等许多东欧国家也广泛开展了运筹学的研究活动。特别是苏联的经济学界，对数学方法在经济研究和计划工作中的应用，给予了普遍的重视。

1948 年，美国麻省理工学院将运筹学作为一门课程，1950 年，英国伯明翰大学正式开设运筹学课程。1951 年，莫尔斯（Morse）和金博尔（Kimball）合著的《运筹学方法》一书正式出版。1952 年，第一个运筹学组织——美国运筹学会成立，并同时出版运筹学杂志 Journal of ORSA。1957 年，在英国牛津大学召开了第一次国际运筹学会议。1959 年，运筹学协会 IFORS 成立。1994 年，美国运筹学会和管理科学学会合并，成立了运筹学与管理科学协会 INFORMS。

我国古代很早就有了朴素的运筹思想，例如战国时期军事家孙膑所提出的赛马策略，宋朝丁谓处理建造皇宫的材料和运输的工作方法等。现代运筹学被引入中国是在 20 世纪 50 年代后期。中国第一个运筹学小组在钱学森、许国志的推动下于 1956 年在中国科学院力学研究所成立。1959 年，第二个运筹学部门在中国科学院数学研究所成立，并于 1960 年与力学研究所的小组合并成为数学研究所的一个研究室，当时的主要研究方向为排队论、非线性规划和图论，还有人专门研究运输理论、动态规划和经济分析（例如投入产出方法）。自 1965 年起的 10 年中，身为中国数学会理事长和中科院院士的华罗庚教授率领一个小组，到全国许多农村、工厂讲解基本的优化技术和统筹方法，播下了运筹学哲学思想的种子，大大推动了运筹学在中国的普及和发展。1980 年，作为中国数学会的一个分会，中国运筹学会成立了,并于 1992 年独立出来成为国家一级学会。该学会下属有多个专业分会:如决策科学分会、数学规划分会、排序分会、图论组合分会、排队论分会、可靠性分会、金融工程及金融风险管理分会、智能计算分会、企业管理运筹分会、经济数学分会等。虽然运筹学已在我国经济建设中的许多领域发挥着重要作用,但这还远远不够,社会还缺乏一大批认识它、运用它,以及懂得现代管理科学技术的人才。因此,在高校积极开设相关课程是非常必要的。

1.2 运筹学的研究对象与特点

什么是运筹学?至今尚没有一个统一且确切的定义。丘奇曼(Churchman)认为,运筹学是"把科学的方法、技术和工具应用到一个系统的各种管理问题上,为掌管系统的人们提供最佳的解决问题的办法"。莫尔斯和金博尔曾给运筹学下的定义是:"为决策机构在对其控制下业务活动进行决策时,提供以数量化为基础的科学方法。"上述两种定义都强调了科学方法的重要性。也有人认为:"运筹学是一门应用科学,它广泛运用现有的科学技术知识和数学方法,解决实际中提出的专门问题,为决策者选择最优决策提供定量依据。"这一定义表明运筹学具有很多学科交叉的特点。无论怎样定义运筹学,可以肯定的是,运筹学是一门跨学科的应用科学。

那么,运筹学的研究对象与特点又是什么呢?可以认为,运筹学的研究对象是经济、军事及科学技术等活动中(事实上,它们之间往往是密切相关的)能用数量关系来描述的有关运用、筹划与管理等方面的问题。当然,我们这里着重以经济管理活动方面(主要是生产经营活动)的问题,以及解决这些问题的原理和方法作为研究对象。运筹学研究问题的特点表现为:①通过对问题的深入分析,透过各种错综复杂的数量关系,抓住主要矛盾,建立合适的模型(数学模型或模拟模型),运用各种方法求得问题的最优解(或较优解、满意解),从而得到合理的工作方案;②为了应用运筹学有效地解决问题,必须强调多学科、多部门和多人员的密切合作,强调互相渗透、独立工作(即尊重科学、尊重客观规律)的原则。

综上所述,运筹学是采用定量化的方法,为管理决策提供依据的一门学科。它把复杂的管理系统归结为模型(多数是数学模型),然后应用数学方法,用计算机辅助求解与分析,从而得到最优方案,进而实现对人力、物力、财力等资源的统筹安排,达到最有效的管理目的。

1.3 运筹学模型

运筹学研究分析问题需要广泛使用模型,其实质在于模型的建立和使用。建立模型的目的是表述影响研究对象或系统的关键因素及其相互联系。通常,模型是对现实问题的简化描述或抽象表达。一般模型具有如下特点。

（1）模型是对现实问题的简化描述或抽象，通常会省略一些不必要的细节，因此，模型可以比现实本身更为简约。

（2）模型是由与分析问题有关的主要因素所构成的，以便有足够的细节来代表现实本身。

（3）模型既能反映各有关因素之间的逻辑关系，也能反映它们之间的定量关系。

模型通常有四种基本形式。

（1）构思模型：这是一种概念或理论模型，它通过文字、图形来形象化表述现实问题。如管理学中将管理的组织层次抽象为一个金字塔，从上到下分为战略层、管理层和运营层。再如马斯洛的需求层次模型、丰田公司的精益生产屋模型等。

（2）形象模型：这是一种实体或直观模型，它通过按比例缩小或放大实物来构成模型，如建筑模型、汽车模型、航空模型、物质的分子和原子结构模型等。

（3）物理模型：这是一种模拟模型，它通过某些简化的特征或属性去代替另外一些复杂的特征或属性，同时这两类不同的特征或属性之间具有类似的对应关系。如体温表上的刻度用来代表温度的度数，导航数字地图用线条代表道路、用多边形代表建筑物等。

（4）数学模型：这是一种符号模型，它通过字母、数字和运算符号将现实系统或过程的某些特征及相互关系表达出来，试图精确地和定量地表示现实系统的各种关系。数学模型相对其他模型，特别是前两类模型具有精确性、严密性和灵活性等优点。此外，可以借助计算机编程实现数学模型，通过已知数据和参数，数学模型可以对大量的数据进行分析，并得出结论，从而节省时间和费用。

运筹学模型多数是数学模型，但也有图形模型（如网络模型）和仿真模型等。建立运筹学模型有许多优点，例如将一个企业的生产计划问题用数学模型描述后，企业就可以在计划实施前检验所制订的计划是否符合原定要求，并可改变有关参数或约束条件，从而找到最优计划方案。另外，符号语言便于交流，因为它能正确地描述问题而无须冗长的文字陈述。而数学公式有利于对事物做出更好的描述和理解，还能反映出用文字描述时易被忽略的因素及未包含的关系。

总之，运筹学模型是对客观现实的一种简化描述，它必须反映实际，但又是现实世界的一种抽象表达。这样便于研究客观现实的共性，使模型达到兼具现实性、简洁性和适应性的要求。

1.4 运筹学工作步骤

应用运筹学分析处理问题时，要求首先从系统观点来分析问题，即不仅要提出需要解决的问题和希望达到的目标，而且还要弄清问题所处的环境和约束条件。这包括时间、地点、资金、原材料、设备、人力、动力、信息、技术等条件，以及要处理问题中的主要因素、约束条件之间的逻辑关系。其次是研究运筹学的人员同其他有关的行业专家一起，发挥各自的专业特长，从不同的角度出发，共同针对问题的性质商讨问题的处理方法，建立相应的运筹学模型，以寻找问题的最优解答。因此，应用运筹学处理问题的步骤可以概括如下。

（1）确定问题。提出和定义需要解决的问题，分析问题的性质、环境，以及最终决策者或利益相关者的要求，确定目标和约束条件。

（2）建立模型与收集数据。根据一些理论和假设条件对现实问题进行简化，用数学符号描述问题，确定决策变量和参数，建立目标函数、约束方程等，据此建立相应的运筹学模型。建立模型与收集数据是紧密联系的。对于比较熟悉的问题可以先建立模型后收集相关数据，对于大型复杂的问题可以先收集数据，深入理解问题，然后建立模型。

（3）优化求解。确定与数学模型有关的各种参数，选择或设计求解方法，求出最优解或满意解。

（4）解的检验。通过"What-if"和灵敏度分析等方法，对所求得的解进行分析和评价，并据此修正各种参数。

（5）结果分析。考虑现实情况，分析模型参数是否被正确估计。此外，由于模型只能包含现实问题的主要因素，而诸如政策、经济、社会和技术等因素则可能不能包含进去，因而需要对求解结果进行全面评价，分析结果是否符合现实情况，是否具有可能性和可行性。

（6）结果实施。将求解结果表示为管理决策者能够理解和执行的一种形式，付诸实施。该过程是反映工作成果最重要的一步，也是最困难的一步。运筹学工作者、管理者和执行者必须一起工作，了解使用模型的许多方面，包括它的优点和缺点，它所依赖的假设条件，以及执行中应具备的保障条件。

需要指出的是，当求解结果所提出的新方法应用于现实系统时，往往需要经过足够长的一段时间，才能对结果实施的效果做出正确的评价。

运筹学的一般工作步骤如图 1-1 所示，对于诸多现实问题，往往需要通过迭代和反复修正才能完成。

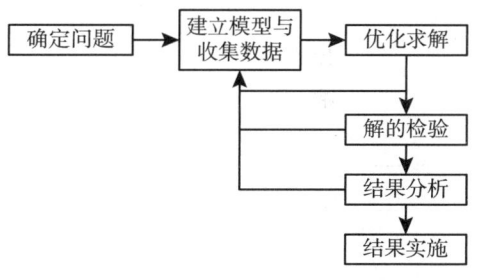

图 1-1 运筹学的一般工作步骤

1.5 运筹学的应用

运筹学是一门与生产实践有着密切联系的学科，所以，在学习运筹学的同时，必须注意与生产实践的结合，要从生产实际出发，注意运筹学理论与生产人员实际经验的结合，以及运筹学模型的精确解法与近似解法的结合。运筹学的应用和研究工作表明，运筹学能够为经济建设服务，它是厉行增产节约的有效工具。运筹学在各个领域得到了广泛应用，下面列举一些常见的应用领域。

• 生产计划：运用线性规划、（混合）整数规划或模拟方法等解决生产作业计划的制订、日程表的编排、合理下料和配料、物料管理等问题,以实现最大化利润或最小化成本,以及在正确的时间和正确的地点,把正确的货物交到正确的客户手上等目标。
- 库存管理:多种物资库存方式、库存量等的管理。
- 运输问题:确定最小成本的运输线路、物资的调拨、运输工具的调度以及建厂地址的选择等。
- 人事管理:对人员的需求和聘用进行预测,确定人员编制,合理分配人员,建立人才评价体系等。
- 市场营销:广告预算、媒介选择、定价、产品开发与销售计划制订等。
- 财务和会计:利润核算、贷款、成本分析、定价、证券管理、现金管理等。
- 设备维修与更新,项目选择与评价,工程优化设计与管理等。

运筹学在改善全世界大量组织的效率方面已产生非常深远的影响。由 INFORMS 发起的弗兰兹·厄德曼奖,是该领域最负盛名的奖项,每年授予全世界年度最佳运筹学应用。表 1-1 列举了若干经典的获奖应用,在 INFORMS 出版的著名管理科学应用期刊 *Interfaces* 上有它们的详细介绍。读者可从中获得对运筹学重要应用价值的一些感性认识。

表 1-1 运筹学的经典应用

组织	应用	每年节支(美元)
美国联合航空公司	为满足乘客需求,以最低成本进行订票处和机场工作班次排程	600 万
希戈石油公司	优化炼油运作以及产品的供应、配送和营销	7 000 万
旧金山警署	用计算机系统计算最优排程和巡警设置	1 100 万
荷玛特发展公司	商业区和办公楼销售的最优化安排	4 000 万
美国电话电报公司	为公司商业用户的电话销售中心优化选址	4.06 亿
美国石油公司	确定和评价公司产品商业化的新战略	1 000 万
美国邮政服务公司	邮件自动化方案的技术经济分析	2 亿
标准品牌公司	控制 100 种成品的库存(安全库存、再订购点和订购量)	380 万
宝洁公司	重新设计生产和分销系统以降低成本和改进市场进入速度	2 亿
南非国防部	国防设施、武器系统规模和状态的重新优化设计	11 亿
美国数字设备公司	重构供应商、工厂、分销中心、潜在厂址和市场区域供应链	8 亿
美国达美航空公司	优化超过 2 500 个国内航线的飞机类型配置来最大化利润	1 亿
美洲航空公司	设计票价结构、订票和协调航班的系统来增加收入	5 亿
L. L. Bean 公司	为一个大型呼叫中心优化配置电话干线、接收台和电话代理	950 万
IBM 公司	重组全球供应链,整合备件库存的全国网络以改进服务支持	7.5 亿
法国国家铁路	制定最佳铁路时刻表和调整铁路运营量	1 500 万
美国西尔斯·罗巴克公司	制定家庭运送服务的最佳路线和时间表	4 200 万

1.6 运筹学的发展趋势

运筹学今后应该向哪个方向发展？美国运筹学会前主席邦德（Bonder）认为，运筹学应在三个领域发展：运筹学应用、运筹科学和运筹数学，并强调应重点发展前二者。因此，可以认为今后运筹学的发展势必显示出以下趋势：①运筹学与系统分析的结合，这是所研究问题的复杂化、大系统化导致的；②一些非数学的方法和理论将引入运筹学，这是因为面临的问题大多是涉及技术、经济、社会、心理等综合因素的研究，这种问题往往是非结构性的复杂问题，应用通常的、精巧的数学方法很难解决问题；③解决问题的过程将变成决策者和分析者共同参与、发挥其创造性的过程。

在大数据时代，运筹学进一步蓬勃发展，而如何将大数据转化为最优决策成了运筹学的重点课题。大数据时代的商务决策，越来越广泛地应用计算机、信息学、人工智能，特别是机器学习方法，机器学习方法的背后隐藏着运筹学优化的根基，有时候即使通过机器学习做完了一些有关大数据的规律性分析，也仍需进一步建模，才能更好地做出决策。因此，运筹学仍然可作为人工智能的基石，赋能大数据时代的商务决策。

本书作为经济管理类专业的教材，对运筹学的一些主要分支，就它们的基本概念、模型和应用进行了重点介绍，也对其背后的原理做了精辟的阐述。尤其强调模型的建立和通过计算机求解等应用技能的培养，这有助于提高经济管理类或其他社科类专业学生对管理科学的认识，树立科学管理的系统思维，也有助于学生在将来的工作实践中自觉地应用运筹学的思想、方法来解决实际问题。

编者在本书的编写过程中专门开发了一个计算机教学软件 OR for Windows[⊖]，以便读者在学习的过程中有一个好的"助手"，抓好理论联系实际的"入口"和"出口"，即结合实际问题建立模型并输入计算机，以及将计算机求得的解方案、分析结果应用于实践。读者在学习的过程中，为了学习、理解一些计算方法和原理，做一些简单问题的手工计算是必要的，但是千万不要深陷于复杂烦琐的算法之中。当分析问题时，在建立问题的数学模型并收集数据确立必要的参数之后，要尽量借助计算机软件解决复杂管理问题。

⊖ 该软件作为本书的教辅资料提供给读者。

第2章 线性规划与单纯形法

线性规划是运筹学中研究较早、发展较快、应用广泛、方法较成熟的一个重要分支，它是一种辅助进行科学管理的数学方法。在经济管理活动中，提高经济效益一般通过两种途径：一是技术途径；二是管理途径，即通过合理安排人、财、物等资源，优化资源管理、成本节约和经济目标。自从 1947 年丹齐格提出求解线性规划问题的有效方法——单纯形法以来，线性规划理论日臻成熟。特别是计算机技术的发展使得求解复杂的线性规划问题成为可能，也使得线性规划方法有了更为广阔的应用空间，已在军事、经济和社会问题中得到了广泛的应用。在对《财富》世界 500 强企业开展的一项调查中，85% 的被调查企业声称使用了线性规划技术。线性规划研究在一组线性约束下，寻求用线性函数表示的目标函数的最小值或最大值问题。本章介绍它的基本模型、概念、应用和求解方法，是全书的基础和重点。

2.1 线性规划问题的数学模型

2.1.1 问题提出与线性规划模型的建立

线性规划可以解决很多实际问题，下面以两个例子说明线性规划问题的应用领域和线性规划模型的建立。

例2-1 生产计划问题

某企业三种产品需经过三道不同的工序加工，生产单件产品所需要的时间、每道工序的加工能力和每种产品的单位利润如表 2-1 所示。

表 2-1　生产计划问题参数

工序	单件产品生产时间 / min			工序加工能力 (min / 天)
	第一种产品	第二种产品	第三种产品	
1	1	2	1	430
2	3	0	2	460
3	1	4	0	420
利润（元/件）	3	2	5	

试问：为使日总利润最大，该企业这三种产品的日产量应各为多少？

解： 该问题可以用数学模型来描述，建立此类数学模型，通常有以下几个步骤。

（1）确定决策变量。决策变量是待解决问题要确定的未知量，或者说是决策者的抉择方案。确定合适的决策变量是成功地建立数学模型的关键。在本例中，需要确定的是三种产品的日产量（件数），因此可设 x_1、x_2 和 x_3 分别为第一、第二和第三种产品的日产量。

（2）确定目标函数。目标函数就是将决策者所追求的目标表示为决策变量的函数。在本例中，假定所有产品都能销售出去，决策者追求的目标是使日总利润最大化，即其目标函数是使每天的利润 $z = 3x_1 + 2x_2 + 5x_3$ 最大化。用 max 代表最大化，目标函数可表示为

$$\max \quad z = 3x_1 + 2x_2 + 5x_3$$

（3）确定约束条件。约束条件表示决策者追求的目标所受到的一些限制，可用决策变量的等式或不等式来表示。本例生产计划的安排所受到的限制是每天每道工序的加工能力，因此要保证所有生产的产品所需要的总加工时间不超过每道工序每天的加工能力。三道工序的能力限制可分别表示为

第一道工序：$1x_1 + 2x_2 + 1x_3 \leqslant 430$

第二道工序：$3x_1 + 0x_2 + 2x_3 \leqslant 460$

第三道工序：$1x_1 + 4x_2 + 0x_3 \leqslant 420$

因为产量取负数时将无意义，所以要加上非负约束条件 $x_1 \geqslant 0$，$x_2 \geqslant 0$ 和 $x_3 \geqslant 0$。

综上所述，可以将该问题概括表示为如下数学模型：

$$\max \quad z = 3x_1 + 2x_2 + 5x_3$$
$$\text{s.t.} \begin{cases} x_1 + 2x_2 + x_3 \leqslant 430 \\ 3x_1 + 2x_3 \leqslant 460 \\ x_1 + 4x_2 \leqslant 420 \\ x_1, x_2, x_3 \geqslant 0 \end{cases}$$

模型中所用的缩写符号 s.t.（subject to）表示受约束于，即决策者追求自身目标的行为受到后边限制条件的约束。

例2-2　饲料混合问题

假定养鸡场每天需要的混合饲料的批量是 100 kg，这些饲料必须包含：

（1）至少 0.8% 但不超过 1.2% 的钙；

（2）至少 22% 的蛋白质；

（3）最多 5% 的粗纤维。

假定主要的配料包括石灰石、谷物和大豆粉，这些配料的营养成分汇总如表 2-2 所示。

表 2-2 饲料混合问题参数

配料	每千克配料中的含量 / kg			每千克成本（元）
	钙	蛋白质	粗纤维	
石灰石	0.380	0.000	0.000	0.016 4
谷物	0.001	0.090	0.020	0.046 3
大豆粉	0.002	0.500	0.008	0.125 0

要求确定满足养鸡场所需且费用最低的饲料配方。

解： 设 x_1、x_2 和 x_3 是 100kg 混合饲料所用的石灰石、谷物和大豆粉的数量（kg），于是该问题的数学模型可表示为

$$\min z = 0.016\,4\,x_1 + 0.046\,3\,x_2 + 0.125\,0\,x_3$$

$$\text{s.t.} \begin{cases} x_1 + x_2 + x_3 = 100 \\ 0.380x_1 + 0.001x_2 + 0.002x_3 \leq 0.012 \times 100 \\ 0.380x_1 + 0.001x_2 + 0.002x_3 \geq 0.008 \times 100 \\ 0.09x_2 + 0.50x_3 \geq 0.22 \times 100 \\ 0.02x_2 + 0.008x_3 \leq 0.05 \times 100 \\ x_1, x_2, x_3 \geq 0 \end{cases}$$

其中，目标函数之前的 min 表示最小化。第 1 个约束条件确定了批量，第 2 个和第 3 个约束条件确定了钙的最大和最小需要量，第 4 个约束条件确定了蛋白质的最小需要量，而第 5 个约束条件则确定了粗纤维的最大需要量。

2.1.2 线性规划的一般数学模型

前面两个例子建立的数学模型就是典型的线性规划模型。它更一般的表达如下：

$$\max(\min) z = c_1x_1 + c_2x_2 + \cdots + c_nx_n$$

$$\text{s.t.} \begin{cases} a_{11}x_1 + a_{12}x_2 + \cdots + a_{1n}x_n \leq (\geq, =)b_1 \\ a_{21}x_1 + a_{22}x_2 + \cdots + a_{2n}x_n \leq (\geq, =)b_2 \\ \vdots \\ a_{m1}x_1 + a_{m2}x_2 + \cdots + a_{mn}x_n \leq (\geq, =)b_m \\ x_j \geq (\leq)0, j = 1, 2, \cdots, n \end{cases}$$

该数学模型主要由两个部分构成：目标函数和约束条件。其中目标函数部分中，max 表示使目标函数最大化，min 表示使目标函数最小化。$x_1, x_2, \cdots, x_n$ 称为决策变量，是待确定或将要求解的未知量，其余的参数 c_j、b_i 和 a_{ij} 都是常量，分别称为价值系数（或目标函数系数）、资源系数（或右端项系数）和约束系数（或技术系数）。满足所有约束条件的一组决策变量 $x_1, x_2, \cdots, x_n$ 的取值称为线性规划问题的**可行解**。线性规划问题全部可行解的集

合构成线性规划问题的可行域或（可行）解空间，而其中使目标函数最大（max）或最小（min）的可行解称为**最优解**。

该模型中，目标函数和约束条件表达式都是关于决策变量的线性表达式，故名"线性"规划。用线性规划来对实际问题建模，其实隐含了如下假设。

（1）比例性假设：若决策变量改变，则目标函数的变化量同决策变量的变化量成比例，每个约束方程左端值的变化量也和决策变量的变化量成比例。该假设意味着每种经营活动对目标函数的贡献是一个常数，对资源的消耗也是一个常数。

（2）可加性假设：每个决策变量对目标函数和约束方程的影响是独立于其他变量的，目标函数值是每个决策变量对目标函数贡献的总和。

（3）连续性假设：每个决策变量最终的取值可以是整数值，也可以是其他实数。

（4）确定性假设：线性规划中的所有参数都是确定的，即给定一组决策变量值，目标就能确定，而不受其他随机因素的影响。

2.1.3 线性规划的标准型

由于线性规划模型的目标函数可以是求 max 或 min；约束条件可以是 ≥，≤ 或 =；变量限制既可非负，也可非正或无限制，形式各种各样。为统一起见，本书规定线性规划的标准型如下：

$$\max(\min) \ z = c_1x_1 + c_2x_2 + \cdots + c_nx_n$$
$$\text{s.t.} \begin{cases} a_{11}x_1 + a_{12}x_2 + \cdots + a_{1n}x_n = b_1 \\ a_{21}x_1 + a_{22}x_2 + \cdots + a_{2n}x_n = b_2 \\ \vdots \\ a_{m1}x_1 + a_{m2}x_2 + \cdots + a_{mn}x_n = b_m \\ x_j \geq 0, j = 1, 2, \cdots, n \end{cases} \quad (2\text{-}1)$$

线性规划的标准型要求所有约束必须为等式约束，所有变量为非负变量，右端项系数 $b_i \geq 0(i=1,2,\cdots,m)$。对目标函数类型，原则上没有硬性规定，求 max 或 min 都可，但是为了后面讨论方便，本书若未特别指出，均以目标函数最大化 max 为标准型。

任何一个非标准的线性规划问题都可通过适当变化而转为标准型。以下给出针对各种具体情形的转化方法。

（1）将 min 的目标函数转化为 max 的目标函数：求一个函数的最小值等价于求该函数的相反数的最大值，即求 min z 等价于求 max（$-z$），因此只需改变目标函数的符号就可以在最大化和最小化之间转换。

（2）将不等式约束转化为等式约束：可在约束中加入松弛变量或剩余变量。

例如，将小于或等于约束 $x_1 + x_2 \leq 10$ 化为标准型约束，需引入一个非负松弛（Slack）变量 $x_s \geq 0$，表示该约束式左边比较宽松，加上一个 $x_s \geq 0$ 的松弛变量，即可改写为标准形式 $x_1 + x_2 + x_s = 10$。又如将大于或等于约束 $x_1 + x_2 \geq 10$ 化为标准型约束，可引入一个非负剩余（Surplus）变量 $x_s \geq 0$，表示该约束式左边相对右边常数有剩余，减去一个 $x_s \geq 0$ 的剩余变量，即可改写为标准形式 $x_1 + x_2 - x_s = 10$。

由于松弛变量和剩余变量对目标函数没有贡献，因此在目标函数中不会出现。在第 2.3 节单纯形法中，为了计算方便，需体现松弛变量或剩余变量对目标函数的贡献，可令目标函数系数为"0"，以"$+0x_s$"方式增加至原目标函数之后。

（3）变量正负限制约束的转化：变量的非正约束 $x_i \leq 0$ 可通过变量代换改为非负约束，即令 $x_i' = -x_i$，代入原模型后，新变量 x_i' 即为非负变量。如果变量 x_i 是自由变量（即不限制正负），则可做变量代换 $x_i = x_i' - x_i''$，$x_i', x_i'' \geq 0$，代入原模型后，自由变量 x_i 被两个非负变量 x_i', x_i'' 取代。

（4）右端项为负数的转化：约束条件两边同时乘 -1 即可。

例2-3

将下面线性规划模型转化为标准型。

$$\min z = 3x_1 - x_2 + 4x_3$$

$$\text{s.t.} \begin{cases} x_1 - 2x_2 + 5x_3 \geq 0 \\ 2x_1 + x_2 + 3x_3 \leq 0 \\ 3x_1 - 5x_2 = 0 \\ x_1 \geq 0, x_2 \leq 0 \end{cases}$$

解：令 $z' = -z$，$x_2' = -x_2$，$x_3' - x_3'' = x_3$ 且 $x_3', x_3'' \geq 0$，并引入剩余变量 x_4 和松弛变量 x_5，于是可化为标准型：

$$\max z' = -3x_1 - x_2' - 4x_3' + 4x_3''$$

$$\text{s.t.} \begin{cases} x_1 + 2x_2' + 5x_3' - 5x_3'' - x_4 = 0 \\ 2x_1 - x_2' + 3x_3' - 3x_3'' + x_5 = 0 \\ 3x_1 + 5x_2' = 0 \\ x_1 \geq 0, x_2' \geq 0, x_3' \geq 0, x_3'' \geq 0, x_4 \geq 0, x_5 \geq 0 \end{cases}$$

例2-4

将下面线性规划模型转化为标准型。

$$\max z = -2x_1 + x_2 + 3x_3$$

$$\text{s.t.} \begin{cases} 3x_1 + 4x_2 + x_3 \leq 10 \\ x_1 - 3x_2 + 4x_3 \geq 8 \\ -x_1 + x_2 - 2x_3 = -4 \\ x_1, x_2 \geq 0 \end{cases}$$

解：令 $x_3 = x_4 - x_5$，代入目标函数和约束条件，在第 1 个约束条件中加松弛变量 x_6，在第 2 个约束条件中减剩余变量 x_7，第 3 个约束两端同乘 -1，得标准型：

$$\max \ z = -2x_1 + x_2 + 3x_4 - 3x_5$$
$$\text{s.t.} \begin{cases} 3x_1 + 4x_2 + x_4 - x_5 + x_6 = 10 \\ x_1 - 3x_2 + 4x_4 - 4x_5 - x_7 = 8 \\ x_1 - x_2 + 2x_4 - 2x_5 = 4 \\ x_j \geq 0, j = 1, 2, 4, 5, 6, 7 \end{cases}$$

2.1.4 线性规划的其他表达形式

为了简化表达，线性规划的式（2-1）可表述为

$$\max \ z = \sum_{j=1}^{n} c_j x_j$$
$$\text{s.t.} \begin{cases} \sum_{j=1}^{n} a_{ij} x_j = b_i, i = 1, 2, \cdots, m \\ x_j \geq 0, j = 1, 2, \cdots, n \end{cases}$$

有时为讨论方便，线性规划还经常用向量和矩阵形式表示。例如，式（2-1）可写为向量式：

$$\max \ z = \sum_{j=1}^{n} c_j x_j$$
$$\text{s.t.} \begin{cases} \sum_{j=1}^{n} \boldsymbol{P}_j x_j = \boldsymbol{b} \\ x_j \geq 0, j = 1, 2, \cdots, n \end{cases}$$

其中，$\boldsymbol{P}_j = (a_{1j}, \cdots, a_{mj})^\mathrm{T}$ 表示技术向量，$\boldsymbol{b} = (b_1, \cdots, b_m)^\mathrm{T}$ 表示资源向量。还可写成更简洁的矩阵形式：

$$\max \ z = \boldsymbol{cx}$$
$$\text{s.t.} \begin{cases} \boldsymbol{Ax} = \boldsymbol{b} \\ \boldsymbol{x} \geq \boldsymbol{0} \end{cases}$$

其中，$\boldsymbol{c} = (c_1, \cdots, c_n)$ 表示价值向量，$\boldsymbol{x} = (x_1, \cdots, x_n)^\mathrm{T}$ 表示决策变量向量，矩阵 $\boldsymbol{A} = (a_{ij})_{m \times n}$ 是技术（约束）系数矩阵，其他参数定义同前。本书后面有时也将上述线性规划问题简记作 $\mathrm{P}: \max \{\boldsymbol{cx} \mid \boldsymbol{Ax} = \boldsymbol{b}, \boldsymbol{x} \geq \boldsymbol{0}\}$。

2.2 线性规划的图解法与解的情况

2.2.1 线性规划的图解法

对只含两个决策变量的线性规划问题可以采用图解法求解。对含三个及以上决策变量的线性规划问题，图解法无能为力，因而图解法不是求解线性规划问题的一种通用方法。

但是，这种方法蕴含了求解一般多变量线性规划的一些基本原理。因此，了解图解法对理解线性规划的有关理论具有重要意义。

例2-5

用图解法求解线性规划问题。

$$\max z = 4x_1 + 3x_2$$

$$\text{s.t.} \begin{cases} 2x_1 + 3x_2 \leq 6 & (1) \\ -3x_1 + 2x_2 \leq 3 & (2) \\ \;\; 2x_2 \leq 5 & (3) \\ 2x_1 + x_2 \leq 4 & (4) \\ x_1, x_2 \geq 0 & (5) \end{cases}$$

解：如图 2-1 所示，以决策变量 x_1, x_2 为横、纵坐标轴。非负约束条件（5）规定可行解必须在 $x_1 \geq 0, x_2 \geq 0$ 所限定的第一象限内。约束条件（1）~（4）中的每一个都先用（=）代替（≤）得到直线方程，画出约束边界直线。用原点作为测试点，代入约束条件（1）~（4），若对应的约束条件满足，则确定靠原点方向为约束条件所包含的区域方向，否则，相反的方向为约束条件所包含的区域方向。每一个约束条件所包含的区域用箭头在相应的直线上标出。求所有约束条件和非负约束条件所确定区域的交集便可得到可行解区域（空间），如图 2-1 中的阴影区域 $ABCDE$。约束条件（3）是多余的，因为可以删去它而不影响已经确定的可行解区域（空间）。

在区域 $ABCDE$ 的内部或边界上每一个点都满足所有（1）~（5）的约束条件。因此，最优解是使 z 有最大值的区域 $ABCDE$ 中的点。目标函数 $z = 4x_1 + 3x_2$ 在二维坐标平面上表示以 z 为参数的一族平行线。任选一个 z，便可得到一条直线，该直线上所有可行点都有相同的目标函数值，因此被称为**等值线**。在图 2-2 中画出 $z=2, 6$ 和 9 时的目标函数线 $z = 4x_1 + 3x_2$，以表示 z 增加的方向。图 2-2 显示，如果 z 超过 9，目标函数线将不经过任何可行点，这意味着 $z=9$ 是最大值。怎样确定 $z=9$ 呢？按增加 z 的方向平行移动直线 $z = 4x_1 + 3x_2$，我们可以看到 z 的最大值出现在目标函数经过的点 C，而这一点的坐标是 $x_1 = 1.5, x_2 = 1$，将其代入目标函数得到：

$$z = 4x_1 + 3x_2 = 4 \times 1.5 + 3 \times 1 = 9$$

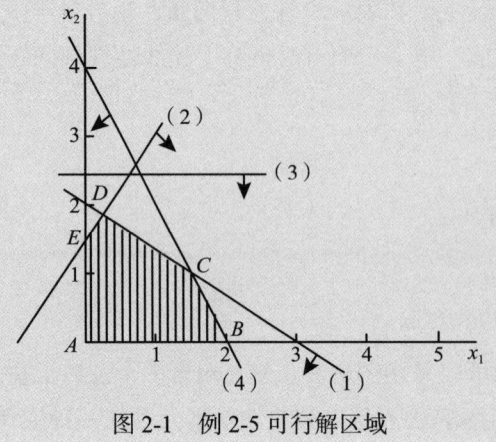

图 2-1　例 2-5 可行解区域

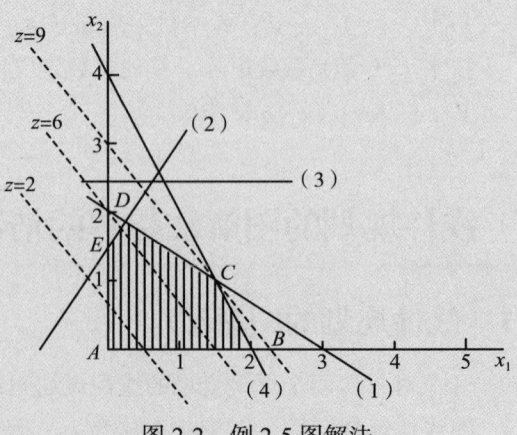

图 2-2　例 2-5 图解法

该例显示，z 的最大值在解空间的顶点 C 处得到。事实上，即使是其他目标函数，其最优解也必在顶点 A，B，C，D 和 E 中的某一点出现。至于哪一个顶点是最优解，这取决于目标函数的斜率。作为例子，读者可以用图形来验证表 2-3 给出的目标函数对应的最优（最大）顶点。

表 2-3 不同目标函数的最优解和最优值

目标函数	最优顶点	最优解和最优值
$z = 10x_1 + x_2$	B	$(x_1 = 2, x_2 = 0, z = 20)$
$z = x_1 + 20x_2$	D	$(x_1 = 3/13, x_2 = 24/13, z = 483/13)$
$z = -4x_1 + 2x_2$	E	$(x_1 = 0, x_2 = 3/2, z = 3)$
$z = -x_1 - x_2$	A	$(x_1 = 0, x_2 = 0, z = 0)$

综上所述，图解法可归纳为以下几个步骤：

（1）画直角坐标系；

（2）依次作出每条约束线，以原点作为测试点，标出约束条件的方向，并通过求所有约束条件（含变量约束条件）所确定区域的交集，找出可行域（空间）；

（3）任取一目标函数值作一条目标函数线，然后根据目标的类型平移该线，直到该线即将离开可行域为止，与目标函数接触的最后的点即代表最优解。

2.2.2 线性规划解的可能情形

无论决策变量个数多少，线性规划问题的求解存在以下几种可能情形。

（1）唯一最优解。如例 2-5 所示，图解法得到唯一的最优解顶点 C（$x_1 = 1.5, x_2 = 1$）。

（2）无穷多最优解。例如，对例 2-5 的线性规划问题，若将目标函数改为 $z = 2x_1 + 3x_2$，则其最大目标函数线与可行域的边界线 CD 重合，该边界上的所有点都是最优解，即有无穷多个最优解，如图 2-3 所示。

（3）无可行解。若线性规划可行域 $S = \{x \mid Ax = b, x \geq 0\}$ 是一个空集，即该问题存在矛盾约束，则称该问题无可行解，或称该线性规划不可行。例如，在例 2-5 的线性规划问题的基础上，若增加一个约束条件：$x_1 - x_2 \geq 2$。此时，该线性规划问题的可行域将是一个空集，因而该问题无可行解。

（4）无界解（或最优解无界）。若对任意的 $M \geq 0$，都存在可行解使得该线性规划的目标函数值 $|z| = |cx| \geq M$，则该线性规划问题无界。如下述线性规划问题例 2-6，如图 2-4 所示，其可行域可伸展到无穷，而目标函数值也可增大到无穷大，其最优解无界。产生这种情况，一般是在对实际问题建模时，遗漏了某些必要的资源约束条件。

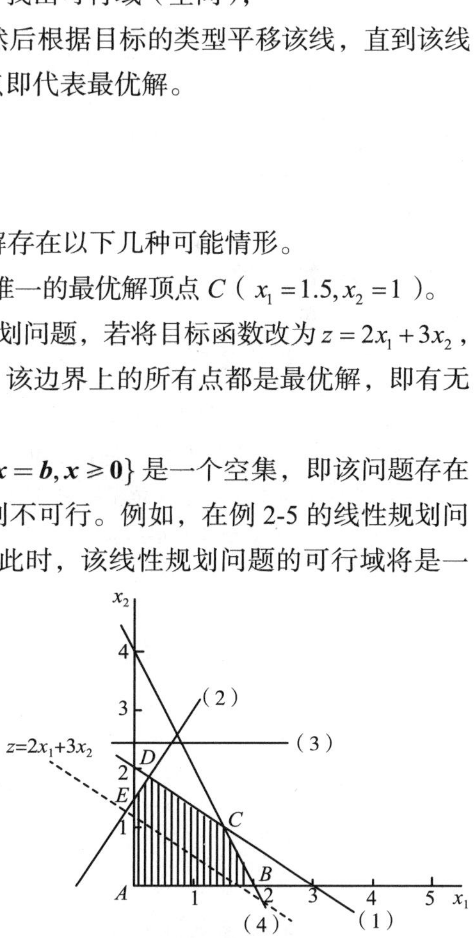

图 2-3 图解法无穷多最优解的情况

例2-6 用图解法求解线性规划问题。

$$\max\ z = x_1 + x_2$$
$$\text{s.t.}\begin{cases} -2x_1 + x_2 \leq 40 \\ x_1 - x_2 \leq 20 \\ x_1, x_2 \geq 0 \end{cases}$$

值得注意的是,无界解不是无可行解,可行域无界也并不一定意味着线性规划问题无界。如果目标函数的改善方向与可行域无界的方向相反,就可能存在最优解。如例2-6,当目标函数是求最小化时,该问题将有唯一最优解$(0,0)^T$。

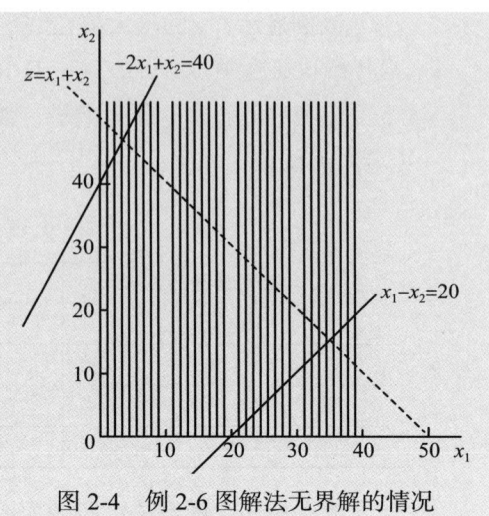

图 2-4 例 2-6 图解法无界解的情况

2.3 单纯形法

上一节讨论了线性规划问题的图解法,该方法虽然简单直观,然而它只便于求解两个决策变量的线性规划问题,当决策变量数等于或多于三个时,它就无能为力了。本节将探讨求解一般线性规划问题的单纯形法,该方法由美国的丹齐格提出,是目前普遍采用的线性规划求解方法。下面首先介绍一些相关的基本理论。

2.3.1 基本理论

1. 基与基解

定义 2-1 给定线性规划问题 $P: \max\{cx \mid Ax = b, x \geq 0\}$,$A$ 是 $m \times n$ 阶矩阵,$m < n$,若 B 是 A 的 $m \times m$ 满秩子矩阵,即非奇异子矩阵($|B| \neq 0$),则称 B 是线性规划问题的一个基。B 的各个列向量称作基向量,与各基向量相对应的变量称为基变量,用 x_B 表示。其他变量称为非基变量,用 x_N 表示。

例如,线性规划问题

$$\max z = 70x_1 + 120x_2$$
$$\text{s.t.}\begin{cases} 9x_1 + 4x_2 + x_3 = 360 \\ 4x_1 + 5x_2 + x_4 = 200 \\ 3x_1 + 10x_2 + x_5 = 300 \\ x_j \geq 0, j = 1, \cdots, 5 \end{cases}$$

其技术系数矩阵为

$$A = \begin{pmatrix} 9 & 4 & 1 & 0 & 0 \\ 4 & 5 & 0 & 1 & 0 \\ 3 & 10 & 0 & 0 & 1 \end{pmatrix}$$

A 的第 3、4、5 列向量构成的子矩阵

$$B = \begin{pmatrix} 1 & 0 & 0 \\ 0 & 1 & 0 \\ 0 & 0 & 1 \end{pmatrix}$$

是一个满秩矩阵，因而是该问题的一个基。

对应的，$x_B = (x_3, x_4, x_5)^T$ 是该基相应的基变量，而 $x_N = (x_1, x_2)^T$ 则是该基相应的非基变量。

注意，A 系数矩阵的基并不是唯一的。例如，上述矩阵 A 的第 2、4、5 列向量构成的子矩阵

$$B' = \begin{pmatrix} 4 & 0 & 0 \\ 5 & 1 & 0 \\ 10 & 0 & 1 \end{pmatrix}$$

也是一个满秩矩阵，因而它也是 A 的一个基，相应的基变量是 x_2, x_4, x_5，非基变量是 x_1, x_3。

定义 2-2 如果令所有非基变量取 0，则约束方程 $Ax = b$ 可改写为

$$Bx_B = b \tag{2-2}$$

由于 B 是满秩矩阵，方程（2-2）有唯一解 $x_B = B^{-1}b$，解 $x = (B^{-1}b, 0)$ 是给定线性规划问题的一个特殊的解，称为基解。基解不一定是可行解，只有满足非负条件的基解才是可行解，称为基可行解，对应的基称为可行基。

如前例，对于基

$$B = \begin{pmatrix} 1 & 0 & 0 \\ 0 & 1 & 0 \\ 0 & 0 & 1 \end{pmatrix}$$

令非基变量 $x_1 = 0, x_2 = 0$，得到一个基解 $x^{(0)} = (0, 0, 360, 200, 300)^T$。由于其所有值都非负，故它是一基可行解。相应的基 B 为可行基。但对另一个基

$$B' = \begin{pmatrix} 4 & 0 & 0 \\ 5 & 1 & 0 \\ 10 & 0 & 1 \end{pmatrix}$$

令其非基变量 $x_1 = 0, x_3 = 0$，得到一个基解 $(0, 90, 0, -250, -600)^T$，显然它不满足非负条件，因而不是可行解。

由上述定义可知，在基解中最多有 m 个分量取非 0 值。根据基变量取值情况，基可行解又可分为退化的基可行解和非退化的基可行解。基可行解中如果存在取 0 值的基变

量，则称该解为退化的基可行解，对应的基为退化基。如果基变量都不为 0，则称该解为非退化的基可行解，对应的基为非退化的可行基。由此可知，退化的基可行解中的非 0 分量一定小于 m，非退化的基可行解中的非 0 分量一定等于 m。如果线性规划问题的所有基可行解都是非退化的基可行解，则称该问题为非退化的线性规划问题。

2. 线性规划问题的基本性质

从图解法我们可以直观地看到，在二维的情况下，线性规划的可行域为一平面上的凸多边形。下面我们讨论一般意义下线性规划问题可行域的几何性质。

设 $x^1, x^2, \cdots, x^k$，是 n 维欧氏空间（记作 E^n）中的 k 个点，若存在 $\lambda_1, \lambda_2, \cdots, \lambda_k$，且 $0 \leq \lambda_i \leq 1$，$i=1,2,\cdots,k$，$\sum_{i=1}^{k} \lambda_i = 1$，设 $x = \lambda_1 x^1 + \lambda_2 x^2 + \cdots + \lambda_k x^k$，则称 x 是 $x^1, x^2, \cdots, x^k$ 的凸组合。

设 $D \in E^n$，如果对任意 $x, y \in D, 0 < \lambda < 1$，有 $\lambda x + (1-\lambda) y \in D$，则称 D 为凸集。从几何上解释，凸集是这样一种集合，在该集合内任取两点，两点连线上的任何点都在该集合内。凸集没有凹陷部分，平面上的圆、矩形和直线以及三维空间中的球体、立方体都是凸集。图 2-5 中的各图都是典型的非凸集，而图 2-6 就是典型的凸集。

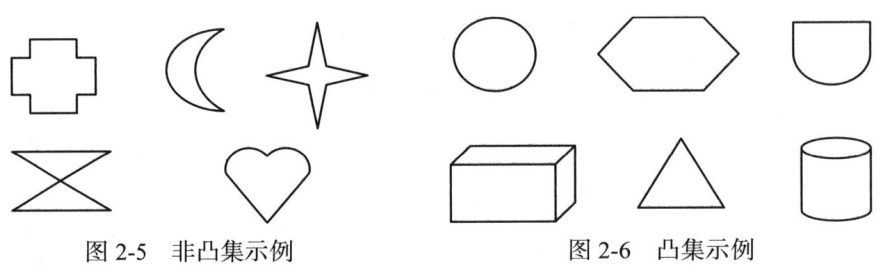

图 2-5　非凸集示例　　　　　　图 2-6　凸集示例

由前面的图解法可以看出，在二维情况下，线性规划的可行域是由若干个半平面相交而成的凸多边形，这一几何解释可以推广到 n 维情况，即有下面的定理成立。

定理 2-1　线性规划问题所有可行解组成的集合 $S = \{x \mid Ax = b, x \geq 0\}$ 是凸集。

证明：设 $x^{(1)}, x^{(2)}$ 是 S 中任意两个不同点，两点连线上任意一点 x 可表示成：
$$x = \alpha x^{(1)} + (1-\alpha) x^{(2)}, (0 \leq \alpha \leq 1)$$
由 $Ax^{(1)} = b$，$Ax^{(2)} = b$ 可得：$Ax = \alpha Ax^{(1)} + (1-\alpha) Ax^{(2)} = \alpha b + (1-\alpha) b = b$
并且由 $x^{(1)} \geq 0, x^{(2)} \geq 0$ 可得：$x \geq 0$。
因此，x 也属于集合 S。从而，线性规划问题的可行域是凸集。

定义 2-3　若 x 是凸集 D 中的点，且它不能表示成 D 中任何其他两个不同点 $x^{(1)}, x^{(2)}$ 的凸组合，则称 x 是 D 的顶点或极点。

直观上看，顶点一定出现在凸集的边界上，如矩形的四个顶点。又如，圆形的所有圆周上的点都是顶点。关于顶点和基可行解的关系有如下定理：

定理 2-2 线规划问题的基可行解对应可行域的顶点。

从例 2-5 的图解法可以看出，线性规划的最优解在可行域的顶点 C 上达到。这并不是偶然现象，事实上，这也可推广到 n 维的情形，即有下面的定理成立。

定理 2-3 若线性规划问题的可行域有界，则一定可以在可行域的某个顶点上达到最优。

从例 2-6 的图解法我们可以看出，若线性规划的可行域无界，则线性规划问题可能有最优解，也可能无最优解。若有最优解，则必在顶点上达到。从图 2-3 可以看出，目标函数也可能在多个顶点上达到最优值，这些顶点的凸组合也是最优值，即线性规划存在无穷多个最优解。

2.3.2 单纯形法的基本原理

前面关于线性规划的性质说明，线性规划问题若有最优解，则可行域的顶点一定有一个是最优解。由于基的数目总是有限的，最多 C_n^m 个，而基可行解的数目又不会超过基解数，因而基可行解的数目也是有限的，在基可行解集中一个个找下去，总可以找到最优解。因此单纯形法的基本思路是：从某个顶点（基可行解）出发，判断该顶点是否为最优解，如果不是，则设法转换到另一个使目标函数值有所改善的顶点（基可行解），继续判断是否为最优解，如此不断反复，经过有限次迭代，直到找到最优解，或判断出无最优解为止，如图 2-7 所示。

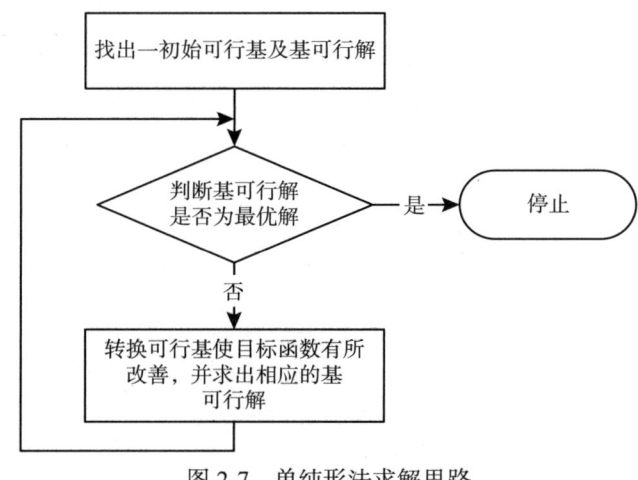

图 2-7 单纯形法求解思路

这里有三个问题需要解决：

（1）如何得到初始可行基？

（2）如何判断当前基可行解是否达到最优？

（3）如何转换到另一个基可行解？

例2-7

试以例2-1来讨论如何用单纯形法求解线性规划问题。

例2-1的标准型为

$$\max \ z = 3x_1 + 2x_2 + 5x_3 + 0x_4 + 0x_5 + 0x_6$$

$$\text{s.t.} \begin{cases} x_1 + 2x_2 + x_3 + x_4 = 430 \\ 3x_1 + 2x_3 + x_5 = 460 \\ x_1 + 4x_2 + x_6 = 420 \\ x_1, x_2, x_3, x_4, x_5, x_6 \geq 0 \end{cases} \tag{a}$$

其约束系数矩阵为

$$A = \begin{pmatrix} 1 & 2 & 1 & 1 & 0 & 0 \\ 3 & 0 & 2 & 0 & 1 & 0 \\ 1 & 4 & 0 & 0 & 0 & 1 \end{pmatrix} = (P_1, P_2, P_3, P_4, P_5, P_6)$$

通过直接观察可知，x_4, x_5, x_6 的系数列向量 P_4, P_5, P_6 可以组成一个 3×3 的初始可行基 B_0，并可知 $x_B = (x_4, x_5, x_6)^T$，$x_N = (x_1, x_2, x_3)^T$。

将式（a）约束方程中所有非基变量移到右边，用非基变量来表示所有基变量，可得：

$$\begin{cases} x_4 = 430 - x_1 - 2x_2 - x_3 & \text{①} \\ x_5 = 460 - 3x_1 - 2x_3 & \text{②} \\ x_6 = 420 - x_1 - 4x_2 & \text{③} \end{cases} \tag{b}$$

令非基变量 $x_1 = x_2 = x_3 = 0$，可得到 $x_B = (430, 460, 420)^T$，因此得到一个基可行解 $x^{(0)}$

$$x^{(0)} = (0, 0, 0, 430, 460, 420)^T$$

此时目标函数 $z = 0$，这是由于没有安排三种产品的生产，企业的加工能力没有被利用，所以企业没有产生利润。显而易见，$x^{(0)}$ 不是最优解。

从分析目标函数的表达式可以看出，非基变量 x_1, x_2 和 x_3 的系数分别为 3、2 和 5，均为正数。因此在 $x^{(0)}$ 中，当 x_1 增大时，即从 0 变为非 0 时，该问题的目标函数值 z 会相应地增大，同样的情况会发生在 x_2 或 x_3 增大时。因此，对于某一基可行解，在用其非基变量表示目标函数以后，可用非基变量在目标函数中的系数来判别该基可行解是否为最优解，此时称目标函数中非基变量的系数为检验数。

为使目标函数值有所改善，在 $x^{(0)}$ 中可使 x_1, x_2, x_3 其中一个从 0 变为非 0。由于 x_3 的系数较大，因此首先选择使 $x_3 > 0$，x_1, x_2 仍保持为 0，并保证 $x_4, x_5, x_6 \geq 0$。

$$\begin{cases} x_4 = 430 - x_3 \geq 0 \\ x_5 = 460 - 2x_3 \geq 0 \\ x_6 = 420 \geq 0 \end{cases}$$

从上式可以看出，只要取 $x_3 = \min\{430, 460/2, -\} = 230$

就有 $x_4 = 200 > 0$，$x_5 = 0$，$x_6 = 420 \geq 0$。

于是得到 $\boldsymbol{x}^{(1)} = (0, 0, 230, 200, 0, 420)^T$

显然，$\boldsymbol{x}^{(1)}$ 中非 0 分量对应的系数列向量 $\boldsymbol{P}_3, \boldsymbol{P}_4, \boldsymbol{P}_6$ 线性无关，可以组成一个基 $\boldsymbol{B}_1$，$\boldsymbol{x}^{(1)}$ 即为对应该基的基可行解。在从 $\boldsymbol{x}^{(0)}$ 到 $\boldsymbol{x}^{(1)}$ 的变换过程中，x_3 从 0 变为非 0，称为入基变量（换入变量），x_5 从非 0 变为 0，称为出基变量（换出变量）。

在 $\boldsymbol{x}^{(1)}$ 中，$\boldsymbol{x}_B = (x_3, x_4, x_6)^T$，$\boldsymbol{x}_N = (x_1, x_2, x_5)^T$。针对式（b）约束方程，再次用非基变量来表示所有基变量。其运算步骤是：先将②式的 $2x_3$ 和 x_5 对换，②′=②/2；①′=①-②′；③′=③，并将结果仍按原顺序排列，可得：

$$\begin{cases} x_4 = 200 + \dfrac{1}{2}x_1 - 2x_2 + \dfrac{1}{2}x_5 & \text{①′} \\ x_3 = 230 - \dfrac{3}{2}x_1 \quad\quad - \dfrac{1}{2}x_5 & \text{②′} \\ x_6 = 420 - \ x_1 - 4x_2 & \text{③′} \end{cases} \quad (c)$$

然后将式（c）代入式（a）目标函数 z，得到：

$$z = 1\,150 - \dfrac{9}{2}x_1 + 2x_2 - \dfrac{5}{2}x_5$$

令非基变量 $x_1 = x_2 = x_5 = 0$，得到 $z = 1\,150$。

由于 x_2 在目标函数中的系数为正数，因此 $\boldsymbol{x}^{(1)}$ 仍然不是最优解。

根据上述分析，选择 x_2 为入基变量，即 $x_2 > 0$，x_1, x_5 仍保持为 0，并保证 $x_3, x_4, x_6 \geq 0$。

根据式（c）得到：

$$\begin{cases} x_4 = 200 - 2x_2 \geq 0 \\ x_3 = 230 \geq 0 \\ x_6 = 420 - 4x_2 \geq 0 \end{cases}$$

从上式可以看出，只要取 $x_2 = \min\{200/2, -, 420/4\} = 100$

就有 $x_4 = 0$，$x_3 = 230 \geq 0$，$x_6 = 20 \geq 0$。

于是得到 $\boldsymbol{x}^{(2)} = (0, 100, 230, 0, 0, 20)^T$

显然，$\boldsymbol{x}^{(2)}$ 中非 0 分量对应的系数列向量 $\boldsymbol{P}_2, \boldsymbol{P}_3, \boldsymbol{P}_6$ 线性无关，可以组成一个基 $\boldsymbol{B}_2$，$\boldsymbol{x}^{(2)}$ 即为对应该基的基可行解。针对式（c）约束方程，再次用非基变量来表示所有基变量。其运算步骤是：先将①′式的 $2x_2$ 和 x_4 对换，①″=①′/2；②″=②′；③″=③-4×①″，并将结果仍按原顺序排列，可得：

$$\begin{cases} x_2 = 100 + \dfrac{1}{4}x_1 - \dfrac{1}{2}x_4 + \dfrac{1}{4}x_5 & \text{①″} \\ x_3 = 230 - \dfrac{3}{2}x_1 \quad\quad - \dfrac{1}{2}x_5 & \text{②″} \\ x_6 = 20 - 2x_1 + 2x_4 - x_5 & \text{③″} \end{cases} \quad (d)$$

然后将式（d）代入式（a）目标函数 z，得到：

$$z = 1\,350 - 4x_1 - x_4 - 2x_5$$

检查上述目标函数表达式，可见所有非基变量在目标函数中的系数都为负数。此时，选择任一非基变量作为入基变量，均会使目标函数值减少。因此，$\boldsymbol{x}^{(2)}$ 就是该问题的最优解，相应的目标函数最优值为 $z^* = 1\,350$。

通过上例，可以了解单纯形法求解线性规划问题的基本思路。下面讨论一般线性规划问题的求解。

1. 初始可行基的确定

（1）直观判断。对于形如 $P: \max\{cx \mid Ax = b, x \geq 0\}$ 的线性规划，对应 m 个约束条件，若通过直接观察可从 A 矩阵中可选出 m 个列向量组成一个 m 阶单位矩阵，即可将其作为初始可行基。

（2）加松弛变量。对于形如 $P: \max\{cx \mid Ax \leq b, x \geq 0\}$ 的线性规划，对应 m 个约束条件，通过在其每个约束条件左端加上一个松弛变量，将其化成标准型。此时，通过选择每个松弛变量系数的列向量可组成一个 m 阶单位矩阵，即可将其作为初始可行基。

（3）试探法。对于形如 $P: \max\{cx \mid Ax = b, x \geq 0\}$ 的线性规划，对应 m 个约束条件，采用试探的方式寻找一个基，再检查通过初等行变换能否成功得到一个 m 阶单位矩阵，若成功了，即可将其作为初始可行基。然而该方法可能需要多次试探，特别是当问题规模较大时，计算工作量太大。

（4）加人工变量。对于约束方程中存在约束条件是"$\geq$"形式的不等式及等式约束的情况，将其化成标准型后，不能直观地从约束系数阵选出 m 阶单位矩阵。此时，通过在约束条件左边人为加上几个非负的变量，总能使约束方程系数矩阵中构造一个 m 阶单位矩阵。关于这个方法将在第 2.4.1 节中进一步讨论。

2. 最优性检验和解的判别

考虑标准形式的线性规划：

$$\max \quad z = \sum_{j=1}^{n} c_j x_j$$

$$\text{s.t.} \begin{cases} \sum_{j=1}^{n} a_{ij} x_j = b_i, i = 1, 2, \cdots, m \\ x_j \geq 0, j = 1, 2, \cdots, n \end{cases}$$

假设已找到一个初始可行基 B，不妨设其由矩阵 A 的前 m 列构成，即 $B = (P_1, P_2, \cdots, P_m)$，并且通过初等行变换将基变换成如下形式：

$$\begin{aligned} x_1 \quad &+ \cdots + a'_{1,m+1} x_{m+1} + \cdots + a'_{1,n} x_n = b'_1 \\ x_2 &+ \cdots + a'_{2,m+1} x_{m+1} + \cdots + a'_{2,n} x_n = b'_2 \\ &\quad \vdots \\ x_m &+ a'_{m,m+1} x_{m+1} + \cdots + a'_{m,n} x_n = b'_m \end{aligned} \tag{2-3}$$

其中，$b'_i \geq 0 (i = 1, 2, \cdots, m)$，此处用 a'_{ij}, b'_i 表示变换后的约束方程系数和右端项，以区别于初始标准型的 a_{ij} 和 b_i。

式（2-3）的系数矩阵含有一个 m 阶单位矩阵，且右端项非负，我们称之为约束方程关于可行基 B 的**典则形式**，简称**典式**。

将式（2-3）所有非基变量移到右边，用非基变量来表示所有基变量，可得：

$$x_i = b'_i - \sum_{j=m+1}^{n} a'_{ij} x_j, i = 1, 2, \cdots, m \tag{2-4}$$

代入目标函数,可得:

$$\begin{aligned} z &= \sum_{j=1}^{n} c_j x_j = \sum_{i=1}^{m} c_i x_i + \sum_{j=m+1}^{n} c_j x_j \\ &= \sum_{i=1}^{m} c_i (b'_i - \sum_{j=m+1}^{n} a'_{ij} x_j) + \sum_{j=m+1}^{n} c_j x_j \\ &= \sum_{i=1}^{m} c_i b'_i + \sum_{j=m+1}^{n} (c_j - \sum_{i=1}^{m} c_i a'_{ij}) x_j \end{aligned} \tag{2-5}$$

令 $\sigma_j = c_j - \sum_{i=1}^{m} c_i a'_{ij} (j = m+1, m+2, \cdots, n)$,则 σ_j 称为非基变量 x_j 的检验数。显然基变量的检验数 $\sigma_j = c_j - \sum_{i=1}^{m} c_i a'_{ij} = c_j - c_j a'_{jj} = c_j - c_j = 0 (j = 1, 2, \cdots, m)$。

又令 $z_0 = \sum_{i=1}^{m} c_i b'_i$,于是目标函数可表示为

$$z = z_0 + \sum_{j=m+1}^{n} \sigma_j x_j = z_0 + \sigma_{m+1} x_{m+1} + \sigma_{m+2} x_{m+2} + \cdots + \sigma_n x_n \tag{2-6}$$

从上式可看出,当所有非基变量的检验数 $\sigma_j \leq 0 (j = m+1, m+2, \cdots, n)$ 时,由于变量的非负性限制,在 $x_j = 0 (j = m+1, m+2, \cdots, n)$ 时,目标函数值最大,即此时基可行解是最优解。因此,我们得到检验当前基可行解是否为最优的方法:若所有检验数都小于或等于 0,则当前基可行解为最优解。

特别地,当某个 $\sigma_k = 0 (k = m+1, m+2, \cdots, n)$ 时,可知线性规划问题有无穷多个最优解。因为只要保证基变量非负,非基变量 x_k 取任意非负值时,其目标值都等于最优目标值。

而当存在某个 $\sigma_k > 0 (k = m+1, m+2, \cdots, n)$ 时,考虑非基变量 x_k 由 0 增加到 $\theta > 0$,其他非基变量仍然保持为 0,此时目标函数值为

$$z = z_0 + \sigma_k \theta$$

从该式可见,θ 越大,目标函数值越大。

再考虑其对应的约束系数向量 $\boldsymbol{P}'_k = (a'_{1k}, a'_{2k}, \cdots, a'_{mk})^\mathrm{T}$,若 $\boldsymbol{P}'_k \leq \boldsymbol{0}$,则根据式(2-4)用非基变量来表示所有基变量 $x_i = b'_i - \theta a'_{ik} \geq 0 (i = 1, 2, \cdots, m)$。这说明不管 θ 取值多大,对应的解都在可行域内,且 θ 越大,目标函数值越大。当 $\theta \to +\infty$ 时,有 $z = z_0 + \sigma_k \theta \to +\infty$,因而线性规划问题最优解无界,可停止计算。

以上说明了如何判断当前基可行解是否最优。需要说明的是,本书以最大化目标函数为标准形式。若以最小化目标函数为标准形式,则相应的,当所有检验数 $\sigma_j \geq 0 (j = 1, 2, \cdots, n)$ 时,线性规划达到最优解;当所有的检验数 $\sigma_j \geq 0$,且某个非基变量的检验数 $\sigma_k = 0$ 时,线性规划问题有无穷多最优解;当某个检验数 $\sigma_k < 0$,且 $\boldsymbol{P}'_k \leq \boldsymbol{0}$ 时,线性规划问题具有无界解。

3. 基变换

若通过最优性检验不能判别当前基可行解是最优解，亦不能判别线性规划问题无界时，则需要寻找另外的基可行解，使目标函数有所改善。具体的做法是从原基可行解集中换入一个非基变量对应的列向量，得到一个新的可行基，该过程称为基变换。为了换基，先要确定入基变量，再确定出基变量，接下来通过变换方法让它们相应的系数列向量进行对换，便可得到一个新的基可行解。

（1）入基变量的确定。由式（2-6）知，当某些 $\sigma_j > 0 (j = m+1, m+2, \cdots, n)$ 时，x_j 从 0 开始增大则目标函数还可以增大。此时虽然任选一个 x_j 作为入基变量均能使目标函数增大，但是为了使目标函数增大得快，当存在多个 $\sigma_j > 0$ 时，通常选择最大者，即 $\max\{\sigma_j | \sigma_j > 0\} = \sigma_k$，对应的 x_k 为入基变量。

（2）出基变量的确定。入基变量 x_k 确定后，考虑 x_k 由 0 增大到 θ，其他非基变量仍然保持为 0。x_k 对应的约束系数向量为 $\boldsymbol{P}_k' = (a_{1k}', a_{2k}', \cdots, a_{mk}')^\mathrm{T}$，若 $\boldsymbol{P}_k'$ 有正分量，则用非基变量来表示所有基变量，为了保证解可行，需要 $x_i = b_i - \theta a_{ik}' \geq 0 (a_{ik}' > 0)$，因而 θ 最大只能取：

$$\theta = \min\left\{\frac{b_i'}{a_{ik}'} \mid a_{ik}' > 0\right\} = \frac{b_l'}{a_{lk}'}$$

上式的含义是对所有 $a_{ik}' > 0$ 计算比值 b_i' / a_{ik}'，然后取其中最小者为 θ 值，并假定比值在下标为 l 的基分量中达到最小。该确定入基变量的方法被称为 θ **规则**，或**最小比值规则**。为了确保新的基仍然是单位矩阵，系数矩阵应相应有所变化。此时，可通过初等行变换，将 $\boldsymbol{P}_k'$ 中的系数 a_{lk}'（称作主元）变换为 1，而其他系数变换为 0，即 $\boldsymbol{P}_k' = (a_{1k}', a_{2k}', \cdots, a_{lk}', \cdots, a_{mk}')^\mathrm{T}$ 变换为 $(0, \cdots, 1, \cdots, 0)^\mathrm{T}$。从而实现 x_k 入基，x_l 出基。该变换过程被称为**基变换**，实则可以通过以 a_{lk}' 为主元，用高斯消去法来实现，亦被称为**旋转变换**，其变换公式如下：

$$a_{ij}'' = \begin{cases} a_{ij}' - \dfrac{a_{lj}'}{a_{lk}'} a_{ik}' & (i \neq l) \\ \dfrac{a_{lj}'}{a_{lk}'} & (i = l) \end{cases} \tag{2-7}$$

$$b_i'' = \begin{cases} b_i' - \dfrac{b_l'}{a_{lk}'} a_{ik}' & (i \neq l) \\ \dfrac{b_l'}{a_{lk}'} & (i = l) \end{cases} \tag{2-8}$$

2.3.3 单纯形表及其计算

为了简化单纯形法的计算，人们专门设计了单纯形表。单纯形表实际是线性规划的目标函数系数结合其典则形式的表格化。其表格结构形式如表 2-4 所示。

表 2-4 单纯形表的结构

$c_j \rightarrow$		c_1	...	c_l	...	c_m	c_{m+1}	...	c_k	...	c_n	b	θ
c_B	x_B	x_1	...	x_l	...	x_m	x_{m+1}	...	x_k	...	x_n		
c_1	x_1	1	...	0	...	0	$a_{1,m+1}$	...	$a_{1,k}$	...	$a_{1,n}$	b_1	
⋮	⋮											⋮	
c_l	x_l	0	...	1	...	0	$a_{l,m+1}$	...	$a_{l,k}$	...	$a_{l,n}$	b_l	
⋮	⋮											⋮	
c_m	x_m	0	...	0	...	1	$a_{m,m+1}$	...	$a_{m,k}$	...	$a_{m,n}$	b_m	
σ_j		0	...	0	...	0	σ_{m+1}	...	σ_k	...	σ_n	z	

注：为了使表示简洁，省略了 a_{ij}，b_i 和 b 的上标 "'"。

在单纯形表中，第一行的第一个单元格是行标题 $c_j \rightarrow$，接下来 n 列对应的是目标函数系数值。第二行是表头，其中 c_B，x_B 分别标识基变量的目标函数系数和基变量向量，其各列下面对应的 m 个单元格分别为具体的基变量目标函数系数值和基变量。第一行目标函数系数值 $c_j(j=1,2,\cdots,n)$ 与第二行表头变量 $x_j(j=1,2,\cdots,n)$ 以列的方式一一对应。表的中间主要部分（第 3 行第 3 列至第 $m+2$ 行第 $n+2$ 列）对应的是线性规划约束系数矩阵。

单纯形表第一行倒数第二个单元格 b 标识典则形式的右端项，其列下的 m 个单元格对应 $b_i(i=1,2,\cdots,m)$ 的具体值，也是基变量的当前解值。单纯形表第一行最后一个单元格 θ 标识最小比值，若需要确定出基变量，则其列下 m 个单元格对应具体的 θ 值，其值为同行对应右端项与主元列大于 0 的系数值之比，若对应的主元列元素 ≤ 0，则用 "−" 填充。

单纯形表最后一行是检验数行。第一个单元格为行标题 σ_j，接下来 n 列对应变量的检验数值，其中基变量的检验数为 0，非基变量的检验数值为 $\sigma_j = c_j - \sum_{i=1}^{m} c_i a_{ij}$，即非基变量的检验数为其对应的目标函数系数值减去 c_B 列 m 个基变量目标函数系数值与 x_j 列同行对应的 m 个系数值分别相乘之和。检验数行倒数第二个单元格对应当前目标函数的最优值 $z = \sum_{i=1}^{m} c_i b_i$，即 c_B 列 m 个基变量目标函数系数值与 b 列同行对应的 m 个右端项值分别相乘之和。

一个基对应一个单纯形表，且单纯形表中必须有一个单位基。表 2-4 可被称为**初始单纯形表**，当当前基可行解不是最优解时，每进行一次基变换，便可构造一个新的单纯形表，新的单纯形表仍包含一个单位基。

下面给出基于单纯形表的单纯形法的具体计算步骤。

（1）将问题化为标准型，找出初始可行基，建立初始单纯形表。

（2）计算检验数，若各检验数 $\sigma_j \leq 0$，则已得到最优解，可停止计算；否则进入步骤（3）。

（3）若存在 $\sigma_k > 0$，且相应的列向量 $P_k \leq 0$，则问题无界，停止计算；否则进入步骤（4）。

（4）根据 $\max\{\sigma_j | \sigma_j > 0\} = \sigma_k$，确定 x_k 为入基变量，相应的列为主元列；计算 $\theta = \min\{b_i / a_{ik} | a_{ik} > 0\} = b_l / a_{lk}$ 确定出基变量 x_l，相应的行为主元行，主元列与主元行相交位置

的 a_{lk} 为主元，进入步骤（5）。

（5）进行基变换（旋转变换），把 x_k 所对应的列变换为单位列向量（主元 a_{lk} 变为1）。其具体运算（针对包含系数矩阵和右端项在内的行元素）如下：

① 把主元行除以主元 a_{lk} 得到新表最先行（新表 x_k 所在行）；

② 对于非主元行（$i \neq l$），新表第 i 行 = 旧表第 i 行 $- a_{ik} \times$（新表最先行）；

其中，a_{ik} 是旧表第 i 行在主元列位置的系数值。

将 x_B 列中的 x_l 换为 x_k，得到新的单纯形表，重复（2）~（5），直到可停止计算。

下面通过几个具体的例子来描述基于单纯形表的单纯形法计算步骤。

例2-8

用单纯形表计算例2-1生产计划问题。

解： 根据例2-1的标准型，选取松弛变量 x_4, x_5, x_6 为基变量，其对应的列向量构成一个单位阵，以其作为初始可行基，建立初始单纯形表2-5。

表2-5 例2-1的初始单纯形表

	$c_j \to$	3	2	5	0	0	0	b	θ
c_B	x_B	x_1	x_2	x_3	x_4	x_5	x_6		
0	x_4	1	2	1	1	0	0	430	430/1=430
0	x_5	3	0	(2)	0	1	0	460	460/2=230
0	x_6	1	4	0	0	0	1	420	—
	σ_j	3	2	5	0	0	0	0	

在计算检验数行时，非基变量对应的检验数 σ_j 为其对应的目标函数系数值 c_j 减去 c_B 列基变量目标函数系数值与 x_j 列同行对应的系数值分别相乘之和，即

$$\sigma_1 = 3 - (0 \times 1 + 0 \times 3 + 0 \times 1) = 3$$
$$\sigma_2 = 2 - (0 \times 2 + 0 \times 0 + 0 \times 4) = 2$$
$$\sigma_3 = 5 - (0 \times 1 + 0 \times 2 + 0 \times 0) = 5$$

基变量对应的检验数可按上述方法计算，亦可根据单纯形原理直接填入0。因非基变量对应的检验数均大于0，且其列向量有正分量存在，转入下一步。

根据 $\max\{\sigma_1, \sigma_2, \sigma_3\} = \max\{3,2,5\} = 5$，确定 x_3 为入基变量，其对应的列为主元列。接下来计算最小比值 $\theta = \min\{b_i/a_{i3} | a_{i3} > 0\} = \min(430/1, 460/2, -) = 230$，它所在行对应的 x_5 为出基变量，同时确定其所在行为主元行，并确定 x_3 所在列与 x_5 所在行交叉处2为主元，在单纯形表中用括号标识。

接下来以（2）为主元进行旋转运算。首先将 x_5 所在主元行的系数值和右端项除以主元2得到新表的最先行（见表2-6第4行），接下来新表的第3行为旧表的第3行减去1乘以新表的最先行（第4行）（如 $-\frac{1}{2} = 1 - 1 \times \frac{3}{2}$），新表的第5行为旧表的第5行减去0乘以新表的最先行（第4行）（如 $1 = 1 - 0 \times \frac{3}{2}$）。当然，这里是为了讲解原理，实际的人工计算得到新表的第3行和第5行可以

不必如此机械。

表 2-6 单纯形表迭代

$c_j \rightarrow$		3	2	5	0	0	0	b	θ
c_B	x_B	x_1	x_2	x_3	x_4	x_5	x_6		
0	x_4	-1/2	(2)	0	1	-1/2	0	200	200/2=100
5	x_3	3/2	0	1	0	1/2	0	230	—
0	x_6	1	4	0	0	0	1	420	420/4=105
σ_j		-9/2	2	0	0	-5/2	0	1 150	

完成上述计算后,把表 2-5 x_B 列的 x_5 换为 x_3,并将同一行最左端的目标函数系数值换为 5,得到新的单纯形表(见表 2-6)。

计算检验数行,仍有非基变量 x_2 对应的检验数大于 0,故以其所在列为主元列,再通过 θ 规则确定 x_4 所在行为主元行,继续迭代运算得表 2-7。

表 2-7 最优单纯形表

$c_j \rightarrow$		3	2	5	0	0	0	b	θ
c_B	x_B	x_1	x_2	x_3	x_4	x_5	x_6		
2	x_2	-1/4	1	0	1/2	-1/4	0	100	
5	x_3	3/2	0	1	0	1/2	0	230	
0	x_6	2	0	0	-2	1	1	20	
σ_j		-4	0	0	-1	-2	0	1 350	

因表 2-7 中所有的检验数均小于或等于 0,说明已经得到最优解,其解为 $x_1=0$,$x_2=100, x_3=230, x_4=0, x_5=0, x_6=20$,最优目标函数值为 1 350。

例2-9

用单纯形表求解线性规划问题。

$$\max z = 3x_1 - 3x_2 + 5x_4 - x_5$$
$$\text{s.t.} \begin{cases} x_1 - 2x_3 + 2x_4 = 12 \\ x_2 - 2x_3 = 1 \\ -4x_3 + 3x_4 + x_5 = 27 \\ x_1, x_2, \cdots, x_5 \geq 0 \end{cases}$$

解: 该问题已经是标准型,且很显然 x_1, x_2, x_5 三个变量的约束系数向量构成一个单位阵。我们以其作为初始基,得到初始单纯形表(见表 2-8)。从表 2-8 的检验数行可见,x_4 对应的检验数 $\sigma_4 = 2 > 0$。说明当前基可行解 $x_1=12, x_2=1, x_3=0, x_4=0, x_5=27$ 不是最优解。选择 x_4 为入基变量,计算 $\theta = \min\left\{\dfrac{12}{2}, -, \dfrac{27}{3}\right\} = 6$,对应的基变量为 x_1。因此,选 x_1 为出基变量。

表 2-8 例 2-9 的初始单纯形表

$c_j \rightarrow$		3	-3	0	5	-1	b	θ
c_B	x_B	x_1	x_2	x_3	x_4	x_5		
3	x_1	1	0	-2	(2)	0	12	12/2=6
-3	x_2	0	1	-2	0	0	1	—
-1	x_5	0	0	-4	3	1	27	27/3=9
	σ_j	0	0	-4	2	0	6	

以（2）为主元进行旋转变换，并重新计算检验数，得到新的单纯形表（见表 2-9）。

表 2-9 旋转变换后的单纯形表

$c_j \rightarrow$		3	-3	0	5	-1	b	θ
c_B	x_B	x_1	x_2	x_3	x_4	x_5		
5	x_4	1/2	0	-1	1	0	6	
-3	x_2	0	1	-2	0	0	1	
-1	x_5	-3/2	0	-1	0	1	9	
	σ_j	-1	0	-2	0	0	18	

此时，从表中最后的检验数行可见，所有检验数都小于或等于 0，说明已经得到最优解，其解为 $x_1=0, x_2=1, x_3=0, x_4=6, x_5=9$，目标值为 18。

例 2-10

用单纯形表示求解下列线性规划问题。

$$\max z = 4x_1 + x_2$$

$$\text{s.t.} \begin{cases} -x_1 + x_2 \leq 2 \\ x_1 - 4x_2 \leq 4 \\ x_1 - 2x_2 \leq 8 \\ x_1, x_2 \geq 0 \end{cases}$$

解： 加入松弛变量后，单纯形表计算如表 2-10 所示。

表 2-10 例 2-10 的单纯形表迭代计算

$c_j \rightarrow$		4	1	0	0	0	b	θ
c_B	x_B	x_1	x_2	x_3	x_4	x_5		
0	x_3	-1	1	1	0	0	2	—
0	x_4	(1)	-4	0	1	0	4	4
0	x_5	1	-2	0	0	1	8	8
	σ_j	4	1	0	0	0	0	
0	x_3	0	-3	1	1	0	6	—

（续）

	$c_j \to$		4	1	0	0	0	b	θ
c_B		x_B	x_1	x_2	x_3	x_4	x_5		
4		x_1	1	−4	0	1	0	4	−
0		x_5	0	(2)	0	−1	1	4	2
	σ_j		0	17	0	−4	0	16	
0		x_3	0	0	1	−1/2	3/2	12	
4		x_1	1	0	0	−1	2	12	
1		x_2	0	1	0	−1/2	1/2	2	
	σ_j		0	0	0	9/2	−17/2	50	

第三次迭代时，有正检验数的非基变量 x_4 对应的列向量都为负。由前面对单纯形法原理的讨论可知，该问题无界，因而可停止计算。

线性规划问题有时存在多个最优基可行解。多个最优基可行解被称为替换最优基可行解。从几何意义上解释，存在多个最优解的原因是线性规划目标函数构成的超平面平行于线性规划可行域凸多面体的一个界面，此时该界面上的顶点都是最优基可行解。只要有多个最优基可行解，就存在无数个最优可行解，因为任何最优可行解的凸组合仍是最优可行解，这样的凸组合有无穷多个。不过，线性规划问题只有有限个最优基可行解，并可通过继续迭代找出所有最优基可行解。请看下例。

例2-11

用单纯形表求解下列线性规划问题。

$$\max\ z = 2x_1 + 4x_2$$

$$\text{s.t.} \begin{cases} x_1 + \frac{1}{4}x_4 = 4 \\ -2x_3 + \frac{1}{2}x_4 \leq 4 \\ x_2 + \frac{1}{2}x_3 - \frac{1}{8}x_4 = 2 \\ x_i \geq 0, (i=1,2,3,4) \end{cases}$$

解：引入松弛变量 x_5，将原问题化为标准型，用单纯形表计算如表 2-11 所示。

表 2-11 替换最优解的单纯形表

	$c_j \to$		2	4	0	0	0	b	θ
c_B		x_B	x_1	x_2	x_3	x_4	x_5		
2		x_1	1	0	0	1/4	0	4	16

（续）

$c_j \to$		2	4	0	0	0		
c_B	x_B	x_1	x_2	x_3	x_4	x_5	b	θ
0	x_5	0	0	-2	(1/2)	1	4	8
4	x_2	0	1	1/2	$-1/8$	0	2	—
	σ_j	0	0	-2	0	0	16	
2	x_1	1	0	1	0	$-1/2$	2	
0	x_4	0	0	-4	1	2	8	
4	x_2	0	1	0	0	1/4	3	
	σ_j	0	0	-2	0	0	16	

初始基变量为 x_1, x_2, x_5，非基变量为 x_3, x_4。非基变量的检验数已满足最优性条件，解 $\boldsymbol{x}^* = (4,2,0,0,4)^\mathrm{T}$ 是一个最优解，目标函数值为 16。值得注意的是，表中非基变量 x_4 的检验数是 0，如果让 x_4 入基，目标函数值不会发生变化，因此可以继续迭代，寻找另一个解。迭代后的基变量为 x_1, x_2, x_4，非基变量为 x_3, x_5。解 $\boldsymbol{x}^* = (2,3,0,8,0)^\mathrm{T}$ 是另一个最优解，目标函数值仍为 16。

从上例还可以得到替代最优解的存在条件，即当最优单纯形表中有非基变量的检验数为 0 时，线性规划问题有替代最优解。寻找替代最优解有一定的实际意义，它可以提供更多的最优方案供决策者决策时参考。

2.4 单纯形法的进一步讨论

2.4.1 人工变量法

前面单纯形法的示例中，初始单纯形表中已经包含了一个单位基，从而可以从该初始可行基出发进行迭代。然而，若给出的问题没有单位基怎么办？尽管可采用试探的方式寻找可行基，再通过初等行变换得到单位基，但是该方法比较麻烦，特别是当问题规模较大时。下面介绍的大 M 法和两阶段法，则可避免这样的试探寻找。它们通过引入人工变量直接构造单位基，非常方便。

1. 大M法

对标准形式的线性规划问题 A：

$$\max\ z = c_1x_1 + c_2x_2 + \cdots + c_nx_n$$

$$\text{s.t.}\begin{cases} a_{11}x_1 + a_{12}x_2 + \cdots + a_{1n}x_n = b_1 \\ a_{21}x_1 + a_{22}x_2 + \cdots + a_{2n}x_n = b_2 \\ \qquad\qquad\vdots \\ a_{m1}x_1 + a_{m2}x_2 + \cdots + a_{mn}x_n = b_m \\ x_1, x_2, \cdots, x_n \geq 0 \end{cases}$$

若其约束方程的系数矩阵中不存在单位基，则引入人工变量 $x_{n+1}, x_{n+2}, \cdots, x_{n+m}$ 构造如下形式的线性规划问题 B：

$$\max\ z = c_1 x_1 + c_2 x_2 + \cdots + c_n x_n - M x_{n+1} - \cdots - M x_{n+m}$$

$$\text{s.t.} \begin{cases} a_{11}x_1 + a_{12}x_2 + \cdots + a_{1n}x_n + x_{n+1} = b_1 \\ a_{21}x_1 + a_{22}x_2 + \cdots + a_{2n}x_n\quad\ \ + x_{n+2} = b_2 \\ \qquad\qquad\qquad\vdots \\ a_{m1}x_1 + a_{m2}x_2 + \cdots + a_{mn}x_n\quad\ \ + x_{n+m} = b_m \\ x_1, x_2, \cdots, x_n, x_{n+1}, \cdots, x_{n+m} \geq 0 \end{cases}$$

这里目标函数中的 M 为充分大的正数。对原问题 A 来说，B 中新引入的人工变量其实是多余的。如果人工变量在最后的结果中取正值，则表明该解不满足原问题的约束条件，也即原问题无解。因此，只有当人工变量都变为非基变量或都为 0 时，引入人工变量的问题才与原问题等价。

大 M 法实质上是一种罚函数法，具体体现为，在最大化目标函数中赋予人工变量一个很大的负系数（$-M$）进行惩罚，若线性规划以最小化作为标准型，则在最小化目标函数中赋予人工变量一个很大的正系数（$+M$）进行惩罚。由于人工变量对目标函数有很大的负影响，单纯形法的寻优机制会自动将人工变量赶到基外，从而找到一个原问题的可行基。

用单纯形表计算时，可直接在目标函数中使用 M 参数，通过检验数表达式化简后 M 的系数大小判断完成单纯形迭代。用计算机计算时，由于计算机无法直接使用参数计算，M 必须赋予一个较大的值，并视求解的情况对 M 值调整。如果给定 M 后，迭代计算所得基已不含人工变量，且满足最优解的检验，则此时的基即为最优基，解即为最优可行解。如果给定的 M 足够大，计算至满足最优解检验，但此时基变量仍含有人工变量，则可判断原问题无可行解。

例2-12

用大 M 法求解下列线性规划问题。

$$\min\ z = 2x_1 + 3x_2$$

$$\text{s.t.} \begin{cases} 2x_1 + x_2 \leq 16 \\ x_1 + 3x_2 \geq 20 \\ x_1 + x_2 = 10 \\ x_1, x_2 \geq 0 \end{cases}$$

解：引入松弛变量与人工变量，因为是求最小化问题，所以目标函数中人工变量的系数取正的大 M：

$$\min\ z = 2x_1 + 3x_2 + 0x_3 + 0x_4 + Mx_5 + Mx_6$$

$$\text{s.t.} \begin{cases} 2x_1 + x_2\qquad\ \ + x_4 \qquad\qquad = 16 \\ x_1 + 3x_2 - x_3 \qquad + x_5 \qquad = 20 \\ x_1 + x_2 \qquad\qquad\qquad\quad + x_6 = 10 \\ x_1, x_2, x_3, x_4, x_5, x_6 \geq 0 \end{cases}$$

其中，x_3 是剩余变量，x_4 是松弛变量，x_5 和 x_6 是人工变量。单纯形表迭代如表 2-12 所示。

表 2-12 大 M 法的单纯形表

$c_j \rightarrow$		2	3	0	0	M	M	b	θ
c_B	x_B	x_1	x_2	x_3	x_4	x_5	x_6		
0	x_4	2	1	0	1	0	0	16	16
M	x_5	1	(3)	-1	0	1	0	20	20/3
M	x_6	1	1	0	0	0	1	10	10
	σ_j	$2-2M$	$3-4M$	M	0	0	0	$30M$	
0	x_4	5/3	0	1/3	1	$-1/3$	0	28/3	28/5
3	x_2	1/3	1	$-1/3$	0	1/3	0	20/3	20
M	x_6	(2/3)	0	1/3	0	$-1/3$	1	10/3	5
	σ_j	$1-2M/3$	0	$1-M/3$	0	$-1+4M/3$	0	$20+10M/3$	
0	x_4	0	0	$-1/2$	1	1/2	$-5/2$	1	
3	x_2	0	1	$-1/2$	0	1/2	$-1/2$	5	
2	x_1	1	0	1/2	0	$-1/2$	3/2	5	
	σ_j	0	0	1/2	0	$M-1/2$	$M-3/2$	25	

经过 3 次迭代后，得到了最优解。因为线性规划是以求最小化问题为标准型的，因此最优解检验准则为所有检验数大于或等于 0。

引入大 M 后，计算时可认为它比任何可能出现的实数都要大，就可进行计算和比较了。大 M 法的优点是方法比较直观，易于理解和手工计算，缺点是当使用计算机时，由于 M 值需要人为确定，若其值非常大，容易引起数值计算上的溢出，所以一些商业软件大多都不使用大 M 法，而是使用另外一种方法——两阶段法。

2. 两阶段法

顾名思义，两阶段法是将线性规划求解过程分为两个阶段。第一阶段只是寻找一个初始可行基，第二阶段再按正常方法寻找最优解。

第一阶段：与大 M 法类似，在原问题中引入人工变量并构造一个单位基，另构造一个新的求极小值的目标函数，该目标函数除人工变量的系数为 1 以外，其余变量的目标函数系数都为 0。求解该线性规划问题，如果得到的最优解值为 0，表明所有的人工变量都已经不在其中。此时，第一阶段的最优解即原问题的一个基可行解。

第二阶段：将原目标函数系数换回，以第一阶段得到的可行基为初始基迭代，直到找到最优基为止。在第二阶段的迭代中可以删去所有人工变量，保留它们只会增加不必要的计算。下面举例说明两阶段法求解过程。

例2-13

用两阶段法求解例 2-7 的线性规划问题。

解： 构造第一阶段问题

$$\min z = x_5 + x_6$$

$$\text{s.t.} \begin{cases} 2x_1 + x_2 + x_4 = 16 \\ x_1 + 3x_2 - x_3 + x_5 = 20 \\ x_1 + x_2 + x_6 = 10 \\ x_1, x_2, x_3, x_4, x_5, x_6 \geq 0 \end{cases}$$

第一阶段问题求解过程如表 2-13 所示。

表 2-13　第一阶段的单纯形表

$c_j \to$		0	0	0	0	1	1	b	θ
c_B	x_B	x_1	x_2	x_3	x_4	x_5	x_6		
0	x_4	2	1	0	1	0	0	16	16
1	x_5	1	(3)	−1	0	1	0	20	20/3
1	x_6	1	1	0	0	0	1	10	10
σ_j		−2	−4	1	0	0	0	30	
0	x_4	5/3	0	1/3	1	−1/3	0	28/3	28/5
0	x_2	1/3	1	−1/3	0	1/3	0	20/3	20
1	x_6	(2/3)	0	1/3	0	−1/3	1	10/3	5
σ_j		−2/3	0	−1/3	0	4/3	0	10/3	
0	x_4	0	0	−1/2	1	1	−5/2	1	
0	x_2	0	1	−1/2	0	1/2	−1/2	15/3	
0	x_1	1	0	1/2	0	−1/2	3/2	5	
σ_j		0	0	0	0	1	1	0	

经过第一阶段的迭代，已经找到一个可行基，将原目标函数系数换回，并且删去人工变量，得到第二阶段的问题，求解如表 2-14 所示。

表 2-14　第二阶段的单纯形表

$c_j \to$		2	3	0	0	b	θ
c_B	x_B	x_1	x_2	x_3	x_4		
0	x_4	0	0	−1/2	1	1	
3	x_2	0	1	−1/2	0	15/3	
2	x_1	1	0	1/2	0	5	
σ_j		0	0	1/2	0	25	

此处，第二阶段的问题，基于检验数计算结果进行判别，发现不用继续迭代就已经是最优解了。

大 M 法及两阶段法的主要目的是帮助构造初始可行基，当迭代至基变量中不存在人工变量时，就成功构造了可行基。当进行人工计算时，若接下来需要进一步迭代计算，均可在单纯形表中删除人工变量，这样可减少计算，且不影响最终的最优化求解结果。

2.4.2 退化与循环

单纯形法计算中，用 θ 规则确定出基变量时，有时可能存在两个或两个以上相同的最小比值，在下一次迭代中就会有一个或多个基变量等于 0，出现解的退化情况。曾经有人构造了一个特例，当出现退化时，进行多次迭代，会出现循环，永远达不到最优解。

尽管单纯形法计算过程中的循环现象极少出现，但还是有可能的。关于如何解决这类问题，避免退化与循环，先后有人提出了"摄动法""辞典序法"等。1974 年，勃兰特（Bland）提出了一种简便方法，可以有效地避免循环的出现。该方法中入基、出基变量的确定规则如下：

（1）选择 $\sigma_j > 0$ 中下标最小的非基变量 x_k 为入基变量，即 $k = \min\{j | \sigma_j > 0\}$。

（2）当按 θ 规则计算存在两个或两个以上最小比值时，选取下标最小的基变量为出基变量。

2.4.3 单纯形法的矩阵描述

通过 2.1 节的分析可知，任何形式的线性规划问题，采用一定的转化方法，均可转化为标准型。转化为标准型后，假设问题存在可行解，通过单纯形初始可行基确定方法总能找到一个初始可行基 B。此时线性规划的变量可分为基变量 x_B 和非基变量 x_N，其价值系数也分为 c_B 和 c_N，其价值系数矩阵一块为 B，其列向量对应基变量 x_B 的系数向量，另一块为 N，其列向量对应非基变量 x_N 的系数向量。于是可以列出单纯形法的矩阵表达方式：

$$\max \ z = cx \\ \text{s.t.} \begin{cases} Ax = b \\ x \geq 0 \end{cases} \tag{2-9}$$

之所以这样是因为它可使线性规划形式更为简洁，也便于进行理论分析，以及后续章节对偶理论和灵敏度分析的学习。

虽然式（2-9）由于其他变量的加入，实际上有别于线性规划原始数学模型，但是为了便于分析，仍用 c 表示价值向量，A 表示技术系数阵，b 表示右端常数向量，其中，

$$A = (B, N), \quad x = (x_B, x_N)^T, \quad c = (c_B, c_N)$$

目标函数：
$$\max z = cx = (c_B, c_N) \begin{pmatrix} x_B \\ x_N \end{pmatrix} = c_B x_B + c_N x_N \tag{2-10}$$

约束条件：
$$Ax = (B, N) \begin{pmatrix} x_B \\ x_N \end{pmatrix} = B x_B + N x_N = b \tag{2-11}$$

非负条件：
$$x_B, x_N \geq 0 \quad (2\text{-}12)$$

由式（2-11）可得：
$$x_B = B^{-1}b - B^{-1}NX_N \quad (2\text{-}13)$$

将式（2-13）代入目标函数式（2-10）可得：
$$\begin{aligned}z &= c_B(B^{-1}b - B^{-1}N) + c_N x_N \\ &= c_B B^{-1}b + (c_N - B^{-1}N)x_N\end{aligned} \quad (2\text{-}14)$$

令 $x_N = 0$，可得基可行解：
$$x^{(0)} = (x_B, x_N) = (B^{-1}b, 0)$$

目标函数值：
$$z = c_B B^{-1} b$$

上述过程用单纯形表描述，如表 2-15 所示。

表 2-15 单纯形法的矩阵描述

$c \to$		c_B	c_N	
c_B	x_B	x_B	x_N	b
c_B	x_B	$B^{-1}B = I$	$B^{-1}N$	$B^{-1}b$
σ		0	$c_N - c_B B^{-1}N$	$c_B B^{-1}b$

由上表可知，非基变量检验数 $c_N - c_B B^{-1} N$，对应目标函数式（2-14）中 x_N 的系数，其中，基变量的检验数实质上式是 $c_B - c_B I = c_B - c_B B^{-1} B = 0$，因此所有检验数：
$$\begin{aligned}\sigma &= (0, c_N - c_B B^{-1} N) \\ &= (c_B - c_B B^{-1} B, c_N - c_B B^{-1} N) \\ &= c - c_B B^{-1} A\end{aligned} \quad (2\text{-}15)$$

可见，检验数可统一表达为 $c - c_B B^{-1} A$。

下面分析两类对应初始数据中价值系数为 0 的特殊变量的检验数。

① 松弛变量的检验数为 $\sigma_j = -c_B B^{-1} P_j = [-c_B B^{-1}]_{(i)}$，下标 i 表示若松弛变量在第 i 个约束条件 [其系数向量为 $P_j = (0, \cdots, 1, \cdots, 0)^T$]，则检验数取 $-c_B B^{-1}$ 的第 i 个数元素，若松弛变量系数向量在初始数据中可构成一个单位阵，则所有松弛变量的检验数为 $-c_B B^{-1}$。

② 剩余变量的检验数为 $\sigma_j = -c_B B^{-1} P_j = [c_B B^{-1}]_{(i)}$，下标 i 表示若剩余变量在第 i 个约束条件 [其系数向量为 $P_j = (0, \cdots, -1, \cdots, 0)^T$]，则检验数取 $c_B B^{-1}$ 的第 i 个数元素，若剩余变量系数向量在初始数据中可构成一个单位阵，则所有剩余变量的检验数为 $c_B B^{-1}$。

在单纯形表的矩阵描述中，若 $\sigma_j \leq 0$ 则线性规划达到最优解。若选择入基变量，其中存在 $\sigma_j = c_j - c_B B^{-1} P_j > 0$ 且有 $B^{-1} P_j \leq 0$，则线性规划问题有无界解。

2.4.4 单纯形法可行基的 B^{-1}

仔细分析单纯形法的迭代原理，对应每次迭代都是一个选主元的初等行变换，对应于可行基的单纯形表中的全部数据都可以通过矩阵运算直接从原问题的初始数据得到。考虑到可行基 B 每次迭代中均会变为一个单位矩阵，其他非基均会经过一个初等行变换，根据线性代数的知识，每次迭代后，总能从系数阵中找到一个对应可行基 B 的逆矩阵 B^{-1}。假设该逆矩阵如下：

$$B^{-1} = \begin{pmatrix} \beta_{11} & \cdots & \beta_{1l} & \cdots & \beta_{1m} \\ \vdots & & \vdots & & \vdots \\ \beta_{k1} & \cdots & \beta_{kl} & \cdots & \beta_{km} \\ \vdots & & \vdots & & \vdots \\ \beta_{m1} & \cdots & \beta_{ml} & \cdots & \beta_{mm} \end{pmatrix} = (\xi_1, \cdots, \xi_l, \cdots, \xi_m) \quad (2\text{-}16)$$

① 若松弛变量系数向量在初始数据中可构成一个单位矩阵 I，则在表 2-15 中，$B^{-1}N = B^{-1}(N_1, I) = (B^{-1}N_1, B^{-1})$（$N_1$ 表示初始数据中非基变量中非松弛变量的列向量矩阵），可见松弛变量对应的系数列向量组成的方阵即为对应基 B 的逆矩阵。

② 若当前可行基中包含松弛变量 x_{si}，则在表 2-15 中，假设 x_{si} 为初始数据的第 i 个约束条件的松弛变量，则松弛变量对应的系数列向量为式（2-16）的 ξ_i。

③ 若当前可行基中包含剩余变量 x_{si}，则在表 2-15 中，假设 x_{si} 为初始数据的第 i 个约束条件的剩余变量，则剩余变量对应的系数列向量的反向量亦为式（2-16）的 ξ_i。

除此之外，式（2-16）中 B 的逆阵其他列 $\xi_l (l \neq i)$ 可通过 x_{B_l} 在可行基中的位置 l，由第 l 个约束条件的松弛变量对应的系数列向量本身或剩余变量对应的系数列向量的反向量来确定。

假设单纯形法初始可行基为单位矩阵 I，其逆阵 $B_0^{-1} = I$，根据式（2-7）进行矩阵的初等行变换下一次迭代过程中 B_1^{-1} 变换为

$$B_1^{-1} = \begin{pmatrix} 1 & \cdots & -a_{1k}/a_{lk} & \cdots & 0 \\ \vdots & \cdots & \vdots & \cdots & \vdots \\ 0 & & 1/a_{lk} & & 0 \\ \vdots & & \vdots & \cdots & \vdots \\ 0 & \cdots & -a_{mk}/a_{lk} & \cdots & 1 \end{pmatrix}$$

设 m 阶单位矩阵表示为 $I_m = (e_1, e_2, \cdots, e_m)$，$x_k$ 为入基变量，x_l 为出基变量，则有 $B_1^{-1} = E \cdot B_0^{-1}$。其中，$E = (e_1, e_2, \cdots, e_{l-1}, \xi, e_{l+1}, \cdots, e_m)$，$\xi_l = (-a_{1k}/a_{lk}, \cdots, 1/a_{lk}, \cdots, -a_{mk}/a_{lk})^T$，即本次迭代计算中将单位阵 I 第 l 列换成 ξ，再左乘本次迭代计算基的逆矩阵 B_0^{-1}，即可得到下一次迭代计算基的逆矩阵 B_1^{-1}。

因为单纯形法总是从有一个单位阵初始基的典式开始，所以上述分析适用于单纯形法的其他迭代步骤，假设本次迭代计算中基的逆矩阵为 B_t^{-1}，则下一次迭代基的逆矩阵 B_{t+1}^{-1} 为

$$B_{t+1}^{-1} = E_{t+1} \cdot B_t^{-1} \quad (2\text{-}17)$$

其中，E_{t+1} 为 $m \times m$ 单位阵，但第 l 列换成了 ξ。

2.4.5 基于矩阵计算的单纯形法[一]

综合第 2.4.3 节、第 2.4.4 节可以得到基于矩阵计算的单纯形法，以最大化问题为例，其计算步骤为：

（1）根据线性规划模型的标准型，确定初始可行基 B、初始基变量 x_B。

（2）计算非基变量检验数 $\sigma_N = c_N - c_B B^{-1} N$，若 $\sigma_N \leq 0$，则问题得到最优解，进入步骤（6），否则进入步骤（3）。

（3）选择 $\max_k \{\sigma_j | \sigma_j > 0\} = \sigma_k$ 对应的非基变量，x_k 为入基变量，计算 $B^{-1}b$ 和 $B^{-1}P_k$，若 $B^{-1}P_k \leq 0$，则原问题具有无界解进入步骤（6），否则进入步骤（4）。

（4）根据 $\theta = \min_i \left\{ \dfrac{(B^{-1}b)_i}{(BP_k)_i} | (BP_k)_i > 0 \right\} = \dfrac{b_l}{a_{lk}}$ 计算得到 θ_l，并确定 x_l 为出基变量。

（5）确定新基 B，新基变量 x_B，并根据式（2-17）计算出新基逆矩阵，返回步骤（2）。

（6）计算 $x_B = B^{-1}b$，$z = c_B x_B$，若问题达到最优，则输出 $x^* = (x_B, 0)^T$ 为最优解，$z^* = z$ 为最优值，否则输出 $(x_B, 0)$ 为可行解，z 为目标函数值。

例2-14

用基于矩阵计算的单纯形法求解例 2-1 的生产计划问题。

解： 例 2-1 的标准型为

$$\max \quad z = 3x_1 + 2x_2 + 5x_3 + 0x_4 + 0x_5 + 0x_6$$

$$\text{s.t.} \begin{cases} x_1 + 2x_2 + x_3 + x_4 = 430 \\ 3x_1 + 2x_3 + x_5 = 460 \\ x_1 + 4x_2 + x_6 = 420 \\ x_1, x_2, x_3, x_4, x_5, x_6 \geq 0 \end{cases}$$

$$B_0 = (P_4, P_5, P_6), \quad x_B = (x_4, x_5, x_6)^T$$

（1）计算非基变量 (x_1, x_2, x_3) 的检验数。

$\sigma_N = c_N - c_B B_0^{-1} N = c_N = (3, 2, 5)$，由此可确定 x_3 为入基变量，即 $k = 3$。

$$B_0^{-1} = \begin{pmatrix} 1 & 0 & 0 \\ 0 & 1 & 0 \\ 0 & 0 & 1 \end{pmatrix}, \quad B_0^{-1} b = \begin{pmatrix} 430 \\ 460 \\ 420 \end{pmatrix}, \quad B_0^{-1} P_3 = \begin{pmatrix} 1 \\ 2 \\ 0 \end{pmatrix}$$

$\theta = \min_i \left\{ \dfrac{(B_0^{-1} b)_i}{(B_0^{-1} P_3)_i} | (B_0^{-1} P_3)_i > 0 \right\} = \min \left\{ \dfrac{430}{1}, \dfrac{460}{2}, - \right\} = 230$，即 $l = 2$，由于 $x_B = (x_4, x_5, x_6)^T$，因此对应的出基变量为 x_5，由此确定新基 $B_1 = (P_4, P_3, P_6)$，新基变量 $x_B = (x_4, x_3, x_6)^T$。由 x_3 的系数向量第 2 行，确定主元为 $a_{23} = 2$，计算 $\xi_2 = (-1/2, 1/2, 0)^T$ 得到 E_1 和新基矩阵的逆矩阵：

[一] 本小节为选修内容。

$$E_1 = \begin{pmatrix} 1 & -1/2 & 0 \\ 0 & 1/2 & 0 \\ 0 & 0 & 1 \end{pmatrix}, \quad B_1^{-1} = E_1 B_0^{-1} = \begin{pmatrix} 1 & -1/2 & 0 \\ 0 & 1/2 & 0 \\ 0 & 0 & 1 \end{pmatrix}$$

（2）计算非基变量 (x_1, x_2, x_5) 的检验数。

$$\sigma_N = c_N - c_B B_1^{-1} N = (3,2,0) - (0,5,0)\begin{pmatrix} 1 & -1/2 & 0 \\ 0 & 1/2 & 0 \\ 0 & 0 & 1 \end{pmatrix}\begin{pmatrix} 1 & 1 & 0 \\ 3 & 0 & 1 \\ 1 & 4 & 0 \end{pmatrix} = (-9/2, 2, -5/2)，\text{由此确定 } x_2 \text{ 为}$$

入基变量，即 $k = 2$。

$$B_1^{-1} b = \begin{pmatrix} 1 & -1/2 & 0 \\ 0 & 1/2 & 0 \\ 0 & 0 & 1 \end{pmatrix}\begin{pmatrix} 430 \\ 460 \\ 420 \end{pmatrix} = \begin{pmatrix} 200 \\ 230 \\ 420 \end{pmatrix}, \quad B_1^{-1} P_2 = \begin{pmatrix} 1 & -1/2 & 0 \\ 0 & 1/2 & 0 \\ 0 & 0 & 1 \end{pmatrix}\begin{pmatrix} 2 \\ 0 \\ 4 \end{pmatrix} = \begin{pmatrix} 2 \\ 0 \\ 4 \end{pmatrix}$$

$$\theta = \min_i \left\{ \frac{(B_1^{-1} b)_i}{(B_1^{-1} P_2)_i} \mid (B_1^{-1} P_2)_i > 0 \right\} = \min_i \left\{ \frac{200}{1}, -, \frac{420}{4} \right\} = 100，\text{即 } l = 1，\text{由于 } x_B = (x_4, x_3, x_6)^T，\text{对}$$

应的出基变量为 x_4，由此确定新基 $B_2 = (P_2, P_3, P_6)$，新基变量 $x_B = (x_2, x_3, x_6)^T$。由 x_2 的系数向量第 1 行，确定主元为 $a_{12} = 2$，计算 $\xi_1 = (1/2, 0, -4/2)^T$ 得到 E_2 和新基矩阵的逆矩阵：

$$E_2 = \begin{pmatrix} 1/2 & 0 & 0 \\ 0 & 1 & 0 \\ -2 & 0 & 1 \end{pmatrix}, \quad B_2^{-1} = E_2 B_1^{-1} = \begin{pmatrix} 1/2 & 0 & 0 \\ 0 & 1 & 0 \\ -2 & 0 & 1 \end{pmatrix}\begin{pmatrix} 1 & -1/2 & 0 \\ 0 & 1/2 & 0 \\ 0 & 0 & 1 \end{pmatrix} = \begin{pmatrix} 1/2 & -1/4 & 0 \\ 0 & 1/2 & 0 \\ -2 & 1 & 1 \end{pmatrix}$$

（3）计算非基变量 (x_1, x_4, x_5) 的检验数。

$$\sigma_N = c_N - c_B B_2^{-1} N = (3,0,0) - (2,5,0)\begin{pmatrix} 1/2 & -1/4 & 0 \\ 0 & 1/2 & 0 \\ -2 & 1 & 1 \end{pmatrix}\begin{pmatrix} 1 & 1 & 0 \\ 3 & 0 & 1 \\ 1 & 0 & 0 \end{pmatrix} = (-4, -1, -2)$$

因为非基变量的检验数 $\sigma_N \leq 0$，所以得到最优解。

$$x_B = B_2^{-1} b = \begin{pmatrix} 1/2 & -1/4 & 0 \\ 0 & 1/2 & 0 \\ -2 & 1 & 1 \end{pmatrix}\begin{pmatrix} 430 \\ 460 \\ 420 \end{pmatrix} = \begin{pmatrix} 100 \\ 230 \\ 20 \end{pmatrix}$$

$$z = (2,5,0)\begin{pmatrix} 100 \\ 230 \\ 20 \end{pmatrix} = 1\,350$$

即最优解为 $x^* = (0, 100, 230, 0, 0, 20)^T$，最优值为 $z^* = 1\,350$。

例2-15

用基于矩阵计算的单纯形法求解下列线性规划问题。

$$\max \ z = 3x_1 - x_2 - x_3$$

$$\text{s.t.} \begin{cases} x_1 - 2x_2 + x_3 \leq 11 \\ -4x_1 + x_2 + 2x_3 \geq 3 \\ -2x_1 + x_3 = 1 \\ x_1, x_2, x_3 \geq 0 \end{cases}$$

引入松弛变量x_4和剩余变量x_5，再引入人工变量x_6, x_7，目标函数中引入取正的大 M，将原问题转换为下面形式：

$$\max \ z = 3x_1 - x_2 - x_3 + 0x_4 + 0x_5 - Mx_6 - Mx_7$$

$$\text{s.t.} \begin{cases} x_1 - 2x_2 + x_3 + x_4 = 11 \\ -4x_1 + x_2 + 2x_3 - x_5 + x_6 = 3 \\ -2x_1 + x_3 + x_7 = 1 \\ x_1, x_2, x_3, x_4, x_5, x_6, x_7 \geq 0 \end{cases}$$

$$\boldsymbol{B}_0 = (\boldsymbol{P}_4, \boldsymbol{P}_6, \boldsymbol{P}_7), \quad \boldsymbol{x}_B = (x_4, x_6, x_7)^\mathrm{T}$$

（1）计算非基变量(x_1, x_2, x_3, x_5)的检验数。

$$\boldsymbol{\sigma}_N = \boldsymbol{c}_N - \boldsymbol{c}_B \boldsymbol{B}_0^{-1} \boldsymbol{N} = (3, -1, -1, 0) - (0, -M, -M) \begin{pmatrix} 1 & -2 & 1 & 0 \\ -4 & 1 & 2 & -1 \\ -2 & 0 & 1 & 0 \end{pmatrix} = (3 - 6M, -1 + M, -1 + 3M, -M),$$

由此可确定x_3为入基变量，即$k = 3$。

$$\boldsymbol{B}_0^{-1} = \begin{pmatrix} 1 & 0 & 0 \\ 0 & 1 & 0 \\ 0 & 0 & 1 \end{pmatrix}, \quad \boldsymbol{B}_0^{-1}\boldsymbol{b} = \begin{pmatrix} 11 \\ 3 \\ 1 \end{pmatrix}, \quad \boldsymbol{B}_0^{-1}\boldsymbol{P}_3 = \begin{pmatrix} 1 \\ 2 \\ 1 \end{pmatrix}$$

$$\theta = \min_i \left\{ \frac{(\boldsymbol{B}_0^{-1}\boldsymbol{b})_i}{(\boldsymbol{B}_0^{-1}\boldsymbol{P}_3)_i} \mid (\boldsymbol{B}_0^{-1}\boldsymbol{P}_3)_i > 0 \right\} = \min_i \left\{ \frac{11}{1}, \frac{3}{2}, \frac{1}{1} \right\} = 1，即 l = 3，由于 \boldsymbol{x}_B = (x_4, x_6, x_7)^\mathrm{T}，对应的出$$

基变量为x_7，由此确定新基$\boldsymbol{B}_1 = (\boldsymbol{P}_4, \boldsymbol{P}_6, \boldsymbol{P}_3)$，新基变量$\boldsymbol{x}_B = (x_4, x_6, x_3)^\mathrm{T}$。由$x_3$的系数向量第3行，确定主元为$a_{33} = 1$，计算$\boldsymbol{\xi}_3 = (-1, -2, 1)^\mathrm{T}$得到$\boldsymbol{E}_1$和新基矩阵的逆矩阵：

$$\boldsymbol{E}_1 = \begin{pmatrix} 1 & 0 & -1 \\ 0 & 1 & -2 \\ 0 & 0 & 1 \end{pmatrix}, \quad \boldsymbol{B}_1^{-1} = \boldsymbol{E}_1 \boldsymbol{B}_0^{-1} = \begin{pmatrix} 1 & 0 & -1 \\ 0 & 1 & -2 \\ 0 & 0 & 1 \end{pmatrix}$$

（2）计算非基变量(x_1, x_2, x_5, x_7)的检验数。

$$\boldsymbol{\sigma}_N = \boldsymbol{c}_N - \boldsymbol{c}_B \boldsymbol{B}_1^{-1} \boldsymbol{N} = (3, -1, 0, -M) - (0, -M, -1) \begin{pmatrix} 1 & 0 & -1 \\ 0 & 1 & -2 \\ 0 & 0 & 1 \end{pmatrix} \begin{pmatrix} 1 & -2 & 0 & 0 \\ -4 & 1 & -1 & 0 \\ -2 & 0 & 0 & 1 \end{pmatrix} = (1, -1 + M, -M,$$

$1 - 3M)$，由此可确定x_2为入基变量，即$k = 2$。

$$\boldsymbol{B}_1^{-1}\boldsymbol{b} = \begin{pmatrix} 1 & 0 & -1 \\ 0 & 1 & -2 \\ 0 & 0 & 1 \end{pmatrix} \begin{pmatrix} 11 \\ 3 \\ 1 \end{pmatrix} = \begin{pmatrix} 10 \\ 1 \\ 1 \end{pmatrix}, \quad \boldsymbol{B}_1^{-1}\boldsymbol{P}_2 = \begin{pmatrix} 1 & 0 & -1 \\ 0 & 1 & -2 \\ 0 & 0 & 1 \end{pmatrix} \begin{pmatrix} -2 \\ 1 \\ 0 \end{pmatrix} = \begin{pmatrix} -2 \\ 1 \\ 0 \end{pmatrix}$$

$$\theta = \min_i \left\{ \frac{(\boldsymbol{B}_1^{-1}\boldsymbol{b})_i}{(\boldsymbol{B}_1^{-1}\boldsymbol{P}_2)_i} \mid (\boldsymbol{B}_1^{-1}\boldsymbol{P}_2)_i > 0 \right\} = \min_i \{-, 1, -\} = 1，即 l = 2，由于 \boldsymbol{x}_B = (x_4, x_6, x_3)^\mathrm{T}，对应的出基$$

变量为x_6，由此确定新基$\boldsymbol{B}_2 = (\boldsymbol{P}_4, \boldsymbol{P}_2, \boldsymbol{P}_3)$，新基变量$\boldsymbol{x}_B = (x_4, x_2, x_3)^\mathrm{T}$。由$x_2$的系数向量第2行，确定主元为$a_{22} = 1$，计算$\boldsymbol{\xi}_2 = (2, 1, 0)^\mathrm{T}$得到$\boldsymbol{E}_2$和新基矩阵的逆矩阵：

$$\boldsymbol{E}_2 = \begin{pmatrix} 1 & 2 & 0 \\ 0 & 1 & 0 \\ 0 & 0 & 1 \end{pmatrix}, \quad \boldsymbol{B}_2^{-1} = \boldsymbol{E}_2 \boldsymbol{B}_1^{-1} = \begin{pmatrix} 1 & 2 & 0 \\ 0 & 1 & 0 \\ 0 & 0 & 1 \end{pmatrix} \begin{pmatrix} 1 & 0 & -1 \\ 0 & 1 & -2 \\ 0 & 0 & 1 \end{pmatrix} = \begin{pmatrix} 1 & 2 & -5 \\ 0 & 1 & -2 \\ 0 & 0 & 1 \end{pmatrix}$$

（3）计算非基变量 (x_1, x_5, x_6, x_7) 的检验数。

$$\boldsymbol{\sigma}_N = \boldsymbol{c}_N - \boldsymbol{c}_B \boldsymbol{B}_2^{-1} \boldsymbol{N} = (3, 0, -M, -M) - (0, -1, -1)\begin{pmatrix} 1 & 2 & -5 \\ 0 & 1 & -2 \\ 0 & 0 & 1 \end{pmatrix}\begin{pmatrix} 1 & 0 & 0 & 0 \\ -4 & -1 & 1 & 0 \\ -2 & 0 & 0 & 1 \end{pmatrix} = (1, -1, 1-M, -1-M),$$

由此可确定 x_1 为入基变量，即 $k=1$。

$$\boldsymbol{B}_2^{-1}\boldsymbol{b} = \begin{pmatrix} 1 & 2 & -5 \\ 0 & 1 & -2 \\ 0 & 0 & 1 \end{pmatrix}\begin{pmatrix} 11 \\ 3 \\ 1 \end{pmatrix} = \begin{pmatrix} 12 \\ 1 \\ 1 \end{pmatrix}, \quad \boldsymbol{B}_2^{-1}\boldsymbol{P}_1 = \begin{pmatrix} 1 & 2 & -5 \\ 0 & 1 & -2 \\ 0 & 0 & 1 \end{pmatrix}\begin{pmatrix} 1 \\ -4 \\ -2 \end{pmatrix} = \begin{pmatrix} 3 \\ 0 \\ -2 \end{pmatrix}$$

$$\theta = \min_i\left\{ \frac{(\boldsymbol{B}_2^{-1}\boldsymbol{b})_i}{(\boldsymbol{B}_2^{-1}\boldsymbol{P}_1)_i} \mid (\boldsymbol{B}_2^{-1}\boldsymbol{P}_1)_i > 0 \right\} = \min_i\{4, -, -\} = 4，即 l=1，由于 \boldsymbol{x}_B = (x_4, x_2, x_3)^T，对应的出基变量为 x_4，由此确定新基 \boldsymbol{B}_3 = (\boldsymbol{P}_1, \boldsymbol{P}_2, \boldsymbol{P}_3)，新基变量 \boldsymbol{x}_B = (x_1, x_2, x_3)^T。由 x_1 的系数向量第 1 行，确定主元为 a_{11} = 3，计算 \boldsymbol{\xi}_1 = (1/3, 0, 2/3)^T 得到 \boldsymbol{E}_3 和新基矩阵的逆矩阵：$$

$$\boldsymbol{E}_3 = \begin{pmatrix} 1/3 & 0 & 0 \\ 0 & 1 & 0 \\ 2/3 & 0 & 1 \end{pmatrix}, \quad \boldsymbol{B}_3^{-1} = \boldsymbol{E}_3 \boldsymbol{B}_2^{-1} = \begin{pmatrix} 1/3 & 0 & 0 \\ 0 & 1 & 0 \\ 2/3 & 0 & 1 \end{pmatrix}\begin{pmatrix} 1 & 2 & -5 \\ 0 & 1 & -2 \\ 0 & 0 & 1 \end{pmatrix} = \begin{pmatrix} 1/3 & 2/3 & -5/3 \\ 0 & 1 & -2 \\ 2/3 & 4/3 & -7/3 \end{pmatrix}$$

（4）计算非基变量 (x_4, x_5, x_6, x_7) 的检验数。

$$\boldsymbol{\sigma}_N = \boldsymbol{c}_N - \boldsymbol{c}_B \boldsymbol{B}_2^{-1} \boldsymbol{N} = (0, 0, -M, -M) - (3, -1, -1)\begin{pmatrix} 1/3 & 2/3 & -5/3 \\ 0 & 1 & -2 \\ 2/3 & 4/3 & -7/3 \end{pmatrix}\begin{pmatrix} 1 & 0 & 0 & 0 \\ 0 & -1 & 1 & 0 \\ 0 & 0 & 0 & 1 \end{pmatrix}$$

$$= (-1/3, -1/3, 1/3-M, 2/3-M)$$

因为非基变量的检验数 $\boldsymbol{\sigma}_N \leqslant \boldsymbol{0}$，所以得到最优解。

$$\boldsymbol{x}_B = \boldsymbol{B}_3^{-1}\boldsymbol{b} = \begin{pmatrix} 1/3 & 2/3 & -5/3 \\ 0 & 1 & -2 \\ 2/3 & 4/3 & -7/3 \end{pmatrix}\begin{pmatrix} 11 \\ 3 \\ 1 \end{pmatrix} = \begin{pmatrix} 4 \\ 1 \\ 9 \end{pmatrix}$$

$$z = (3, -1, -1)\begin{pmatrix} 4 \\ 1 \\ 9 \end{pmatrix} = 2$$

即最优解为 $\boldsymbol{x}^* = (4, 1, 9, 0, 0, 0, 0)^T$，最优值为 $z^* = 2$。

在利用单纯形表进行迭代计算时，需要运行 $(n+1)$ 次除法，$(m-1)(n+1)$ 次乘法，$(m-1)(n+1)$ 次减法，而基于矩阵计算的单纯形法非基变量检验数的计算相比单纯形表要多运行 $m^2(n-m)$ 次乘法和加法，计算逆矩阵需要 m 次除法，以及 m^3 次乘法和加法，计算右端项需要 m^2 次乘法和加法，计算入基变量系数需要 m^2 次乘法和加法。除去确定出基变量和入基变量等相同的计算量，单纯形表迭代计算大约需要 n 次除法，mn 次乘法和减法，而基于矩阵计算的单纯形法大约需要 m 次除法，$m^2 n$ 次乘法和加法。

此外，就存储空间而言，单纯形表计算法多用了 $m(n-m)$ 个空间存储非基变量系数，而基于矩阵计算的单纯形法需要额外用 m^2 个空间存储 $\boldsymbol{E}$ 阵和 m 个空间存储主元列。理论上单纯形表计算法相比基于矩阵计算的单纯形法多用了 $m(n-2m-1)$ 个存储空间。当 $n=2m$ 时，基于矩阵计算的单纯形法所需空间甚至要多出 m 个存储空间。即使 $n>2m$，单纯形表计算法多用出的存储空间也不会太多。

因此，虽然基于矩阵计算的单纯形法也是一种求解线性规划问题的方法，但是单纯形表计算法的效率其实是高于它的，而且最终的结果更便于进行后续章节的灵敏度分析。

单纯形法看起来很麻烦，事实上数理逻辑跟社会逻辑是相通的：单纯形法求解要有一个基矩阵，社会运行要有一个政府；单纯形法要做基变换，政府也要进行人员调整。入基变量的选取条件是抓主要矛盾，对目标函数（为人民服务）的改善有帮助，新进入政府的人员也要才学出众；基变量的个数限定 m 个，政府人员编制也是确定的；出基变量的选择遵从 θ 规则，比值最小的出基，也是抓主要矛盾，政府人员调整也要优胜劣汰，有序竞争。入基变量与出基变量的交叉点上有个枢轴元素，围绕其进行线性变换，政府人员调整之后要进行工作交接，工作思路必有新的变化。无论基矩阵怎么变化，目标函数都是不变的，如是否有利于人民的福祉，它始终在那里参与检验数的运算，评判当前的解是否最优。

2.5 操作实践

在实际的工作中，面对较为复杂的运筹学问题，很多人不愿意用手工方法来求解。幸运的是，随着计算机技术的发展，运筹学软件层出不穷。商业公司、大学和研究机构等为管理科学工作者提供了各式各样的软件，如 QM、QSB、LINDO、Matlab 和 Python 等。在运用这些软件求解运筹学模型时，所需要的准备工作有所差别。对于学习运筹学的管理类专业学生来说，最好的软件是可以不需要知道模型求解的具体技术，只需输入运筹模型的有关信息即可获得求解结果，因而可以将更多的精力放在模型的构建、结果分析上。本节介绍微软的 Excel 2019（本书涉及 Excel 求解问题的操作均使用的是 Microsoft Excel 2019 软件）求解线性规划问题的操作方法和 OR for Windows 求解线性规划问题的方法。

2.5.1 Excel 求解线性规划问题

微软公司的 Microsoft Office 套件之一 Microsoft Excel 是目前主流的电子表格软件代表。目前大多数个人计算机上都装有该软件，它具有强大的数据处理功能，除可以很方便地解决一般性问题以外，它还提供了十几个标准的加载宏，用于解决特定的问题。其中"规划求解"（Solver）加载宏可以求解线性、非线性及混合整数规划问题。

1. 加载"规划求解"宏

Excel 求解线性规划问题是通过"规划求解"宏来完成的。需要注意的是，安装 Office 时，系统默认的"典型"安装方式不会安装宏程序，这需要用户根据自己的需要自定义安装。在使用之前，首先需要加载该宏。加载方法是，点击 Excel 软件的"Excel 选项"菜单，在其中单击"加载项"，如图2-8所示。

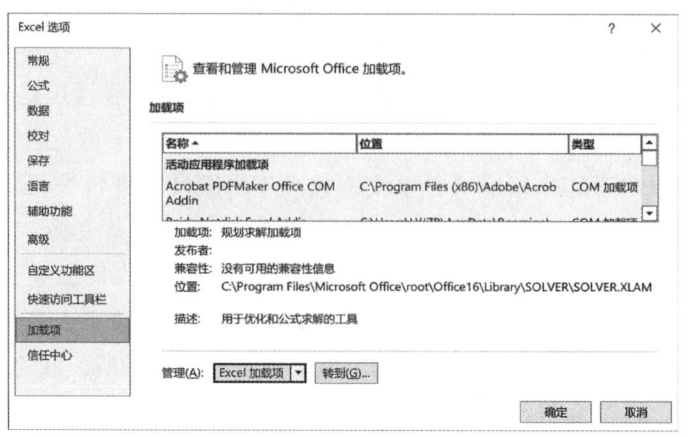

图 2-8　Excel 选项

然后单击"转到"按钮，在弹出的"加载项"列表框中（见图2-9），选定待添加的"规划求解加载项"复选框，单击"确定"。"数据"面板下就会出现一项"规划求解"操作按钮（见图2-10）。

图 2-9　选择规划求解加载项

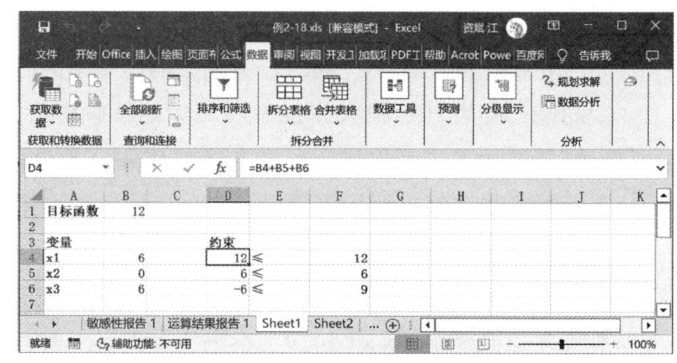

图 2-10　Excel 规划求解面板

2. Excel求解示例

看一个具体的例子，求解如下线性规划问题。

例2-16

求解线性规划问题。

$$\max \quad z = x_1 - 2x_2 + x_3$$

$$\text{s.t.} \begin{cases} x_1 + x_2 + x_3 \leq 12 \\ 2x_1 + x_2 - x_3 \leq 6 \\ -x_1 + 3x_2 \leq 9 \\ x_1, x_2, x_3 \geq 0 \end{cases}$$

（1）在 Excel 中输入线性规划模型的有关数据和计算表达式，如图 2-11 所示，其中加粗线框内的文字是箭头所指单元格的计算公式。

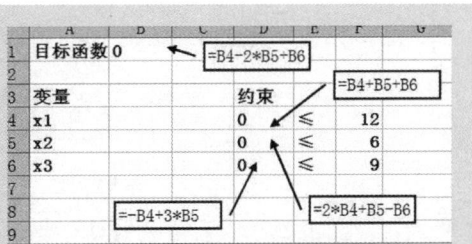

图 2-11　Excel 规划求解设置

（2）单击"数据"菜单下的"规划求解"，在弹出的"规划求解参数"对话框中输入各项参数（见图 2-12）。其中，"设置目标"指定目标函数计算表达式所在的单元格，本例为 B1 单元格；由于本例是求最大值，所以选择"最大值"单选钮；"通过更改可变单元格"指决策变量所在的单元格，本例为 B4：B6 区域；单击"添加"，进入约束条件界面，加入三个约束条件。

（3）选中"使无约束变量为非负数"复选框（见图 2-12），以保证"规划求解参数"对话框中"约束"框中没有设置下限的所有可变单元格非负，本例中即 $x_1, x_2, x_3 \geq 0$。"选择求解方法"下拉框中选择"单纯线性规划"。之所以要选择"单纯线性规划"，是因为 Excel 的规划求解工具是一个求解非线性和线性规划的综合性工具，选中该项可确保采用线性规划的方法求解，以得到精确解。

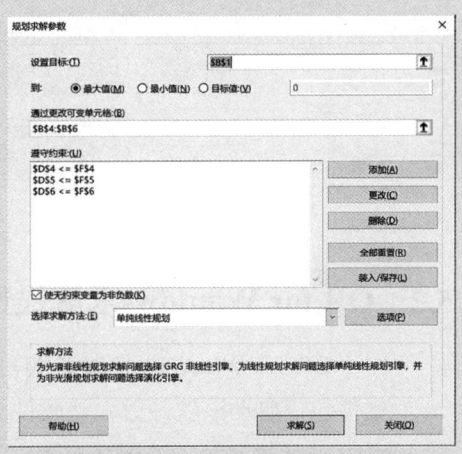

图 2-12　Excel 规划求解参数

（4）单击"规划求解参数"对话框（见图 2-12）中的"求解"按钮，启动求解过程。求解完成后，弹出"规划求解结果"对话框（见图 2-13），选择"保留规划求解的解"，单击"确定"。

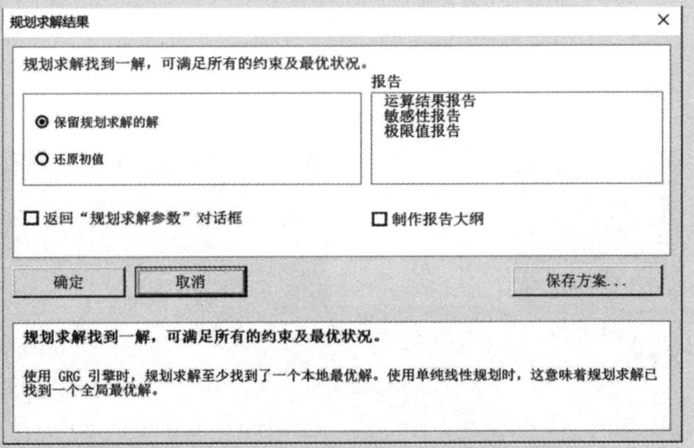

图 2-13　Excel 规划求解结果输出

（5）如图 2-14 所示，求得的最优解是 $x_1 = 6, x_2 = 0, x_3 = 6$，最优目标值是 $z = 12$。

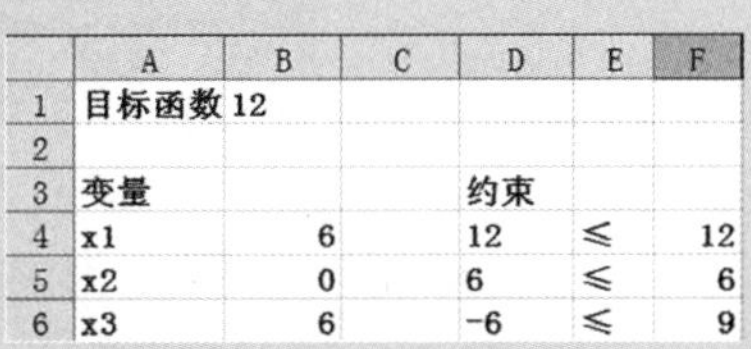

最优解和最优值也可从生成的运算结果报告中得到。单击图 2-13 的"运算结果报告"，再单击"确定"，得出运算结果报告，如图 2-15 所示。该报告分为目标单元格、可变单元格和约束三部分。其中，目标单元格的终值就是最优目标值，

图 2-14　Excel 规划求解的最优解和最优值

而可变单元格各变量的终值就是所求得的最优解。

目标单元格（最大值）			
单元格	名字	初值	终值
$B$1	目标函数	0	12

可变单元格			
单元格	名字	初值	终值
$B$4	x1	0	6
$B$5	x2	0	0
$B$6	x3	0	6

约束					
单元格	名字	单元格值	公式	状态	型数值
$D$4	x1 约束	12	$D$4<=$F$4	到达限制值	0
$D$5	x2 约束	6	$D$5<=$F$5	到达限制值	0
$D$6	x3 约束	-6	$D$6<=$F$6	未到限制值	15

图 2-15　运算结果报告

2.5.2　OR for Windows求解线性规划问题

　　OR for Windows 是编者编写本书时自主开发的一种可求解多种运筹学问题的计算机软件包。启动该软件后，该软件会自动展开"模型"菜单，该菜单显示了 OR for Windows 可以求解的问题（见图 2-16）。目前它可以求解的模型有：指派问题、决策分析、目标规划、整数和混合整数规划、存储论、线性规划、图与网络分析、网络计划、运输问题、排队论和作业车间调度。

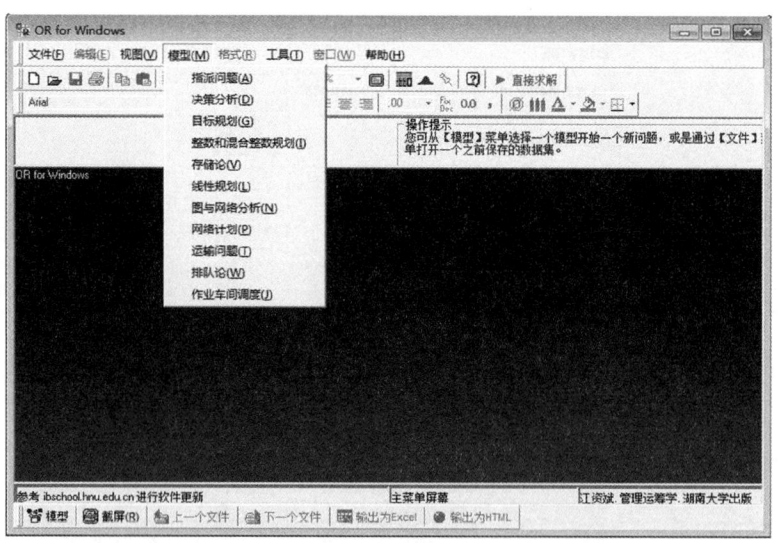

图 2-16　OR for Windows 主窗口

　　OR for Windows 为用户提供了友好的操作界面，其求解新问题的统一步骤如下。
　　（1）在"模型"菜单中选择待求解问题相应的模型。选择模型后会在相应模型菜单前显示"√"，并在状态栏显示当前所选择的模型。

（2）在菜单栏的"文件"菜单中选择"新建"，弹出输入对话框，为相应模型创建数据集，主要是为模型输入问题名称、参数个数、行列名称、优化目标等，根据模型的不同会有差别（图 2-17 显示的是线性规划模型参数设置界面）。数据集信息设置完毕后，单击"确定"按钮进入数据表格屏幕。

图 2-17　为"模型创建数据集"设置参数

（3）在数据表格屏幕中对应的标题行列输入参数数据，单击工具栏的"直接求解"或"分步求解"按钮，便可在结果窗口中查看求解结果。

所有模型新建数据源的求解步骤均统一按以上步骤操作，所有步骤均在提示栏有操作提示。对于已保存的数据文件，不必重复以上操作，只需直接打开，然后单击"直接求解"或"分步求解"即可。

例2-17

用 OR for Windows 求解例 2-16。

首先进入 OR for Windows 主窗口界面，在"模型"菜单中选择线性规划模型。接下来在"文件"菜单中单击"新建"或直接单击工具栏的"□"按钮，弹出"为【线性规划】创建数据集"对话框，如图 2-18 所示，输入问题名称（这里保持默认），设置约束个数为 3、变量个数为 3，保持优化目标为"Maximize（最大化）"选项。还可在行名称设置约束的命名（默认为约束 1，约束 2，约束 3…），列名称设置变量的命名规则（默认为 X1,X2,X3…）。单击"确定"按钮进入数据表格屏幕，如图 2-19 所示。

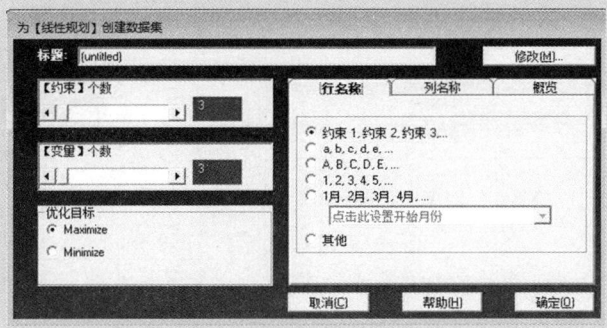

图 2-18　为线性规划创建数据集

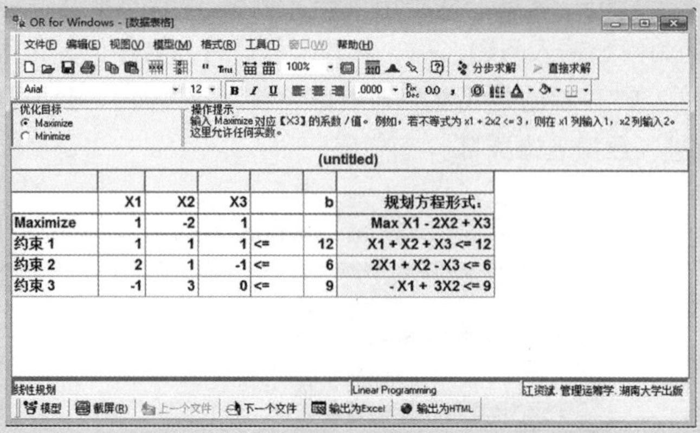

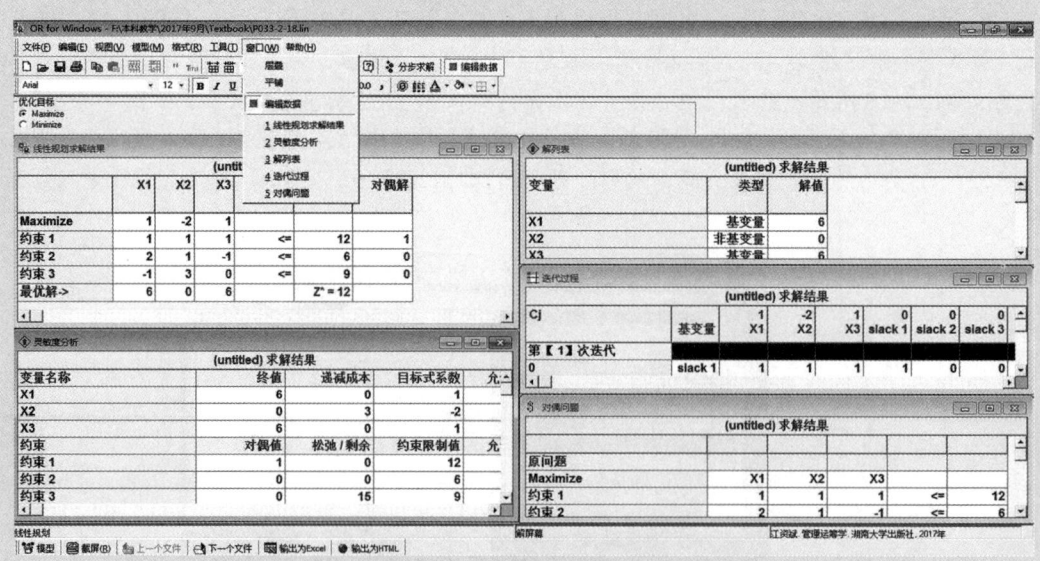

图 2-19 线性规划参数输入界面

在数据表格内按照操作提示在 Maximize 行标题后对应的 X1,X2,X3 列下的空格内输入目标函数系数 1,−2,1。接下来在约束 1 行标题后的空格内对应 X1,X2,X3 输入第一个约束方程的系数 1,1,1，其后选择约束不等式符号（默认为≤），再对应 b 列输入右端常数项 12。按照同样的方法输入约束 2 和约束 3 的系数、不等式符号、右端项。每一行数据输入完毕后，在最后一列会显示对应的目标函数和约束方程，以便于检查。

需要注意的是，虽然 OR for Windows 可以求解非标准化的线性规划模型，但是对模型变量默认均是非负的。若原问题对应有小于 0 限制的变量，可将模型中该变量的系数乘以 −1 然后输入软件即可正确求解。

当所有数据输入完毕后，单击工具栏的"直接求解"按钮，接下来会弹出求解结果窗体（见图 2-20）。一般的线性规划求解后，在窗口菜单中将有 5 个结果窗口，依次为线性规划求解结果（最优解、最优值和对偶解）、灵敏度分析、解列表（基变量、非基变量及其解值）、迭代过程（分步骤显示单纯形表）、对偶问题（原问题和对偶问题）。若是两个变量的线性规划问题，则还将生成一个图解法的图形窗口。

图 2-20 线性规划直接求解结果

本例从图 2-20 的第 1 个窗口中可见，求得的最优解为 $x_1=6,x_2=0,x_3=6$，最优值为 z*=12。

当所有数据输入完毕后，也可单击工具栏的“分步求解”按钮，观看该问题的分部求解过程，如图 2-21 所示，其中灰色背景列表示单纯形法迭代过程中选择的主元列，继续单击“分步求解”按钮，直到当前解为最优解。在分步求解的过程中，也可单击工具栏的“结束”按钮直接跳到求解结果窗口。

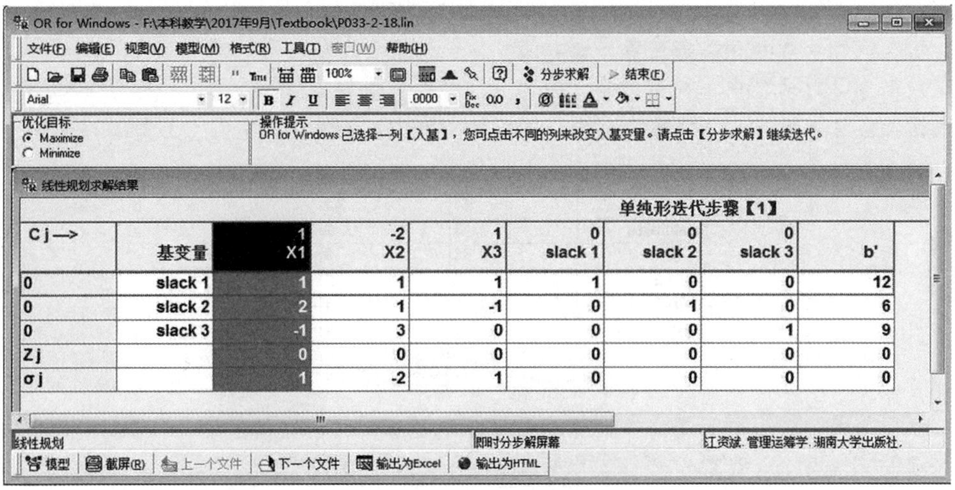

Cj—>	基变量	1 X1	-2 X2	1 X3	0 slack 1	0 slack 2	0 slack 3	b'
0	slack 1	1	1	1	1	0	0	12
0	slack 2	2	1	-1	0	1	0	6
0	slack 3	-1	3	0	0	0	1	9
Zj		0	0	0	0	0	0	0
σj		1	-2	1	0	0	0	0

图 2-21 线性规划分步骤求解界面

例2–18

用 OR for Windows 求解线性规划问题。

$$\min\ z=-x_1-x_2$$

$$\text{s.t.}\begin{cases}-2x_1+x_2\leqslant 4\\ x_1-x_2\leqslant 2\\ x_1,x_2\geqslant 0\end{cases}$$

进入 OR for Windows 主窗口界面，在“模型”菜单中选择线性规划模型。在“为【线性规划】创建数据集”对话框中，设置约束个数为 2、变量个数为 2，选择优化目标为“Minimize（最小化）”选项。在数据表格窗口中输入目标函数系数、约束方程系数、符号和右端项（见图 2-22）。

	X1	X2		b
Minimize	-1	-1		
约束 1	-2	1	<=	4
约束 2	1	-1	<=	2

图 2-22 例 2-18 模型数据输入软件

单击工具栏“直接求解”按钮，结果显示为该问题最优解无界。

例2-19

用 OR for Windows 求解线性规划问题。

$$\max \quad z = 3x_1 + 2x_2$$

$$\text{s.t.} \begin{cases} -x_1 + 2x_2 \leq 4 \\ 3x_1 + 2x_2 \leq 14 \\ x_1 - x_2 = 3 \\ x_1 + x_2 = 5 \\ x_1, x_2 \geq 0 \end{cases}$$

进入 OR for Windows 主窗口界面,在"模型"菜单中选择线性规划模型。在"为【线性规划】创建数据集"对话框中,设置约束个数为4、变量个数为2,选择优化目标为"Maximize"选项。在数据表格窗体中输入目标函数系数、约束方程系数、符号和右端项(见图2-23)。

	X1	X2		b
Maximize	3	2		
约束 1	-1	2	<=	4
约束 2	3	2	<=	14
约束 3	1	-1	=	3
约束 4	1	1	=	5

图 2-23　例 2-19 模型数据输入软件

由于该问题是两个变量的线性规划问题,单击工具栏"直接求解"按钮,该问题求解生成线性规划求解结果、灵敏度分析、解列表、迭代过程、对偶问题、图形 6 个窗口(见图 2-24)。最优解为 $x_1 = 4, x_2 = 1$,最优值为 14。

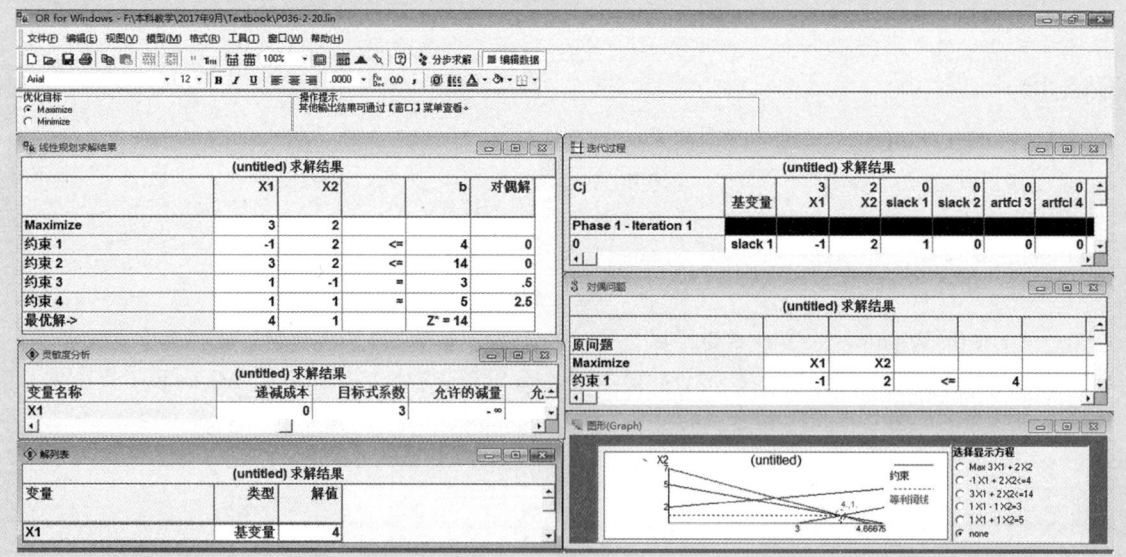

图 2-24　例 2-19 软件求解结果

2.6 线性规划应用建模举例

尽管线性规划模型形式非常简单,但它在实践活动中却有着非常广泛的应用价值。本节给出几个经济管理领域的应用例子。

例2-20 人力资源分配问题

某昼夜服务的公交线路每天各时间段内所需驾驶员和乘务员数如表2-16所示。设驾驶员和乘务员分别在各时间段一开始时上班,并连续工作8h,问该公交线路怎样安排驾驶员和乘务员,才能既满足工作需要,又配备最少的驾驶员和乘务员?

解: 设 x_i 表示第 i 班次时开始上班的驾驶员和乘务员数,这样我们建立如下的数学模型。

表 2-16 公交线路每天的班次及所需人数

班次	时间	所需人数
1	6:00—10:00	60
2	10:00—14:00	70
3	14:00—18:00	60
4	18:00—22:00	50
5	22:00—2:00	20
6	2:00—6:00	30

目标函数: $\min\ z = x_1 + x_2 + x_3 + x_4 + x_5 + x_6$

约束条件:
$$x_1 + x_6 \geq 60$$
$$x_1 + x_2 \geq 70$$
$$x_2 + x_3 \geq 60$$
$$x_3 + x_4 \geq 50$$
$$x_4 + x_5 \geq 20$$
$$x_5 + x_6 \geq 30$$
$$x_1, x_2, x_3, x_4, x_5, x_6 \geq 0$$

运用 OR for Windows 求解该模型可得 $x_1 = 60, x_2 = 10, x_3 = 50, x_4 = 0, x_5 = 20, x_6 = 10$,最优值为150。即第1班次上班的驾驶员和乘务员为60人,第2班次为10人,第3班次为50人,第4班次不安排人,第5班次20人,第6班次10人。这样所需的驾驶员和乘务员最少,为150人。

例2-21 人力资源分配问题

福安商场是个中型的百货商场,它对售货员的需求经过统计分析如表2-17所示。为了保证售货员充分休息,售货员每周工作5天,休息2天,并要求休息的2天是连续的。问应该如何安排售货员的作息,才能既满足工作需要,又使配备的售货员的人数最少?

解: 设 $x_i(i=1,2,\cdots,7)$ 表示星期一至星期日开始休息的售货员人数。这样我们建立如下的数学模型:

表 2-17 商场每天所需售货员人数

时间	所需售货员人数
星期日	28
星期一	15
星期二	24
星期三	25
星期四	19
星期五	31
星期六	28

目标函数: $\min\ z = x_1 + x_2 + x_3 + x_4 + x_5 + x_6 + x_7$

约束条件: $x_1 + x_2 + x_3 + x_4 + x_5 \geq 28$
$$x_2 + x_3 + x_4 + x_5 + x_6 \geq 15$$

$$x_3 + x_4 + x_5 + x_6 + x_7 \geq 24$$
$$x_4 + x_5 + x_6 + x_7 + x_1 \geq 25$$
$$x_5 + x_6 + x_7 + x_1 + x_2 \geq 19$$
$$x_6 + x_7 + x_1 + x_2 + x_3 \geq 31$$
$$x_7 + x_1 + x_2 + x_3 + x_4 \geq 28$$
$$x_i \geq 0 (i=1,2,\cdots,7)$$

运用 OR for Windows 求解该模型得，$x_1=8, x_2=0, x_3=12, x_4=0, x_5=11, x_6=5, x_7=0$，最小值为 36。即周一安排8人，周二不安排，周三安排12人，周四不安排，周五安排11人，周六安排5人，周日不安排。这样所需的售货员最少，为36人。

例2-22 生产计划问题

明兴公司生产甲、乙、丙三种产品，都需要经过铸造、机加工和装配三个车间。甲、乙两种产品的铸件可以外包协作，亦可以自行生产，但产品丙必须本厂铸造才能保证质量。数据如表2-18所示。问：公司为了获得最大利润，甲、乙、丙三种产品各需要生产多少件？甲、乙两种产品的铸造中，由本公司铸造和由外包协作应各生产多少件？

表 2-18 生产计划数据

项目	甲	乙	丙	资源限制
铸造工时（h/件）	5	10	7	8 000
机加工工时（h/件）	6	4	8	12 000
装配工时（h/件）	3	2	2	10 000
自产铸件成本（元/件）	3	5	4	
外协铸件成本（元/件）	5	6	—	
机加工成本（元/件）	2	1	3	
装配成本（元/件）	3	2	2	
产品售价（元/件）	23	18	16	

解：设 x_1, x_2, x_3 分别为三道工序都由本公司加工的甲、乙、丙三种产品的件数，x_4, x_5 分别为由外协铸造再由本公司机加工和装配的甲、乙两种产品的件数。

则 x_i 对应产品的单位利润：利润 = 售价 - 各成本之和

可得各 $x_i (i=1,2,3,4,5)$ 对应产品的单位利润分别为 15、10、7、13、9 元。

这样我们可以建立如下的数学模型。

目标函数： $\max z = 15x_1 + 10x_2 + 7x_3 + 13x_4 + 9x_5$

约束条件：
$$5x_1 + 10x_2 + 7x_3 \leq 8\,000$$
$$6x_1 + 4x_2 + 8x_3 + 6x_4 + 4x_5 \leq 12\,000$$
$$3x_1 + 2x_2 + 2x_3 + 3x_4 + 2x_5 \leq 10\,000$$
$$x_i \geq 0 (i=1,2,\cdots,5)$$

运用 OR for Windows 求解该模型得 $x_1 = 1\,600, x_2 = 0, x_3 = 0, x_4 = 0, x_5 = 600$，利润最大值为 29 400 元。

例2-23　下料问题

某工厂要做100套钢架，每套用长为2.9 m、2.1 m、1.5 m的圆钢各一根。已知原料每根长7.4 m，问：应如何下料，可使所用原料最省？

解： 可设计出下列8种下料方案（见表2-19）。

表 2-19　下料方案

项目	方案1	方案2	方案3	方案4	方案5	方案6	方案7	方案8
2.9 m	1	2	0	1	0	1	0	0
2.1 m	0	0	2	2	1	1	3	0
1.5 m	3	1	2	0	3	1	0	4
合计	7.4	7.3	7.2	7.1	6.6	6.5	6.3	6.0
剩余料头	0	0.1	0.2	0.3	0.8	0.9	1.1	1.4

由于方案 6～8 剩余料头太多，因此为了简化模型，我们拟在前5个方案中进行搭配套裁。设 $x_i (i=1,2,\cdots,5)$ 分别为表2-18中前5种方案下料的原材料根数。这样可建立如下的数学模型。

目标函数：　　　　　　　　$\min\ z = x_1 + x_2 + x_3 + x_4 + x_5$

约束条件：　　　　　　　　$x_1 + 2x_2\quad\quad + x_4\quad\quad \geq 100$

$$2x_3 + 2x_4 + x_5 \geq 100$$

$$3x_1 + x_2 + 2x_3 \quad\quad + 3x_5 \geq 100$$

$$x_i \geq 0 (i=1,2,\cdots,5)$$

运用 OR for Windows 求解模型得到 $x_1 = 90, x_2 = 10, x_3 = 0, x_4 = 50, x_5 = 0$，原料最少用150根。

例2-24　配料问题

某工厂要用三种原料1、2、3混合调配出三种不同规格的产品甲、乙、丙，数据如表2-20和表2-21所示。试问该厂应如何安排生产，才能使利润最大？

表 2-20　三种产品的规格要求及价格

产品名称	规格要求	单价（元/kg）
甲	原料1不少于50%，原料2不多于25%	50
乙	原料1不少于25%，原料2不多于50%	35
丙	不限	25

表 2-21　三种原料的日供应量及价格

原料名称	每天最多供应量/kg	单价（元/kg）
1	100	65
2	100	25
3	60	35

解： 该问题若直接定义决策变量为各种产品的产量难以建立求解模型。仔细分析该问题可发

现，这里的决策其实包含两个层面，一是各产品的产量，二是各产品所含各原料的成分量，而每种产品的产量等于其所含各原料成分之和。因此，这里的关键是要决定各产品所含各原料的成分量。因此，可这样定义决策变量：

设 x_{ij} 表示第 i 种（甲、乙、丙）产品中原料 j 的含量。这样我们建立数学模型时，要考虑如下问题。

对于甲：其组成为 x_{11}, x_{12}, x_{13} 三者之和；
对于乙：其组成为 x_{21}, x_{22}, x_{23} 三者之和；
对于丙：其组成为 x_{31}, x_{32}, x_{33} 三者之和；
对于原料 1：其耗用量为 x_{11}, x_{21}, x_{31} 三者之和；
对于原料 2：其耗用量为 x_{12}, x_{22}, x_{32} 三者之和；
对于原料 3：其耗用量为 x_{13}, x_{23}, x_{33} 三者之和；

因此，x_{11} 对应的利润为 $50-65=-15$，同理 $x_{12}, x_{13}, x_{21}, x_{22}, x_{23}, x_{31}, x_{32}, x_{33}$ 对应的利润分别为：25，15，-30，10，0，-40，0，-10。

由于利润为收入与原料支出的差额，因而该问题的目标函数为：

$$\max\ z = -15x_{11} + 25x_{12} + 15x_{13} - 30x_{21} + 10x_{22} - 40x_{31} - 10x_{33}$$

此外，该问题受到规格、供应量的约束。例如，规格要求"产品甲所含原料不少于 50%"，可表示为

$$\frac{x_{11}}{x_{11} + x_{12} + x_{13}} \geq 0.5$$

化简为 $0.5x_{11} - 0.5x_{12} - 0.5x_{13} \geq 0$，同理可得到其他约束条件：

$0.5x_{11} - 0.5x_{12} - 0.5x_{13} \geq 0$ （甲所含原料 1 不少于 50%）
$0.25x_{11} - 0.75x_{12} + 0.25x_{13} \geq 0$ （甲所含原料 2 不多于 25%）
$0.75x_{21} - 0.25x_{22} - 0.25x_{23} \geq 0$ （乙所含原料 1 不多于 25%）
$-0.5x_{21} + 0.5x_{22} - 0.5x_{23} \leq 0$ （乙所含原料 2 不多于 50%）
$x_{11} + x_{21} + x_{31} \leq 100$ （原料 1 供应量限制）
$x_{12} + x_{22} + x_{32} \leq 100$ （原料 2 供应量限制）
$x_{13} + x_{23} + x_{33} \leq 60$ （原料 3 供应量限制）
$x_{ij} \geq 0$，$(i=1,2,3; j=1,2,3)$

运用 OR for Windows 求解该模型得到 $x_{11}=100, x_{12}=50, x_{13}=50$，最大值为 500。

例2-25 投资问题

某部门现有资金 200 万元，今后五年内考虑给以下的项目投资。

项目 A：从第一年到第五年每年年初都可投资，当年年末能收回本利 110%。

项目 B：从第一年到第四年每年年初都可投资，次年年末能收回本利 125%，但规定每年最大投资额不能超过 30 万元。

项目 C：需在第三年年初投资，第五年年末能收回本利 140%，但规定最大投资额不能超过 80 万元。

项目 D：需在第二年年初投资，第五年年末能收回本利155%，但规定最大投资额不能超过100万元。

据测定每万元每次投资的风险系数如表 2-22 所示。试问：

（1）应如何确定这些项目的每年投资额，使得第五年年末拥有资金的本利金额为最大？

（2）应如何确定这些项目的每年投资额，使得第五年年末拥有资金的本利在 330 万元的基础上使得其投资总的风险系数最小？

表 2-22 项目风险系数

项目	风险系数（次/万元）
A	1
B	3
C	4
D	5.5

解：这是一个多阶段投资问题，先确定决策变量。设 x_{ij} ($i=1,2,3,4,5; j=1,2,3,4$) 表示第 i 年初投资于 A($j=1$)、B($j=2$)、C($j=3$)、D($j=4$) 项目的金额。这样我们建立如下的决策变量。

A： x_{11} x_{21} x_{31} x_{41} x_{51}
B： x_{12} x_{22} x_{32} x_{42}
C： x_{33}
D： x_{24}

由于项目 A 每年都可投资，且当年年末能收回本息，因此，每年都应把手中资金全部投出去。即每年年初的投资额应等于当年年初可用资金。因此，我们可分析出该问题所受的约束如下。

第一年年初：$x_{11} + x_{12} = 200$；

第二年年初：项目 B 次年年末才可收回投资，故第二年年初的资金为 $1.1x_{11}$，于是 $x_{21} + x_{22} + x_{24} = 1.1x_{11}$；

第三年年初：手中资金为 $1.1x_{21} + 1.25x_{12}$，于是 $x_{31} + x_{32} + x_{33} = 1.1x_{21} + 1.25x_{12}$；

第四年年初：手中资金为 $1.1x_{31} + 1.25x_{22}$，于是 $x_{41} + x_{42} = 1.1x_{31} + 1.25x_{22}$；

第五年年初：手中资金为 $1.1x_{41} + 1.25x_{32}$，于是 $x_{51} = 1.1x_{41} + 1.25x_{32}$；

B、C、D 的投资限制：$x_{i2} \leq 30$ ($i=1,2,3,4$)，$x_{33} \leq 80$，$x_{24} \leq 100$

显然，第五年年末的资金为：$1.1x_{51} + 1.25x_{42} + 1.4x_{33} + 1.55x_{24}$

因此，问题（1）的线性规划模型为

$$\max \ z = 1.1x_{51} + 1.25x_{42} + 1.4x_{33} + 1.55x_{24}$$

$$\text{s.t.} \begin{cases} x_{11} + x_{12} = 200 \\ x_{21} + x_{22} + x_{24} = 1.1x_{11} \\ x_{31} + x_{32} + x_{33} = 1.1x_{21} + 1.25x_{12} \\ x_{41} + x_{42} = 1.1x_{31} + 1.25x_{22} \\ x_{51} = 1.1x_{41} + 1.25x_{32} \\ x_{i2} \leq 30 (i=1,2,3,4), x_{33} \leq 80, x_{24} \leq 100 \\ x_{ij} \geq 0, (i=1,2,3,4,5; j=1,2,3,4) \end{cases}$$

运用 OR for Windows 求解该模型可得 $x_{11}=170, x_{12}=30, x_{21}=63, x_{22}=24, x_{24}=100, x_{31}=0, x_{32}=26.8, x_{33}=80, x_{41}=0, x_{42}=30, x_{51}=33.5$，最大值为 341.35。

对于问题（2），总的风险系数可表示为

$$f = x_{11} + x_{21} + x_{31} + x_{41} + x_{51} + 3(x_{12} + x_{22} + x_{32} + x_{42}) + 4x_{33} + 5.5x_{24}$$

并且它同样需要满足问题（1）所受的约束条件，因此其线性规划模型为

$$\min f = x_{11} + x_{21} + x_{31} + x_{41} + x_{51} + 3(x_{12} + x_{22} + x_{32} + x_{42}) + 4x_{33} + 5.5x_{24}$$

$$\text{s.t.} \begin{cases} x_{11} + x_{12} = 200 \\ x_{21} + x_{22} + x_{24} = 1.1x_{11} \\ x_{31} + x_{32} + x_{33} = 1.1x_{21} + 1.25x_{12} \\ x_{41} + x_{42} = 1.1x_{31} + 1.25x_{22} \\ x_{51} = 1.1x_{41} + 1.25x_{32} \\ 1.1x_{51} + 1.25x_{42} + 1.4x_{33} + 1.55x_{24} \geqslant 330 \\ x_{i2} \leqslant 30(i=1,2,3,4), x_{33} \leqslant 80, x_{24} \leqslant 100 \\ x_{ij} \geqslant 0, (i=1,2,3,4,5; j=1,2,3,4) \end{cases}$$

运用 OR for Windows 求解该模型可得 $x_{11}=200, x_{12}=0, x_{21}=192.32, x_{22}=0, x_{24}=27.68, x_{31}=131.55, x_{32}=0, x_{33}=80, x_{41}=144.70, x_{42}=0, x_{51}=159.17$，总的风险系数最小值为 1 315.917。

2.7 实际应用案例

本节将给出一个实际的线性规划应用案例，希望读者能从中获得采用运筹学方法解决实际问题的初步体验。

2.7.1 问题的提出

某大型冶金矿山公司共有 14 个出矿点，年产量及各矿点矿石的平均品位（含铁量的百分比）均已知（见表 2-23）。

表 2-23　某大型冶金矿山公司生产数据

矿点号	出矿量/万 t	平均铁品位（%）	矿点号	出矿量/万 t	平均铁品位（%）
1	70	37.16	8	15.4	48.34
2	7	51.25	9	2.7	49.08
3	17	40.00	10	7.6	40.22
4	23	47.00	11	13.5	52.71
5	3	42.00	12	2.7	56.92
6	9.5	49.96	13	1.2	40.73
7	1	51.41	14	7.2	50.20

按照炼铁生产的要求，在矿石采出后，须对不同品位的矿石进行混合配料，然后进入烧结工序，最后将球状的烧结矿和团矿送入高炉进行高温冶炼，生产出生铁。该企业要求：将这 14 个出矿点的矿石进行混合配矿。依据生产设备及生产工艺的要求，混合矿石的平均铁品位 T_{Fe} 规定为 45%。试问应如何配矿才可获得最佳效益？

2.7.2 分析与建模

负责此项目研究的运筹学工作者很快便判定此项目属于运筹学中最成熟的分支——线性规划的范畴，而且是一个小规模问题。

1. 决策变量

设 $x_j(j=1,2,\cdots,14)$ 分别表示出矿点 1~14 所产矿石中参与配矿的数量（单位：万 t）。

2. 约束条件

包括三部分：

（1）供给（资源）约束。由表 2-23，可得：

$$\begin{cases} x_1 \leqslant 70 \\ x_2 \leqslant 7 \\ \vdots \\ x_{14} \leqslant 7.2 \end{cases}$$

（2）品位约束：$0.3716x_1 + 0.5125x_2 + \cdots + 0.5020x_{14} = 0.4500\sum_{j=1}^{14} x_j$

（3）非负约束：$x_j \geqslant 0(j=1,2,\cdots,14)$

3. 目标函数

此项目所要求的"最佳效益"，作为决策准则有一定的模糊性。由于配矿后混合矿石将作为后面工序的原料而产生利润，故在初始阶段，可将目标函数选作配矿总量，并追求其极大化。于是可得出基本模型（LP）如下：

$$\max \ z = \sum_{j=1}^{14} x_j$$

$$\text{s.t.} \begin{cases} x_1 \leqslant 70 \\ x_2 \leqslant 7 \\ \vdots \\ x_{14} \leqslant 7.2 \\ 0.3716x_1 + 0.5125x_2 + \cdots + 0.5020x_{14} = 0.4500\sum_{j=1}^{14} x_j \\ x_j \geqslant 0(j=1,2,\cdots,14) \end{cases}$$

2.7.3 计算结果及分析

1. 计算结果

运用 OR for Windows 求解模型，得到最优解：

$x_1^* = 31.121$, $\quad x_2^* = 7$, $\quad x_3^* = 17$, $\quad x_4^* = 23$, $\quad x_5^* = 3$, $\quad x_6^* = 9.5$, $\quad x_7^* = 1$

$x_8^* = 15.4$, $\quad x_9^* = 2.7$, $\quad x_{10}^* = 7.6$, $\quad x_{11}^* = 13.5$, $\quad x_{12}^* = 2.7$, $\quad x_{13}^* = 1.2$, $\quad x_{14}^* = 7.2$

目标函数的最优值为 $z^*=141.92$（万 t）

2. 分析与讨论

按照线性规划模型及求解中所讲述的方法及过程，到此似乎应该结束了。但是，这是企业管理中的一个真实问题，这个优化计算结果需要得到多方面的检验。

在最优解 x^* 中，除第 1 个矿点有富余外，其余 13 个矿点的出矿量全部参与配矿。而矿点 1 在配矿后尚有富余量：$70-31.121=38.879$（万 t），但矿点 1 的矿石平均品位仅为 37.16%，属贫矿。该公司的负责人或决策层很难接受这个事实：花费大量的人力、物力、财力后，在矿点 1 生产的贫矿中却有近 39 万 t 被闲置，而且在大量积压的同时，会造成环境的破坏。

经过分析后可知：在矿石品位及出矿量都不可变更的情况下，只能把注意力集中在混合矿的品位要求 T_{Fe} 上。不难看出，降低 T_{Fe} 的值可以使更多的低品位矿石参与配矿。但 T_{Fe} 有可能降低吗？在因 T_{Fe} 的降低而使更多贫矿入选的同时，会产生什么影响？这些必须加以考虑。就线性规划模型建模、求解等方面来说，降低 T_{Fe} 及其相关影响已不属于运筹学的范围，它已涉及该公司的技术与管理。从事此项目研究的运筹学工作者与现场操作人员、工程技术人员及管理人员进行了交流，了解到 T_{Fe} 的其他三个可能值：44%、43% 及 42%。

3. 变动参数值及再计算

将参数 T_{Fe} 的三个变动值 0.44、0.43、0.42 分别代入基本模型（LP），重新计算，相应的最优解分别记作 $X^*(0.44)$，$X^*(0.43)$ 及 $X^*(0.42)$。为便于比较，将原始数据及初次计算所得的最优解 $X^*(0.45)$ 也一起列入，如表 2-24 所示。

表 2-24　变动参数值及再计算结果比较

矿点	品位（%）	产量	$T_{Fe}=45\%$		$T_{Fe}=44\%$		$T_{Fe}=43\%$		$T_{Fe}=42\%$	
			$X^*(0.45)$	富余	$X^*(0.44)$	富余	$X^*(0.43)$	富余	$X^*(0.42)$	富余
1	37.16	70	31.121	38.879	51.87	18.13	70	0	70	0
2	51.25	7	7	0	7	0	7	0	7	0
3	40.00	17	17	0	17	0	17	0	17	0
4	47.00	23	23	0	23	0	23	0	23	0
5	42.00	3	3	0	3	0	3	0	3	0
6	49.96	9.5	9.5	0	9.5	0	9.5	0	9.5	0
7	51.41	1	1	0	1	0	1	0	1	0
8	48.34	15.4	15.4	0	15.4	0	15.4	0	15.4	0
9	49.08	2.7	2.7	0	2.7	0	2.7	0	2.7	0
10	40.22	7.6	7.6	0	2.7	0	2.7	0	2.7	0
11	51.71	13.5	13.5	0	13.5	0	13.5	0	0	13.5
12	56.92	2.7	2.7	0	2.7	0	0	2.7	0	2.7
13	40.73	1.2	1.2	0	1.2	0	1.2	0	1.2	0

（续）

矿点	品位（%）	产量	T_{Fe}=45%		T_{Fe}=44%		T_{Fe}=43%		T_{Fe}=42%	
			X^*（0.45）	富余	X^*（0.44）	富余	X^*（0.43）	富余	X^*（0.42）	富余
14	50.20	7.2	7.2	0	7.2	0	4.53	2.67	0.77	6.43
配用总量/富余总量（万t）			141.921	38.879	162.67	18.13	175.43	5.37	158.17	22.63

4. 综合评判及结果

该公司有关技术人员、管理人员（包括财务人员）对表 2-24 进行了综合评判，评判意见如下。

（1）T_{Fe} 取 45% 及 44% 的两个方案，均不能解决贫矿大量积压的问题，且造成环境的破坏，故不能考虑。

（2）T_{Fe} 取 43% 及 42% 的两个方案，可使贫矿全部入选；配矿总量均在 150 万 t 以上；且富余的矿石皆为品位超过 50% 的富矿，可用于生产高附加值的产品：精矿粉，大大提高经济效益；因而这两个方案对资源利用应属合理。

（3）经测算，按 T_{Fe} 取 42% 的方案配矿，其混合矿石经选矿烧结后，混合铁精矿品位仅达 51%，不能满足冶炼要求，即从技术上看缺乏可行性，故也不能采用。

（4）T_{Fe} 取 43% 的方案，在工艺操作上只需做不大的改进即可正常生产，即技术上可行。

（5）经技术人员测算，按 T_{Fe} 取 43% 的方案得出的配矿总量最多，高达 175 万 t，且可生产数量可观的精矿粉，两项合计，按当时的价格计算，比 T_{Fe} 取 45% 的方案同比增加产值 931.86 万元。

综合上述分析，T_{Fe}=43% 为最佳方案。

2.7.4 案例启示

由基本模型（LP）的目标函数及决策准则来看，它具有单一性，即追求总量最大。而从企业要求来看，还需考虑资金周转、环境保护、资源合理利用以及企业生存等多方面的因素。因此，这里企业所指的"最佳效益"，其实具有系统性。这二者之间的差异，甚至冲突，应属于运筹学工作者在应用研究中经常遇到的问题，也是需要合理解决的问题。而解决这个问题的关键之一是：运筹学工作者在理念与工作方式上应具有开放性，不能只拘泥于运筹学书本及文献资料，而应进入实际，与相关人员交流，从而达到技术可行、经济合理以及系统优化的目的。

经验表明：在运筹学实际应用的项目中，很少遇到运筹学"独步天下"的情况。如这个案例，它属线性规划的一个典型应用领域，即便如此，运筹学在其中也不能包揽一切，它可以起着骨架及核心作用，但若无其他方面的系统配合，也不可能达到圆满成功的结果。

习 题

1. 将下列线性规划问题转化为标准型。

（1） $\min z = 3x_1 + x_2$

$$\text{s.t.} \begin{cases} x_1 - x_2 \geq 6 \\ x_1 - 2x_2 \leq 4 \\ 2x_1 - x_2 = 4 \\ x_1, x_2 \geq 0 \end{cases}$$

（2） $\min z = -2x_1 + 3x_2$

$$\text{s.t.} \begin{cases} 3x_1 - 4x_2 \leq 60 \\ -2x_1 - 3x_2 = 40 \\ -x_1 + 2x_2 \geq 24 \\ x_1 \leq 0, x_2 \geq 0 \end{cases}$$

2. 用图解法求解下列问题。

（1） $\min z = 3x_1 + x_2$

$$\text{s.t.} \begin{cases} 4x_1 - 2x_2 \leq 8 \\ 3x_1 + x_2 \leq 10 \\ x_1, x_2 \geq 0 \end{cases}$$

（2） $\min z = 3x_1 + 7x_2$

$$\text{s.t.} \begin{cases} 2x_1 - 5x_2 \leq 100 \\ -3x_1 - x_2 \leq -8 \\ x_1, x_2 \geq 0 \end{cases}$$

3. 某城市的空气污染十分严重，市政府准备制订一个减少污染的环保计划，要求每年减少碳氢化合物排放量 50 万 t，二氧化硫 60 万 t，固体尘埃 80 万 t。研究部门提供的各种减排方案的减排量和成本之间的关系如表 2-25 所示。

表 2-25　习题 3 表格

减排效果 /万 t	技术方案			
	减少机动车数量	安装烟筒除硫、除尘器	提高能源利用效率	关闭高污染的工厂
碳氢化合物	60	30	70	45
二氧化硫	55	70	65	55
固体尘埃	70	100	80	70
成本（万元）	1 500	3 000	2 500	2 000

请构造一个线性规划模型，确定各种技术方案在减排计划中所占的比例，并且在满足减排指标的同时使总成本最小。

4. 某炼油厂使用三种原料油甲、乙、丙混合加工成 A、B、C 三类不同的汽油产品。有关数据如表 2-26 所示。另外，由于市场原因，A 的产量不得低于产品总量的 40%。问该厂应如何安排生产使总利润最大？

表 2-26　习题 4 表格

原料	产品			原料成本（千元 /t）	原料限量 /t
	A	B	C		
甲	≥60%	≥15%		1.800	2 000
乙				1.350	2 500
丙	≤20%	≤60%	≤50%	0.900	1 200
加工费（千元 /t）	0.450	0.360	0.270		
售价（千元 /t）	3.060	2.565	2.025		

5. 一贸易公司专门经营某种杂粮的批发业务。公司现有库容 5 000 担的仓库。年初，公司拥有库存

1 000 担杂粮，并有资金 20 000 元。估计第一季度杂粮价格如表 2-27 所示。若买进的杂粮当月到货，需下月才能卖出，且规定"货到付款"。公司希望本季末库存 2 000 担。问应采取什么样的买进与卖出策略使三个月总的获利最大，请构造有关线性规划模型。

表 2-27 习题 5 表格

时间	进货价（元）	出货价（元）
一月	2.85	3.10
二月	3.05	3.25
三月	2.90	2.95

6. 一个连锁店公司正在计划明年的广告预算，该公司计划用 1 000 万元在报纸、广播电台和电视上做广告。各种媒介的广告效果、数量限制和成本数据如表 2-28 所示。

表 2-28 习题 6 表格

效果	广告媒介		
	报纸	广播电台	电视
每个广告影响的总人数（万人）	5	10	15
影响的已婚人数（万人）	1.5	2	4
影响平均收入以上人数（万人）	2	3	5
最高广告数限制（个）	100	150	50
最低广告数限制（个）	25	30	30
每个广告的成本（万元）	3	1.5	15

该公司的目标是使广告影响的人数最多，并满足下面的条件：
（1）至少要影响 100 万已结婚的人口；
（2）至少要影响 150 万收入在平均收入以上的人口；
（3）在每种媒介上所做的广告要在最高和最低限制数之间。
请构造该问题的线性规划模型。

7. 发电厂有两台锅炉，每台锅炉投入运行时生产的蒸气量一定要维持在其最高产气量和最低产气量之间。每个锅炉产气量范围和生产成本如表 2-29 所示。

表 2-29 习题 7 表格 1

锅炉号	最低产气量/t	最高产气量/t	运行成本（元/t）
1	400	900	8
2	500	1 000	8

锅炉生产的蒸气可送到两台汽轮机组发电，每台汽轮机组的蒸气消耗量也有最低和最高限制，且运行成本和每吨蒸气的发电量亦不同（见表 2-30）。请给出一个线性规划模型使发电厂在满足 8 000 kW·h 发电计划的前提下运行成本最低。

表 2-30 习题 7 表格 2

汽轮机号	最低用气量/t	最高用气量/t	生产电量/kW·h	运行成本（元/t）
1	400	900	5	3
2	500	1 000	6	4

8. 判断下列说法是否正确。

（1）在求解最大化的线性规划模型中增加一个约束条件，若仍有最优解，则目标函数的最优值将减少或不变。

（2）若线性规划的可行域无界，则它具有无界解。

（3）若标准线性规划没有最优基可行解，则一定没有最优解。

（4）在单纯形法计算中，若不按最小比值规则选取基变量，则下一个解中至少有一个基变量的值为负。

（5）标准线性规划的每一个基解对应可行域的一个顶点。

（6）n 个变量，m 个约束的标准线性规划，其基可行解的正分量数目有可能大于 m。

（7）n 个变量，m 个约束的标准线性规划，其基可行解数目恰好为 C_n^m。

（8）一旦一个人工变量在迭代中变为非基变量，该变量及相应列的数字可以从单纯形表中删除，而不影响计算结果。

（9）对自由变量 x_k，通常令 $x_k = x_k' - x_k''$，其中 $x_k', x_k'' \geq 0$，在用单纯形法求得的最优解中不可能同时出现 $x_k' > 0, x_k'' > 0$。

9. 用单纯形法求解下列线性规划问题，并指出问题的解属于哪一类。

（1）$\max\ z = 3x_1 + 5x_2$
s.t. $\begin{cases} x_1 \leq 4 \\ 2x_2 \leq 12 \\ 3x_1 + 2x_2 \leq 18 \\ x_1, x_2 \geq 0 \end{cases}$

（2）$\max\ z = 2x_1 - x_2 + x_3$
s.t. $\begin{cases} 3x_1 + x_2 + x_3 \leq 60 \\ x_1 - x_2 + 2x_3 \leq 10 \\ x_1 + x_2 - x_3 \leq 20 \\ x_1, x_2, x_3 \geq 0 \end{cases}$

（3）$\max\ z = 6x_1 + 2x_2 + 10x_3 + 8x_4$
s.t. $\begin{cases} 5x_1 + 6x_2 - 4x_3 - 4x_4 \leq 20 \\ 3x_1 - 3x_2 + 2x_3 + 8x_4 \leq 25 \\ 4x_1 - 2x_2 + x_3 + 3x_4 \leq 10 \\ x_1, x_2, x_3, x_4 \geq 0 \end{cases}$

（4）$\max\ z = x_1 + 6x_2 + 4x_3$
s.t. $\begin{cases} -x_1 + 2x_2 + 2x_3 \leq 13 \\ 4x_1 - 4x_2 + x_3 \leq 20 \\ x_1 + 2x_2 + x_3 \leq 17 \\ x_1 \geq 1, x_2 \geq 2, x_3 \geq 3 \end{cases}$

10. 用大 M 方法求解下列线性规划问题。

（1）$\max\ z = 3x_1 + 2x_2 - x_3$
s.t. $\begin{cases} -4x_1 + 3x_2 + x_3 \geq 4 \\ x_1 - x_2 + 2x_3 \leq 10 \\ -2x_1 + 2x_2 - x_3 = -1 \\ x_1, x_2, x_3 \geq 0 \end{cases}$

（2）$\min\ z = 5x_1 - 8x_2$
s.t. $\begin{cases} 3x_1 + x_2 \leq 6 \\ x_1 - 2x_2 \geq 4 \\ x_1, x_2 \geq 0 \end{cases}$

11. 用两阶段方法求解下列线性规划问题。

（1）$\min\ z = -3x_1 + x_2 + 3x_3 - x_4$
s.t. $\begin{cases} x_1 + 2x_2 - x_3 + x_4 = 0 \\ 2x_1 - 2x_2 + 3x_3 + 3x_4 = 9 \\ x_1 - x_2 + 2x_3 - x_4 = 6 \\ x_1, x_2, x_3, x_4 \geq 0 \end{cases}$

（2）$\min\ z = x_1 + 6x_2 - 7x_3 + x_4 + 5x_5$
s.t. $\begin{cases} 5x_1 - 4x_2 + 13x_3 - 2x_4 + x_5 = 20 \\ x_1 - x_2 + 5x_3 - x_4 + x_5 = 8 \\ x_1, x_2, x_3, x_4, x_5 \geq 0 \end{cases}$

12. 已知一个求最小化的线性规划问题迭代到某一步的单纯形表如表 2-31 所示。

表 2-31 习题 12 表格

c_B	x_B	x_1	x_2	x_3	x_4	x_5	x_6	b
-1	x_1	1	2/3	0	0	4/3	0	4
-3	x_4	0	$-7/3$	3	1	$-2/3$	0	2
1	x_6	0	$-2/3$	-2	0	2/3	1	2
	σ_j	0	8/3	-11	0	4/3	0	8

（1）请确定主元。

（2）若当前基的逆矩阵 $B^{-1} = (P_1 \ P_4 \ P_6)^{-1} = \dfrac{1}{3}\begin{pmatrix} 1 & 1 & -1 \\ 1 & -2 & 2 \\ -1 & 2 & 1 \end{pmatrix}$，价值系数 $c_B = (c_1 \ c_4 \ c_6) = (-1 \ -3 \ 1)$，请写出原线性规划问题。

13. 已知一个求最大化的线性规划问题迭代到某一步的单纯形表如表 2-32 所示。

表 2-32 习题 13 表格

项目		x_1	x_2	x_3	x_4	x_5
x_3	d	4	a_1	1	0	0
x_4	2	-1	-5	0	1	0
x_5	3	a_2	-3	0	0	1
	σ_j	c_1	c_2	0	0	0

试问当 a_1, a_2, c_1, c_2, d 满足什么条件，表中变量属哪种类型时，下列结论成立。

（1）当前解为唯一最优解。

（2）当前解为最优解，但有多个最优解。

（3）当前解为退化的可行解。

（4）原问题无界。

（5）无可行解。

第3章 对偶问题与灵敏度分析

对偶理论是线性规划中最重要的理论之一,它是进一步深入学习数学规划知识的理论基础。更重要的是,由对偶理论引申出来的对偶解有重要的经济意义,是经济分析的重要工具。本章重点学习对偶问题的概念,掌握其基本性质和经济含义,并理解灵敏度分析的意义和基本方法。

3.1 对偶问题及其描述

3.1.1 对偶问题的提出

对偶是指对同一事物(问题)从不同的角度(视角)观察或换位思考。如一个企业决策者制订生产计划时,可以提出利润最大化的目标,亦可以提出资源消耗最小化的目标。

在例 2-1 的生产计划问题中,我们是从安排生产使企业利润最大化角度考虑的。最初考虑的问题我们称之为原问题,也习惯称为 P 问题,其数学模型为

$$\text{P 问题:} \quad \max \ z = 3x_1 + 2x_2 + 5x_3$$
$$\text{s.t.} \begin{cases} x_1 + 2x_2 + x_3 \leq 430 \\ 3x_1 \quad\quad + 2x_3 \leq 460 \\ x_1 + 4x_2 \quad\quad \leq 420 \\ x_1, x_2, x_3 \geq 0 \end{cases}$$

现在从另一个角度考虑,即企业不安排生产自己的产品,而是将三道工序的加工能力当作资源出租用于对外加工,收取加工费,那么应该怎样确定各种可用工时的最低收益呢?

设 y_1, y_2, y_3 分别代表三道工序工时资源出租的收益。对决策者而言,他会考虑到:出租资源所得到的收入应该不低于自己用这些资源进行生产所得到的利润,即有:

将生产一件第一种产品所耗的资源量出租,所得收益应不能低于生产一件该产品所得

收益，即
$$y_1 + 3y_2 + y_3 \geq 3$$

同样，将生产一件第二、三种产品所耗的资源量出租，所得收益也分别应不低于生产一件相应产品所得收益，即
$$2y_1 + 4y_3 \geq 2$$
$$y_1 + 2y_2 \geq 5$$

把三种资源出租，所得收益总额为
$$w = 430y_1 + 460y_2 + 420y_3$$

虽然似乎 w 越大越好，但是由于收益太高，即给加工工时过高的定价，相对于其他代工企业必然会由于没有价格优势而失去竞争力。因此，在保证出租资源所得收益不比自己生产获利少的前提下，为了使工厂的竞争能力最强，应该最小化总收益。此外，由于 y_1, y_2, y_3 是资源出租的收益，显然不能为负。综合上述分析，得到如下线性规划模型：

D 问题：
$$\min \quad w = 430y_1 + 460y_2 + 420y_3$$
$$\text{s.t.} \begin{cases} y_1 + 3y_2 + y_3 \geq 3 \\ 2y_1 + 4y_3 \geq 2 \\ y_1 + 2y_2 \geq 5 \\ y_1, y_2, y_3 \geq 0 \end{cases}$$

D 问题即为 P 问题的对偶问题，而 y_1, y_2, y_3 就是 P 问题的对偶变量。从另一个角度来看，由于 y_1, y_2, y_3 的上界为无限大，D 问题的目标函数只存在最小值，否则就无界了，y_1, y_2, y_3 没有一个合理的数值，即加工资源出租价格变得不合理，将没有企业愿意租用。

3.1.2 对偶问题的定义

假设线性规划原问题表述为如下形式：
$$\max \quad z = cx$$
$$\text{s.t.} \begin{cases} Ax \leq b \\ x \geq 0 \end{cases} \tag{3-1}$$

根据第 2 章单纯形法的矩阵形式，当所有非基变量的检验数 $c_N - c_B B^{-1} N \leq 0$ 时，原问题式（3-1）得到最优解，其中非基变量中松弛变量的检验数为 $-c_B B^{-1} \leq 0$。

设 $y = c_B B^{-1}$，显然根据式（3-2）有 $y \geq 0$。根据第 2 章单纯形法的矩阵形式，检验数可统一表示为 $c - c_B B^{-1} A$。当原问题式（3-1）达到最优解时，有 $c - c_B B^{-1} A \leq 0$，故有 $yA \geq c$。

又因为 $z = c_B B^{-1} b = yb$，于是可以建立另一个线性规划问题的模型：
$$\min \quad w = yb$$
$$\text{s.t.} \begin{cases} yA \geq c \\ y \geq 0 \end{cases} \tag{3-2}$$

线性规划式（3-2）为式（3-1）的对偶问题。

将式（3-1）和式（3-2）表述为展开形式，即

P 问题：
$$\max \quad z = c_1x_1 + c_2x_2 + \cdots + c_nx_n$$
$$\text{s.t.} \begin{cases} a_{11}x_1 + a_{12}x_2 + \cdots + a_{1n}x_n \leq b_1 \\ a_{21}x_1 + a_{22}x_2 + \cdots + a_{2n}x_n \leq b_2 \\ \quad\quad\quad\quad\vdots \\ a_{m1}x_1 + a_{m2}x_2 + \cdots + a_{mn}x_n \leq b_m \\ x_1, x_2, \cdots, x_n \geq 0 \end{cases} \quad (3\text{-}3)$$

D 问题：
$$\min \quad w = b_1y_1 + b_2y_2 + \cdots + b_my_m$$
$$\text{s.t.} \begin{cases} a_{11}y_1 + a_{21}y_2 + \cdots + a_{m1}y_m \geq c_1 \\ a_{12}y_1 + a_{22}y_2 + \cdots + a_{m2}y_m \geq c_2 \\ \quad\quad\quad\quad\vdots \\ a_{1n}y_1 + a_{2n}y_2 + \cdots + a_{mn}y_m \geq c_n \\ y_1, y_2, \cdots, y_m \geq 0 \end{cases} \quad (3\text{-}4)$$

其中，$\boldsymbol{y} = (y_1, y_2, \cdots, y_m)$ 是对偶变量。

例 2-1 线性规划问题的对偶问题可以写为

$$\min \quad w = 430y_1 + 460y_2 + 420y_3$$
$$\text{s.t.} \begin{cases} y_1 + 3y_2 + y_3 \geq 3 \\ 2y_1 \quad\quad + 4y_3 \geq 2 \\ y_1 + 2y_2 \quad\quad \geq 5 \\ y_1, y_2, y_3 \geq 0 \end{cases}$$

即

$$\min \quad w = (y_1, y_2, y_3)\begin{pmatrix} 430 \\ 460 \\ 420 \end{pmatrix} = 430y_1 + 460y_2 + 420y_3$$

$$(y_1, y_2, y_3)\begin{pmatrix} 1 & 2 & 1 \\ 3 & 0 & 2 \\ 1 & 4 & 0 \end{pmatrix} \geq (3, 2, 5) \Rightarrow \begin{cases} y_1 + 3y_2 + y_3 \geq 3 \\ 2y_1 \quad\quad + 4y_3 \geq 2 \\ y_1 + 2y_2 \quad\quad \geq 5 \end{cases}$$

$$\boldsymbol{y} \geq 0 \Rightarrow y_1, y_2, y_3 \geq 0$$

3.1.3 原问题和对偶问题的关系

针对式（3-2），在表述矩阵相乘时，我们通常习惯于将参数写在变量的左边。实际上，$\boldsymbol{yb} = \boldsymbol{b}^{\text{T}}\boldsymbol{y}^{\text{T}}$，而 $\boldsymbol{yA} \geq \boldsymbol{c} \Rightarrow \boldsymbol{A}^{\text{T}}\boldsymbol{y}^{\text{T}} \geq \boldsymbol{c}^{\text{T}}$，于是式（3-2）可等价表示为

$$\min \quad w = \boldsymbol{b}^{\text{T}}\boldsymbol{y}^{\text{T}}$$
$$\text{s.t.} \begin{cases} \boldsymbol{A}^{\text{T}}\boldsymbol{y}^{\text{T}} \geq \boldsymbol{c}^{\text{T}} \\ \boldsymbol{y}^{\text{T}} \geq 0 \end{cases} \quad (3\text{-}5)$$

对比式（3-1）和式（3-5）可以比较明显地看出原问题和对偶问题之间的价值系数、技术系数、右端项之间的关系，亦可看出约束条件（≤，≥）和变量（≥0）之间的关系。

更进一步地，对于如下等式约束线性规划问题：

$$\max \ z = \sum_{j=1}^{n} c_j x_j$$

$$\text{s.t.} \begin{cases} \sum_{j=1}^{n} a_{ij} x_j = b_i & i = 1, 2, \cdots, m \\ x_j \geq 0 & j = 1, 2, \cdots, n \end{cases}$$

等式约束条件 $\sum_{j=1}^{n} a_{ij} x_j = b_i$ 可以分解为如下两个不等式约束条件：

$$\begin{cases} \sum_{j=1}^{n} a_{ij} x_j \leq b_i & i = 1, 2, \cdots, m \\ -\sum_{j=1}^{n} a_{ij} x_j \leq -b_i & i = 1, 2, \cdots, m \end{cases}$$

设 y_i' 为上述第1个约束条件不等式的对偶变量，y_i'' 为第2个约束条件不等式的对偶变量，根据定义原问题变换后的对偶问题，其目标函数为

$$\min \ w = \sum_{i=1}^{m} b_i y_i' - \sum_{i=1}^{m} b_i y_i'' = \sum_{i=1}^{m} b_i (y_i' - y_i'')$$

主约束条件为

$$\sum_{i=1}^{m} a_{ij} y_i' - \sum_{i=1}^{m} a_{ij} y_i'' \geq c_j \qquad j = 1, 2, \cdots, n$$

即

$$\sum_{i=1}^{m} a_{ij} (y_i' - y_i'') \geq c_j \qquad j = 1, 2, \cdots, n$$

变量约束条件为

$$y_i' \geq 0, y_i'' \geq 0 \qquad i = 1, 2, \cdots, m$$

再令 $y_i = y_i' - y_i''$，显然 y_i 可能 ≤0 或 ≥0，为自由变量，没有符号约束。将 y_i 代入前述目标函数和约束条件，可得原问题的对偶问题为

$$\min \ w = \sum_{i=1}^{m} b_i y_i$$

$$\text{s.t.} \ \sum_{i=1}^{m} a_{ij} y_i \geq c_j \qquad j = 1, 2, \cdots, n$$

因为 y_i 无约束，所以在问题的约束条件中省略了其描述。

综合上述分析以及对偶问题的定义，对偶问题与原问题的对应关系可归纳总结为表3-1所示的对应关系。

表 3-1 原问题和对偶问题的对应关系

原问题（对偶问题）		对偶问题（原问题）	
A	约束系数矩阵	约束系数矩阵的转置	
b	约束条件右端项向量	目标函数中价值系数向量	
C	目标函数中价值系数向量	约束条件右端项向量	
目标函数	$\max z = \sum_{j=1}^{n} c_j x_j$	$\min w = \sum_{i=1}^{m} b_i y_i$	目标函数
约束条件 （m 个）	$\sum_{j=1}^{n} a_{ij} x_j \leq b_i$	$y_i \geq 0$	变量 （m 个）
	$\sum_{j=1}^{n} a_{ij} x_j \geq b_i$	$y_i \leq 0$	
	$\sum_{j=1}^{n} a_{ij} x_j = b_i$	y_i 无约束	
变量 （n 个）	$x_j \geq 0$	$\sum_{i=1}^{m} a_{ij} y_i \geq c_j$	约束条件 （n 个）
	$x_j \leq 0$	$\sum_{i=1}^{m} a_{ij} y_i \leq c_j$	
	x_j 无约束	$\sum_{i=1}^{m} a_{ij} y_i = c_j$	

对于表 3-1 所示对应关系，关键要把握以下几点：

（1）一个问题求最大化而另一个问题求最小化。

（2）一个问题约束条件的右端项系数对应另一个问题的目标函数系数。

（3）一个问题的每个约束条件对应着另一个问题的一个变量。

（4）约束条件的"="号与变量的"无约束"对应。

（5）若原问题为最大化问题，则对偶变量不等号与原问题的约束条件不等号相反；若原问题为最小化问题，则对偶约束条件不等号与原问题变量不等号相反。

例3-1

考虑下述线性规划问题的对偶问题。

$$\max z = 5x_1 + 6x_2$$

$$\text{s.t.} \begin{cases} x_1 + 9x_2 \leq 60 & (1) \leftarrow y_1 \\ 2x_1 + 3x_2 \leq 45 & (2) \leftarrow y_2 \\ 5x_1 - 2x_2 \leq 20 & (3) \leftarrow y_3 \\ x_2 \leq 30 & (4) \leftarrow y_4 \\ x_1, x_2 \geq 0 \end{cases}$$

设 y_1, y_2, y_3, y_4 是对应于原始问题（1）～（4）约束条件的对偶变量。根据表 3-1，对偶问题为 min，目标函数系数为原问题右端项。在原题中将技术系数列向量左乘右边的对偶向量，并根据技术系数列向量对应变量自身的约束符号确定对偶问题约束条件的符号。最后根据原问题约束条件符号反号确定对偶变量约束符号，于是可得原问题的对偶问题为

$$\min\ w = 60y_1 + 45y_2 + 20y_3 + 30y_4$$
$$\text{s.t.} \begin{cases} y_1 + 2y_2 + 5y_3 \geq 5 \\ 9y_1 + 3y_2 - 2y_3 + y_4 \geq 6 \\ y_1, y_2, y_3, y_4 \geq 0 \end{cases}$$

例3-2

考虑下述线性规划问题的对偶问题。

$$\min\ z = 2x_1 + 3x_2 - 5x_3 + x_4$$
$$\text{s.t.} \begin{cases} x_1 + x_2 - 3x_3 + x_4 \geq 5 \\ 2x_1 + 2x_3 - x_4 \leq 4 \\ x_2 + x_3 + x_4 = 6 \\ x_1 \leq 0, x_2 \geq 0, x_3 \geq 0 \end{cases}$$

根据表 3-1，求 min 问题的对偶问题，变换关键在于若原问题变量为无约束，则其对偶问题的约束为等式，否则对偶问题的约束条件符号根据原问题变量约束符号进行反号即可。因此上述问题的对偶问题为

$$\max\ w = 5y_1 + 4y_2 + 6y_3$$
$$\text{s.t.} \begin{cases} y_1 + 2y_2 \geq 2 \\ y_1 + y_3 \leq 3 \\ -3y_1 + 2y_2 + y_3 \leq -5 \\ y_1 - y_2 + y_3 = 1 \\ y_1 \geq 0, y_2 \leq 0 \end{cases}$$

3.2 对偶问题的基本性质

性质 3-1 （对称性）对偶问题的对偶问题就是原问题。

根据对偶问题的定义不难看出，对于线性规划问题：

$$\min\ w = yb$$
$$\text{s.t.} \begin{cases} yA \geq c \\ y \geq 0 \end{cases}$$

其对偶问题为

$$\max\ z = cx$$
$$\text{s.t.} \begin{cases} Ax \leq b \\ x \geq 0 \end{cases}$$

可见，线性规划对偶问题的对偶问题就是原问题。事实上，任何一个线性规划问题都有一个固定的线性规划问题与之对偶，且二者互为对偶关系，这称为对偶问题的对称性。

对称性是对偶问题最基本的性质，对偶问题还具有其他一些特殊的性质，它们在线性规划的理论研究以及经济意义的探讨上都有重要价值。

性质 3-2 （弱对偶性）设 x, y 分别是原问题和对偶问题的可行解，则必有 $cx \leq yb$。

例3-3

对下述线性规划问题：

$$\max\ z = 2x_1 + 2x_2 - 4x_3$$

$$\text{s.t.} \begin{cases} x_1 + 3x_2 + 3x_3 \leq 30 \\ 4x_1 + 2x_2 + 4x_3 \leq 80 \\ x_1, x_2, x_3 \geq 0 \end{cases}$$

其对偶问题为

$$\min\ w = 30y_1 + 80y_2$$

$$\text{s.t.} \begin{cases} y_1 + 4y_2 \geq 2 \\ 3y_1 + 2y_2 \geq 2 \\ 3y_1 + 4y_2 \geq -4 \\ y_1, y_2 \geq 0 \end{cases}$$

任取原问题的一个可行解，如 $x_1 = 2, x_2 = 5, x_3 = 4$，其目标函数值为 $z = -2$。同样任意取对偶问题的一个可行解，如 $y_1 = 1, y_2 = 1$，其目标函数值为 $w = 110$，显然 $z \leq w$。

弱对偶性定理给出了线性规划对偶问题之间任意可行解与其对应的目标函数值之间的关系。若原问题（P）有可行解，则其任意可行解 x 对应的目标函数值 cx 提供了对偶问题（D）目标函数值的一个下界。反之，若对偶问题（D）有可行解，则它的任意可行解 y 对应的目标函数值 yb 提供了原问题（P）的一个上界。

此外，通过弱对偶性进一步可以得出一对对偶问题，若其中一个问题有无界解，则另一个问题无可行解，即若线性规划 P 问题无界，则 D 问题无解；若 D 问题无界，则 P 问题也无可行解。例如下述一对问题中，一个具有无界解，另一个无可行解。

$$\max\ z = x_1 + x_2 \qquad \min\ w = 40y_1 + 20y_2$$

$$\text{s.t.} \begin{cases} -2x_1 + x_2 \leq 40 \\ x_1 - x_2 \leq 20 \\ x_1, x_2 \geq 0 \end{cases} \qquad \text{s.t.} \begin{cases} -2y_1 + y_2 \geq 1 \\ y_1 - y_2 \geq 1 \\ y_1, y_2 \geq 0 \end{cases}$$

对于线性规划问题，无界解是其对偶问题无可行解的充分条件，但不是必要条件。又如下面一对互为对偶的问题，两个问题都没有可行解。

$$\begin{array}{ll} \max\ z = x_1 + x_2 & \min\ w = -y_1 - y_2 \\ \text{s.t.} \begin{cases} x_1 - x_2 \leqslant -1 \\ -x_1 + x_2 \leqslant -1 \\ x_1, x_2 \geqslant 0 \end{cases} & \text{s.t.} \begin{cases} y_1 - y_2 \geqslant 1 \\ -y_1 + y_2 \geqslant 1 \\ y_1, y_2 \geqslant 0 \end{cases} \end{array}$$

因此，当一个线性规划问题无可行解时，其对偶问题可能有无界解或无可行解。

性质 3-3 （最优性）若 $\hat{x}, \hat{y}$ 分别是 P 问题和 D 问题的可行解，并且 $c\hat{x} = \hat{y}b$，则 $\hat{x}, \hat{y}$ 分别为 P 问题和 D 问题的最优解。

例如在例 3-3 中，$\hat{x} = (18, 4, 0)^T$ 是原问题的可行解，$\hat{y} = (0.4, 0.4)$ 是其对偶问题的可行解，且 $c\hat{x} = \hat{y}b = 44$，所以 $\hat{x}, \hat{y}$ 分别为原问题和对偶问题的最优解。

性质 3-4 （强对偶性）若 P 问题和 D 问题都有可行解，则两者都有最优解，且它们的最优解的目标函数值都相等。

例如例 3-3 的原问题和对偶问题都有可行解，并可求得原问题最优解为（18，4，0），对偶问题最优解为（0.4，0.4），原问题和对偶问题最优值均为 44。

性质 3-5 （互补松弛性）在线性规划问题的最优解中，如果对应某一约束的对偶变量最优值不等于 0，则该约束条件在最优解时取严格等式；反之，如果约束条件在最优解时取严格不等式，则对应的对偶变量最优值一定为 0。

例如例 3-3 在最优解时，$y_1^* = 0.4 > 0$，$y_2^* = 0.4 > 0$，将 $x^* = (18, 4, 0)^T$ 代入原问题的两个约束条件，所得均为等式，又如对偶问题的第三个约束条件将 $y^* = (0.4, 0.4)$ 代入为严格不等式，所以 $x_3^* = 0$。

根据对偶问题的前述性质，可以得出如下两个定理。

定理 3-1 （对偶定理）P 问题和 D 问题存在以下对应关系：
（1）P 问题有最优解的充要条件是 D 问题有最优解；
（2）若 P 问题无界，则 D 问题无可行解，若 D 问题无界，则 P 问题无可行解；
（3）若 x^*, y^* 分别是 P 问题和 D 问题的可行解，则它们分别为 P 问题和 D 问题的最优解的充要条件是 $cx^* = y^*b$。

对偶定理通过前述对偶问题的性质不难证明。

定理 3-2 （互补松弛定理）如果 $\hat{x}, \hat{y}$ 分别是 P 问题和 D 问题的可行解，则它们分别为 P 问题和 D 问题的最优解的充要条件是：$\hat{y}(b - A\hat{x}) = 0$ 和 $(c - \hat{y}A)\hat{x} = 0$。

互补松弛定理表明了线性规划达到最优时的下列关系：

（1）如果原问题的某一约束为紧约束（松弛变量为 0），则该约束对应的对偶变量应大于或等于 0。

（2）如果原问题的某一约束为松约束（松弛变量大于 0），则对应的对偶变量必为 0。

（3）如果原问题的某一个变量大于 0，则该变量对应的对偶约束必为紧约束。

（4）如果原问题的某一个变量等于 0，则该变量对应的对偶约束可能是紧约束，也可能是松约束。

有时候可以利用互补松弛定理，根据其中一个问题的最优解，将其对偶问题的最优解求解出来。下面举例说明。

例3-4

利用互补松弛定理求解下述线性规划问题。

$$\min z = 2x_1 + 3x_2 + 5x_3 + 2x_4 + 3x_5$$
$$\text{s.t.} \begin{cases} x_1 + x_2 + 2x_3 + x_4 + 3x_5 \geq 4 \\ 2x_1 - 2x_2 + 3x_3 + x_4 + x_5 \geq 3 \\ x_j \geq 0, j = 1, 2, \cdots, 5 \end{cases}$$

解： 该问题的对偶问题为

$$\max w = 4y_1 + 3y_2$$
$$\text{s.t.} \begin{cases} y_1 + 2y_2 \leq 2 \\ y_1 - 2y_2 \leq 3 \\ 2y_1 + 3y_2 \leq 5 \\ y_1 + y_2 \leq 2 \\ 3y_1 + y_2 \leq 3 \\ y_1, y_2 \geq 0 \end{cases}$$

采用图解法，很容易得到该对偶问题的最优解为 (4/5, 3/5)。

我们将该解代入对偶问题的各个约束条件，得到各约束的松紧情况为

第 1 个约束	$y_1 + 2y_2 = 4/5 + 2 \times 3/5 = 2$	紧约束
第 2 个约束	$y_1 - 2y_2 = 4/5 - 2 \times 3/5 < 3$	松约束
第 3 个约束	$2y_1 + 3y_2 = 2 \times 4/5 + 3 \times 3/5 < 5$	松约束
第 4 个约束	$y_1 + y_2 = 4/5 + 3/5 < 2$	松约束
第 5 个约束	$3y_1 + y_2 = 3 \times 4/5 + 3/5 = 3$	紧约束

由于第2、3、4个约束条件为松约束,因此它们对应的原问题的变量取值为0,即
$$x_2=0, x_3=0, x_4=0$$
又由于 $y_1=4/5>0$,说明该变量对应的原问题约束条件为紧约束,即有:
$$x_1+x_2+2x_3+x_4+3x_5=4$$
同理,$y_2=3/5>0$,有
$$2x_1-2x_2+3x_3+x_4+x_5=3$$
于是解得,$x_1=1, x_5=1$。因而该原问题的最优解为 $(1,0,0,0,1)^\mathrm{T}$。

性质3-6 (对偶解的存在性)若原问题存在可行解,则原问题单纯形法的检验数对应对偶问题的一个基解;若原问题存在最优解,则原问题单纯形法达到最优时,松弛变量检验数的相反数和剩余变量检验数对应为对偶问题最优解。

例3-5

利用单纯形法求解下述线性规划问题。
$$\max\ z=5x_1+4x_2$$
$$\text{s.t.}\begin{cases} x_1+2x_2\leq 18 \\ 5x_1+2x_2\leq 50 \\ x_2\leq 8 \\ x_j\geq 0, j=1,2,3 \end{cases}$$

解:该问题的标准型为
$$\max\ z=5x_1+4x_2+0x_3+0x_4+0x_5$$
$$\text{s.t.}\begin{cases} x_1+2x_2+x_3 \leq 18 \\ 5x_1+2x_2+x_4 \leq 50 \\ x_2+x_5\leq 8 \\ x_j\geq 0, j=1,2,\cdots,5 \end{cases}$$

根据标准型列出单纯形表,并进行迭代运算,如表3-2所示。

表3-2 例3-5初始单纯形表及迭代过程

$c_j \to$		5	4	0	0	0	b	θ
c_B	x_B	x_1	x_2	x_3	x_4	x_5		
0	x_3	1	2	1	0	0	18	18/1=18
0	x_4	(5)	2	0	1	0	50	50/5=10
0	x_5	0	1	0	0	1	8	—
	σ_j	5	4	0	0	0	0	
0	x_3	0	(8/5)	1	−1/5	0	8	5

（续）

$c_j \rightarrow$			5	4	0	0	0	b	θ
c_B	x_B		x_1	x_2	x_3	x_4	x_5		
5	x_1		1	2/5	0	1/5	0	10	25
0	x_5		0	1	0	0	1	8	8
σ_j			0	2	0	0	0	0	
4	x_2		0	1	5/8	$-1/8$	0	5	
5	x_1		1	0	$-1/4$	1/4	0	8	
0	x_5		0	0	$-5/8$	1/8	1	3	
σ_j			0	0	$-5/4$	$-3/4$	0	60	

因此，最优解为 $x^* = (8, 5, 0, 0, 3)^T$，目标函数值为 $z^* = 60$。

上述线性规划问题的对偶问题为

$$\min \quad w = 18y_1 + 50y_2 + 8y_3$$

$$\text{s.t.} \begin{cases} y_1 + 5y_2 \geq 5 \\ 2y_1 + 2y_2 + y_3 \geq 4 \\ y_i \geq 0, i = 1, 2, 3 \end{cases}$$

可以通过引入人工变量的单纯形法，或根据互补松弛定理求出其对偶问题的最优解为 $y^* = (5/4, 3/4, 0)$。对比表 3-2 可知，当原问题达到最优时，松弛变量检验数的相反数对应于对偶问题的最优解。

3.3 对偶解的经济含义

3.3.1 对偶解与影子价格

如前所述，若 x^* 为线性规划 $P : \max\{cx \mid Ax = b, x \geq 0\}$ 的最优解，则 $z^* = cx^*$；若 y^* 为其对偶问题的最优解，则 $w^* = y^*b$。由于原问题和对偶问题的最优目标值相同，因而 $z^* = y^*b$，求导可得：

$$y^* = \partial z^* / \partial b$$

因此，对偶解在数学上可解释为右端项 b 的单位改变量引起目标函数值 z 的改变量。如果把线性规划的约束看成广义资源约束，右端项则代表每个资源的可用量。对偶解的经济含义是资源的单位改变量引起的目标函数值的改变量。人们通常用价值来衡量目标函数值的大小，因此对偶解也具有价值的内涵，通常又被称为影子价格。影子价格是对偶解的一个十分形象的名称，它既表明对偶解是对系统资源的一种客观估价，又表明它是一种虚拟的价格（或价值的映像）而不是真实的价格。影子价格有以下几个特点。

（1）影子价格是对系统资源的最优估价，只有系统达到最优状态时才可能赋予资源这种价格。因此，也有人称之为最优价格。

（2）影子价格的取值与系统的价值取向有关，并受系统状态变化的影响。系统内部资源数量和价格的任何变化都会引起影子价格的变化，从这种意义上讲，它是一种动态的价格体系。

（3）对偶解——影子价格的大小客观地反映资源在系统内的稀缺程度。如果某资源在系统内供大于求，尽管它有实实在在的市场价格，它的影子价格也为0。这一事实表明，增加该资源的供应不会引起系统目标的任何变化。如果某资源是稀缺资源，其影子价格必然大于0。影子价格越高，资源在系统中越稀缺。

（4）影子价格是一种边际价值，它与经济学中边际成本的概念相同。因而在经济管理中有十分重要的应用价值。企业管理者可以根据资源在本企业内影子价格的大小决定企业的经营策略。

注意，其实对偶解准确的经济意义有时要根据模型的构造方法来确定，模型构造方法的不同有时会导致对对偶解的不同解释。我们用一个例子来加以说明。

例3-6

某企业生产A，B两种产品。A产品须消耗2个单位的原料和1h的人工；B产品需要消耗3个单位的原料和2h的人工。A产品售价23元，B产品售价40元。该企业每天可用于生产的原料为25个单位和15h人工。每单位原料的采购成本为5元，每小时人工成本为10元。问该企业如何组织生产才能使销售利润最大？

解： 可用线性规划求解该问题，但是有两种建模方法。

方法一： 目标函数系数直接使用计算好的销售利润，成本数据不直接反映在模型中。设决策变量 x_1, x_2 分别表示A、B两种产品的产量，则可建立模型：

$$\max\ z = 3x_1 + 5x_2$$
$$\text{s.t.} \begin{cases} 2x_1 + 3x_2 \leq 25 \\ x_1 + 2x_2 \leq 15 \\ x_1 \geq 0, x_2 \geq 0, \end{cases}$$

该问题的最优解为 $\boldsymbol{x} = (5,5)^T, z = 40$，对偶解为 $\boldsymbol{y} = (1,1)$。

方法二： 目标函数使用未经处理的数据，成本数据直接反映在模型中。设决策变量 x_1, x_2 分别表示A、B两种产品的产量，x_3, x_4 表示原材料和人工的消耗量，则有：

$$\max\ z = 23x_1 + 40x_2 - 5x_3 - 10x_4$$
$$\text{s.t.} \begin{cases} 2x_1 + 3x_2 - x_3 = 0 \\ x_1 + 2x_2 \quad\ \ - x_4 = 0 \\ \quad\quad\quad\quad\ \ x_3 \leq 25 \\ \quad\quad\quad\quad\quad\quad\ \ x_4 \leq 15 \\ x_j \geq 0, (j = 1,2,\cdots,4) \end{cases}$$

该问题的最优解为 $\boldsymbol{x} = (5,5,25,10)^T, z = 40$，对偶解为 $\boldsymbol{y} = (6,11,1,1)$。

该例中两个模型由于建模方法不同，求得的对偶解也不同。在方法一中，两个资源约束的对偶解的值都为1，它们的经济意义可解释为每增加单位原料或人工工时的供应，企业可增加1元的净利润。然而，由于该值小于这些资源的成本，它们并不是真正意义上的影子价格。在方法二中，前两个资源约束对偶解的值6和11才是真正意义上的影子价格。约束一对偶解的值6表明该原料在系统内的真正价值是6元，与其采购成本5元相比，每多购入一个单位的原料可增加企业净收入1元。这一结论与模型的结论是相同的。我们也可以用同样的方法解释第二个约束的对偶解。

一般来讲，如果模型显性地处理所有资源的成本计算（如方法二），则对偶解与影子价格相等，我们可按以下原则考虑企业的经营策略。

（1）如果某资源的影子价格高于市场价格，则表明该资源在系统内有获利能力，应买入该资源。

（2）如果某资源的影子价格低于市场价格，则表明该资源在系统内有剩余，应卖出部分资源。

（3）如果某资源的影子价格等于市场价格，则表明该资源在系统内处于平衡状态，既不必买入，也不必卖出。

如果模型隐性处理所有资源的成本（如方法一），则影子价格应等于对偶解与资源的成本之和，如果直接用对偶解指导经营，可按以下原则考虑企业的经营策略。

（1）如果某资源的对偶解大于0，则表明该资源在系统内有获利能力，应买入该资源。

（2）如果某资源的对偶解小于0，则表明该资源在系统内无获利能力，应卖出该资源。

（3）如果某资源的对偶解等于0，则表明该资源在系统内处于平衡状态，既不必买入，也不必卖出。

3.3.2 关于互补松弛定理的经济解释

互补松弛定理不太容易理解，但如果考虑它们的经济含义就容易理解了。互补松弛性的经济意义可解释为如果某资源在系统内的影子价格大于0，则该资源必是紧缺资源，对应的约束为紧约束；如果某资源在系统内有剩余，则该资源约束为松约束，其对偶解（影子价格）必为0。

3.3.3 检验数和边际贡献

由目标函数的典则形式 $c_B B^{-1} + (c_N - c_B B^{-1} N) x_N$，同样可把目标函数 z 看作非基变量的函数，即 $z = z(x_N)$，求偏导后得：

$$\partial z / \partial x_N = c_N - c_B B^{-1} N = \sigma$$

检验数在数学上可解释为非基变量的单位改变量引起目标函数的改变量。检验数还可进一步表示为

$$\sigma_j = c_j - c_B B^{-1} P_j = c_j - y P_j$$

其中，y 是影子价格，P_j 是产品的各种资源消耗系数，则 yP_j 可解释为按影子价格核算的产品成本。由于 c_j 一般表示产品的销售价格，检验数是产品价格 c_j 和影子成本 yP_j 的差值。因此，检验数也可以解释为产品对目标函数的边际贡献，即增加该产品的单位生产量给目标函数带来的贡献。

检验数与每一个变量相对应，当最大化线性规划问题达到最优时，检验数总是小于或等于 0。这意味着在最优状态下，每个变量对目标函数的边际贡献都小于或等于 0。具体来讲，基变量对应的检验数一定为 0，这是因为基变量有自由调整的余地。然而，非基变量的检验数总是小于或等于 0，这意味着这些变量对目标的边际贡献是负的，因此，其取 0 值才能保证目标函数最大化。

检验数所代表的边际贡献和影子价格有一样的特点，它是在系统达到最优时对变量的一种估价。它的取值也受系统状态的影响，并会随系统的变化而变化。在线性规划中，检验数是和对偶解一样重要的参数，在对系统的分析中发挥着重要作用。

3.4 对偶单纯形法

3.4.1 对偶单纯形法的基本原理

根据对偶问题的解的存在性可知，在单纯形表中进行迭代计算时，在 b 列中得到的是原问题的基可行解，而在检验数行得到的是对偶问题的基解。通过逐步迭代，当在检验数行得到的对偶问题的解也是基可行解时，便得到最优解。实际上，在单纯形表迭代中，原问题和对偶问题是同时达到最优解的，并且目标函数值相等。

根据对偶问题的强对偶性，如果对偶问题在单纯形法计算过程中一直是基可行解，而原问题在非基可行解的基础上通过迭代计算达到基可行解，原问题也可以得到最优解。

假设原问题为线性规划 $P: \max\{cx \mid Ax \leq b, x \geq 0\}$。设 B 是一个基，不失一般性，设 $B = (p_1, p_2, \cdots, p_m)$，$x_B = (x_1, x_2, \cdots, x_m)^T$。当非基变量均为 0 时，可以得到 $x_B = B^{-1}b$。若 $B^{-1}b$ 中至少存在一个负分量，则单纯形表的检验数均小于或等于 0，即对偶解保持可行性。此时，单纯形法的每次迭代将取出基变量解为负数的 x_r 作为出基变量，选择保持检验数迭代后仍为非正的非基变量 x_k 作为入基变量，如此在迭代计算的过程中对偶解将始终保持可行性，原问题逐步向可行解接近，而一旦得到可行解，由于目标函数值相等，原问题和对偶问题同时得到最优解。

3.4.2 对偶单纯形法的计算步骤

根据对偶单纯形法的基本思想，其计算步骤如下：
（1）寻找初始可行基，列出初始单纯形表。

（2）若所有 $b_i \geq 0$ 且所有 $\sigma_j \leq 0$，则问题已得到最优解，停止计算，否则转入步骤（3）。

（3）由 $\min\{b_i \mid b_i \leq 0\} = b_r$，确定 b_r 所在行对应的变量 x_r 为出基变量。若 b_r 所在行对应的 $a_{rj} \geq 0$，则问题无可行解，此时可停止计算，否则转入步骤（4）。

（4）由 $\theta = \min\{\sigma_j / a_{rj} \mid a_{rj} < 0\} = \sigma_k / a_{rk}$，确定 x_k 为入基变量。

（5）以 a_{rk} 为主元素，按原始单纯形法进行迭代计算，得到新的计算表并转入步骤（2）。

例3-7

用对偶单纯形法求解下述线性规划问题。

$$\min z = 18x_1 + 50x_2 + 8x_3$$

$$\text{s.t.} \begin{cases} x_1 + 5x_2 \geq 5 \\ 2x_1 + 2x_2 + x_3 \geq 4 \\ x_i \geq 0, i = 1, 2, 3 \end{cases}$$

解： 引入松弛变量 x_4, x_5，将模型变为

$$\max -z = -18x_1 - 50x_2 - 8x_3 + 0x_4 + 0x_5$$

$$\text{s.t.} \begin{cases} -x_1 - 5x_2 + x_4 = -5 \\ -2x_1 - 2x_2 - x_3 + x_5 = -4 \\ x_i \geq 0, i = 1, 2, \cdots, 5 \end{cases}$$

列出初始单纯形表，并进行迭代计算，如表3-3所示。

表3-3 例3-7初始单纯形表及迭代过程

$c_j \rightarrow$		−18	−50	−8	0	0	
c_B	x_B	x_1	x_2	x_3	x_4	x_5	b
0	x_4	−1	(−5)	0	1	0	−5
0	x_5	−2	−2	−1	0	1	−4
σ_j		−18	−50	−8	0	0	0
θ_j		−18/(−1)	−50/(−5)	−	−	−	
−50	x_2	1/5	1	0	−1/5	0	1
0	x_5	(−8/5)	0	−1	−2/5	1	−2
σ_j		−8	0	−8	−10	0	−50
θ_j		−8/(−8/5)	−	−8/(−1)	−10/(−2/5)	−	
−50	x_2	0	1	−1/8	−1/4	1/8	3/4
−18	x_1	1	0	5/8	1/4	−5/8	5/4
σ_j		0	0	−3	−8	−5	−60

因为 b 列为非负，且检验数行 $\sigma_j \leq 0$，所以得到最优解 $x^* = (5/4, 3/4, 0, 0, 0)^T$，$\max(-z^*) = -60$，即 $z^* = 60$。

从以上例子可以看出，对偶单纯形法适用于形如 $P: \min\{cx \mid Ax \geq b, x \geq 0, c \geq 0\}$ 的线性规划，原问题的初始解不一定要是基可行解。此外，当此类线性规划问题变量多于约束条件时，由于用对偶单纯形法进行求解省去了人工变量部分的计算，一定程度上可以减少一些不必要的计算工作量。

3.5 灵敏度分析

第 2 章针对一些管理问题建立了相应的线性规划模型，并探讨了线性规划模型最优解的求解方法。最优解一般只针对一个特定的数学模型，而数学模型只是实际问题的一个粗略的抽象表达。线性规划模型中的很多参数都是基于某种假设或估计得来的，管理者还应分析这些假设或估计的参数中一个或几个变化时对实施方案的影响，这种分析被称为灵敏度分析。如：①约束条件右边的变化；②目标函数系数（利润或成本）的变化；③决策变量技术系数的变化；④在问题中加入新的变量；⑤加入新的（或次要的）约束条件。一般说来，这些变化可以产生以下三种情况之一：

（1）最优解保持不变，即基变量和它们的值没有变化。

（2）基变量保持不变，但它们的值改变了。

（3）基解完全改变。

根据线性规划问题的求解理论以及对偶性质，我们有下述结论：

（1）原（对偶）问题中右端项系数的变化只会影响原（对偶）问题的可行性，或对偶（原）问题的最优性。

（2）原（对偶）问题中目标函数系数的变化只能影响原（对偶）问题的最优性，或对偶（原）问题的可行性。

（3）在原（对偶）问题中，非基变量技术系数的变化只能影响原（对偶）问题的最优性，或对偶（原）问题的可行性。

下面以举例的方式介绍在线性规划中处理价值系数和右端项系数变化时的灵敏度分析。

3.5.1 价值系数的变化

若目标函数只有一个价值系数 c_j 发生变化，那么 c_j 在什么范围内变化时，原问题的最优解不变？我们以一个示例来看。

例3-8

求第 2 章例 2-9 中目标函数系数 c_4 在什么范围内变化时，原问题最优解不变。

解：该例的最终单纯形表如表 3-4 所示。

表 3-4　例 2-9 的最终单纯形表

$c_j \to$		3	-3	0	5	-1		
c_B	x_B	x_1	x_2	x_3	x_4	x_5	b	θ
5	x_4	1/2	0	-1	1	0	6	
-3	x_2	0	1	-2	0	0	1	
-1	x_5	-3/2	0	-1	0	1	9	
σ_j		-1	0	-2	0	0	18	

表 3-4 中，x_4 的目标函数系数 c_4 的当前值为 5，现把该系数值用符号 c_4 替代。此时其单纯形表如表 3-5 所示（注意到两表的差别只在检验数行）。

表 3-5　替代后的单纯形表

$c_j \to$		3	-3	0	c_4	-1		
c_B	x_B	x_1	x_2	x_3	x_4	x_5	b	θ
c_4	x_4	1/2	0	-1	1	0	6	
-3	x_2	0	1	-2	0	0	1	
-1	x_5	-3/2	0	-1	0	1	9	
σ_j		$3/2 - c_4/2$	0	$-7 + c_4$	0	0	18	

为了使问题的最优解不变，只需表中的检验数满足最优性准则，即满足如下条件：

$$\begin{cases} \dfrac{3}{2} - \dfrac{c_4}{2} \leq 0 \\ -7 + c_4 \leq 0 \end{cases}$$

由此得到 c_4 的可变范围为 $3 \leq c_4 \leq 7$，即 c_4 在此范围内变化时，问题的最优解保持不变。请求出其他系数的可变范围。

例3-9　生产计划问题

某工厂在计划期内要安排 A、B 两种产品的生产，已知生产单位产品的利润与所需的劳动力工时、设备台时及原材料消耗如表 3-6 所示。

表 3-6　某工厂生产计划问题

项目	A	B	资源限额
劳动力工时	9	4	360h
设备台时	4	5	200h
原材料	3	10	300kg
单位产品利润	70	120	

安排生产使该厂获利最大的线性规划模型为

$$\max\ z = 70x_1 + 120x_2$$
$$\text{s.t.} \begin{cases} 9x_1 + 4x_2 \leq 360 \\ 4x_1 + 5x_2 \leq 200 \\ 3x_1 + 10x_2 \leq 300 \\ x_1 \geq 0, x_2 \geq 0 \end{cases}$$

其标准型为

$$\max\ z = 70x_1 + 120x_2$$
$$\text{s.t.} \begin{cases} 9x_1 + 4x_2 + x_3 = 360 \\ 4x_1 + 5x_2 + x_4 = 200 \\ 3x_1 + 10x_2 + x_5 = 300 \\ x_j \geq 0, (j = 1, 2, \cdots, 5) \end{cases}$$

试问产品 B 的单位利润在什么范围变化时,最优解不变?

解: 采用单纯形法,容易得到其最终单纯形表如表 3-7 所示。

表 3-7 例 3-9 最终单纯形表 1

$c_j \rightarrow$		70	120	0	0	0	b
c_B	x_B	x_1	x_2	x_3	x_4	x_5	
0	x_3	0	0	1	−3.12	1.16	84
70	x_1	1	0	0	0.4	−0.2	20
120	x_2	0	1	0	−0.12	0.16	24
	σ_j	0	0	0	−13.6	−5.2	4 280

假设产品 B 的单位利润现在不是 120,而是 c_2,则最终单纯形表如表 3-8 所示。

表 3-8 例 3-9 最终单纯形表 2

$c_j \rightarrow$		70	c_2	0	0	0	b
c_B	x_B	x_1	x_2	x_3	x_4	x_5	
0	x_3	0	0	1	−3.12	1.16	84
70	x_1	1	0	0	0.4	−0.2	20
120	x_2	0	1	0	−0.12	0.16	24
	σ_j	0	0	0	$-28 + 0.12c_2$	$14 - 0.16c_2$	4 280

显然只要

$$-28 + 0.12c_2 \leq 0$$
$$14 - 0.16c_2 \leq 0$$

成立,则最优解不变。解之得:

$$87.5 \leq c_2 \leq 233.33$$

根据第 2 章单纯形法的计算可知,所有检验数可表示为 $\boldsymbol{\sigma} = \boldsymbol{c} - \boldsymbol{c}_B \boldsymbol{B}^{-1} \boldsymbol{A}$ 或 $\sigma_j = c_j - \boldsymbol{c}_B \boldsymbol{B}^{-1} \boldsymbol{P}_j$,可见价值系数的变化会直接影响到检验数。

1. 非基变量系数灵敏度分析

当非基变量的价值系数 c_j 变成 $c_j + \Delta c_j$ 时,由于它并不会影响到 $c_B B^{-1}$,此时在最终单纯形表中只需简单地计算 $c_j + \Delta c_j - c_B B^{-1} P_j \leq 0$,便可求出不影响最优解时 c_j 的变化范围,也就是 c_j 允许的增量 $\Delta c_j \leq -\sigma_j$ 即可。

2. 基变量系数灵敏度分析

当基变量的价值系数发生改变时,会影响到 $c_B B^{-1}$,从而影响到所有非基变量检验数的值,设其中一个值发生了改变,变化量为 Δc_r,则所有的新检验数表示为

$$\sigma' = c - (c_B + \Delta c_B) B^{-1} A = c - c_B B^{-1} A - \Delta c_B B^{-1} A = \sigma - \Delta c_B B^{-1} A$$

因为 $\Delta c_B = (0, \cdots, \Delta c_r, \cdots, 0)$,所以:

$$\sigma' = \sigma - (0, \cdots, \Delta c_r, \cdots, 0) B^{-1} A = \sigma - \Delta c_r (a'_{r1}, a'_{r2}, \cdots, a'_{rn})$$

其中,$(a'_{r1}, a'_{r2}, \cdots, a'_{rn})$ 表示最终单纯形表中第 r 行的技术系数。若要最优基仍然保持不变,则所有新的检验数必须有 $\sigma' \leq 0$,即 $\sigma_j - \Delta c_r a'_{rj} \leq 0$。

当 $a'_{rj} < 0$ 时,$\Delta c_r \geq \sigma_j / a'_{rj}$;

当 $a'_{rj} > 0$ 时,$\Delta c_r \leq \sigma_j / a'_{rj}$。

由于对于所有 $j = 1, 2, \cdots, n$,均须满足以上情况,因此有:

$$\max_j \{\sigma_j / a'_{rj} \mid a'_{rj} > 0\} \leq \Delta c_r \leq \min_j \{\sigma_j / a'_{rj} \mid a'_{rj} < 0\}$$

例如在例 3-8 中有:

$$\max_j \{-1/(1/2)\} \leq \Delta c_4 \leq \min_j \{-2/(-1)\}$$

根据上式可得 $-2 \leq c_4 \leq 2$,即 $3 \leq c_4 \leq 7$。

依据此方法可快速求出例 3-9 中产品 B 的单位利润可变范围。

3.5.2 右端项系数的变化

从单纯形法的矩阵描述我们知道最优解基变量取值 $B^{-1} b$,所以右端项变化,毫无疑问最优解肯定会发生变化。因此我们现在关心的是右端项变化后,它的对偶解或者资源的影子价格是否发生变化。

假定右端项中只有一个参数 b_i 发生变化。由表 2-15 单纯形法的矩阵描述可知,右端项变化只会引起基变量值 $B^{-1} b$ 和目标函数值 $c_B B^{-1} b$ 发生变化,而不会引起检验数的变化。因此,我们只需讨论右端项变化对最优基变量的影响。最优基不变,则对偶最优解不变,即影子价格不变。由表 2-15 可见,只要保证 b 变化后仍有 $B^{-1} b \geq 0$ 成立,则最优基不变。下面举例说明。

例3-10

思考例 3-9 中的生产计划问题,讨论原材料约束在什么范围变化时,最优基不变?

解：根据原线性规划模型的最终单纯形表，可知 (p_3, p_1, p_2) 是最优基，即

$$B = \begin{pmatrix} 1 & 9 & 4 \\ 0 & 4 & 5 \\ 0 & 3 & 10 \end{pmatrix} \quad B^{-1} = \begin{pmatrix} 1 & -3.12 & 1.16 \\ 0 & 0.4 & -0.2 \\ 0 & -0.12 & 0.16 \end{pmatrix}$$

原材料约束在原问题中为第三个约束式，其右端项用 b_3 替换，由 $B^{-1}b \geq 0$，即

$$B^{-1}b = \begin{pmatrix} 1 & -3.12 & 1.16 \\ 0 & 0.4 & -0.2 \\ 0 & -0.12 & 0.16 \end{pmatrix} \begin{pmatrix} 360 \\ 200 \\ b_3 \end{pmatrix} \geq 0$$

可得：$227.59 \leq b_3 \leq 400$。

进一步地，假设右端向量的第 r 个分量发生改变，变化量为 Δb_r，即右端向量变化量为 $\Delta b = (0, \cdots, \Delta b_r, \cdots, 0)^T$，右端项向量的其他分量保持不变，此时最终单纯形表中的解为

$$x'_B = B^{-1}(b + \Delta b) = B^{-1}b + B^{-1}\begin{pmatrix} 0 \\ \vdots \\ \Delta b_r \\ \vdots \\ 0 \end{pmatrix} = b' + \Delta b_r \begin{pmatrix} \overline{a}_{1r} \\ \vdots \\ \overline{a}_{ir} \\ \vdots \\ \overline{a}_{mr} \end{pmatrix}$$

其中，b' 表示最终单纯形表的右端向量，$(\overline{a}_{1r}, \cdots, \overline{a}_{ir}, \cdots, \overline{a}_{mr})^T$ 表示 B^{-1} 第 r 列。若要 $x'_B \geq 0$，即对于 $i = 1, 2, \cdots, m$，$b'_i + \Delta b_r \overline{a}_{ir} \geq 0$。

当 $\overline{a}_{ir} > 0$ 时，$\Delta b_r \geq -b'_i / \overline{a}_{ir}$。

当 $\overline{a}_{ir} < 0$ 时，$\Delta b_r \leq -b'_i / \overline{a}_{ir}$。

由于对于所有 $i = 1, 2, \cdots, m$，均须满足以上情况，因此有：

$\max_j \{-b'_j / \overline{a}_{ir} \mid \overline{a}_{ir} > 0\} \leq \Delta c_r \leq \min_j \{-b'_j / \overline{a}_{ir} \mid \overline{a}_{ir} < 0\}$

例如在例 3-10 中有 $b' = (84, 20, 24)^T$，B^{-1} 第 3 列为 $(1.16, -0.2, 0.16)^T$，因此：

$\max_j \{-84/1.16, -24/0.16\} \leq \Delta b_3 \leq \min_j \{-20/(-0.2)\}$

根据上式可得 $-72.41 \leq \Delta b_3 \leq 100$，也即 $227.59 \leq b_3 \leq 400$ 时，最优基保持不变。

3.5.3 多个系数的变化

前面关于价值系数的灵敏度分析，都是在其他条件不变，单个价值系数发生变化时所做的分析。实际上，经常有多个价值系数同时发生变化的情形，这时可采用百分之百法则进行分析。其方法是：

计算每个系数变动占单个变动可行域所允许的增加值或减少值的百分比，如果所有的变动百分比之和不超过 100%，那么价值系数的变动就肯定不会使最优解发生变化。

例3-11

思考例 3-9 中的线性规划问题，若市场条件变化，产品 A 的单位利润下降至 53 元，产品 B 的

单位利润上升至 160 元，最优生产计划是否会发生变化？若产品 A 的单位利润上升至 95 元，而产品 B 的单位利润下降至 90 元呢？

解：对单个参数 c_1 的变化进行灵敏度分析，可知变化范围为 $36 \leq c_1 \leq 96$，当前 $c_1 = 70$，因而对产品 A 的单位利润：

允许增加值 =96−70=26

允许减少值 =70−36=34

对单个参数 c_2 的变化进行灵敏度分析，可知变化范围为 $87.5 \leq c_2 \leq 233.33$，当前 $c_2 = 120$，因而对产品 B 的单位利润：

允许增加值 =233.33−120=113.33

允许减少值 =120−87.5=32.5

现在，产品 A 的单位利润下降至 53 元，则变动（减少）值为 70−53=17，产品 B 的单位利润上升至 160 元，则变动（增加）值为 160−120=40。因而，

产品 A 价值系数的变动百分比：$v_1 = 17/34 = 0.5 = 50\%$

产品 B 价值系数的变动百分比：$v_2 = 40/113.33 = 0.353 = 35.3\%$

$$v = v_1 + v_2 = 85.3\% < 100\%$$

因此，最优生产计划不会改变。

产品 A 的单位利润上升至 95 元，则变动（增加）值为 95−70=25；产品 B 的单位利润下降至 90 元，则变动（减少）值为 120−90=30。因而，

产品 A 价值系数的变动百分比：$v_1 = 25/26 = 0.9615 = 96.15\%$

产品 B 价值系数的变动百分比：$v_2 = 30/32.5 = 0.9231 = 92.31\%$

$$v = v_1 + v_2 = 188.46\% > 100\%$$

因此，最优生产计划可能会改变。

上述是关于多个价值系数同时变化的情况的分析。同样的，对多个右端项系数同时变化的情况，也有类似的百分之百法则。即如果所有的变动百分比之和不超过 100%，那么右端项系数的变动就肯定不会使对偶最优解（影子价格）发生变化。

3.5.4 技术系数的变化

技术系数 a_{ij} 发生变化不仅影响检验数和最优解，还会改变最优基逆矩阵和基向量。设 $A = (B, N)$，我们分两种情况讨论 a_{ij} 的变化。

1. N 的变化分析

由表 2-15 单纯形表的矩阵描述可知，当 N 变为 N' 时，它不会使解 $B^{-1}b$ 变化，而只会引起检验数变化，其变化后的检验数为

$$\sigma = c_N - c_B B^{-1} N'$$

具体地，若非基列 P_j 变为 P_j'，则该列的检验数为

$$\sigma_j = c_j - c_B B^{-1} P_j'$$

显然，只要 $\sigma_j \leqslant 0$，则最优基不变（仍然是 B）；若 $\sigma_j > 0$，则须用单纯形法继续迭代。

例3-12

设有线性规划问题

$$\max\ z = 70x_1 + 30x_2 + 20x_3$$

$$\text{s.t.} \begin{cases} 3x_1 + 9x_2 + x_3 + x_4 = 540 \\ 5x_1 + 5x_2 + 2x_3 + x_5 = 450 \\ 9x_1 + 3x_2 + 3x_3 + x_6 = 720 \\ x_j \geqslant 0,\ j = 1, 2, 3, 4, 5 \end{cases}$$

该问题的最终单纯形表如表 3-9 所示：

表 3-9 例 3-12 的最终单纯形表

$c_j \to$		70	30	20	0	0	0	
c_B	x_B	x_1	x_2	x_3	x_4	x_5	x_6	b
0	x_4	0	0	$-4/5$	1	$-12/5$	1	180
30	x_2	0	1	$1/10$	0	$3/10$	$-1/6$	15
70	x_1	1	0	$3/10$	0	$-1/10$	$1/6$	75
σ_j		0	0	-4	0	-2	$-20/3$	5 700

若该问题的技术系数 $P_3 = \begin{pmatrix} 1 \\ 2 \\ 3 \end{pmatrix}$ 变为 $P_3' = \begin{pmatrix} 1 \\ 10 \\ 3 \end{pmatrix}$，则：

$$B^{-1} P_3' = \begin{pmatrix} 1 & -12/5 & 1 \\ 0 & 3/10 & -1/6 \\ 0 & -1/10 & 1/6 \end{pmatrix} \begin{pmatrix} 1 \\ 10 \\ 3 \end{pmatrix} = \begin{pmatrix} -20 \\ 5/2 \\ -1/2 \end{pmatrix}$$

变化后的单纯形表如表 3-10 所示。

表 3-10 例 3-12 变化后的单纯形表

$c_j \to$		70	30	20	0	0	0	
c_B	x_B	x_1	x_2	x_3	x_4	x_5	x_6	b
0	x_4	0	0	-20	1	$-12/5$	1	180
30	x_2	0	1	$5/2$	0	$3/10$	$-1/6$	15
70	x_1	1	0	$-1/2$	0	$-1/10$	$1/6$	75
σ_j		0	0	-20	0	-2	$-20/3$	5 700

由于 $\sigma_3 \leqslant 0$，故上述基可行解仍是最优解。

2. B 变化分析

当 B 变为 B' 时，B^{-1} 也变为 B'^{-1}，由表 2-15 单纯形法的矩阵描述可知，以 B' 为基的单纯形表不仅会使右端项发生变化（由 $B^{-1}b$ 变为 $B'^{-1}b$），还会使检验数发生变化（由 $c_N - c_B B^{-1}N$ 变为 $c_N - c_B B'^{-1}N$），因此会产生以下几种情况：

（1）若 $B'^{-1}b \geq 0$，且 $c_N - c_B B'^{-1}N \leq 0$，则此基 B' 为最优基，解 $B'^{-1}b$ 为最优解。

（2）若 $B'^{-1}b \geq 0$，而 $c_N - c_B B'^{-1}N$ 存在正数，则 $B'^{-1}b$ 不是最优解，而只是基可行解，需用单纯形法继续运算。

（3）若 $c_N - c_B B'^{-1}N \leq 0$，而 $B'^{-1}b$ 中存在负数，则 $B'^{-1}b$ 只是基解，可采用对偶单纯形法继续运算。

（4）若 $c_N - c_B B'^{-1}N$ 存在正数，而 $B'^{-1}b$ 中存在负数，则该基解既不是基可行解，也不是对偶问题的基可行解，一般须重新计算。

除了上述的灵敏度分析，实际问题还会产生诸如增加新变量、增加新约束条件等灵敏度分析。处理方法是从原问题的最终单纯形表出发，适当修改后继续进行迭代以获得变化后的问题的最优解。

通过前述分析可知，价值系数、右端项系数和多个系数等在一定范围内的量变都不会引起系统本质的变化，而其量变超过一个限额就会引起质变。

3.6 操作实践

3.6.1 Excel 规划求解输出敏感性报告

在第 2.5 节中我们学习了采用 Excel 求解线性规划的操作方法，事实上 Excel 也提供了价值系数和右端项的灵敏度分析的功能。我们仍以例 2-16 的线性规划模型为例，首先如 2.5.1 节中所述，在 Excel 中输入线性规划模型，设置完"规划求解参数"对话框中的有关参数后，单击"求解"，此时弹出"规划求解结果"对话框，选择"报告"列表框中的"敏感性报告"，如图 3-1 所示。

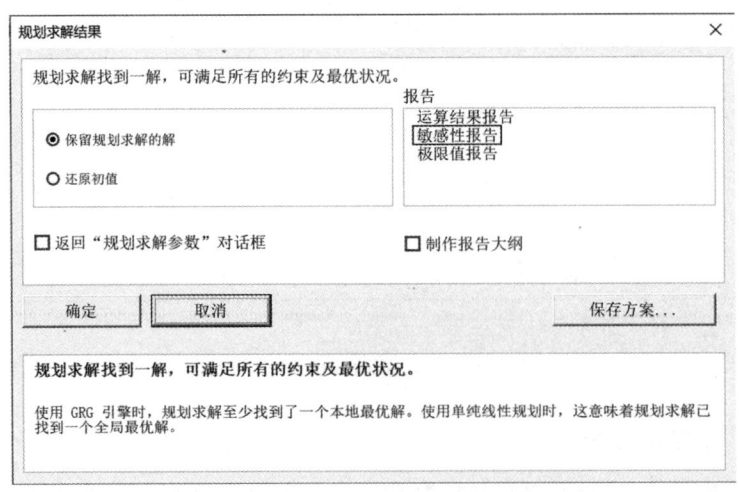

图 3-1　Excel 规划求解设置输出敏感性报告

单击"确定"按钮后，将在当前 Excel 文件中生成一个敏感性报告的工作表，如图 3-2 所示。

```
Microsoft Excel 12.0 敏感性报告
工作表 [例2-16.xls]Sheet1
报告的建立: 7/24/2023 8:00:33 PM
```

可变单元格

单元格	名字	终值	递减成本	目标式系数	允许的增量	允许的减量
$B$4	x1	6	0	1	1E+30	0
$B$5	x2	0	-3	-2	3	1E+30
$B$6	x3	6	0	1	0	1.5

约束

单元格	名字	终值	阴影价格	约束限制值	允许的增量	允许的减量
$D$4	x1 约束	12	1	12	1E+30	9
$D$5	x2 约束	6	0	6	18	18
$D$6	x3 约束	-6	0	9	1E+30	15

图 3-2　Excel 规划求解敏感性报告

该报告由"可变单元格"和"约束"两个表格组成，其中"可变单元格"（即决策变量）各列含义如下：

　　单元格——存放决策变量值的单元格。
　　　名字——决策变量的名称，它根据决策变量所在行、列最近的文字单元格自动生成。
　　终值——表示最优解，如图 3-2 中最优解为 (6, 0, 6)。
　　递减成本——表示边际贡献（也就是检验数），是指决策变量增加一个单位时，目标函数值的增加量。
目标式系数——表示目标函数的价值系数。
允许的增量——即保持最优解不变，单个价值系数变动允许的增量；注意图 3-2 中 x1 行对应的允许的增量取值 1E+30，这是科学记数法，即 10^{30}，这里相当于 ∞。
允许的减量——即保持最优解不变，单个价值系数变动允许的减量。
"约束"部分各主要列的含义如下：
　　单元格——存放约束条件左边表达式的单元格。
　　　名字——约束条件的名称，它根据约束表达式单元格所在行、列最近的文字单元格自动生成。
　　　终值——约束条件左边的最终取值。
　阴影价格——影子价格，或称对偶最优解。
约束限制值——约束条件的右端项系数。
允许的增量——保持对偶最优解不变，右端项系数允许的增量。
允许的减量——保持对偶最优解不变，右端项系数允许的减量。

3.6.2 OR for Windows输出线性规划敏感性报告

同样以例 2-16 的线性规划模型为例，当运用 OR for Windows 求解该问题时，单击"窗口"菜单中的第二个子菜单"2 灵敏度分析"，便可得到该问题的敏感性分析结果，如图 3-3 所示。图 3-3 中的参数含义同前述 Excel 规划求解输出的敏感性分析结果基本相同，这里不再重复描述。

变量名称	终值	递减成本	目标式系数	允许的减量	允许的增量
X1	6	0	1	0	+∞
X2	0	3	-2	-∞	3
X3	6	0	1	1.5	0
约束	对偶值	松弛/剩余	约束限制值	允许的减量	允许的增量
约束 1	1	0	12	9	+∞
约束 2	0	0	6	18	18
约束 3	0	15	9	15	+∞

图 3-3 OR for Windows 输出线性规划问题的敏感性分析报告

3.7 实际应用案例

在应用线性规划建模解决实际问题的过程中，其实我们做了很多假设，其中最明显的假设就是对各种参数值的假定。而事实上，这些值往往都是估计出来的。管理者决不能认为求解出最优解就万事大吉了，还应该对参数的可能取值情况尽可能做更深入的分析，探讨它们对决策的影响。只有这样，最后确定的方案才经得起考验。下面给出一个案例。

3.7.1 问题的提出

某集团摩托车公司是生产各种类型摩托车的专业厂家，有 40 多年从事摩托车生产的丰富经验。近年来，随着国内摩托车行业的发展，市场竞争日趋激烈，该集团原有的优势逐渐丧失，摩托车公司的生存和发展面临严峻的挑战。为此，公司决策层决心顺应市场，狠抓管理，挖潜创新，重振摩托雄风。为制订 2024 年度摩托车生产计划，公司从市场调查入手，紧密结合公司实际，运用科学方法对其进行优化组合，制订出企业总体经济效益最优的方案。

3.7.2 市场调查与生产状况分析

2023 年，由于受市场变化的影响，国内摩托车市场出现疲软，供给远大于需求。该公司的摩托车生产经营也出现开工不足、库存增加和资金周转困难等问题。对此，在制订 2024 年生产计划时必须给予充分考虑。该公司共有 3 个专业厂，分别生产轻便摩托车、普通两轮车和三轮摩托车三大系列产品。在市场调查的基础上，从公司实际出发普遍下调整车出厂价和目标利润率，有关数据如表 3-11 所示。2024 年该公司可供摩托车生产的流动资金总量为 4 000 万元，年周转次数为 5 次，生产各种型号摩托车的资金占用情况如表 3-12 所示。

表 3-11 摩托车型号、出厂价、目标利润率和最大生产能力

产品系列	轻型摩托车			普通两轮摩托车			三轮摩托车		
型号	M_1	M_2	M_3	M_4	M_5	M_6	M_7	M_8	M_9
出厂价（元）	1 800	2 100	2 300	3 800	4 800	6 500	8 200	8 800	9 200
目标利润率	6%	7%	10%	7%	6%	8%	6%	6%	6%
最大生产能力（辆）	50 000			60 000			10 000		

表 3-12 生产各种摩托车的资金占用情况

型号	M_1	M_2	M_3	M_4	M_5	M_6	M_7	M_8	M_9
占用资金（元/辆）	1 520	1 700	1 850	3 200	4 100	5 400	6 000	7 450	8 600

由于发动机改型生产的限制，改型车 M3 和 M6 两种车 2024 年的生产量预测数分别为 20 000 辆和 22 000 辆。合理地控制 2024 年年末产成品的库存是减少资金占用和降低仓储压力的必要措施。经预测，三种系列摩托车 2024 年产销率列于表 3-13 中，同时还列出各系列摩托车仓储面积占用率。

表 3-13 2024 年摩托车产销率和仓储面积占用率

产品系列	轻型摩托车	普通两轮摩托车	三轮摩托车
产销率	97%	97%	92%
单车占用面积（仓储单位）	1	1.5	3

公司 2024 年可提供的最大仓储能力为 3 000 个仓储单位，库存产品最大允许占用生产资金为 1 600 万元。

3.7.3 建模与求解

设 x_j 表示生产 M_j $(j=1,2,\cdots,9)$ 型摩托车的数量，由于企业的目的是使摩托车产品生产计划总利润（万元）最大，因此我们可设定目标函数为

$$\max \ z = 0.18\times0.06x_1 + 0.21\times0.07x_2 + 0.23\times0.1x_3 + 0.38\times0.07x_4 + 0.48\times0.06x_5$$
$$+ 0.65\times0.08x_6 + 0.82\times0.06x_7 + 0.88\times0.06x_8 + 0.92\times0.06x_9$$

根据上述调查分析结果，该问题的约束条件有如下 5 种。

1. 三种系列摩托车的最大生产能力限制

$x_1 + x_2 + x_3 \leq 50\ 000$ ①

$x_4 + x_5 + x_6 \leq 60\ 000$ ②

$x_7 + x_8 + x_9 \leq 10\ 000$ ③

2. 摩托车生产受流动资金的限制

$0.152x_1 + 0.17x_2 + 0.185x_3 + 0.32x_4 + 0.41x_5 + 0.54x_6 + 0.6x_7 + 0.745x_8 +$
$0.86x_9 \leq 4\ 000\times 5$ ④

3. M_3和M_6两种车受发动机供应量的限制

$x_3 \leq 20\ 000$ ⑤

$x_6 \leq 22\ 000$ ⑥

4. 销售的产量受库存能力的限制

$0.03(x_1+x_2+x_3)+0.03\times1.5(x_4+x_5+x_6)+0.08\times3(x_7+x_8+x_9)\leq3\ 000$ ⑦

5. 未销售产品占用资金的限制[（1-产销率）×单位产品占用资金×产量]

$0.004\ 56x_1+0.005\ 1x_2+0.005\ 55x_3+0.009\ 6x_4+0.012\ 3x_5+0.016\ 2x_6+0.048x_7$
$+0.059\ 6x_8+0.068\ 8x_9\leq1\ 600$ ⑧

综合上述分析，我们可以建立该问题的线性规划模型为（模型1）

$\max z = 0.010\ 8x_1 + 0.014\ 7x_2 + 0.023x_3 + 0.026\ 6x_4 + 0.028\ 8x_5$
$\quad\quad\quad + 0.052x_6 + 0.049\ 2x_7 + 0.052\ 8x_8 + 0.055\ 2x_9$

s.t. $\begin{cases} x_1+x_2+x_3 \leq 50\ 000 & ① \\ x_4+x_5+x_6 \leq 60\ 000 & ② \\ x_7+x_8+x_9 \leq 10\ 000 & ③ \\ 0.152x_1+0.17x_2+0.185x_3+0.32x_4+0.41x_5+0.54x_6+0.6x_7+0.745x_8+0.86x_9 \leq \\ 20\ 000 & ④ \\ x_3 \leq 20\ 000 & ⑤ \\ x_6 \leq 22\ 000 & ⑥ \\ 0.03x_1+0.03x_2+0.03x_3+0.045x_4+0.045x_5+0.045x_6+0.24x_7+0.24x_8+0.24x_9 \leq \\ 3\ 000 & ⑦ \\ 0.004\ 56x_1+0.005\ 1x_2+0.005\ 55x_3+0.009\ 6x_4+0.012\ 3x_5+0.016\ 2x_6+0.048x_7+ \\ 0.059\ 6x_8+0.068\ 8x_9 \leq 1\ 600 & ⑧ \\ x_j \geq 0, j=1,2,\cdots,9 \end{cases}$

3.7.4 计算结果及分析

将模型数据输入 Excel 中，如图 3-4 所示。

	A	B	C	D	E	F	G	H	I	J	K	L	M
16													
17		x1	x2	x3	x4	x5	x6	x7	x8	x9			目标值z
18	变量												0
19													
20	价值系数	0.0108	0.0147	0.023	0.0266	0.0288	0.052	0.0492	0.0528	0.0552			
21													
22													
23													
24	约束①	1	1	1							0	≤	50000
25	约束②				1	1	1				0	≤	60000
26	约束③							1	1	1	0	≤	10000
27	约束④	0.152	0.17	0.185	0.32	0.41	0.54	0.6	0.745	0.86	0	≤	20000
28	约束⑤			1							0	≤	20000
29	约束⑥						1				0	≤	22000
30	约束⑦	0.03	0.03	0.03	0.045	0.045	0.045	0.24	0.24	0.24	0	≤	3000
31	约束⑧	0.00456	0.0051	0.00555	0.0096	0.0123	0.0162	0.048	0.0596	0.0688	0	≤	1600

图 3-4 将模型 1 数据输入 Excel

求解可得如图 3-5、图 3-6 所示的运算结果报告和敏感性分析报告。

目标单元格（最大值）

单元格	名称	初值	终值
$M$18	变量 目标值 z	1986.2	1986.2

可变单元格

单元格	名称	初值	终值
$B$18	变量 x1	0	0
$C$18	变量 x2	26000	26000
$D$18	变量 x3	20000	20000
$E$18	变量 x4	0	0
$F$18	变量 x5	0	0
$G$18	变量 x6	22000	22000
$H$18	变量 x7	0	0
$I$18	变量 x8	0	0
$J$18	变量 x9	0	0

约束

单元格	名称	单元格值	公式	状态	型数值
$K$24	约束①	46000	$K$24<=$M$24	未到限制值	4000
$K$25	约束②	22000	$K$25<=$M$25	未到限制值	38000
$K$26	约束③	0	$K$26<=$M$26	未到限制值	10000
$K$27	约束④	20000	$K$27=$M$27	到达限制值	0
$K$28	约束⑤	20000	$K$28=$M$28	到达限制值	0
$K$29	约束⑥	22000	$K$29=$M$29	到达限制值	0
$K$30	约束⑦	2370	$K$30<=$M$30	未到限制值	630
$K$31	约束⑧	600	$K$31<=$M$31	未到限制值	1000

图 3-5 模型 1 的运算结果报告

可变单元格

单元格	名称	终值	递减成本	目标式系数	允许的增量	允许的减量
$B$18	变量 x1	0	-0.002343529	0.0108	0.002343529	1E+30
$C$18	变量 x2	26000	0	0.0147	0.00167037	0.00056875
$D$18	变量 x3	20000	0	0.023	1E+30	0.007002941
$E$18	变量 x4	0	-0.001070588	0.0266	0.001070588	1E+30
$F$18	变量 x5	0	-0.006652941	0.0288	0.006652941	1E+30
$G$18	变量 x6	22000	0	0.052	1E+30	0.005305882
$H$18	变量 x7	0	-0.002682353	0.0492	0.002682353	1E+30
$I$18	变量 x8	0	-0.011620588	0.0528	0.011620588	1E+30
$J$18	变量 x9	0	-0.019164706	0.0552	0.019164706	1E+30

约束

单元格	名称	终值	阴影价格	约束限制值	允许的增量	允许的减量
$K$24	约束①	46000	0	50000	1E+30	4000
$K$25	约束②	22000	0	60000	1E+30	38000
$K$26	约束③	0	0	10000	1E+30	10000
$K$27	约束④	20000	0.086470588	20000	680	4420
$K$28	约束⑤	20000	0.007002941	20000	23891.89189	20000
$K$29	约束⑥	22000	0.005305882	22000	8185.185185	1259.259259
$K$30	约束⑦	2370	0	3000	1E+30	630
$K$31	约束⑧	600	0	1600	1E+30	1000

图 3-6 模型 1 的敏感性分析报告

（1）根据计算结果，能够使年利润达到最大化的产品生产品种计划是：$x_2 = 26\,000$，$x_3 = 20\,000$，$x_6 = 22\,000$。即生产 M_2 型车 26 000 辆，生产 M_3 型车 20 000 辆，生产 M_6 型车 22 000 辆，共计 68 000 辆，目标利润为 1 986.2 万元。

（2）约束式①、②、③分别对应的松弛变量 s_1、s_2、s_3 不为 0，其取值表示三种系列的摩托车的生产能力均有富余，尤其是未安排生产三轮摩托车，生产能力完全剩余；$s_4=0$ 说明用于生产摩托车的流动资金完全用完，$s_5=s_6=0$，说明 M_5 和 M_6 两种车型的发动机也无剩余。s_7、s_8 不为 0，其取值表示库存容量及库存车占用的生产资金额度尚有富余。

（3）与约束式①、②、③、⑦、⑧对应的对偶价格为 0，说明约束右端项的增加不会引起目标函数的改变。因此，我们可以考虑通过增加流动资金和扩大 M_3 和 M_6 两种摩托车发动机的供应能力来提高盈利水平，且增加流动资金能够使盈利水平提高得最快。

（4）上述计算虽然得出了最优解，使得目标利润最大化，但应该看到，该计划没有充分挖掘公司现有的生产能力，尤其是三轮摩托车生产线完全闲置。为保持产品的市场占有率，可添加一些约束条件，重新规划最优生产方案。

3.7.5 方案调整分析

上述计算得出的生产方案虽然是最优的，但也存在明显缺陷，主要问题是对公司摩托车生产能力的利用严重不足，利用率仅为不到 57%（68 000/120 000）。因此，有必要对该方案作进一步分析并做出适当调整。

1. 对流动资金约束的讨论

根据前面的分析，流动资金是紧约束，其对偶价格最高，因此，如果适当增加流动资金，可以使盈利水平有较大提高。首先，可以从加快生产经营节奏，加速资金周转考虑来提高资金使用率，即保持流动资金供应总量 4 000 万元不变，争取将年周转次数增加 1 次，即由 5 次增至 6 次，其他条件不变（模型 2）。模型的约束条件 2——流动资金的限制变为（其他不变）：

$$0.152x_1 + 0.17x_2 + 0.185x_3 + 0.32x_4 + 0.41x_5 + 0.54x_6 + 0.6x_7 + 0.745x_8 + 0.86x_9 \leq 4\,000 \times 6$$

重新求解，结果如图 3-7 所示。

目标单元格 (最大值)

单元格	名称	初值	终值
$M$18	变量 目标值 z	0	2320.975

可变单元格

单元格	名称	初值	终值
$B$18	变量 x1	0	0
$C$18	变量 x2	0	30000
$D$18	变量 x3	0	20000
$E$18	变量 x4	0	10375
$F$18	变量 x5	0	0
$G$18	变量 x6	0	22000
$H$18	变量 x7	0	0
$I$18	变量 x8	0	0
$J$18	变量 x9	0	0

约束

单元格	名称	单元格值	公式	状态	型数值
$K$24	约束①	50000	$K$24<=$M$24	到达限制值	0
$K$25	约束②	32375	$K$25<=$M$25	未到限制值	27625
$K$26	约束③	0	$K$26<=$M$26	未到限制值	10000
$K$27	约束④	24000	$K$27<=$M$27	到达限制值	0
$K$28	约束⑤	20000	$K$28<=$M$28	到达限制值	0
$K$29	约束⑥	22000	$K$29<=$M$29	到达限制值	0
$K$30	约束⑦	2956.875	$K$30<=$M$30	未到限制值	43.125
$K$31	约束⑧	720	$K$31<=$M$31	未到限制值	880

图 3-7 模型 2 的敏感性分析报告

可见，资金周转加速后，摩托车总产量由 68 000 辆提高到 82 375 辆，目标利润由 1 986.2 万元提高到 2 320.975 万元。

由于 s_4 依然为 0，说明如果进一步考虑注入新的流动资金，可以使产量和利润有更大提高。

若增加 1 000 万元流动资金，周转次数为 6（模型 3），我们可求解得结果如图 3-8 所示,此时摩托车的最优生产量为 73 333 辆。目标利润为 2 506.4 万元。但资金有一定剩余,达到 1 573.33 万元。

目标单元格(最大值)

单元格	名称	初值	终值
$M$18	变量 目标值 z	0	2506.4

可变单元格

单元格	名称	初值	终值
$B$18	变量 x1	0	0
$C$18	变量 x2	0	0
$D$18	变量 x3	0	20000
$E$18	变量 x4	0	0
$F$18	变量 x5	0	31333.33333
$G$18	变量 x6	0	22000
$H$18	变量 x7	0	0
$I$18	变量 x8	0	0
$J$18	变量 x9	0	0

约束

单元格	名称	单元格值	公式	状态	型数值
$K$24	约束①	20000	$K$24<=$M$24	未到限制值	30000
$K$25	约束②	53333.33333	$K$25<=$M$25	未到限制值	6666.666667
$K$26	约束③	0	$K$26<=$M$26	未到限制值	10000
$K$27	约束④	28426.66667	$K$27<=$M$27	未到限制值	1573.333333
$K$28	约束⑤	20000	$K$28<=$M$28	到达限制值	0
$K$29	约束⑥	22000	$K$29<=$M$29	到达限制值	0
$K$30	约束⑦	3000	$K$30<=$M$30	到达限制值	0
$K$31	约束⑧	852.8	$K$31<=$M$31	未到限制值	747.2

图 3-8　模型 3 的运算结果报告

2. 关于发动机生产量的约束

约束式⑤和约束式⑥表明,发动机的生产量限制了 M_3 和 M_6 两种摩托车的产量,因此应设法多增产这两种发动机,如果在模型 3 的基础上让 M_3 和 M_6 两种摩托车的产量各增加 5 000 台(模型 4),则计算结果如图 3-9 所示,摩托车产量为 75 000 辆,目标利润为 2 641.4 万元。

目标单元格(最大值)

单元格	名称	初值	终值
$M$18	变量 目标值 z	0	2641.4

可变单元格

单元格	名称	初值	终值
$B$18	变量 x1	0	0
$C$18	变量 x2	0	0
$D$18	变量 x3	0	25000
$E$18	变量 x4	0	0
$F$18	变量 x5	0	23000
$G$18	变量 x6	0	27000
$H$18	变量 x7	0	0
$I$18	变量 x8	0	0
$J$18	变量 x9	0	0

约束

单元格	名称	单元格值	公式	状态	型数值
$K$24	约束①	25000	$K$24<=$M$24	未到限制值	25000
$K$25	约束②	50000	$K$25<=$M$25	未到限制值	10000
$K$26	约束③	0	$K$26<=$M$26	未到限制值	10000
$K$27	约束④	28635	$K$27<=$M$27	未到限制值	1365
$K$28	约束⑤	25000	$K$28<=$M$28	到达限制值	0
$K$29	约束⑥	27000	$K$29<=$M$29	到达限制值	0
$K$30	约束⑦	3000	$K$30<=$M$30	到达限制值	0
$K$31	约束⑧	859.05	$K$31<=$M$31	未到限制值	740.95

图 3-9　模型 4 的运算结果报告

3. 关于合理安排生产品种的讨论

根据生产和销售的实际需要,为保持公司各系列摩托车有一定的市场占有率,须对上述结果做出修改. 即要保证三轮摩托车达到一个最低生产量,安排生产 M_9 型车不少于 2 000 辆。为此,在模型 4 的基础上,增加约束式⑨:

$$x_9 \geq 2\,000 \qquad ⑨$$

得到模型 5。其计算结果:摩托车产量为 66 333 万辆,目标利润为 2 444.6 万元。

4. 关于适当增加库存能力的讨论

为保证三轮摩托车生产线的开动能够使公司整个摩托车的生产量和目标利润受到较大影响，从模型 4、5 可知，由于三轮摩托车占用的库存量较大，约束式⑦的对偶价格非常高，达到 0.64，因此，可考虑适当增加库存容量，以提高生产量和目标利润。在模型 5 的基础上，若将库存容量扩大 400 个单位（由灵敏度分析知最大为 441），得模型 6。则计算结果为 $x_3 = 25\,000$，$x_5 = 21\,222$，$x_6 = 27\,000$，$x_9 = 2\,000$，其余为 0，即摩托车总产量为 75 222 辆，目标利润为 2 700.6 万元。

综上分析，我们认为在安排 2024 年摩托车生产计划时，需要适当增加流动资金和扩充库存面积，这样不仅能有效利用现有的生产能力，还可增加企业盈利。因此，2024 年摩托车生产的合理计划是：

$M_1=0$，$M_2=0$，$M_3=25\,000$，$M_4=0$，$M_5=21\,222$，$M_6=27\,000$，$M_7=0$，$M_8=0$，$M_9=2\,000$。

需补充说明的是，摩托车的生产数量是整数，原本应采用后面将要探讨的整数规划来求解，但由于摩托车的生产数量较大，相对于 1 辆的增减而言误差不大，故直接采用线性规划求解。

习 题

1. 请给出下列线性规划问题的对偶问题。

（1）$\max\ z = x_1 + 2x_2$

s.t. $\begin{cases} 2x_1 - 3x_2 \leqslant 6 \\ x_1 + 2x_2 \leqslant 10 \\ x_1, x_2 \geqslant 0 \end{cases}$

（2）$\min\ z = 5x_1 + 4x_2$

s.t. $\begin{cases} 6x_1 + 5x_2 \geqslant 18 \\ 2x_1 + 7x_2 \geqslant 16 \\ x_1, x_2 \geqslant 0 \end{cases}$

（3）$\max\ z = 2x_1 - 4x_2 + 3x_3$

s.t. $\begin{cases} x_1 - 3x_2 + 2x_3 \leqslant 12 \\ x_1 + x_3 \geqslant 10 \\ - 2x_3 = 15 \\ x_1 \geqslant 0, x_2 \leqslant 0 \end{cases}$

（4）$\max\ z = \sum_{i=1}^{m}\sum_{j=1}^{n} c_{ij} x_{ij}$

s.t. $\begin{cases} \sum_{i=1}^{m} x_{ij} = b_j\ (j = 1, 2, \cdots, n) \\ \sum_{j=1}^{n} x_{ij} = a_i\ (i = 1, 2, \cdots, m) \\ x_{ij} \geqslant 0 \end{cases}$

2. 对于线性规划问题：

$$\min\ z = 2x_1 + 3x_2 + 5x_3 + 6x_4$$

s.t. $\begin{cases} x_1 + 2x_2 + 3x_3 + x_4 \geqslant 2 \\ -2x_1 + x_2 - x_3 + 3x_4 \leqslant -3 \\ x_j \geqslant 0\ (j = 1, 2, 3, 4) \end{cases}$

（1）试给出其对偶问题。
（2）用图解法求对偶问题的解。
（3）利用（2）的结果和对偶性质求原问题的解。

3. 已知表 3-14 为某线性规划问题的最终单纯形表，其中 x_4 和 x_5 为松弛变量，问题的约束为 ≤ 形式。

表 3-14　习题 3 的表格

项目	x_1	x_2	x_3	x_4	x_5	b
x_3	0	1/2	1	1/2	0	5/2
x_1	1	−1/2	0	−1/6	1/3	5/2
σ_j	0	−4	0	−4	−2	

（1）试给出原线性规划问题。
（2）直接由表写出对偶问题的最优解。
（3）确定最优基不变的前提下，变量 x_1 和 x_3 的目标函数系数的变化范围。
（4）确定最优基不变的前提下，两个右端项系数的变化范围。

4. 某厂生产甲、乙两种产品，需要 A、B 两种原料，生产消耗等参数如表 3-15 所示（表中的消耗系数为 kg/件）。

表 3-15　习题 4 的表格

原料	产品		可用量/kg	原料成本（元/kg）
	甲	乙		
A	2	4	160	1.0
B	3	2	180	2.0
销售价（元）	13	16		

（1）请构造线性规划模型，使该厂利润最大，并求解该问题；
（2）求解原料 A、B 的影子价格；
（3）工厂是否应该购买原料 A 以扩大生产？在保持原问题最优基不变的前提下，最多应购入多少？可增加多少利润？

5. 某厂拟生产甲、乙、丙三种产品，它们都需要在 A、B 两种设备上加工，有关加工数据如表 3-16 所示。

表 3-16　习题 5 的表格

设备	产品			设备有效台时（h/周）
	甲	乙	丙	
	加工台时/件			
A	10	5	20	400
B	5	10	25	500
售价（元/件）	3 000	2 000	1 000	

（1）请构造一个使该厂产值最大的线性规划模型并求解。
（2）甲或乙两种产品价格在什么范围内变化时，该厂仍愿意继续按原计划生产？
（3）如果 A 设备台时增加 100h，当前基是否仍保持最优？
（4）如果 A 设备台时和 B 设备台时各增加 50h，当前基是否仍保持最优？

（5）如果为了提高产量，以每台时 350 元的租金租用外厂 A 设备，问是否合适？

（6）如果每周能以 39 万元租金租用外厂 B 设备 300 台时，是否租用？

6. 试用对偶理论证明下面的线性规划问题无最优解。

$$\max\ z = x_1 + x_2$$
$$\text{s.t.} \begin{cases} -x_1 + x_2 + x_3 \leq 2 \\ -2x_1 + x_2 - x_3 \leq 1 \\ x_1, x_2, x_3 \geq 0 \end{cases}$$

第4章 运输问题

运输问题的实质是线性规划问题,由于该问题的特殊性,人们已找到了一些特殊的解法,这些解法与单纯形法相比,效率更高。尤其是对求解大规模的运输问题,这些特殊解法更能体现其优越性。本章主要介绍运输问题的模型与性质、平衡运输问题与非平衡运输问题的建模举例以及求解运输问题的一种特殊解法——表上作业法。

4.1 运输模型及其性质

4.1.1 运输问题的数学模型

运输问题的一般提法是:某种物资有 m 个产地 A_1, A_2, $\cdots$, A_m 和 n 个销地 B_1, B_2, $\cdots$, B_n,现在需要将该物资从各个产地运到各个销地;已知各产地的产量为 $a_i(i=1,2,\cdots,m)$,各销地销量为 $b_j(j=1,2,\cdots,n)$,c_{ij} 表示从产地 A_i 到销地 B_j 的单位运价,问应如何组织调运,才能使总运输费最小?

如果我们设 x_{ij} 表示从产地 A_i 到销地 B_j 的物资运量,若总产量和总销量相等,则可列出表 4-1、表 4-2,分别称为单位运价表和平衡表。

表 4-1 单位运价表

产地	销地			
	B_1	B_2	$\cdots$	B_n
A_1	c_{11}	c_{12}	$\cdots$	c_{1n}
A_2	c_{21}	c_{22}	$\cdots$	c_{2n}
$\vdots$	$\vdots$	$\vdots$	$\vdots$	$\vdots$
A_m	c_{m1}	c_{m2}	$\cdots$	c_{mn}

表 4-2 平衡表

产地	销地				产量
	B_1	B_2	...	B_n	
A_1	x_{11}	x_{12}	...	x_{1n}	a_1
A_2	x_{21}	x_{22}	...	x_{2n}	a_2
⋮	⋮	⋮	⋮	⋮	⋮
A_m	x_{m1}	x_{m2}	...	x_{mn}	a_m
销量	b_1	b_2	...	b_n	

在平衡表中，由 A_i 运出去的货物总量应该等于 A_i 的产量，即**供应约束**为

$$\sum_{j=1}^{n} x_{ij} = a_i, (i=1,2,\cdots,m)$$

同样，运入销地 B_j 的货物总量应该等于 B_j 的销量，即**需求约束**为

$$\sum_{i=1}^{m} x_{ij} = b_j, (j=1,2,\cdots,n)$$

又因为产销平衡，即

$$\sum_{i=1}^{m} a_i = \sum_{j=1}^{n} b_j$$

总运输费用为

$$z = \sum_{i=1}^{m}\sum_{j=1}^{n} c_{ij} x_{ij}$$

显然 $x_{ij} \geq 0$。

因此，可写出该问题的线性规划模型：

$$\min z = \sum_{i=1}^{m}\sum_{j=1}^{n} c_{ij} x_{ij}$$

$$\text{s.t.} \begin{cases} \sum_{j=1}^{n} x_{ij} = a_i, i=1,2,\cdots,m \\ \sum_{i=1}^{m} x_{ij} = b_j, j=1,2,\cdots,n \\ x_{ij} \geq 0, i=1,2,\cdots,m, j=1,2,\cdots,n \end{cases}$$

4.1.2 运输问题的基本性质

运输问题是线性规划问题，但它具有一些特殊的性质。这些性质是运输问题的特殊解法的基础。下面给出几个主要性质。

性质 4-1 运输问题模型的系数矩阵每列只有第 i 行和第 $m+j$ 行两个元素为 1，其余均为 0。如下所示：

$$A = \begin{pmatrix} \overset{x_{11}}{1} & \overset{x_{12}}{1} & \cdots & \overset{x_{1n}}{1} & \overset{x_{21}}{} & \overset{x_{22}}{} & \cdots & \overset{x_{2n}}{} & \cdots & \overset{x_{m1}}{} & \overset{x_{m2}}{} & \cdots & \overset{x_{mn}}{} \\ & & & & 1 & 1 & \cdots & 1 & \ddots & & & & \\ & & & & & & & & & 1 & 1 & \cdots & 1 \\ 1 & & & & 1 & & & & \cdots & 1 & & & \\ & 1 & & & & 1 & & & & & 1 & & \\ & & \ddots & & & & \ddots & & & & & \ddots & \\ & & & 1 & & & & 1 & & & & & 1 \end{pmatrix}$$

性质 4-2 系数矩阵 A 的秩为 $m+n-1$，因此运输问题的基变量一定是 $m+n-1$ 个。

性质 4-3 平衡运输问题一定存在最优解。

证明：若令 $\sum_{i=1}^{m} a_j = \sum_{j=1}^{n} b_j = Q, x_{ij} = \frac{a_i b_j}{Q}$，则可以验证 $\{x_{ij}, i=1,2,\cdots,m, j=1,2,\cdots,n\}$ 是一个可行解。

又因为 $c_{ij} \geq 0$，所以 $c_{ij} x_{ij} \geq 0$。

而 $z = \min \sum_{i=1}^{m} \sum_{j=1}^{n} c_{ij} x_{ij}$，所以 $z \geq 0$，即目标函数有下界。

这说明平衡运输问题有可行解，且目标函数值有下界，因此必有最优解存在。

性质 4-4 若各产地的产量和各销地的销量都为整数，则有可行解的运输问题必有整数最优解。

4.2 表上作业法

尽管运输问题是一个线性规划问题，可采用单纯形法进行求解，然而由于其变量比较多，在问题规模较大时，采用单纯形法进行求解的效率很低。表上作业法是单纯形法在求解运输问题时的一种简化方法，但其实质仍是最小化目标函数的单纯形法，因此也具有单纯形法同样的解题步骤：

（1）找出初始可行基，即求出初始基可行解，对应有 $m+n-1$ 个基变量。

（2）求各非基变量的检验数，判别是否达到最优。如果全部检验数均非负，则已达到最优，停止计算，否则转到步骤（3）。

（3）确定换入变量和换出的变量。

（4）转到步骤（2），直到求出最优解为止。

下面我们对各个步骤进行详细探讨。

4.2.1 初始基可行解的求法

求运输问题初始基可行解的关键是抓住既要满足需求,又要单位运价低这一主要矛盾。常见的方法有西北角法、最小元素法、差值法(又称伏格法)三种。一般而言,差值法效果最好,因为它能得到一个比用前两种方法更好的初始基本可行解(即目标函数值更小),最小元素法次之,西北角法更次之(因为未考虑单位运价)。这里只介绍最小元素和差值法。为描述方便,我们将通过具体例子来说明其步骤。

例4-1

某公司下设三个分厂,生产某产品,每日产量分别为 A_1 厂 7t,A_2 厂 4t,A_3 厂 9t,该公司把这些产品分别运到 4 个销售点,各销售点每日销量为 B_1 点 3t,B_2 点 6t,B_3 点 5t,B_4 点 6t。已知各分厂到各销售点单位产品运价如表 4-3 所示(单位:元),试问如何调运才能使总运费最省?

表 4-3 各分厂到各销售点单位产品运价

分厂	销售点				产量/t
	B_1	B_2	B_3	B_4	
A_1	3	11	3	10	7
A_2	1	9	2	8	4
A_3	7	4	10	5	9
销量/t	3	6	5	6	20

1. 最小元素法

首先,为清晰起见,将运价和平衡表合并在一个表中(称为平衡运价表),如表 4-4 所示,将 c_{ij} 写在右下角,x_{ij} 写在表格正中间。

表 4-4 平衡运价表

分厂	销售点				产量/t
	B_1	B_2	B_3	B_4	
A_1	3	11	4 3	3 10	7→⑥
A_2	3 1	9	1 2	8	4→②
A_3	7	6 4	10	3 5	9→⑤
销量	3 ↓ ①	6 ↓ ④	5 ↓ ③	6	

（1）在所有 c_{ij} 中取出值最小的一个元素（若有几个同时为最小值，则可任取一个），本例中，$c_{21}=1$ 最小，故从 x_{21} 开始，先安排 x_{21} 以尽可能大的值，即 $x_{21}=\min\{3,4\}=3$，即分厂 A_2 运往销量点 B_1 产品 3t，B_1 的需求已全部满足，故无须再从 A_1，A_3 调运了，此时 $x_{11}=x_{31}=0$。在 x_{21} 处填上 3，再划去第 1 列。

（2）在没有划去的空格内再找一个 c_{ij} 的最小值。此时 $c_{23}=2$ 最小，取 $x_{23}=\min\{4-3,5\}=1$，此时 $x_{22}=x_{24}=0$。在 x_{23} 处填上 1，划去第 2 行。

同理进行下列操作。

（3）$c_{13}=3$ 最小，取 $x_{13}=\min\{7,5-1\}=4\Rightarrow x_{33}=0$，对应空格填 4，划去第 3 列。

（4）$c_{32}=4$ 最小，取 $x_{32}=\min\{6,9\}=6\Rightarrow x_{12}=0$，对应空格填 6，划去第 2 列。

（5）$c_{34}=5$ 最小，取 $x_{34}=\min\{9-6,6\}=3$，对应空格填 3，划去第 3 行。

（6）$c_{14}=7$ 最小，取 $x_{14}=\min\{6-3,7-4\}=3$，对应空格填 3，划去第 1 行。

至此，表上已无任何行、列可划去。此时得到一个初始方案，其费用为
$$z=4\times 3+3\times 10+3\times 1+1\times 2+6\times 4+3\times 5=86$$
而表中的数字是一组可行解，此表上的数字共有 $m+n-1$ 个。有下列定理保证，这 $m+n-1$ 个数字对应的变量是基变量。

定理 4-1　最小元素法得到的 x_{ij} 值是一组可行解，表上数字对应的变量是基变量。

注意：（1）如果在填了调运量 x_{ij} 后，第 i 行的产量与第 j 列的销量同时得到了满足，这时在平衡运价表中只能划去一行或一列，而不能同时划去行和列。

（2）当平衡运价表中填数字的方格不是 $m+n-1$ 个时，产销已达平衡，应在未划去的空格填一个 0。

（3）当所有行列均被划去，填数字的方格不是 $m+n-1$ 个时，可在未填数的方格中填上 0，填 0 的个数要凑成 $m+n-1$ 个，位置要与已有数字本身不构成回路。

2. 差值法

差值法的计算如表 4-5 所示。

表 4-5　差值表

分厂	销售点				产量/t	行差值
	B_1	B_2	B_3	B_4		
A_1	2　　3	11	5　　3	10	7	0
A_2	1　　1	9	3　　2	8	4	1 ④

（续）

分厂	销售点				产量/t	行差值
	B_1	B_2	B_3	B_4		
A_3		6		3	9	②
	7	4	10	5		1
销量	3	6	5	6		
列差值	2	5	1	3		
	⑤	①	⑥	③		

（1）将每行、每列 c_{ij} 的次小值与最小值之差分别填入行差值列和列差值行，如第一行差值为 $3-3=0$。

（2）所有行、列差值中，第 2 列最大，选第 2 列，此列中 $c_{32}=4$ 最小，故先决定 x_{32} 的值，与最小元素法一样，令 $x_{32}=\min\{6,9\}=6$，填入相应方格。这时，B_2 销量已满足，故划去第 2 列。

（3）在未划去的表中，第 4 列差值最大，此列中 $c_{34}=5$ 最小，故 $x_{34}=\min\{6,9-6\}=3$，填入方格，这时 A_3 产量已满足，故划去第 3 行。

（4）在未划去的表中，第 4 列差值最大，此列中 $c_{24}=8$ 最小，故 $x_{24}=\min\{6-3,4\}=3$ 填入方格，划去第 4 列。

（5）此时，第 1 列差值最大，$c_{21}=1$ 最小，$x_{21}=\min\{3,4-3\}=1$，填入方格，划去第 2 行。

（6）第 1 列差值最大，$c_{11}=3$ 最小，$x_{11}=\min\{3-1,7\}=2$，填入方格，划去第 1 列。

（7）第 3 列差值最大，$c_{13}=3$ 最小，$x_{13}=\min\{5,7-2\}=5$，填入方格，划去第 3 列。

此时，已得到 6 个数字，是一组可行解。对应的目标函数值：

$$z = 2\times3+1\times1+6\times4+5\times3+3\times8+3\times5 = 85$$

与最小元素法类似，也有如下定理成立。

定理 4-2 用差值法得到的 x_{ij} 值是一组可行解，表上数字对应的变量是基变量，空格对应非基变量。

4.2.2 计算检验数

给定了一个初始方案后，要判定这个方案是否最优，就需要对其检验数进行计算、判断。运输问题是线性规划问题的特殊情况，有其独特的求检验数的方法，常用的有闭回路法和位势法。

定义 4-1 闭回路：运输平衡表中凡是能排列成下列形式的变量的集合，被称为一个闭回路。
$$\{x_{i_1j_1}, x_{i_1j_2}, x_{i_2j_2}, x_{i_2j_3}, \cdots, x_{i_sj_s}, x_{i_sj_1}, x_{i_1j_1}\}$$

其中，$i_1, i_2, \cdots, i_s$ 互不相同，$j_1, j_2, \cdots, j_s$ 互不相同，出现在集合中的变量称为闭回路的顶点。

如表 4-6 中的闭回路为 $\{x_{13}, x_{14}, x_{34}, x_{31}, x_{21}, x_{23}, x_{13}\}$，注意 x_{24}, x_{33}, x_{22} 均不是闭回路的顶点。

表 4-6 运输平衡表

分厂	销售点			
	B_1	B_2	B_3	B_4
A_1	x_{11}	x_{12}	x_{13}	x_{14}
A_2	x_{21}	x_{22}	x_{23}	x_{24}
A_3	x_{31}	x_{32}	x_{33}	x_{34}

常见的闭回路形式如图 4-1 所示。

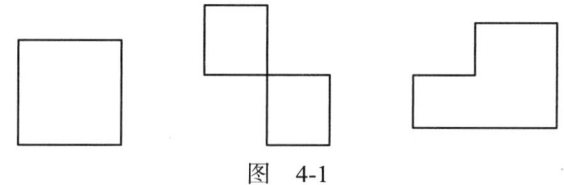

图 4-1

1. 闭回路法

首先，从每个空格开始作一条闭回路，具体作法：从某个空格开始，沿水平或垂直方向前进，当遇到一个数字时，可以越过继续前进，也可以转 90°，再沿垂直或水平方向前进，如此进行下去，最终回到原出发点。这样的一个闭回路，除第一个顶点是空格外，其余都是数字。有定理保证：**从每一个空格一定可以作唯一的闭回路**。

然后，再根据每条闭回路计算出发点的检验数。其方法是：将出发点标上"+"号，将第 1 个顶点标上"−"号，第 2 个顶点标上"+"号……如此正负交错地继续下去。然后将该回路中标上"+"号的顶点对应的单位运价相加，得 S_1，将标上"−"号的顶点对应的单位运价相加，得 S_2，则 $S_1 - S_2$ 即为出发点空格所对应的非基变量的检验数。

例如表 4-7 中，空格 x_{22} 对应的闭回路为 $\{x_{22}, x_{23}, x_{13}, x_{14}, x_{34}, x_{32}, x_{22}\}$

检验数 $\sigma_{22} = c_{22} + c_{13} + c_{34} - (c_{23} + c_{14} + c_{32}) = 9 + 3 + 5 - (2 + 10 + 4) = 1$

空格 x_{12} 对应的闭回路为 $\{x_{12}, x_{14}, x_{34}, x_{32}, x_{12}\}$

检验数 $\sigma_{12} = c_{12} + c_{34} - (c_{14} + c_{32}) = 11 + 5 - (10 + 4) = 2$

类似地，可求出所有其他空格对应的检验数，将结果填入表格左下角，如表 4-7 所示。

表 4-7 闭回路表

分厂	销售点				产量
	B_1	B_2	B_3	B_4	
A_1	3 [1]	2 [3] 11	4 [ ] 3	3 [ ] 10	7
A_2	3 [1] 1	9 [ ]	1 [ ] 2	8 [ ] −1	4
A_3	10 [ ] 7	6 [4] 12	10 [ ]	3 [5]	9
销量	3	6	5	6	

从表 4-7 可见，存在负的非基变量检验数，选择其作为基变量，可以使得目标函数的运费进一步降低，故这一组基本解不是最优解。

2. 位势法

如果产销点很多时，所求的闭回路太多，势必造成过大的工作量，为此，下面从对偶的视角来考虑该问题。设 $u_i(i=1,2,\cdots,m)$ 和 $v_j(j=1,2,\cdots,n)$ 分别为平衡运输问题 m 个供应约束和 n 个需求约束的对偶变量，于是可以得到平衡运输问题的对偶问题：

$$\max\ w = \sum_{i=1}^{m} a_i u_i + \sum_{j=1}^{n} b_j v_j$$

$$\text{s.t.} \begin{cases} u_i + v_j \leq c_{ij} \\ i = 1, 2, \cdots, m \\ j = 1, 2, \cdots, n \end{cases}$$

这里的 u_i 和 v_j 分别被称为对应于分厂 A_i 和销售点 B_j 的"位势"。由于 u_i 和 v_j 分别对应于运输问题供应约束和需求约束的等式，因此它们的取值可正可负。根据线性规划对偶问题的互补松弛定理，我们有如下定理。

定理 4-3 设 $X = (x_{ij})_{m \times n}$ 是平衡运输问题的一个可行解，$(u_1, u_2, \cdots, u_m, v_1, v_2, \cdots, v_n)$ 为其对偶问题的一个可行解。如果满足条件：

$$x_{ij}(c_{ij} - u_i - v_j) = 0;\quad i = 1, 2, \cdots, m, j = 1, 2, \cdots, n$$

则 $X = (x_{ij})_{m \times n}$ 即原运输问题的最优解，$(u_1, u_2, \cdots, u_m, v_1, v_2, \cdots, v_n)$ 为对偶问题的最优解。

根据以上定理，对于运输问题所有的基变量 $x_{ij} > 0$，有 $c_{ij} = u_i + v_j$。此外，结合对偶理论，对于非基变量有 $\sigma_{ij} = c_{ij} - (u_i + v_j)$。

仍以表 4-5 为例。在这张表右方及下方增加一列，填上数字 $u_1, u_2, \cdots, u_m$，增加一行，填上数字 $v_1, v_2, \cdots, v_n$，如表 4-8 所示，其中 u_i 为行位势，v_j 为列位势。

表 4-8 添加位势的闭回路表

分厂	销售点				产量	行位势
	B_1	B_2	B_3	B_4		
A_1	1 [3]	2 [11]	4 [3]	3 [10]	7	$u_1=0$
A_2	3 [1]	1 [9]	1 [2]	−1 [8]	4	$u_2=-1$
A_3	10 [7]	6 [4]	12 [10]	3 [5]	9	$u_3=-5$
销量	3	6	5	6		
列位势	$v_1=2$	$v_2=9$	$v_3=3$	$v_4=10$		

值得注意的是，利用 $m+n-1$ 个基变量可以构造关于 u_i 和 v_j 的 $m+n-1$ 个等式，但是 u_i 和 v_j 变量之和为 $m+n$。这意味着在计算 u_i 和 v_j 时，会存在多组解。由于 u_i+v_j 的值是固定的，利用 u_i 和 v_j 不同值计算得到的非基变量检验数将是相等的。因此，在计算非基变量的检验数时，u_i 和 v_j 的绝对值并不重要，实际上需要关心的只是 u_i+v_j 的大小。

为此，令 $u_1=0$，使得表中任何一个有数字的方格对应的单位运价正好等于它所对应的行、列数字之和，即 $c_{ij}=u_i+v_j$，这样就可以将 u_i,v_j 全部求出。

在本例中，

$$u_2+v_1=1$$
$$u_3+v_2=4$$
$$u_1+v_3=3$$
$$u_2+v_3=2$$
$$u_1+v_4=10$$
$$u_3+v_4=5$$

令 $u_1=0$，可得：

$$u_2=-1$$
$$u_3=-5$$
$$v_1=2$$
$$v_2=9$$
$$v_3=3$$
$$v_4=10$$

填入相应位置，各决策变量对应的检验数可由单位运价减去对应的行、列位势算出。

对于基变量，显然 $\sigma_{ij}=0$。对于非基变量，例如：

$$\sigma_{11}=3-(0+2)=1, \quad \sigma_{12}=11-(9+0)=2, \cdots$$

可见，用位势法求得的检验数与用闭回路法求得的检验数完全一致，但却简便许多。

4.2.3 调运方案的调整

如果一个调运方案的检验数有负数，按目标函数为最小化的判别准则，它就不是最优解，应进行调整。首先要决定换入哪一个非基变量，换出哪一个基变量。同单纯形法一样，在负检验数中，一般取检验数最小的作为入基变量，以此作一个闭回路，在闭回路的所有奇顶点上，x_{ij} 的值均加上调整量。

例如，表 4-8 中，$\sigma_{24}=-1<0$，对应回路为 $\{x_{24},x_{23},x_{13},x_{14}\}$，$x_{23}=1, x_{14}=3$，奇顶点为 x_{23},x_{14}，取 $\theta=\min\{1,3\}=1$ 为调整量。则调整：$x_{24}+\theta,\ x_{13}+\theta, x_{23}-\theta, x_{14}-\theta$。得到一个新的基本可行解，如表 4-9 所示。

表 4-9 调整后的闭回路表

分厂	销售点				产量
	B_1	B_2	B_3	B_4	
A_1	0 3	2 11	5 3	2 10	7
A_2	3 1	2 9	1 1 2	1 8	4
A_3	9 7	6 4 12	10	3 5	9
销量	3	6	5	6	

再用闭回路法或位势法求各空格的检验数，仍填入表 4-9 的左下角，这时，表中所有检验数都为正，故得到最优解，这时总运费为 85 元。注意：若还有负检验数，则需继续调整。通过上述探讨，我们总结表上作业法的计算过程如图 4-2 所示。

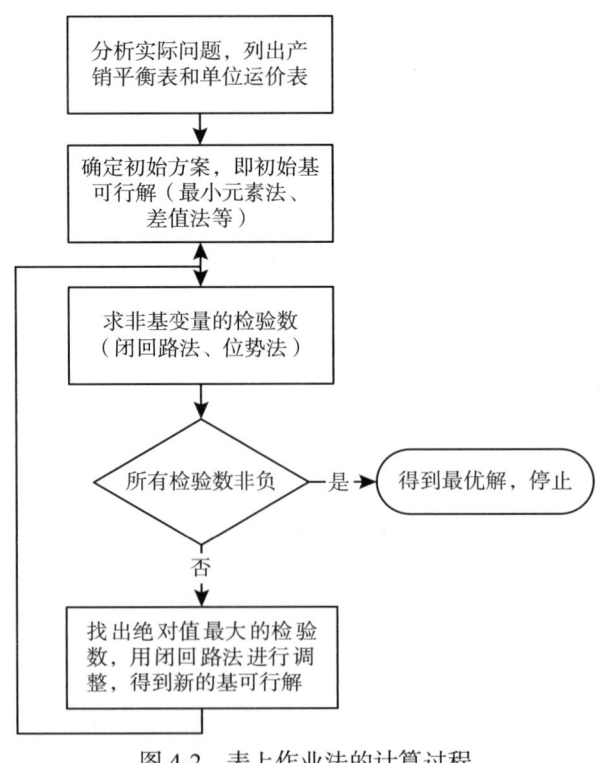

图 4-2 表上作业法的计算过程

4.3 运输问题应用建模举例

4.3.1 产销不平衡问题

产销平衡是一种特定的情况,实际问题常常是不平衡的,为了能用 4.2 节所讨论的表上作业法求解,常把产销不平衡的问题化成产销平衡问题,即通过引入虚拟的产地和销地,构建产销平衡表。

当产大于销,即 $\sum_{i=1}^{m} a_i > \sum_{j=1}^{n} b_j$ 时,此时数学模型为

$$\min \ z = \sum_{i=1}^{m}\sum_{j=1}^{n} c_{ij} x_{ij}$$

$$\text{s.t.} \begin{cases} \sum_{j=1}^{n} x_{ij} \leq a_i, i=1,2,\cdots,m \\ \sum_{i=1}^{m} x_{ij} = b_j, j=1,2,\cdots,n \\ x_{ij} \geq 0 \end{cases}$$

由于总产量大于总销量,就要考虑多余物资在产地就地贮存。

设 $x_{i,n+1}$ 为产地 A_i 就地贮存量,其运输费用为 0,即 $c_{i,n+1}=0$。

各产地存贮物资总和是产量与销量之差,即

$$\sum_{i=1}^{m} x_{i,n+1} = \sum_{i=1}^{m} a_i - \sum_{j=1}^{n} b_j = b_{n+1}$$

这样代入上式,可得其数学模型为

$$\min \ z = \sum_{i=1}^{m}\sum_{j=1}^{n+1} c_{ij} x_{ij} = \sum_{i=1}^{m}\sum_{j=1}^{n} c_{ij} x_{ij}$$

$$\text{s.t.} \begin{cases} \sum_{j=1}^{n+1} x_{ij} = a_i, i=1,2,\cdots,m \\ \sum_{i=1}^{m} x_{ij} = b_j, j=1,2,\cdots,n+1 \\ x_{ij} \geq 0 \end{cases}$$

其平衡表如表 4-10 所示。

表 4-10 平衡表

产地	销地							产量
	B_1	B_2	$\cdots$	B_j	$\cdots$	B_n	B_{n+1}(贮存)	
A_1	x_{11}	x_{12}	$\cdots$	x_{1j}	$\cdots$	x_{1n}	$x_{1,n+1}$	a_1
A_2	x_{21}	x_{22}	$\cdots$	x_{2j}	$\cdots$	x_{2n}	$x_{2,n-1}$	a_2
$\vdots$	$\vdots$	$\vdots$	$\vdots$	$\vdots$	$\vdots$	$\vdots$	$\vdots$	$\vdots$
A_i	x_{i1}	x_{i2}	$\cdots$	x_{ij}	$\cdots$	x_{in}	$x_{i,n+1}$	a_i

(续)

产地	销地							产量
	B_1	B_2	⋯	B_j	⋯	B_n	B_{n+1}（贮存）	
⋮	⋮	⋮	⋮	⋮	⋮	⋮	⋮	⋮
A_m	x_{m1}	x_{m2}	⋯	x_{mj}	⋯	x_{mn}	$x_{m,n+1}$	a_m
销量	b_1	b_2	⋯	b_j	⋯	b_n	b_{n+1}	$\sum_{i=1}^{m}a_i=\sum_{j=1}^{n+1}b_j$

因此，产大于销时，只要增加一个假想的销地（实际上是贮存），该销地总需求量为 $b_{n+1}=\sum_{i=1}^{m}a_i-\sum_{j=1}^{n}b_j$，各产地到该销地的单位运价 $c_{i,n+1}=0$，这就成为产销平衡问题了。

类似地，当销大于产时，可在产销平衡表中增加一个假设的产地。该产地 A_{m+1} 总产量为 $a_{m+1}=\sum_{j=1}^{n}b_j-\sum_{i=1}^{m}a_i$，该产地到销地的单位运价 $c_{m+1,j}=0$，也就变成产销平衡问题了。

例4-2

某公司有两个工厂 A_1，A_2 生产某种产品，工厂 A_1 单位生产成本为 r_1，生产能力为 a_1，工厂 A_2 单位生产成本为 r_2，生产能力为 a_2。产品要销往三个地方 B_1，B_2，B_3，这三个地方对产品的需求量分别为 b_1，b_2，b_3，且总生产量小于总需求量。已知两工厂到各销地的单位运价为 c_{ij}（A_i 工厂到 B_j 销地的单位运费），问该公司应如何安排供货才能使生产成本和运输费用最小？试建立模型。

解：由题设，总产量小于总销量，故应增一个虚设工厂 A_3，产量 $a_3=\sum_{j=1}^{n}b_j-\sum_{i=1}^{m}a_i$（数据模型如表4-11所示）。

表4-11 例4-2的平衡表

工厂	销地			产量
	B_1	B_2	B_3	
A_1	r_1+c_{11}	r_1+c_{12}	r_1+c_{13}	a_1
A_2	r_2+c_{21}	r_2+c_{22}	r_2+c_{23}	a_2
A_3	0	0	0	a_3
销量	b_1	b_2	b_3	

例4-3

某物资从产地 A_1，A_2，A_3 运至销地 B_1，B_2，B_3，单位运价表及产销量如表4-12所示，试求出最优运输方案。

表 4-12　例 4-3 的单位运价及产销量表

产地	销地			最低产量	最高产量
	B_1	B_2	B_3		
A_1	4	6	5	6	10
A_2	3	7	8	5	5
A_3	5	4	6	3	不限
销量	7	5	5		

解：由题设，产地总产量至少是 14 个单位，销地总需求量为 17 个单位，这样 A_3 产量最多为 17-6-5=6 个单位。故总产量最多可达到 21 个单位，大于总需求量。因此可以增加一个假想的销地 B_4，需求量 21-17=4 个单位。产地 A_1 的产量包含两个部分，对 A_1 而言，6 单位产量必须保证，故不能运到虚拟销地 B_4，可令其运价为 M（充分大正数），余下 4 个单位生不生产均可以，故可运到虚拟销地 B_4，令其运价为 0。对 A_3 也作类似处理，这样就可得到此问题的运输模型（见表 4-13）。

表 4-13　例 4-3 的运输模型

产地	销地				产量
	B_1	B_2	B_3	B_4	
A_1	4	6	5	M	6
A_1	4	6	5	0	4
A_2	3	7	8	M	5
A_3	5	4	6	M	3
A_3	5	4	6	0	3
销量	7	5	5	4	

例 4-4

某设备生产厂，按合同已知未来 4 个月的供货量分别为 10 台、15 台、25 台、20 台，生产能力分别为 25 台、35 台、30 台、10 台，生产成本分别为 1.08 万元、1.11 万元、1.10 万元、1.13 万元，每台设备存贮费为 0.015 万元/月，如何制订一个生产计划（见表 4-14），使总成本为最小？

解：由于总产量（生产能力）大于总需量（交货量），这是一个产大于销的问题，故可增加一个假设的销地（月份），其交货量为 (25+35+30+10)-(10+15+25+20)=30 台。

表 4-14　例 4-4 生产计划表

生产月份	交货月份					产量（台）
	1月	2月	3月	4月	5月（虚拟）	
1月						25
2月						35

（续）

生产月份	交货月份					产量（台）
	1月	2月	3月	4月	5月（虚拟）	
3月						30
4月						10
交货量（台）	10	15	25	20	30	

设 x_{ij} 为 i 月生产在 j 月的交货量，c_{ij} 表示 i 月生产在 j 月交货时的成本，包括贮存费和生产成本。

c_{ij} 估算：由于有贮存费，因此，1月生产每台设备的成本为1.08万元，即 $c_{11}=1.08$；

如果2月交货，则成本为 $c_{12}=1.08+0.015=1.095$；

如果3月交货，则成本为 $c_{13}=1.08+2\times0.015=1.11$；

如果4月交货，则成本为 $c_{14}=1.08+3\times0.015=1.125$；

同理可计算 $c_{22},c_{23},c_{24},c_{33},c_{34},c_{44}$。

x_{15} 为1月生产、5月交货，实际上代表1月未生产出来的台数，故 $c_{15}=0$，同理 $c_{25}=c_{35}=c_{45}=0$。

x_{21} 为2月生产1月交货的量，实际上不可能，为确保其为0，将 c_{21} 视为 ∞，即设 $c_{21}=M$（充分大的正数），同理可设 $c_{ij}=M$（$i>j$）。

这样可得此问题的数学模型（见表4-15）。

表4-15 例4-4的数学模型

生产月份	交货月份					产量（台）
	1月	2月	3月	4月	5月	
1月	1.08	1.095	1.11	1.125	0	25
2月	M	1.11	1.125	1.14	0	35
3月	M	M	1.10	1.115	0	30
4月	M	M	M	1.13	0	10
需求量	10	15	25	20	30	

利用单纯形法可求得最优方案（见表4-16）。

表4-16 例4-4的最优方案

生产月份	交货月份					产量（台）
	1月	2月	3月	4月	5月	
1月	10	15				25
2月				5	30	35
3月			25	5		30
4月				10		10
交货量	10	15	25	20	30	

即1月生产25台，1月交货10台，2月交货15台；2月生产5台，4月交货5台；3月生产30台，3月交货25台，4月交货5台；4月生产10台，4月交货10台。相应总成本为77.3万元。

4.3.2 转运问题

转运问题是一类更为实际的运输问题,所调运的物资不是直接由产地运送到销地,而是经过若干中间点才送到销地。这类问题一般是将其化为一个等价的、规范的、扩大的运输问题。方法是:

(1)将产地、中转站、销地重新标号,使之既为产地,又为销地。

(2)对扩大的运输问题建立单位运价表,对角线上运价为 0,因为从一个地点运货到自身,实际上不会发生;没有运输路线的记为 ∞,以 M 代替(M 是一个足够大的正数)。

(3)设总产量为 K,则允许转运的货物最多不能超过 K,而每个点都可以是转运点,故每行的产量和每列的销量均应加上 K。

例4-5

某地区有两个水泥厂 A_1、A_2,产量分别是 150t 和 200t,全部销往外地三个城市 B_1、B_2、B_3。运输方式有两种:一是直接用卡车通过公路运送到销地;二是先将水泥用卡车运到港口 D_1 或火车站 D_2,再通过海运或铁路货运将水泥运送到销地,其中 D_1 到 B_3,D_2 到 B_2 没有线路,如图 4-3 所示。已知各供需量及单位运价(元/t)如表 4-17 所示。试确定运费最省的水泥调运方案。

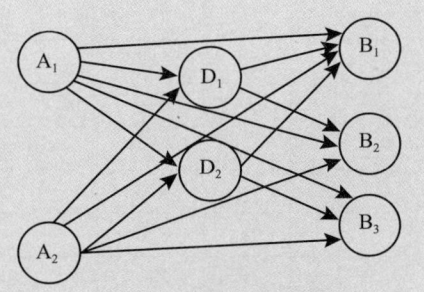

图 4-3 例 4-5 的运输线路

表 4-17 例 4-5 的供需量及单位运价

项目		中转站		销地			产量/t
		D_1	D_2	B_1	B_2	B_3	
产地	A_1	8	3	34	40	42	150
	A_2	5	7	41	50	38	200
中转站	D_1			29	34	×	
	D_2			23	×	35	
需求量/t				140	90	120	

重新编号后,相应运价如表 4-18 所示,总产量为 150+200=350t。

表 4-18 重新编号后的单位运价

项目		产地		中转站		销地			产量/t
		A_1	A_2	D_1	D_2	B_1	B_2	B_3	
产地	A_1	0	M	8	3	34	40	42	150+350
	A_2	M	0	5	7	41	50	38	200+350
中转站	D_1	8	5	0	M	29	34	M	350
	D_2	3	7	M	0	23	M	35	350

（续）

项目		产地		中转站		销地			产量/t
		A_1	A_2	D_1	D_2	B_1	B_2	B_3	
销地	B_1	34	41	29	23	0	M	M	350
	B_2	40	50	34	M	M	0	M	350
	B_3	42	38	M	35	M	M	0	350
销量/t		0 + 350	0 + 350	0 + 350	0 + 350	140 + 350	90 + 350	120 + 350	

可求得最优调运方案如表 4-19 所示。

表 4-19 最优调运方案

项目		产地		中转站		销地			产量/t
		A_1	A_2	D_1	D_2	B_1	B_2	B_3	
产地	A_1	350			150				500
	A_2		350	90				110	550
中转站	D_1			260			90		350
	D_2				200	140		10	350
销地	B_1					350			350
	B_2						350		350
	B_3							350	350
销量/t		350	350	350	350	490	440	470	

即 A_1 经 D_2 转运 150t，再分转 140t 到 B_1，10t 到 B_3；A_2 经 D_1 转运 90t，再分转到 B_2；A_2 直接运 110t 给 B_3。

相应总运费为 $150 \times 3 + 90 \times 5 + 110 \times 38 + 90 \times 34 + 140 \times 23 + 10 \times 35 = 11\ 710$（元）

4.4 操作实践

4.4.1 Excel求解运输问题

Excel 中没有提供针对运输问题的特定求解方法（如表上作业法），但由于运输问题本质上是线性规划问题，因而可直接采用 Excel 求解线性规划问题的方法求解。下面以例 4-4 的运输问题为例进行介绍。

我们按照表 4-15 所示的运输模型，将数据输入 Excel，如图 4-4 所示（这里 M 取值 10 000）。

第4章 运输问题 111

	A	B	C	D	E	F	G	H	I
1			运价表						
2	单位成本	1月交货	2月交货	3月交货	4月交货	5月交货			
3	1月生产	1.08	1.095	1.11	1.125	0			
4	2月生产	10000	1.11	1.125	1.14	0			
5	3月生产	10000	10000	1.1	1.115	0			
6	4月生产	10000	10000	10000	1.13	0			
7									
8			运输平衡表						
9	运量	1月交货	2月交货	3月交货	4月交货	5月交货	月产量		产量
10	1月生产						0	=	25
11	2月生产						0	=	35
12	3月生产						0	=	30
13	4月生产						0	=	10
14	月交货量	0	0	0	0	0			
15		=	=	=	=	=			总成本
16	需求量	10	15	25	20	30			0

图 4-4 将表 4-15 的运输模型输入 Excel

这里决策变量对应的单元格是 B10：F13 区域，目标单元格是 I16，其计算公式为"=SUMPRODUCT（B3：F6, B10：F13）"。

月产量列各单元格分别对应产量约束的左边表达式，其计算公式如表 4-20 所示。

表 4-20 月产量计算公式

G10	=SUM（B10:F10）	G11	=SUM（B11:F11）
G12	=SUM（B12:F12）	G13	=SUM（B13:F13）

月交货量行各单元格分别对应销量约束的左边表达式，其计算公式如表 4-21 所示。

表 4-21 月交货量计算公式

B14	=SUM（B10:B13）	E14	=SUM（E10:E13）
C14	=SUM（C10:C13）	F14	=SUM（F10:F13）
D14	=SUM（D10:D13）		

"规划求解参数"对话框的设置如图 4-5 所示，选择"使无约束变量为非负数"复选框，并选择求解方法"单纯线性规划"。

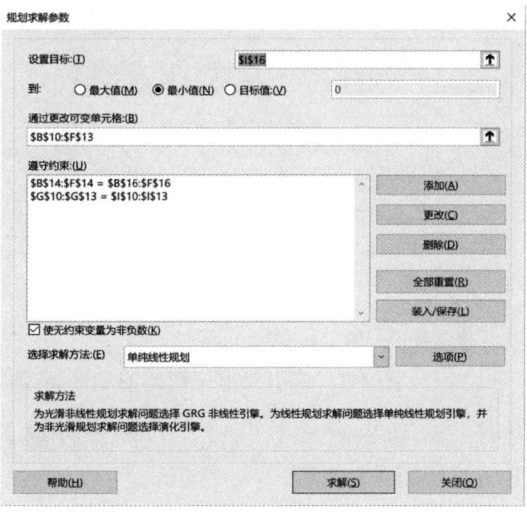

图 4-5 "规划求解参数"对话框

求解结果如图 4-6 所示。

运量	运输平衡表					月产量		产量
	1月交货	2月交货	3月交货	4月交货	5月交货			
1月生产	10	10	0	5	0	25	=	25
2月生产	0	5	0	0	30	35	=	35
3月生产	0	0	25	5	0	30	=	30
4月生产	0	0	0	10	0	10	=	10
月交货量	10	15	25	20	30			
	=	=	=	=	=			总成本
需求量	10	15	25	20	30			77.3

图 4-6 例 4-4 的 Excel 求解结果

该最优解虽然与表 4-16 的结果不相同,但目标值是相同的,可见该问题存在多个最优解。

另外,需要指出的是,在 4.3.1 节中我们通过引入虚拟的产地或销地将不平衡运输问题转化为平衡运输问题来求解,这主要是因为想运用表上作业法求解。由于 Excel 没有提供表上作业法,而是直接采用单纯形法来求解运输问题,因此,对于不平衡运输问题,我们也无须将其转化成平衡运输问题,而可直接输入非平衡运输模型并求解。如图 4-7 所示,我们并没有引入虚拟的销地(5 月交付),由于是产大于销,因而这时对产地的约束是:

$$\sum_{j=1}^{4} x_{ij} \leq a_i \quad (i=1,2,3,4)$$

对销地的约束是:

$$\sum_{i=1}^{4} x_{ij} = b_j \quad (j=1,2,3,4)$$

	A	B	C	D	E	F	G	H
1		运价表						
2	单位成本	1月交货	2月交货	3月交货	4月交货			
3	1月生产	1.08	1.095	1.11	1.125			
4	2月生产	10000	1.11	1.125	1.14			
5	3月生产	10000	10000	1.1	1.115			
6	4月生产	10000	10000	10000	1.13			
7								
8		运输平衡表						
9	运量	1月交货	2月交货	3月交货	4月交货	月产量		产量
10	1月生产					0	≤	25
11	2月生产					0	≤	35
12	3月生产					0	≤	30
13	4月生产					0	≤	10
14	月交货量	0	0	0	0			
15		=	=	=	=			总成本
16	需求量	10	15	25	20			0

图 4-7 未引入虚拟销地的非平衡运输模型

因此,在设置"规划求解参数"时,约束条件设置的是 F10:F13 <= H10:H13 和 B14:E14 = B16:E16,如图 4-8 所示。

图 4-8　设置约束条件

可以看到，其结果与转化成平衡运输问题求解时是一样的。

4.4.2　OR for Windows 求解运输问题

首先进入 OR for Windows 主窗口界面，在"模型"菜单中选择运输问题。接下来在"文件"菜单中单击"新建"或直接单击工具栏的"□"按钮，弹出为运输问题创建数据集对话框，如图 4-9 所示，输入问题名称（这里保持默认），设置产地个数为 4、销地个数为 4，保持优化目标为 Minimize（最小化）选项。还可在行名称设置约束的名称为月份（默认为 1 月，2 月，3 月，4 月，…），列名称设置变量的命名规则为月份（默认为 1 月，2 月，3 月，4 月，…）。单击"确定"按钮进入数据表格屏幕，如图 4-10 所示。

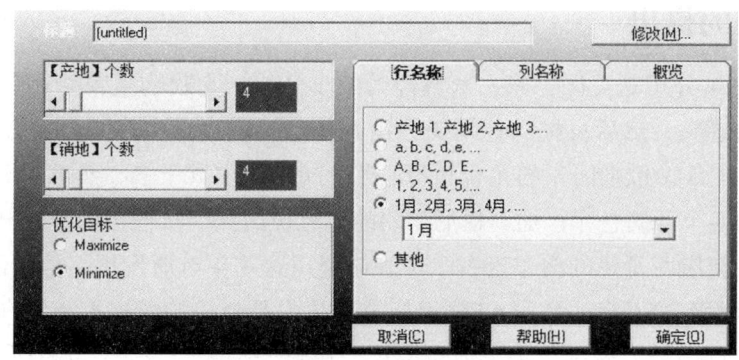

图 4-9　为运输问题创建数据集

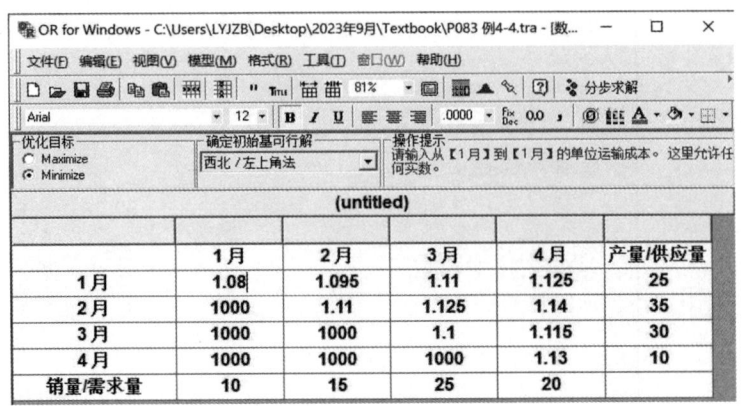

图 4-10　数据表格屏幕

以例 4-4 的运输问题为例，在数据表格内按照操作提示对应地输入成本、每月的产量、每月的需求量。单击确定初始基可行解下拉框，有"任意方法""西北/左上角法""最小元素/成本法""伏格尔/差值法"四种方法可供选择，若选择"任意方法"，则随机选择前述方法中后三种方法进行初始计划方案的计算。设置好确定初始基可行解方法后，单击工具栏"分步求解"按钮，便可得到初始运输方案。单击工具栏"直接求解"按钮，便可得到该运输问题的求解结果，如图 4-11 所示。单击"窗口"菜单，可发现软件对于运输问题还提供了最终解的"检验数/边际成本表""最终解表""迭代过程"、各节点之间的"运输量及成本"和最终的最优"运输列表"。在"检验数/边际成本表"中存在非基变量检验数为 0 的情况，因此软件在提示栏提示该问题"多重最优解存在"。

最优成本 = ¥77.3	1月	2月	3月	4月	虚拟点
1月	10	15	0		
2月				5	30
3月			25	5	
4月				10	

图 4-11　例 4-4 的 OR for Windows 求解结果

4.5　实际应用案例

4.5.1　问题的提出

P&T 公司是美国一家由家族经营的小公司。它收购生菜并在食品罐头厂中把它们加工成为罐头，然后再把这些罐头分销到各地。豌豆罐头在三个地方的食品罐头厂进行加工：贝灵汉、俄勒冈州的尤金和明尼苏达州的艾尔贝·李，然后用卡车把它们运送到美国西部的四个分销仓库：加利福尼亚州的萨克拉门托、犹他州的盐湖城、南达科他州的拉皮德城和新墨西哥州的澳尔巴古。尽管该公司这几年有所发展，但利润并没有明显的增长，这引起股东的不满。公司 CEO 道格拉斯认为是公司的成本控制没有做好，因此下一步的工作重点是努力控制成本。他在浏览公司财务报表时发现，上个季度公司的运输成本是

178 000 美元，他记得几年前该数字是 100 000 美元。他找来公司的配送经理理查德了解详细情况。理查德汇报说，主要原因是货车司机的雇用费用上涨了，而且这牵涉到工会，从工资方面降低成本是很困难的。幸好，道格拉斯在读 MBA 时学过一门运筹与管理科学的课程，他并没有就此罢休。他考虑，采用运筹学的方法也许可以为公司运输成本的控制带来一些好处，于是指示理查德组织一些人好好研究一下，看能否在运营方式上做一些调整，以降低运输成本。

4.5.2 现状分析与数据收集

理查德接受了道格拉斯的建议，立即着手工作，他请来几个专家对公司目前的配送情况进行诊断分析。许多年来，公司一直采用下面的策略确定需要从每个食品罐头厂运送多少罐头到各个仓库：

（1）因为在贝灵汉的食品罐头厂距离仓库最远，所以把它的产品运送到最近的一个仓库，即萨克拉门托的那个仓库，若还有剩余则运到盐湖城的那个仓库。

（2）因为澳尔巴古的仓库距离各食品罐头厂最远，所以就从最近的一个食品罐头厂（艾尔贝·李）运送产品到澳尔巴古，若还有剩余的话就运送到拉皮德城的仓库中。

（3）用尤金的食品罐头厂满足其他仓库的剩余需求。

对于即将来临的收获季节，各食品罐头厂对其产量都进行了估计。并且每个仓库也按照各自的需求从总的供应量中分配了一定的比例，如表 4-22 所示。

表 4-22 P&T 公司运输任务数据

食品罐头厂	产量	仓库	分配量
贝灵汉	75	萨克拉门托	80
尤金	125	盐湖城	65
艾尔贝·李	100	拉皮德城	70
		澳尔巴古	85
合计	300	合计	300

把当前运输策略应用到表 4-22 中的数据，得到表 4-23 所示的运输计划。在这个即将来临的季节中每车的运输成本如表 4-24 所示。

表 4-23 P&T 公司当前运输计划

食品罐头厂	仓库			
	萨克拉门托	盐湖城	拉皮德城	澳尔巴古
贝灵汉	75	0	0	0
尤金	5	65	55	0
艾尔贝·李	0	0	15	85

表 4-24　P&T 公司单位卡车的运输成本　　单位：美元

食品罐头厂	仓库			
	萨克拉门托	盐湖城	拉皮德城	澳尔巴古
贝灵汉	464	513	654	867
尤金	352	416	690	791
艾尔贝・李	995	682	388	685

对即将来临的季节，综合表 4-23 和表 4-24 中的数据，我们可以计算，若按现有运输策略，则其运输成本为

$75\times464+5\times352+65\times416+55\times690+15\times388+85\times685=165\,595$（美元）

理查德现在需要做的是，调整运输计划，看能否使总的运输成本降低。

4.5.3　采用运筹学方法求解

理查德的小组很快发现，这是运筹学中一个典型的运输问题，并且是一个产销平衡的运输问题。将有关模型数据输入 Excel 中，如图 4-12 所示。

	A	B	C	D	E	F	G	H
1			运输费用表					
2	到	仓库						
3	从	萨克拉门托	盐湖城	拉皮德城	澳尔巴古			
4	贝灵汉	464	513	654	867			
5	尤金	352	416	690	791			
6	艾尔贝·李	995	682	388	685			
7								
8			运量表					
9	到	仓库						
10	从	萨克拉门托	盐湖城	拉皮德城	澳尔巴古	供应量		产量
11	贝灵汉					0	=	75
12	尤金					0	=	125
13	艾尔贝·李					0	=	100
14	交付量	0	0	0	0			
15		=	=	=	=			总成本
16	需求量	80	65	70	85			0

图 4-12　将模型输入 Excel

设定有关参数后，求解得到新的运输计划，如图 4-13 所示。该计划总的成本需 152 535 美元，比原运输计划节省了 13 060 美元。

8			运量表					
9	到	仓库						
10	从	萨克拉门托	盐湖城	拉皮德城	澳尔巴古	供应量		产量
11	贝灵汉	0	20	0	55	75	=	75
12	尤金	80	45	0	0	125	=	125
13	艾尔贝·李	0	0	70	30	100	=	100
14	交付量	80	65	70	85			
15		=	=	=	=			总成本
16	需求量	80	65	70	85			152535

图 4-13　P&T 公司最优运量安排

习 题

1. 分别用最小元素法和差值法，求表 4-25 运输问题的初始方案并计算其目标函数值。

表 4-25 习题 1 的表格

产地	销地					产量
	B_1	B_2	B_3	B_4	B_5	
A_1	6	9	4	8	5	20
A_2	10	6	12	8	7	30
A_3	6	5	9	20	9	40
A_4	2	13	6	14	3	60
销量	25	15	35	45	30	

2. 求表 4-26 的运输问题最优解。

表 4-26 习题 2 的表格

产地	销地				产量
	B_1	B_2	B_3	B_4	
A_1	7	8	2	5	8
A_2	4	6	5	2	6
A_3	9	5	4	7	9
销量	3	6	5	6	

3. 设有三个煤矿供应四个地区的煤炭，已知煤矿产量、各地区需要量及从各煤矿到各地区的单位运价（万元）如表 4-27 所示。求最优煤炭调拨方案。

表 4-27 习题 3 的表格

开采地区	需求地区				产量/万 t
	甲	乙	丙	丁	
A	16	13	22	17	50
B	14	13	19	15	60
C	19	20	23	×	50
需要量	最低	30	70	0	10
	最高	50	70	30	不限

4. 某种物资有三个产地，产量分别为 7，4，9 个单位，有四个销地，销量分别为 3，6，5，6 个单位。这种物资既可以直接从产地运到销地，又可以通过中转地 T_1，T_2 转运。已知各产、销、中转地之间单位运价如表 4-28 所示，求最小运费调运方案。

表 4-28 习题 4 的表格

产地	销地				中转地		产量
	B_1	B_2	B_3	B_4	T_1	T_2	
A_1	3	11	3	10	2	1	7
A_2	1	9	2	8	3	5	8
A_3	7	4	10	5	1	×	9

（续）

中转地	销地				中转地		产量
	B_1	B_2	B_3	B_4	T_1	T_2	
T_1	2	8	4	6			
T_2	4	5	2	7			
销量	3	6	5	6			

5. 某运输问题的单位运价和产销量如表 4-29 所示，求最优调运方案。

表 4-29 习题 5 的表格

产地	销地				产量
	B_1	B_2	B_3	B_4	
A_1	8	7	3	2	1
A_2	4	7	5	1	9
A_3	2	4	9	6	4
销量	3	2	4	5	

6. 求解表 4-30 所示运输问题的最优解。

表 4-30 习题 6 的表格

产地	销地			产量
	B_1	B_2	B_3	
A_1	5	1	8	12
A_2	2	4	0	14
A_3	3	6	7	4
销量	9	10	11	

第5章 整数规划

在许多情况下,我们都可以把规划问题的决策变量看成是连续的变量。但在某些情况下,规划问题的决策变量却被要求一定是整数。本章介绍整数规划的基本概念模型,以及求解方法,重点介绍其中一种特殊的整数规划模型——0-1 规划模型,它在解决许多带有逻辑性的规划决策问题时非常有用。

5.1 整数规划问题

5.1.1 数学模型

在线性规划模型中,得到的最优解往往是分数或小数,但对一些实际问题,要求有的决策变量必须是整数。例如,完成某项工作所需要的人数或设备台数,进入市场销售的商品件数,以及某一机械设备维修的次数等。这就要求在原来线性规划的基础上加入新的约束条件,即要求某些变量或全部变量为整数。这样的线性规划问题被称为整数线性规划(Integer Linear Programming,简称 ILP),是规划论中的重要分支。其数学模型可表示为

$$\max\ z = cx$$
$$\text{s.t.} \begin{cases} Ax \leq b \\ x \geq 0 \end{cases}, \text{且 } x \text{ 部分或全部为整数}$$

其中,我们把要求所有变量都取整的规划问题称为纯整数规划问题;如果仅仅是要求一部分变量取整,则称为混合整数规划问题。为便于书写,我们用 $x_i \in \mathbf{Z}$ 表示 x_i 是整数。

例5-1

某工厂生产甲、乙两种设备,已知生产这两种设备需要消耗材料 A、材料 B,有关数据如

表 5-1 所示。问这两种设备应各生产多少使工厂利润最大？

表 5-1　例 5-1 有关数据

材料	设备		资源限量
	甲	乙	
材料 A/kg	5	4	24
材料 B/kg	2	5	13
利润（元/台）	2 000	1 000	

解：设生产甲、乙两种设备的数量分别为 x_1, x_2，由于是设备台数，要求取整数，建立模型如下：

$$\max\ z = 2\,000x_1 + 1\,000x_2$$

$$\text{s.t.} \begin{cases} 5x_1 + 4x_2 \leqslant 24 \\ 2x_1 + 5x_2 \leqslant 13 \\ x_1, x_2 \in \mathbf{Z}, x_1, x_2 \geqslant 0 \end{cases}$$

5.1.2　求解方法的探讨

对于整数规划，若不考虑整数要求，对应的问题被称为松弛问题。显然有：

（1）松弛问题的可行域包含原问题的可行域。

（2）若两者都有最优解，则松弛问题的最优目标值优于原问题的最优目标值。

（3）若松弛问题的最优解为整数解，则该解就是原问题的最优解。

尽管整数规划与线性规划相比，只是增加了"全部或部分决策变量为整数"的条件，然而其求解方法却不能简单将对应的松弛线性规划问题的解四舍五入取整数求得。我们看例 5-1 的求解。

由图 5-1 的图解法易知，不考虑整数条件时，对应最优解为（4.8,0）。若对该最优解进行四舍五入，其结果为（5,0），该解位于可行域之外。即使不按四舍五入，按向下取整得（4,0），该解虽然可行，但也不是最优解。实际上，该问题的最优解为（4,1）。由于该问题的最优解（4,1）是（4.8,0）的邻近点，自然我们可能还会提出这样的猜想：整数规划的最优解是否是其松弛问题的邻近点呢？如果是这样的话，枚举周围的邻近可行整数点，也可较快地找到最优解。遗憾的是，这也不一定。让我们再看下面的一个例子。

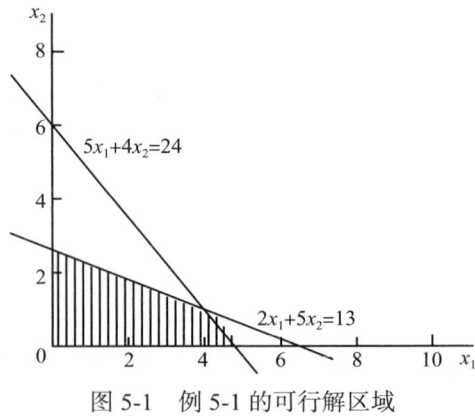

图 5-1　例 5-1 的可行解区域

例5-2

求解该整数规划问题。

$$\max \ z = 3x_1 + 13x_2$$
$$\text{s.t.} \begin{cases} 2x_1 + 9x_2 \leq 40 \\ 11x_1 - 8x_2 \leq 82 \\ x_1, x_2 \in \mathbf{Z}, x_1, x_2 \geq 0 \end{cases}$$

如图 5-2，其松弛问题的最优解位于 $B(9.2, 2.4)$ 点，然而整数规划问题的最优解却位于 $I(2, 4)$ 点，根本不是 B 点的邻近点。

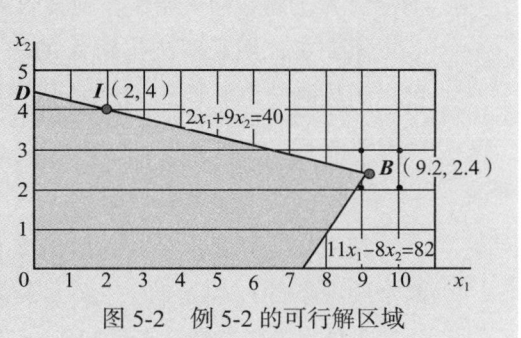

图 5-2　例 5-2 的可行解区域

关于整数规划求解，另外还有一种设想：既然决策变量取整数，那么能否采用穷举的方式，计算各种取值组合的目标函数值，再取其优呢？当决策变量不是很多，且能够估计各个决策变量取值的整数范围，而该范围又不是很大时，采用计算机进行穷举的方法还是可行的。但当决策变量较多，取值范围较大时，穷举方法的计算量就将呈指数形式增加，效率非常低。例如，对于 8 个变量的情形，即使能估计每个变量的可能取值不超过 100 个，采用每秒亿次的计算机计算 100^8 组可行解的目标函数值大约需要 3 年！

总之，整数规划的求解是运筹学发展过程中的一个重要问题。我们将在 5.2 节再详细探讨该问题。

5.2　整数规划求解方法

5.2.1　分支定界法

在 5.1.2 节中，我们探讨了整数规划的求解，显然不能通过简单地对其松弛问题的最优解进行四舍五入得到。那么整数规划问题到底是如何求解的呢？

事实上，求解整数规划的常用方法有两种：分支定界法和割平面法。我们这里仅介绍分支定界法，该方法在 20 世纪 60 年代初由 Land Doig 和 Dakin 等人提出，具有灵活且便于用计算机求解等优点。其基本出发点是：假定 x_k 是一个具有整数约束的变量，而其松弛问题的最优值 x_k^* 是非整数；那么在 $\lfloor x_k^* \rfloor$（$\lfloor \ \rfloor$ 表示向下取整）和 $\lfloor x_k^* \rfloor + 1$ 之间不可能包括任何可行整数解。因此，x_k 的可行整数值必然满足 $x_k \leq \lfloor x_k^* \rfloor$ 或 $x_k \geq \lfloor x_k^* \rfloor + 1$。把这两个条件分别加到原线性规划的解空间上，产生两个互斥的线性规划子问题，它们合在一起与原问题等价。

分支定界法的步骤如下。

第一步：设原整数规划问题为 A，其松弛问题为 B，首先不考虑整数约束条件，求松弛问题 B 的最优解。若 B 没有可行解，则 A 也没有可行解，计算结束；若 B 有最优解且符合 A 的整数约束条件，则 B 的最优解即 A 的最优解，计算结束；若 B 有最优解，但不符合 A 的整数约束条件，则转入第二步进行计算。

第二步：用观察法找到 A 的一个整数可行解，一般取 $x_j = 0(j=1,2,\cdots,n)$ 试探，求得目标函数值作为下界 $\underline{z}$。松弛问题 B 的最优目标值作为上界 $\overline{z}$，则整数规划目标函数的最优值 z^* 符合下列条件：

$$\underline{z} \leqslant z^* \leqslant \overline{z}$$

第三步：分支。在 B 的最优解中任选一个不符合整数条件的变量 x_k，令 $x_k = b_k$，构造两个约束条件 $x_k \leqslant \lfloor b_k \rfloor$，$x_k \geqslant \lfloor b_k \rfloor + 1$ 分别加入 B，得到两个后继问题 B_1, B_2，不考虑整数约束条件，求解这两个后继问题。

定界。以每个后继问题为一分支标明求解的结果，并与其他问题的解进行比较，找出分支中最优目标函数值最大者作为新的上界 $\overline{z}$，从已符合整数条件的各分支中找出目标函数最大者作为新的下界 $\underline{z}$。若无整数解，则 $\underline{z} = 0$。

第四步：比较与剪支。各分支的目标函数中若有小于 $\underline{z}$ 者或无可行解者，则剪掉这支，即以后不再考虑了；若有大于 $\underline{z}$ 者，且不符合整数条件，则重复第三步，一直到最后得到 $\overline{z} = \underline{z}$ 为止，此时得到最优整数解 x^*。

例5-3

求解下述整数规划问题 A。

$$\max\ z = 40x_1 + 90x_2$$
$$\text{s.t.} \begin{cases} 9x_1 + 7x_2 \leqslant 56 \\ 7x_1 + 20x_2 \leqslant 70 \\ x_1, x_2 \in \mathbf{Z}, x_1, x_2 \geqslant 0 \end{cases}$$

定义相应的线性规划问题 B 为

$$\max\ z = 40x_1 + 90x_2$$
$$\text{s.t.} \begin{cases} 9x_1 + 7x_2 \leqslant 56 \\ 7x_1 + 20x_2 \leqslant 70 \\ x_1, x_2 \geqslant 0 \end{cases}$$

解：先不考虑整数限制，解相应的线性规划问题 B，得最优解为

$$x_1 = 4.809\ 2, x_2 = 1.816\ 8, z = 355.877\ 9$$

可见它不符合整数条件。这时 z 是问题 A 的最优目标函数值 z^* 的上界，记作 $\overline{z}$。而 $x_1 = 0, x_2 = 0$ 显然是问题 A 的一个整数可行解，这时 $z = 0$，是 z^* 的一个下界，记作 $\underline{z}$，即 $0 \leqslant z^* \leqslant 356$。

因为 x_1, x_2 当前均为非整数，不满足整数要求，任选其中一个进行分支。设选 x_1 进行分支，它把原可行集分成两个子集，如图 5-3 所示。

$$x_1 \leqslant \lfloor 4.809\ 2 \rfloor = 4,\quad x_1 \geqslant \lfloor 4.809\ 2 \rfloor + 1 = 5$$

由于 4 与 5 之间无整数，故这两个子集内的整数解必定与原问题的整数解一致。这两个子集

的规划模型及求解如下：

$$\max \ z = 40x_1 + 90x_2$$

问题 B_1：s.t. $\begin{cases} 9x_1 + 7x_2 \leq 56 \\ 7x_1 + 20x_2 \geq 70 \\ 0 \leq x_1 \leq 4, x_2 \geq 0 \end{cases}$

最优解为 $x_1 = 4.0, x_2 = 2.1, z_1 = 349$。

$$\max \ z = 40x_1 + 90x_2$$

问题 B_2：s.t. $\begin{cases} 9x_1 + 7x_2 \leq 56 \\ 7x_1 + 20x_2 \geq 70 \\ x_1 \geq 5, x_2 \geq 0 \end{cases}$

最优解为 $x_1 = 5.0, x_2 = 1.57, z_1 = 341.4$。

再定界：$0 \leq z^* \leq 349$。

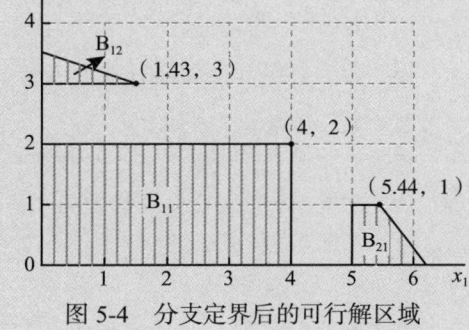

图 5-3 例 5-3 的可行解区域

对问题 B_1 再进行分支，得问题 B_{11} 和 B_{12}，如图 5-4 所示，它们的最优解为

B_{11}：$x_1 = 4, x_2 = 2, z_{11} = 340$

B_{12}：$x_1 = 1.43, x_2 = 3.00, z_{12} = 327.14$

再定界：$340 \leq z^* \leq 341$，并将 B_{12} 剪支。

对问题 B_2 再进行分支，得问题 B_{21} 和 B_{22}，它们的最优解为

B_{21}：$x_1 = 5.44, x_2 = 1.00, z_{12} = 308$

B_{22} 无可行解。

由于 z_{21} 小于下界 $\underline{z} = 340$，而 B_{22} 无可行解，因此 B_{21}, B_{22} 都被剪支。

于是，可以断定原问题的最优解为

$$x_1 = 4, x_2 = 2, z^* = 340$$

该求解过程可用图 5-5 表示。

图 5-4 分支定界后的可行解区域

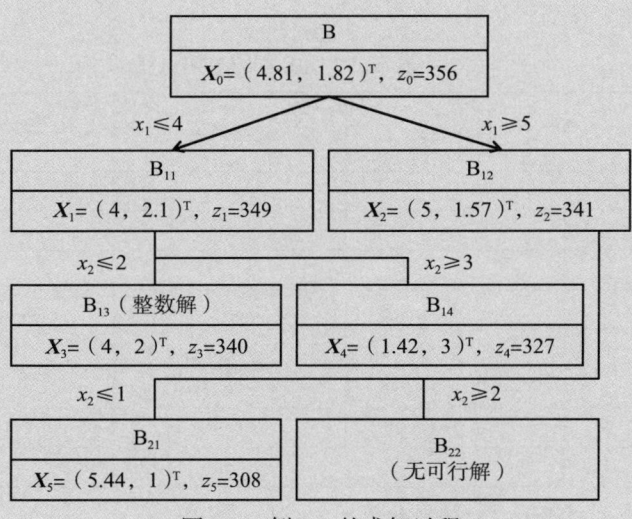

图 5-5 例 5-3 的求解过程

5.2.2 0-1规划求解方法：隐枚举法

0-1规划可用一般求解整数规划的方法求解（如分支定界法）。除此之外，解0-1型整数规划最容易想到的方法就是穷举法，即检查变量取值为0或1的每一种组合，比较目标函数值以求得最优解。假设变量个数为n，则共需检查2^n个组合。当n较大时，这几乎是不可能的。因此常设计一些方法，只检查变量取值组合的一部分，就能求到问题的最优解，这样的方法称为隐枚举法，下面举例说明。

例5-4

$$\max \ z = 3x_1 - 2x_2 + 5x_3$$

$$\text{s.t.} \begin{cases} x_1 + 2x_2 - x_3 \leq 2 & (1) \\ x_1 + 4x_2 + x_3 \leq 4 & (2) \\ x_1 + x_2 \leq 3 & (3) \\ 4x_2 + x_3 \leq 6 & (4) \\ x_1, x_2, x_3 \in \{0,1\} \end{cases}$$

解：先试探性地求一个可行解，易看出$(x_1, x_2, x_3) = (1,0,0)$满足约束条件，故为一个可行解，且相应的目标函数值为$z = 3$。

因为是求极大值问题，故求最优解时，凡是目标值$z < 3$的解不必检验是否满足约束条件，因为它肯定不是最优解，于是应增加一个约束条件（目标值下界）：

$$z \geq 3$$

该条件被称为过滤条件。

若用全部枚举法，3个变量共有8种可能的组合，我们依次检验这8种组合是否满足过滤条件，以及条件（1）~（4）。对每一个组合，依次检验过滤条件和条件（1）~（4），只要有一个不满足，则继续下一个组合。若它满足过滤条件以及所有（1）~（4）条件，则用该组合新的目标值修改过滤条件，并继续计算下一个组合。

按上述思路与方法，本例的求解过程可由表5-2来表示。

表5-2 例5-4的求解过程

(x_1, x_2, x_3)	目标值z	过滤条件	约束条件 1	2	3	4	5
(0,0,0)	0	$z \geq 3$	×				
(0,0,1)	5	$z \geq 3$	√	√	√	√	√
(0,1,0)	-2	$z \geq 5$	×				
(0,1,1)	3	$z \geq 5$	×				
(1,0,0)	3	$z \geq 5$	×				
(1,0,1)	8	$z \geq 5$	√	√	√	√	√
(1,1,0)	1	$z \geq 8$	×				
(1,1,1)	6	$z \geq 8$	×				

从而得最优解$(x_1^*, x_2^*, x_3^*) = (1,0,1)$，最优值$z^* = 8$。

5.3 0-1规划模型及应用建模举例

前面我们讨论的各种规划问题中，决策变量的取值都是数值变量，反映的是量的多少。事实上，人们在做决策时，经常还面临一些要求回答"是/否""有/无""如果……就……"之类带有一定逻辑性的问题。对于这些问题，难以采用我们前面所学的线性规划建模，而 0-1 规划则能大显身手。0-1 规划是整数规划中的一类特殊模型，该模型中某些变量不但要求取整，而且规定整数只能是 0 或 1。这个条件可由下述约束条件代替：

$$x_i \leqslant 1, x_i \geqslant 0, x_i \in \mathbf{Z}$$

把以上约束条件加入约束方程组中就和一般整数规划的约束条件形式一致了。下面用例子来说明。

5.3.1 多择一问题

例5-5

某公司有 5 个项目被列入投资计划，各项目的投资额和期望投资收益如表 5-3 所示。该公司现有 600 万元资金可用于投资，由于各种原因有以下约束：

（1）项目 1、2、3 中必须且只能投资一项。
（2）项目 3、4 中必须且只能投资一项。
（3）项目 5 被选中的前提是项目 1 必须被选中。

若要投资所获利润最大？应如何建立数学规划模型。

表 5-3 例 5-5 的项目投资额及期望投资收益

项目	投资额（万元）	期望投资收益（万元）
1	210	160
2	300	210
3	150	60
4	130	80
5	260	180

解：该问题若直接采用前面的线性规划模型来解决会非常困难。但若采用 0-1 规划，则非常方便。

设决策变量

$$x_i = \begin{cases} 0, & 项目\,i\,未被选中 \\ 1, & 项目\,i\,被选中 \end{cases}$$

则其目标函数为

$$\max\ z = 160x_1 + 210x_2 + 60x_3 + 80x_4 + 180x_5$$

其约束条件有：

公司现有 600 万元资金可用于投资，即
$$210x_1 + 300x_2 + 150x_3 + 130x_4 + 260x_5 \leq 600$$
项目 1、2、3 中必须且只能投资一项，这可表示为
$$x_1 + x_2 + x_3 = 1$$
同理，项目 3、4 中必须且只能投资一项，可表示成
$$x_3 + x_4 = 1$$
项目 5 被选中的前提是项目 1 必须被选中，这可表示成 $x_5 \leq x_1$，即 $-x_1 + x_5 \leq 0$。

因此，该问题的数学模型为
$$\max \ z = 160x_1 + 210x_2 + 60x_3 + 80x_4 + 180x_5$$
$$\text{s.t.} \begin{cases} 210x_1 + 300x_2 + 150x_3 + 130x_4 + 260x_5 \leq 600 \\ x_1 + x_2 + x_3 = 1 \\ x_3 + x_4 = 1 \\ -x_1 + x_5 \leq 0 \\ x_i \in \{0,1\}, i = 1,2,3,4,5 \end{cases}$$

5.3.2 相互排斥的约束问题

例5-6

某产品有 Ⅰ 和 Ⅱ 两种型号，需要经过 A、B、C 三道工序，其中 C 工序有两种工作方式 C_1 和 C_2，而且只能从中选择其一。产品为整数，单位工时、利润、各工序每周工时限制如表 5-4 所示。问：工厂如何安排生产，才能使总利润最大？试建立模型。

表 5-4 例 5-6 相关数据

产品型号	工序		C		利润（元/件）
	A	B	C_1	C_2	
Ⅰ	0.3	0.2	0.3	0.2	25
Ⅱ	0.7	0.1	0.5	0.4	40
每周工时	250	100	150	120	

解：设 Ⅰ、Ⅱ 产品的生产数量分别为 x_1, x_2 件，则目标函数为
$$\max \ z = 25x_1 + 40x_2$$
A、B 两道工序每周工时的约束条件为
$$0.3x_1 + 0.7x_2 \leq 250$$
$$0.2x_1 + 0.1x_2 \leq 100$$
工序 C 有两种工作方式 C_1 和 C_2，每周工时的约束条件为

$$0.3x_1 + 0.5x_2 \leq 150$$
$$0.2x_1 + 0.4x_2 \leq 120$$

但由于工序 C 只能从两种方式中选择一种，也就是说，上述两个约束条件是相互排斥的，而且只可能有一个起作用。如何把它们统一起来呢？我们通过引入 0-1 变量来解决。设

$$y_1 = \begin{cases} 0 & C = C_1 \\ 1 & C \neq C_1 \end{cases}$$

$$y_2 = \begin{cases} 0 & C = C_2 \\ 1 & C \neq C_2 \end{cases}$$

于是，上述两个互斥的约束条件可用下述三个约束条件统一起来：

$$0.3x_1 + 0.5x_2 \leq 150 + My_1$$
$$0.2x_1 + 0.4x_2 \leq 120 + My_2$$
$$y_1 + y_2 = 1$$

其中，M 为充分大的正数。上述三个条件中 $y_1 + y_2 = 1$ 保证两种方式必须而且只能选择一个。比如选择 C_1，则 $y_1 = 0, y_2 = 1$，此时 $0.3x_1 + 0.5x_2 \leq 150 + My_1$ 与方式 C_1 对应的约束条件 $0.3x_1 + 0.5x_2 \leq 150$ 等效，而 $0.2x_1 + 0.4x_2 \leq 120 + My_2$，由于右边为充分大的正数，所以实际上起不到任何约束作用。同理，若 $y_1 = 1, y_2 = 0$ 则，方式 C_2 对应的约束起作用，而方式 C_1 对应的约束不起作用。

因此，本例的数学模型为

$$\max \ z = 25x_1 + 40x_2$$

$$\text{s.t.} \begin{cases} 0.2x_1 + 0.1x_2 \leq 100 \\ 0.3x_1 + 0.7x_2 \leq 250 \\ 0.3x_1 + 0.5x_2 \leq 150 + My_1 \\ 0.2x_1 + 0.4x_2 \leq 120 + My_2 \\ y_1 + y_2 = 1 \\ x_1, x_2 \in \mathbf{Z}, x_1, x_2 \geq 0 \\ y_1, y_2 \in \{0, 1\} \end{cases}$$

这个例子可进一步推广到一般情形，即若需从 p 个约束条件

$$\sum_{j=1}^{n} a_{ij} x_j \leq b_i \quad (i = 1, 2, \cdots, p)$$

中选择 q 个约束条件，则只需引入 q 个 0-1 变量，那么约束条件组

$$\begin{cases} \sum_{j=1}^{n} a_{ij} x_j \leq b_i + My_i \quad (i = 1, 2, \cdots, p) \\ \sum_{i=1}^{p} y_i = p - q \end{cases}$$

就可以达到目的。因为上述约束条件组中保证了 p 个 0-1 变量中有 $p-q$ 个 1，q 个 0。而取 0 值的 y_i 对应的约束等效于原约束；取 1 的约束将不起作用，是多余的。

5.3.3 固定成本问题

在讨论线性规划时,有些问题是要求使成本为最小,此时常设固定成本为常数。但有些固定费用(固定成本)的问题不能用一般线性规划来描述,可将其改变为混合整数规划来解决。

例5-7

某工厂为了生产某种产品,有几种不同的生产方式可供选择,如选定的生产方式投资高(选购自动化程度高的设备),由于产量大,分配到每件产品的变动成本就降低;反之,如选定的生产方式投资低,将来分配到每件产品的变动成本就可能增加。所以必须全面考虑。今设有3种方式可供选择,令:x_i表示采用第i种方式时的产量;c_i表示采用第i种方式时每件产品的变动成本;k_i表示采用第i种方式时的固定成本。

为了说明成本的特点,暂不考虑其他约束条件。采用各种生产方式的总成本分别为

$$P_i = \begin{cases} k_i + c_i x_i, & x_i > 0 \\ 0, & x_i = 0 \end{cases}, i = 1, 2, 3$$

在构成目标函数时,为了统一在一个问题中讨论,现引入0-1变量y_i,令

$$y_i = \begin{cases} 1 & 采用第 i 种生产方式 \\ 0 & 不采用第 i 种生产方式 \end{cases}$$

显然,应满足

$$y_i = \begin{cases} 1 & x_i > 0 \\ 0 & x_i = 0 \end{cases} \tag{5-1}$$

于是,目标函数为

$$\min z = (k_1 y_1 + c_1 x_1) + (k_2 y_2 + c_2 x_2) + (k_3 y_3 + c_3 x_3)$$

式(5-1)的规定可表述为下述3个线性约束条件:

$$x_i \leq M y_i, \quad i = 1, 2, 3 \tag{5-2}$$

其中,M是个充分大的正数。式(5-1)说明,当$x_i > 0$时,y_i必须为1;当$x_i = 0$时,y_i必须为0,所以式(5-2)完全可以代替式(5-1)。

我们再看一个更具体的例子。

例5-8

某公司须至少购买50 000个灯泡。公司已联系到三个供应单位。A公司,每个3元,但要求至少订购20 000个,至多30 000个;B公司,每个5元,要求至少订购10 000个,多购不限;C公司,每个1元,但须另加固定费用20 000元,至多订购30 000个。公司决定从一家或两家购买,试问采取怎样的订购方案可使所花费用最少?

解: 设x_A是从A公司购买的灯泡数;x_B是从B公司购买的灯泡数;x_C是从C公司购买的灯泡数。

$$y_A = \begin{cases} 1 & \text{如果从 A 公司购买} \\ 0 & \text{如果不从 A 公司购买} \end{cases}$$

$$y_B = \begin{cases} 1 & \text{如果从 B 公司购买} \\ 0 & \text{如果不从 B 公司购买} \end{cases}$$

$$y_C = \begin{cases} 1 & \text{如果从 C 公司购买} \\ 0 & \text{如果不从 C 公司购买} \end{cases}$$

则目标函数为

$$\max\ z = 3x_A + 5x_B + x_C + 20\ 000 y_C$$

约束条件有：

至少购买 50 000 个灯泡

$$x_A + x_B + x_C \geq 50\ 000$$

从 A 公司至少订购 20 000 个，至多 30 000 个，可表达为

$$x_A \geq 20\ 000,\quad x_A \leq 30\ 000$$

但这是在从 A 公司购买的前提下才有该约束，当没有从 A 公司购买时，应该有 $x_A = 0$。因此，约束应该表达为

$$x_A \geq 20\ 000 y_A,\quad x_A \leq 30\ 000 y_A$$

B 公司要求至少订购 10 000 个，多购不限，该逻辑同 A 类似，可表达为

$$x_B \geq 10\ 000 y_B,\quad x_B \leq M y_B$$

C 公司订购量在 0 ~ 30 000 个内任选，可表达为

$$x_C \leq 30\ 000 y_C$$

三家公司中选一至两家，可表达为

$$y_A + y_B + y_C \leq 2$$

因此，最终数学模型为

$$\max\ z = 3x_A + 5x_B + x_C + 20\ 000 y_C$$

$$\text{s.t.}\begin{cases} x_A + x_B + x_C \geq 50\ 000 \\ x_A \geq 20\ 000 y_A \\ x_A \leq 30\ 000 y_A \\ x_B \geq 10\ 000 y_B \\ x_B \leq M y_B \\ x_C \leq 30\ 000 y_C \\ y_A + y_B + y_C \leq 2 \\ x_A, x_B, x_C \geq 0, y_A, y_B, y_C \in \{0,1\} \end{cases}$$

5.3.4　背包问题

背包问题是运筹学中一个非常有趣的问题，关于其解法有很多讨论，该问题的一般提法是：有一个背包容积为 v，现有 n 种物品可装，物品 i 的重量为 w_i，体积为 v_i ($i=1,2,\cdots,n$)。试问应如何配装，使得在不超过容积的前提下，总重量最大。

该问题可采用 0-1 规划建模，设：

$$x_i = \begin{cases} 1, & \text{物品 } i \text{ 装入背包} \\ 0, & \text{物品 } i \text{ 不装入背包} \end{cases}$$

则问题可写成如下形式：

$$\max \ z = \sum_{i=1}^{n} w_i x_i$$

$$\text{s.t.} \begin{cases} \sum_{i=1}^{n} v_i x_i \leq v \\ x_i \in \{0,1\}, (i=1,2,\cdots,n) \end{cases}$$

5.4 操作实践

5.4.1 Excel求解一般整数规划和0-1规划问题

Excel 中求解整数规划和 0-1 规划问题仍然采用"规划求解"宏来实现。并且其操作与前面的线性规划方法几乎一样。只是在设置约束条件时，需指出变量的整数或 0-1 变量性质。下面我们就以求解例 5-6 的整数规划问题为例进行介绍。该例数学模型为

$$\max \ z = 25x_1 + 40x_2$$

$$\text{s.t.} \begin{cases} 0.2x_1 + 0.1x_2 \leq 100 \\ 0.3x_1 + 0.7x_2 \leq 250 \\ 0.3x_1 + 0.5x_2 \leq 150 + My_1 \\ 0.2x_1 + 0.4x_2 \leq 120 + My_2 \\ y_1 + y_2 = 1 \\ x_1, x_2 \in \mathbf{Z}, x_1, x_2 \geq 0 \\ y_1, y_2 \in \{0,1\} \end{cases}$$

取 $M = 10\ 000$，将模型有关数据输入到 Excel 中，如图 5-6 所示。其中可变单元格为"B11:E11"，目标单元格为"F13"，约束条件左边表达式所在单元格为"F4:F8"，分别对应图中各阴影区域。

	A	B	C	D	E	F	G	H
1	价值系数	c1	c2	c3	c4			
2		25	40	0	0			
3								右端项
4	系数矩阵	0.2	0.1	0	0	0	≤	100
5		0.3	0.7	0	0	0	≤	250
6		0.3	0.5	-10000	0	0	≤	150
7		0.2	0.4	0	-10000	0	≤	120
8		0	0	1	1	0	=	1
9								
10		x1	x2	y1	y2			
11	决策变量							
12								
13					目标值	0		

图 5-6 例 5-5 的模型

同前面介绍的线性规划模型求解一样，单击"数据"栏的"规划求解"菜单，进入"规划求解参数"设置对话框，设置有关参数，如图 5-7 所示。其中在添加约束时，整数约束和 0-1 变量约束的设置方法分别如图 5-8、图 5-9 所示。

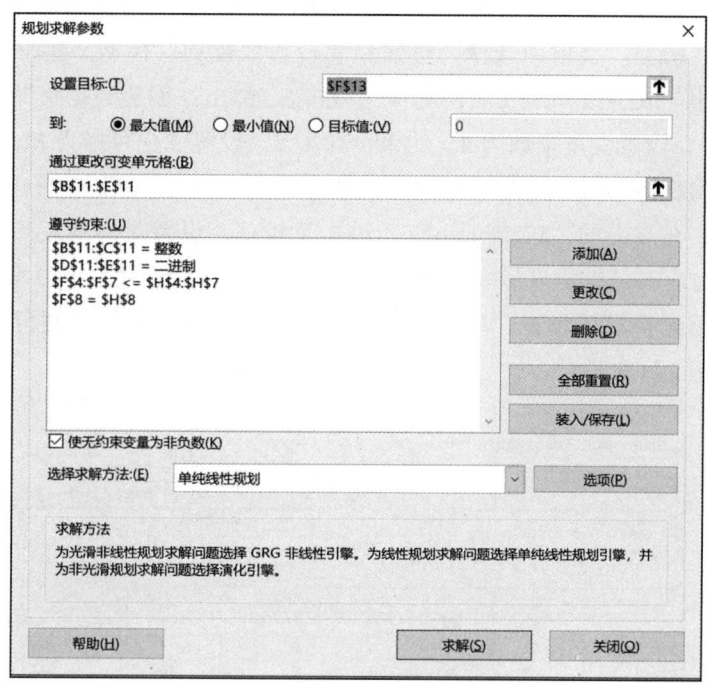

图 5-7　设置有关参数

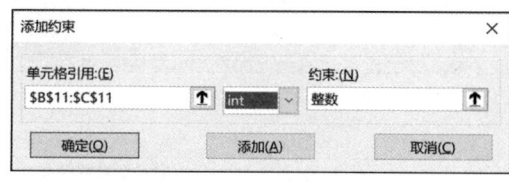

图 5-8　设置整数约束

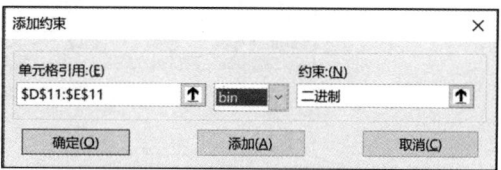

图 5-9　设置 0-1 变量约束

求解结果如图 5-10 所示，即 $x_1 = 466, x_2 = 67, y_1 = 1, y_2 = 0$，目标值为 14 330。

	A	B	C	D	E	F	G	H
1	价值系数	c1	c2	c3	c4			
2		25	40	0	0			
3								右端项
4	系数矩阵	0.2	0.1	0	0	99.9	≤	100
5		0.3	0.7	0	0	186.7	≤	250
6		0.3	0.5	-10000	0	-9826.7	≤	150
7		0.2	0.4	0	-10000	120	≤	120
8		0	0	1	1	1	=	1
9								
10		x1	x2	y1	y2			
11	决策变量	466	67	1	0			
12								
13						目标值	14330	

图 5-10　例 5-5 的 Excel 求解结果

5.4.2　OR for Windows求解整数规划问题

分支定界法求解一般整数规划

下面仍以例 5-5 的整数规划问题为例进行介绍。首先进入 OR for Windows 主窗口界面，在"模型"菜单中选择"整数和混合整数规划"模型。接下来在"文件"菜单中单击"新建"或直接单击工具栏的"□"按钮，弹出"创建数据集"对话框，输入问题名称"例 5-5"，设置变量个数为 4、约束个数为 5，设置优化目标为 Maximize（最大化）选项，进入数据表格界面，如图 5-11 所示。根据操作提示输入相应的目标函数系数、系数矩阵、右端项，在对应的"Variable type"单击下拉框，设置对应列表头变量的类型。在参数面板栏中对应有分支定界最多搜索次数和最大搜索深度设置，可以根据问题的复杂度进行设置，这里保持默认设置。单击工具栏的"直接求解"按钮，便可得到问题的求解结果如图 5-12 所示。

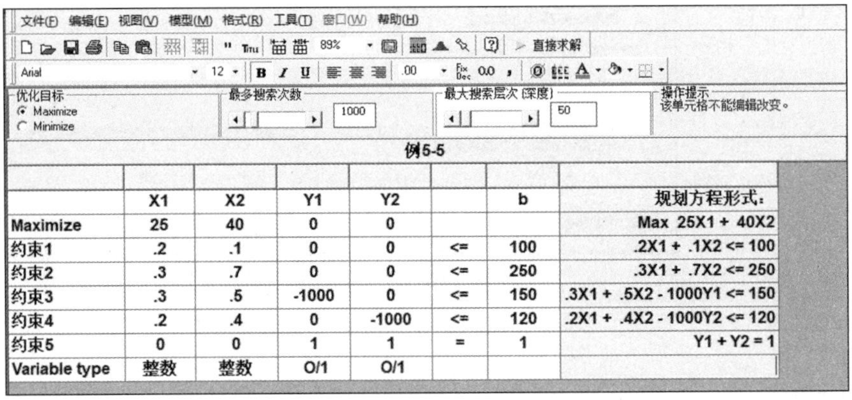

	X1	X2	Y1	Y2		b	规划方程形式：
Maximize	25	40	0	0			Max 25X1 + 40X2
约束1	.2	.1	0	0	<=	100	.2X1 + .1X2 <= 100
约束2	.3	.7	0	0	<=	250	.3X1 + .7X2 <= 250
约束3	.3	.5	-1000	0	<=	150	.3X1 + .5X2 - 1000Y1 <= 150
约束4	.2	.4	0	-1000	<=	120	.2X1 + .4X2 - 1000Y2 <= 120
约束5	0	0	1	1	=	1	Y1 + Y2 = 1
Variable type	整数	整数	0/1	0/1			

图 5-11　数据表格界面

	X1	X2	Y1	Y2		b
Maximize	25	40	0	0		
约束1	.2	.1	0	0	<=	100
约束2	.3	.7	0	0	<=	250
约束3	.3	.5	-1000	0	<=	150
约束4	.2	.4	0	-1000	<=	120
约束5	0	0	1	1	=	1
Variable type	整数	整数	0/1	0/1		
Solution->	466	67	1	0	Optimal	14330

例5-5 求解结果

图 5-12　例 5-5 的 OR for Windows 求解结果

即 $x_1 = 466, x_2 = 67, y_1 = 1, y_2 = 0$，目标值为 14 330，与 Excel 计算的结果一致。

软件输出结果同时提供了该问题的分支定界求解过程，如图 5-13 所示。

该问题一共迭代了 37 次，最终树的搜索深度为 8。由分支定界的计算过程可以看出，分支定界法可以解纯整数规划问题和混合整数规划问题。

Iteration	Level	Added constraint	Solution type	Solution Value	X1	X2	Y1	Y2
			Optimal	14330	466	67	1	0
1	0		非整数解	17500.0	409.09	181.82	.06	.94
2	1	X1<= 409	非整数解	17499.29	409	181.86	.06	.94
3	2	X2<= 181	非整数解	17465.0	409	181	.06	.94
4	3	Y1<= 0	非整数解	12409	409	54.6	0	1
5	4	X2<= 54	整数解	12385	409	54	0	1
6	4	X2>= 55	非整数解	12408.33	408.33	55	0	1
7	5	X1<= 408	非整数解	12408	408	55.2	0	1
8	6	X2<= 55	整数解	12400	408	55	0	1
9	6	X2>= 56	非整数解	12406.67	406.67	56	0	1
10	7	X1<= 406	非整数解	12406	406	56.4	0	1
11	8	X2<= 56	次优解	12390	406	56	0	1
12	8	X2>= 57	整数解	12405	405	57	0	1
13	7	X1>= 407	无可行解					
14	5	X1>= 409	无可行解					

图 5-13　分支定界求解结果

5.5　实际应用案例

整数规划，特别是 0-1 规划在很多实际问题中具有非常重要的应用价值。本节我们简要列举两个整数规划问题的实际应用案例供读者参考。

1. 西欧跨国仓库系统的选址

英国、法国、意大利及联邦德国于 20 世纪 70 年代末建设了机械类工厂跨国仓库系统。其出发点之一是：预计未来 10 年内，社会对备件、部件的需求要增加 3 倍，而现在的仓库不能满足要求。在该计划的制订过程中，成功使用了运筹学的模型和方法。主模型被称为埃森（ELSON）模型，它是一个混合整数规划模型。下面简要说明该模型的设计思路。

该模型包含 30 个 0-1 变量，它们分别代表 3 类产品、5 个供货厂和 22 个仓库备选地。而用户（按地区）共有 14 个。其中 22 个仓库备选地又分为三种情况：

新建仓库：$x_i = \begin{cases} 1 & \text{新仓库 } i \text{ 被选建} \\ 0 & \text{否则} \end{cases}$

扩建仓库：$y_i = \begin{cases} 1 & \text{仓库 } i \text{ 被扩建到最小扩容量} \\ 0 & \text{否则} \end{cases}$

已建仓库：$z_i = \begin{cases} 1 & \text{仓库 } i \text{ 被关闭} \\ 0 & \text{否则} \end{cases}$

设计变量还包括：

x_{ikl}——指从工厂 k 向仓库 i 运送产品 l 的数量；

w_{ijl}——指仓库 i 向需求地 j 运送产品 l 的数量。

目标函数 U 表示系统总费用，追求极小化，U 由以下 7 部分组成。

（1）从工厂到仓库的运输总费用。

（2）从仓库到需求点的运输总费用。

（3）仓库的总可变费用。

（4）新仓库建设费用与仓库固定费用之和。

（5）已有仓库扩建费用。
（6）仓库未来再扩建费用。
（7）关闭仓库可节省的固定费用与投资回收费用的总和。

约束条件包括：可供资源量约束，需求约束，物流平衡约束，仓库容量约束，扩容上限约束，此外还需要一个仓库扩容或关闭等。

ELSON 模型最优解确定了 22 个备选地中的 5 个，它们分别位于伦敦、巴黎、里昂、法兰克福和汉堡，无须新建。伦敦、巴黎、里昂、法兰克福现有的 4 个仓库无须再作扩建，汉堡的现有仓库分两阶段扩建即可满足未来 10 年的要求。这个结果令决策者十分兴奋，因为比预期的投入要小得多。这充分显示出运筹学在决策中的作用。

2. Rank Zealokes复印机公司（联邦德国）的流通系统

Rank Zealokes 公司是联邦德国生产销售复印机的大公司，产品质量上乘，在联邦德国占有很大的市场份额。其成功的营销策略之一是：做出"24h 到达"的承诺，意思是该公司在联邦德国境内的用户，当要求对该公司生产的复印机维修时，无论在什么地方，该公司在接到要求维修的信息后，在 24h 内，维修工程师将一定携带所需的备件上门服务。高质量的产品及这个吸引人的承诺，使该公司的产品遍及全德，成功地遏制了日产复印机进入市场，带来了很大的经济效益。

支持这项服务承诺的客观条件是：联邦德国境内铁路及高速公路网密布，交通极为发达，而且通信手段先进，管理信息系统强有力。所需解决的问题是：如何合理配置部件仓库，使随时待命的维修工程师在接到任务后即可迅速确定去哪个备件仓库最合理。当然，在满足用户要求的前提下，公司要使这样的流通服务系统的费用最小，以此作为系统设计和构建的决策准则。

该系统在运筹学模型与方法的支持下得到完善。据报道，该项研究将用户划分为 1 000 个区，仓库备选地有 200 个，计算结果表明，只需在联邦德国境内 18 个特定地点建立有人仓库，38 个特定地点建立无人仓库，且无人仓库可同时为 6 名维修工程师服务。系统总费用比改进前降低了 30%。

该系统选址模型的框架如下：包含 200 个 0-1 变量，分别表示 200 个备选址的入选与否。根据交通情况所得数据信息，对 1 000 个用户区按"集合覆盖"方法构筑约束条件。目标函数为系统总费用，它由如下部分组成：维修工程师的差旅费、仓库的固定费用及可变费，补充零部件的运输费等。

由于这是一个包含 200 个 0-1 变量的混合整数规划模型，求解计算量太大，故在求解时进行了若干处理。利用某些已有的管理信息将其简化，如剖分为若干部分集合，给定某些排序规则等，使计算量大大减小，最终得出了前面给出的改进方案，很好地解决了问题。

习 题

1. 为解决污水对河流的污染问题,国家计划在某市修建污水处理站,备选的站址有 3 个,其技术经济参数如表 5-5 所示。

表 5-5 习题 1 的表格

选址	投资 (万元)	处理能力 (万 t/年)	水处理成本 (元/万 t)	水处理指标(t/万 t)	
				污染物 I	污染物 II
站址 1	400	800	200	80	60
站址 2	300	500	300	50	40
站址 3	250	400	400	40	50

表中的投资已折算到年。按环保部门要求,每年要从污水中清除 8 万 t 污染物 I 和 6 万 t 污染物 II。请构造一个整数规划模型,在满足环保要求的前提下使投资和运行费用最小。

2. 某公司考虑在 4 个城市:北京、上海、广州和武汉设立库房。这些库房负责向 3 个地区:华北、华中和华南地区发运货物,每个库房每月可处理货物 1 100 件。在北京设库房每月的成本为 4.5 万元,上海为 5 万元,广州为 7 万元,武汉为 4 万元。每个地区的月平均需求量为华北每月 600 件,华中每月 700 件,华南每月 800 件。发运货物的费用(元/件)如表 5-6 所示。

表 5-6 习题 2 的表格

城市	华北	华中	华南
北京	200	400	500
上海	300	250	450
广州	600	400	250
武汉	300	150	350

公司希望在满足地区需求的前提下使平均月成本最小,且还要满足以下条件:
(1) 如果在上海设库房,则必须也在武汉设库房。
(2) 最多设立两个库房。
(3) 武汉和广州不能同时设库房。
请构造一个满足上述要求的整数规划模型。

3. 某新建的 1 000 m² 营业面积的商业中心正在招商,该中心希望将其营业面积分别租给食品、珠宝、服装、鞋帽和文具 5 种类型的商店。每类商店的营业面积和允许的最少和最多的数量如表 5-7 所示。

表 5-7 习题 3 的表格 1

商业类型	营业面积/m²	最少	最多
食品	1 000	1	3
珠宝	500	1	3
服装	900	1	3
鞋帽	700	1	3
文具	600	0	3

每年每类商店可上缴的利润与每类商品的数量如表 5-8 所示。

表 5-8 习题 3 的表格 2

商业类型	商店数量		
	1	2	3
食品	20	18	15
珠宝	10	9	7
服装	15	13	10
鞋帽	17	14	11
文具	16	9	6

试构造一个整数规划模型，使商业中心的利润最大。

4. 某汽车厂生产 3 种汽车：微型轿车、中级轿车和高级轿车。每种轿车需要的资源和销售的利润如表 5-9 所示。

表 5-9 习题 4 的表格

资源	微型轿车	中级轿车	高级轿车
钢材 /t	1.5	2	2.5
人工 /h	30	40	50
利润 /万元	2	3	4

该厂每月可使用的资源为钢材 6 000t，人工工时 55 000 h。为达到经济规模，每种汽车的月产量必须达到一定数量才可进行生产。工厂规定的经济规划为微型轿车 1 500 辆，中级轿车 1 200 辆，高级轿车 1 000 车。请构造一个整数规划模型，使该厂的利润最大。

5. 某电力公司预测明年的用电需求将达到 80 亿 kW·h，且在 5 年内，每年增加用电量 20 亿 kW·h。电力公司的发电能力为 50 亿 kW·h，可供选择的新电站共有 4 个，参数如表 5-10 所示。

表 5-10 习题 5 的表格

电站	发电量 /亿 kW·h	建设投资（百万元）	年运行费（百万元）
1	70	200	15
2	50	160	8
3	60	180	13
4	40	140	6

请构造一个整数规划模型，在满足每年电力需求的前提下使电力公司 5 年内新投入的建设投资和运行费用的总和最小。

6. 某城市有 8 个区，救护车从一个区开到另一个区所需要的时间如表 5-11 所示。

表 5-11 习题 6 的表格

区号	1	2	3	4	5	6	7	8	人口 /万
1	0	2	4	6	8	9	8	10	40
2	2	0	5	4	8	6	12	9	30

（续）

区号	1	2	3	4	5	6	7	8	人口/万
3	4	5	0	2	2	3	5	7	35
4	6	4	2	0	3	2	5	4	20
5	8	8	2	3	0	2	2	4	15
6	9	6	3	2	2	0	3	2	50
7	8	12	5	5	2	3	0	2	45
8	10	9	7	4	4	2	2	0	60

该市只有两辆救护车，且希望救护车所在的位置能使尽可能多的人口位于救护车 2 min 内可到达的范围内。请帮助该市构造一个整数规划模型来解决这一问题。

7. 用分支定界法求解下列整数规划问题。

（1）$\max \ z = 5x_1 + 2x_2$

s.t. $\begin{cases} 3x_1 + x_2 \leq 12 \\ x_1 + x_2 \leq 5 \\ x_1, x_2 \in \mathbf{Z}, x_1, x_2 \geq 0 \end{cases}$

（2）$\max \ z = 2x_1 + 3x_2$

s.t. $\begin{cases} x_1 + 2x_2 \leq 10 \\ 3x_1 + 4x_2 \leq 25 \\ x_1, x_2 \in \mathbf{Z}, x_1, x_2 \geq 0 \end{cases}$

第6章 指派问题

在日常生活中经常会遇到这样的问题,某单位须完成多项任务,有多个人可以承担这些任务。由于每个人的专长不同,个人完成不同的任务,其所需时间、费用等也不同。于是产生应该指派谁去完成什么任务,使所需总时间、费用等最小的问题。这些即为指派问题。

6.1 指派问题模型

6.1.1 一个例子

我们先看下面的例子。

例6-1

有4项任务A、B、C、D,需要分配给4个人甲、乙、丙、丁。这4个人都能承担这4项工作,但由于个人专长不同,完成各项工作所需时间不同,如表6-1所示。试问:为了使总的工时最小,应如何分配任务?

表 6-1 例 6-1 的工时数据

员工	A	B	C	D
甲	2	15	13	4
乙	10	4	14	15
丙	9	14	16	13
丁	7	8	11	9

解:若设决策变量

$$x_{ij} = \begin{cases} 1, & \text{指派第} i \text{个人做第} j \text{项工作} \\ 0, & \text{不指派第} i \text{个人做第} j \text{项工作} \end{cases}$$

则该问题可表示成如下线性规划模型：

$$\min z = 2x_{11} + 15x_{12} + 13x_{13} + 4x_{14} + 10x_{21} + 4x_{22} + 14x_{23} + 15x_{24} +$$
$$9x_{31} + 14x_{32} + 16x_{33} + 13x_{34} + 7x_{41} + 8x_{42} + 11x_{43} + 9x_{44}$$

$$\text{s.t.} \begin{cases} x_{11} + x_{12} + x_{13} + x_{14} = 1 \\ x_{21} + x_{22} + x_{23} + x_{24} = 1 \\ x_{31} + x_{32} + x_{33} + x_{34} = 1 \\ x_{41} + x_{42} + x_{43} + x_{44} = 1 \\ x_{11} + x_{21} + x_{31} + x_{41} = 1 \\ x_{12} + x_{22} + x_{32} + x_{42} = 1 \\ x_{13} + x_{23} + x_{33} + x_{43} = 1 \\ x_{14} + x_{24} + x_{34} + x_{44} = 1 \\ x_{ij} \in \{0,1\}, i, j = 1, 2, 3, 4 \end{cases}$$

类似地，若表 6-1 中的数据是收益，为使总收益最大，应如何指派任务？该模型应该是：

$$\max z = 2x_{11} + 15x_{12} + 13x_{13} + 4x_{14} + 10x_{21} + 4x_{22} + 14x_{23} + 15x_{24} +$$
$$9x_{31} + 14x_{32} + 16x_{33} + 13x_{34} + 7x_{41} + 8x_{42} + 11x_{43} + 9x_{44}$$

$$\text{s.t.} \begin{cases} x_{11} + x_{12} + x_{13} + x_{14} = 1 \\ x_{21} + x_{22} + x_{23} + x_{24} = 1 \\ x_{31} + x_{32} + x_{33} + x_{34} = 1 \\ x_{41} + x_{42} + x_{43} + x_{44} = 1 \\ x_{11} + x_{21} + x_{31} + x_{41} = 1 \\ x_{12} + x_{22} + x_{32} + x_{42} = 1 \\ x_{13} + x_{23} + x_{33} + x_{43} = 1 \\ x_{14} + x_{24} + x_{34} + x_{44} = 1 \\ x_{ij} \in \{0,1\}, i, j = 1, 2, 3, 4 \end{cases}$$

6.1.2 指派模型

一般地，若分配 n 个人去完成 n 项工作，每个人只能而且必须完成一项工作，每项工作有且仅有一人来完成。设第 i 个人做第 j 项工作的效率为 $a_{ij} \geq 0$。若要求总效率最高，则可建立如下规划模型：

$$\min(\max) z = \sum_{i=1}^{n} \sum_{j=1}^{n} a_{ij} x_{ij}$$

$$\text{s.t.} \begin{cases} \sum_{j=1}^{n} x_{ij} = 1 & (i = 1, 2, \cdots, n) \\ \sum_{i=1}^{n} x_{ij} = 1 & (j = 1, 2, \cdots, n) \\ x_{ij} \in \{0,1\} \end{cases}$$

此即指派问题的标准模型，其中矩阵 $(a_{ij})_{n \times n}$ 称为该指派问题的效率矩阵或系数矩阵。显然，该模型为 0-1 规划模型。另外，对于极小化的指派问题，也可将其看成是一个有 n 个产地和 n 个销地的运输问题。只是这里各产地的产量和各销地的销量都为 1。

多数情况下，我们把目标函数最小化的形式作为标准的指派模型。对于最大化的情形，其目标函数为

$$\max z = \sum_{i=1}^{n} \sum_{j=1}^{n} a_{ij} x_{ij}$$

可以转化为最小化形式：

$$\min z' = \sum_{i=1}^{n} \sum_{j=1}^{n} (-a_{ij}) x_{ij}$$

并且，该目标函数与下列目标函数是等价的（可参见 6.2 节的定理）：

$$\min z' = \sum_{i=1}^{n} \sum_{j=1}^{n} (M - a_{ij}) x_{ij}$$

其中，M 可选一个足够大的数，确保各项 $M - a_{ij}$ 都非负。

上述标准模型中人员和任务的数目相同，但在现实当中，这两者往往是不匹配的。若 n 项任务，由 m 个人来完成，一个人可完成多项任务，一项任务也可由多个人来完成。这可以转化为标准的指派问题。若 $n < m$，则可添加 r 列补足，使得 $n + r = m$；若 $n > m$，则可添加 r 行，使得 $m + r = n$。由于增添的行、列都是虚拟的，相应的 $a_{ij} = 0$。

6.2 匈牙利法

6.2.1 基本定理

由于指派问题既可当作一类特殊的 0-1 规划问题，也可当作一类特殊的运输问题，其求解可以采用求解 0-1 规划和运输问题的方法。但由于该模型的特殊性，有一种特殊的解法，这就是匈牙利法。该方法是从这样一个明显的事实出发的：如果效率矩阵的所有元素 $a_{ij} \geq 0$，其中存在一组位于不同行不同列的 0 元素，则只要令对应于这些 0 元素位置的 $x_{ij} = 1$，其余的 $x_{ij} = 0$，则 $z = \sum_{i=1}^{m} \sum_{j=1}^{m} a_{ij} x_{ij}$ 就是问题的最优解。如效率矩阵为

$$\begin{array}{c} \\ 甲 \\ 乙 \\ 丙 \\ 丁 \end{array} \begin{pmatrix} 工作1 & 工作2 & 工作3 & 工作4 \\ 0 & 14 & 9 & 3 \\ 9 & 20 & 0 & 23 \\ 23 & 0 & 3 & 8 \\ 0 & 12 & 14 & 0 \end{pmatrix}$$

显然令 $x_{11} = 1, x_{23} = 1, x_{32} = 1, x_{44} = 1$，即将第一项工作分配给甲，第二项给丙，第三项给乙，第四项给丁，完成工作的总代价为最少。但问题是如何产生并寻找这组位于不同行不

同列的 0 元素。匈牙利数学家克尼格（Konig）证明了下面两个基本定理，为解决以上问题奠定了基础。因此，基于这两个定理建立起来的指派问题求解方法被称为匈牙利法。

定理 6-1 如果从效率矩阵 (a_{ij}) 的每一行元素分别减去一个常数 u_i（称为该行的位势），从每一列分别减去一个常数 v_j（称为该列的位势），得到一个新的效率矩阵 (b_{ij})，其中每个元素 $b_{ij} = a_{ij} - u_i - v_j$，则 (b_{ij}) 的最优解等价于 (a_{ij}) 的最优解。

证明：将从 (b_{ij}) 中得到的解代入目标函数式，可得：

$$z' = \sum_{i=1}^{m}\sum_{j=1}^{m} b_{ij}x_{ij} = \sum_{i=1}^{m}\sum_{j=1}^{m}(a_{ij} - u_i - v_j)x_{ij}$$

$$= \sum_{i=1}^{m}\sum_{j=1}^{m} a_{ij}x_{ij} - \sum_{i=1}^{m} u_i \sum_{j=1}^{m} x_{ij} - \sum_{j=1}^{m} v_j \sum_{i=1}^{m} x_{ij}$$

$$= \sum_{i=1}^{m}\sum_{j=1}^{m} a_{ij}x_{ij} - \sum_{i=1}^{m} u_i - \sum_{j=1}^{m} v_j$$

上式第一项是 (a_{ij}) 的解目标值 z，后两项是常数，因而当达到最小值时，相应地，$z = \sum_{i=1}^{m}\sum_{j=1}^{m} a_{ij}x_{ij}$ 也达到最小值。

定理 6-2 若矩阵 A 的元素可分为"0"与非"0"两部分，则覆盖 0 元素的最少直线数等于位于不同行不同列的 0 元素的最大个数。

证明：已知矩阵中有若干 0 元素，设覆盖全部 0 元素最少需要 m 条直线，又设位于不同行不同列的 0 最多有 M 个。由于覆盖 M 中的每个 0 至少用一条直线，故有

$$m \geq M \tag{6-1}$$

下面要证明，同时有 $M \geq m$。如图 6-1，假定覆盖所有 0 元素的 m 条直线有 r 行（用 $i_1, i_2, \cdots, i_r$ 表示）c 列（用 $j_1, j_2, \cdots, j_c$ 表示），$m = r + c$。显然在每一行上至少存在一个不在 $j_1, j_2, \cdots, j_c$ 列上的 0，设第 i 行中不在 $j_1, j_2, \cdots, j_c$ 列上的 0 元素的下标集合为

$$S_i = \{l \mid a_{il} = 0, l \neq j_1, \cdots, j_c\}$$

对 $i_1, i_2, \cdots, i_r$ 行分别有集合 $S_{i_1}, S_{i_2}, \cdots, S_{i_r}$。从这些集合中任意取 $k(k \leq r)$ 个，其集合中的不同元素个数必不小于 k，否则这 k 行的直线可用少于 k 条列线代替，与 m 是覆盖 0 元素的最少直线数的假定矛盾。由此在 r 条行线上存在不少于 r 个位于不同列的 0，且这些 0 不位于 $j_1, \cdots, j_c$ 列上。同理可证明在 c 条列线上存在不少于 c 个位于不同行

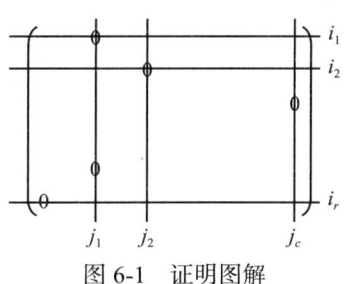

图 6-1 证明图解

的 0，且这些 0 不位于 $i_1,\cdots,i_r$ 行上。

若上述两部分 0 的个数总和为 S，则 $S \geq m$，又显然有 $S \leq M$，故有

$$M \geq m \tag{6-2}$$

由式（6-1）、式（6-2）可知 $M = m$，定理得证。

6.2.2 匈牙利解法

下面用例 6-1 来具体说明匈牙利法的计算步骤。

第一步：变换系数矩阵，使各行各列都出现 0 元素。

具体变换方法是：找出矩阵每行的最小元素，分别从每行中减去这个最小元素；再从所得到的系数矩阵中找出每列的最小元素，分别从各列中减去这个最小元素。例如：

$$\begin{pmatrix} 2 & 15 & 13 & 4 \\ 10 & 4 & 14 & 15 \\ 9 & 14 & 16 & 13 \\ 7 & 8 & 11 & 9 \end{pmatrix} \begin{matrix} \min \\ 2 \\ 4 \\ 9 \\ 7 \end{matrix} \rightarrow \begin{pmatrix} 0 & 13 & 11 & 2 \\ 6 & 0 & 10 & 11 \\ 0 & 5 & 7 & 4 \\ 0 & 1 & 4 & 2 \end{pmatrix} \rightarrow \begin{pmatrix} 0 & 13 & 7 & 0 \\ 6 & 0 & 6 & 9 \\ 0 & 5 & 3 & 2 \\ 0 & 1 & 0 & 0 \end{pmatrix}$$

$$\min \quad 0 \quad 0 \quad 4 \quad 2$$

第二步，进行试指派，寻求最优解。

按以下步骤计算。

经过前面的变换后，矩阵的每行每列至少都有一个 0 元素；但需找出 n 个独立（不同行不同列）的 0 元素。若能找出，以这些 0 元素对应解矩阵中的元素为 1，其余为 0，就可得到最优解。这个例子中，通过观察很容易找到。但当 n 很大时，特别是我们要把计算步骤编成程序借助计算机求解时，直观的方法是不可行的。

一般可这样进行：从只有一个 0 元素的行（列）开始，给该 0 元素加圈（标记为 ◎）。表示此人只能做此事（或此事只能由此人来做），然后划去 ◎ 所在列（行）的其他 0 元素（标记为 ∅），表示此事已安排（或此人已安排）。如此反复进行，直到系数矩阵中所有 0 元素都被圈出或划掉为止。在此过程中，如果行和列中，0 元素都不止一个（存在 0 元素的闭回路），可任选其中一个 0 元素加圈，同时划去同行和同列中其他 0 元素。

当过程结束时，被圈的 0 元素即是独立 0 元素。若独立 0 元素有 n 个，则表示已找到最优指派方案。此时，令解矩阵中和独立 0 元素对应位置的元素为 1，其余为 0，即得到最优解。如本例，加圈结束后结果为

$$\begin{pmatrix} \emptyset & 13 & 7 & \circledcirc \\ 6 & \circledcirc & 6 & 9 \\ \circledcirc & 5 & 3 & 2 \\ \emptyset & 1 & \circledcirc & \emptyset \end{pmatrix}$$

独立 0 元素为 4 个，因此最优解为

$$\begin{pmatrix} 0 & 0 & 0 & 1 \\ 0 & 1 & 0 & 0 \\ 1 & 0 & 0 & 0 \\ 0 & 0 & 1 & 0 \end{pmatrix}$$

因此，例 6-1 的最优指派方案是：甲去完成任务 D，乙去完成任务 B，丙去完成任务 A，丁去完成任务 C。这样总的工时最少，为 9+4+11+4=28。

当加圈结束时，若独立 0 元素少于 n 个，则表示还不能确定最优指派方案，此时需继续进行第三步和第四步。我们看看另外一个例子。

例6-2

设某指派问题的系数矩阵为

$$A = \begin{pmatrix} 4 & 8 & 7 & 15 & 12 \\ 7 & 9 & 17 & 14 & 10 \\ 6 & 9 & 12 & 8 & 7 \\ 6 & 7 & 14 & 6 & 10 \\ 6 & 9 & 12 & 10 & 6 \end{pmatrix}$$

按匈牙利法求解，通过第一步，即各行减去本行最小元素，然后各列减去本列最小元素，有

$$A \rightarrow \begin{pmatrix} 0 & 4 & 3 & 11 & 8 \\ 0 & 2 & 10 & 7 & 3 \\ 0 & 3 & 6 & 2 & 1 \\ 0 & 1 & 8 & 0 & 4 \\ 0 & 3 & 6 & 4 & 0 \end{pmatrix} \rightarrow \begin{pmatrix} 0 & 3 & 0 & 11 & 8 \\ 0 & 1 & 7 & 7 & 3 \\ 0 & 2 & 3 & 2 & 1 \\ 0 & 0 & 5 & 0 & 4 \\ 0 & 2 & 3 & 4 & 0 \end{pmatrix}$$

此时，各行各列都出现了 0 元素。再通过第二步进行试指派。即进行加圈操作，结果为

$$\begin{pmatrix} \emptyset & 3 & \circledcirc & 11 & 8 \\ \circledcirc & 1 & 7 & 7 & 3 \\ \emptyset & 2 & 3 & 2 & 1 \\ \emptyset & \circledcirc & 5 & \emptyset & 4 \\ \emptyset & 2 & 3 & 4 & \circledcirc \end{pmatrix}$$

此时，得到 4 个独立 0 元素，少于系数矩阵的阶数 $n=5$。故还未找到最优解，须继续进行下一步。

第三步：确定能覆盖所有 0 元素的最少直线集合。

这可以按下述步骤进行：

（1）对没有 ◎ 的行打 √。

（2）对打 √ 行上的所有 ∅ 所在列打 √。

（3）在已打 √ 的列中，对 ◎ 所在行打 √。

（4）重复步骤（2）、（3），直到找不出打√的行列为止。

（5）对所有没有打√的行画上横线，所有打√的列画上竖线，这就得到覆盖矩阵所有0元素的最少直线集合。

如例6-2，我们可确定覆盖所有0元素（◎）的最少直线集合，结果如下：

$$\begin{pmatrix} \cancel{0} & 3 & ◎ & 11 & 8 \\ ◎ & 1 & 7 & 7 & 3 \\ \cancel{0} & 2 & 3 & 2 & 1 \\ \cancel{0} & ◎ & 5 & \cancel{0} & 4 \\ \cancel{0} & 2 & 3 & 4 & ◎ \end{pmatrix} \begin{matrix} \\ √ \\ √ \\ \\ \\ \end{matrix}$$

$$\quad\quad\quad\quad\quad √$$

横（行）线的意义表示行对象肯定有适合的列对象匹配。竖（列）线表示该列对象肯定有适合的行对象匹配。

第四步：变换系数矩阵。

方法是：在未被直线覆盖的元素中，找出一个最小元素。然后将打√行各元素都减去该最小元素，而将打√列的各元素都加上该最小元素，得到新系数矩阵，再转向第二步。

如对例6-2，未被直线覆盖的元素中最小元素是1。为使未被覆盖的元素中出现0元素，将第二行和第三行中各元素都减去1。第一列中出现了负元素，为了清除负元素，再对第一列各元素加上1。也即打√的行减去最小元素，打√的列都加上最小元素。结果为

$$\begin{pmatrix} 1 & 3 & 0 & 11 & 8 \\ 0 & 0 & 6 & 6 & 2 \\ 0 & 1 & 2 & 1 & 1 \\ 1 & 0 & 5 & 0 & 4 \\ 1 & 2 & 3 & 4 & 0 \end{pmatrix}$$

回到第二步，加圈得：

$$\begin{pmatrix} 1 & 3 & ◎ & 11 & 8 \\ \cancel{0} & ◎ & 6 & 6 & 2 \\ ◎ & 1 & 2 & 1 & 1 \\ 1 & \cancel{0} & 5 & ◎ & 4 \\ 1 & 2 & 3 & 4 & ◎ \end{pmatrix}$$

此时已有5个独立元素，故可确定指派问题的最优方案为

$$\begin{pmatrix} 0 & 0 & 1 & 0 & 0 \\ 0 & 1 & 0 & 0 & 0 \\ 1 & 0 & 0 & 0 & 0 \\ 0 & 0 & 0 & 1 & 0 \\ 0 & 0 & 0 & 0 & 1 \end{pmatrix}$$

匈牙利法求解指派问题的计算步骤，可用框图形式表示（见图6-2）。

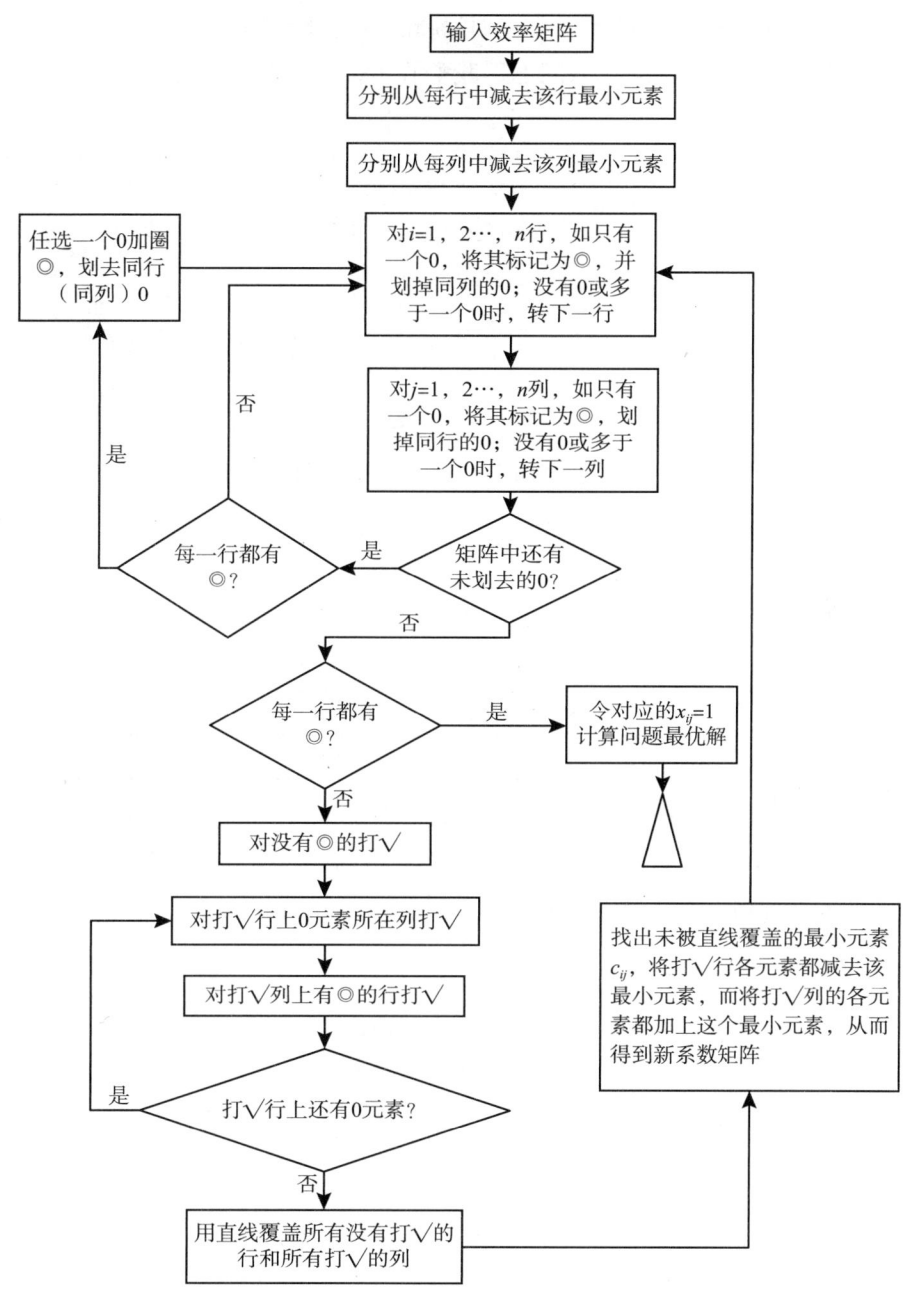

图 6-2 匈牙利法求解指派问题的计算步骤

6.3 操作实践

6.3.1 Excel求解指派问题

如前所述，由于指派问题模型是运输问题和 0-1 规划模型的特例。因此，在 Excel 中，我们可采用求解运输问题和 0-1 规划问题的方法对其求解。

例如,对例 6-1 的指派问题,我们在 Excel 中的操作类似于运输问题,输入数据如图 6-3 所示。

	A	B	C	D	E	F	G	H	I	J	K	L	M	N
1		效率矩阵						任务分配矩阵						
2		任务1	任务2	任务3	任务4			任务1	任务2	任务3	任务4			
3	甲	2	15	13	4		甲					0	=	1
4	乙	10	4	14	15		乙					0	=	1
5	丙	9	14	16	13		丙					0	=	1
6	丁	7	8	11	9		丁					0	=	1
7								0	0	0	0			
8								=	=	=	=			
9								1	1	1	1			
10														
11							总费用	0						

图 6-3 例 6-1 的数据输入 Excel

灰色区域对应的单元格公式如表 6-2 所示。

表 6-2 Excel 表格灰色区域对应的单元格公式

L3	=SUM(H3:K3)	L4	=SUM(H4:K4)
L5	=SUM(H5:K5)	L6	=SUM(H6:K6)
H7	=SUM(H3:H6)	I7	=SUM(I3:I6)
J7	=SUM(J3:J6)	K7	=SUM(K3:K6)
H11	=SUMPRODUCT(B3:E6,H3:K6)		

在"规划求解参数"对话框中的参数设置如图 6-4 所示。

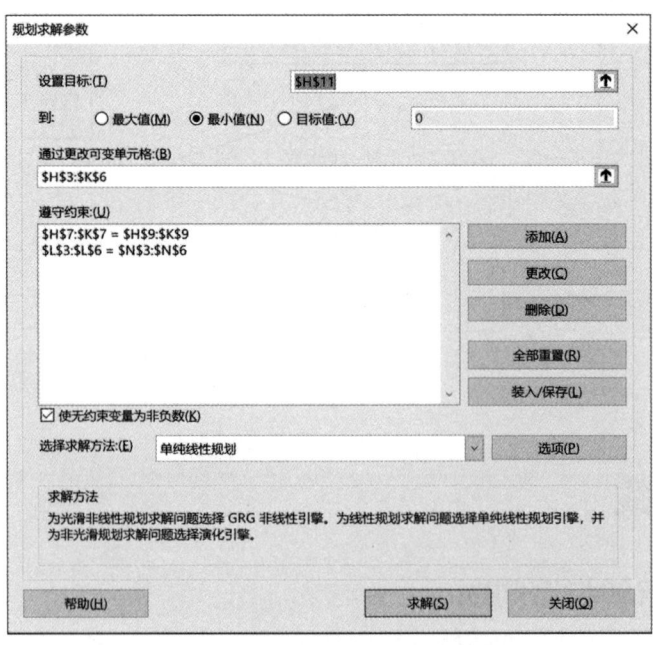

图 6-4 "规划求解参数"对话框

单击"求解"按钮，计算结果如图 6-5 所示。

	A	B	C	D	E	F	G	H	I	J	K	L	M	N
1		效率矩阵					任务分配矩阵							
2		任务1	任务2	任务3	任务4			任务1	任务2	任务3	任务4			
3	甲	2	15	13	4		甲	0	0	0	1	1	=	1
4	乙	10	4	14	15		乙	0	1	0	0	1	=	1
5	丙	9	14	16	13		丙	1	0	0	0	1	=	1
6	丁	7	8	11	9		丁	0	0	1	0	1	=	1
7								1	1	1	1			
8								=	=	=	=			
9								1	1	1	1			
10														
11							总费用	28						

图 6-5　例 6-1 的 Excel 求解结果

6.3.2　OR for Windows 求解指派问题

下面仍以例 6-1 的指派问题为例进行介绍。首先进入 OR for Windows 主窗口界面，在"模型"菜单中选择"指派问题（A）"。接下来在"文件"菜单中单击"新建"或直接单击工具栏的"□"按钮，弹出创建数据集对话框，输入问题名称"例 6-1"，设置工作个数为 4、机器个数为 4，保持优化目标为 Minimize（最小化）默认选项，进入数据表格界面，如图 6-6 所示。根据操作提示输入相应的工作名、完成工作的对象名称和效率矩阵。单击工具栏"直接求解"按钮，便可得到问题的求解结果如图 6-7 所示。

图 6-6　数据表格界面

最优成本 = ¥28	A	B	C	D
甲	2	15	13	指派 4
乙	10	指派 4	14	15
丙	指派 9	14	16	13
丁	7	8	指派 11	9

图 6-7　例 6-1 的 OR for Windows 求解结果

6.4 实际应用案例

6.4.1 问题的提出

某设计院是国家甲级工程勘察设计单位，主要从事煤矿、电厂、水泥厂、铁路、工业、民用建筑及其他工程的勘察设计工作。近几年来，随着经济体制改革的不断深化，以及设计院的业务逐步走向市场，该院设计项目管理方法落后、手段陈旧的矛盾日益突出，造成设计质量不高、设计工期较长等问题，严重影响该院的经济效益和市场竞争力。为此，必须加强和重视对设计项目管理的分析和研究。以下就该院某较大型设计项目，对设计项目管理中的核心问题——设计人员指派问题进行分析研究，作为设计项目管理现代化的开端。

6.4.2 基本情况分析

该项目为一大型矿井设计项目，牵涉采矿、电气、机械、设备、土建、总运、技经，共 7 个专业。每个专业又需若干名设计人员分别担任设计和检审工作。各专业现有人员中可抽调人员数和需要人员数如表 6-3 所示。由于专业技术的限制，各专业技术人员不能流动。

表 6-3　各专业可用人员和需要人员数

专业	采矿	电气	机械	设备	土建	总运	技经
可用人数	5	7	4	7	10	3	5
需设计人数	3	2	2	4	5	2	3
需检审人数	1	1	1	2	2	1	1

由于每个人的素质不同，因而从事设计或检审工作的效率和质量也各不相同。为简化问题，由该院专业技术委员会对每个设计人员从事设计或检审的工作效率和质量进行综合评估，以百分制来衡量他们从事设计或检审工作的综合素质，如表 6-4 所示。

表 6-4　设计人员质量效率综合素质评分表

专业	人员	1	2	3	4	5	6	7	8	9	10
采矿	设计	89.54	72.3	78.5	65.9	82.3					
	检审	70.25	90.02	82.35	86.8	78.78					
电气	设计	77.21	93.5	68.75	85.64	73.56	82.78	80.16			
	检审	88.15	72.31	82.56	87.85	78.26	69.76	73.15			
机械	设计	87.34	78.33	74.98	81.23						
	检审	77.15	67.22	84.87	71.54						

（续）

专业	人员	1	2	3	4	5	6	7	8	9	10
设备	设计	83.15	87.42	79.68	73.54	90.75	85.34	75.67			
	检审	76.45	84.87	85.74	82.64	82.12	72.65	78.91			
土建	设计	92.74	89.86	90.56	72.76	85.53	79.75	68.76	87.74	83.35	76.84
	检审	88.25	78.32	81.93	82.65	74.87	80.05	77.25	91.73	70.02	75.62
总运	设计	83.15	84.26	78.3							
	检审	88.16	85.27	80.81							
技经	设计	76.56	79.35	82.16	80.98	72.81					
	检审	77.57	70.69	81.6	78.21	68.98					

6.4.3 建模与求解

该问题的目标就是根据各设计人员从事设计或检审工作的综合素质评分，选取各专业合适的人员进行设计工作或检审工作，以使参加项目人员的综合素质总分最高，从而在人员选配方面保证整个设计项目达到效率和质量综合效果最好。

对于这个问题，我们可以对每个设计人员分别就设计工作、检审工作引用两个0-1变量，以参加项目人员的综合素质总分最高为目标，以参加各专业设计或检审工作的人数为约束，并考虑同一个人不能同时参加设计和检审，就可以建立一个0-1规划模型。但是，由于该模型变量和约束众多，而0-1规划的求解也比较困难，有必要寻找更简捷的解决办法。

由于该问题是人员指派问题，可以考虑通过化简，将其化为标准的指派问题进行求解。首先，该问题中每个专业都分别是一个指派问题，因而可以分成7个指派问题。其次，人员数多于任务数，因此需要引入虚拟的任务来构建指派模型。可构建如下数学模型：

$$\max z = \sum_{i=1}^{n}\sum_{j=1}^{n} a_{ij}x_{ij}$$

$$\text{s.t.} \begin{cases} \sum_{j=1}^{n} x_{ij} = 1 & (i=1,2,\cdots,n) \\ \sum_{i=1}^{n} x_{ij} = 1 & (j=1,2,\cdots,n) \\ x_{ij} \in \{0,1\} \end{cases}$$

其中，效率矩阵$(a_{ij})_{n\times n}$由综合素质评分得到。以采矿专业为例做如下说明。

该专业可用人数为5人，设计需3人，检审需1人。我们可以将设计当成3项不同的工作，检审1项，再增加1项虚拟工作，就可化为人员和任务相等的标准指派问题了，其综合素质矩阵如表6-5所示。

表 6-5　采矿专业综合素质矩阵

人员	1	2	3	4	5
设计 1	89.54	72.3	78.5	65.9	82.3
设计 2	89.54	72.3	78.5	65.9	82.3
设计 3	89.54	72.3	78.5	65.9	82.3
检审	70.25	90.02	82.35	86.8	78.78

同理，可以将其他专业也化为标准的指派问题，其综合素质矩阵分别如表 6-6 ～ 表 6-11 所示。

表 6-6　电气专业综合素质矩阵

人员	1	2	3	4	5	6	7
设计 1	77.21	93.5	68.75	85.64	73.56	82.78	80.16
设计 2	77.21	93.5	68.75	85.64	73.56	82.78	80.16
检审	88.15	72.31	82.56	87.85	78.26	69.76	73.15

表 6-7　机械专业综合素质矩阵

人员	1	2	3	4
设计 1	87.34	78.33	74.98	81.23
设计 2	87.34	78.33	74.98	81.23
检审	77.15	67.22	84.87	71.54

表 6-8　设备专业综合素质矩阵

人员	1	2	3	4	5	6	7
设计 1	83.15	87.42	79.68	73.54	90.75	85.34	75.67
设计 2	83.15	87.42	79.68	73.54	90.75	85.34	75.67
设计 3	83.15	87.42	79.68	73.54	90.75	85.34	75.67
设计 4	83.15	87.42	79.68	73.54	90.75	85.34	75.67
检审 1	76.45	84.87	85.74	82.64	82.12	72.65	78.91
检审 2	76.45	84.87	85.74	82.64	82.12	72.65	78.91

表 6-9　土建专业综合素质矩阵

人员	1	2	3	4	5	6	7	8	9	10
设计 1	92.74	89.86	90.56	72.76	85.53	79.75	68.76	87.74	83.35	76.84
设计 2	92.74	89.86	90.56	72.76	85.53	79.75	68.76	87.74	83.35	76.84
设计 3	92.74	89.86	90.56	72.76	85.53	79.75	68.76	87.74	83.35	76.84
设计 4	92.74	89.86	90.56	72.76	85.53	79.75	68.76	87.74	83.35	76.84
设计 5	92.74	89.86	90.56	72.76	85.53	79.75	68.76	87.74	83.35	76.84
检审 1	88.25	78.32	81.93	82.65	74.87	80.05	77.25	91.73	70.02	75.62
检审 2	88.25	78.32	81.93	82.65	74.87	80.05	77.25	91.73	70.02	75.62

表 6-10 总运专业综合素质矩阵

人员	1	2	3
设计 1	83.15	84.26	78.3
设计 2	83.15	84.26	78.3
检审	88.16	85.27	80.81

表 6-11 技经专业综合素质矩阵

人员	1	2	3	4	5
设计 1	76.56	79.35	82.16	80.98	72.81
设计 2	76.56	79.35	82.16	80.98	72.81
设计 3	76.56	79.35	82.16	80.98	72.81
检审	77.57	70.69	81.6	78.21	68.98

将数据输入计算机，得到求解结果如表 6-12 所示。

表 6-12 指派结果

专业	人员	1	2	3	4	5	6	7	8	9	10	综合分	平均分
采矿	设计	√		√		√						340.36	85.09
采矿	检审		√										
电气	设计		√		√							267.29	89.10
电气	检审	√											
机械	设计	√			√							253.44	84.48
机械	检审			√									
设备	设计	√	√			√	√					515.04	85.84
设备	检审			√	√								
土建	设计	√	√	√		√				√		616.42	88.06
土建	检审				√				√				
总运	设计		√	√								250.72	83.57
总运	检审	√											
技经	设计		√	√	√							320.06	80.02
技经	检审	√											

6.4.4 结果分析与讨论

从各专业选派人员的综合素质平均评分来看，电气专业和土建专业较高，而技经专业和总运专业较差。这主要是因为电气专业和土建专业可选派人员较多，选择余地较大，而总运专业没有选择余地，技经专业人员素质普遍较差。这个结果一方面要求在该项目实施过程中，要对技经专业和总运专业密切关注、及时检查指导，保证整个项目的工期和质量。另一方面,也要抓紧抓好提高技经专业人员素质的工作,同时要优化电气专业、土建专业和总运专业的人员结构配置。

设计项目人员指派问题优化的关键在于各专业设计人员从事设计或检审工作的综合素质评价的准确性。要定期进行综合素质评价工作,建立一套完整、客观、准确的综合素质评价体系。

从上面的讨论可以看到,应用运筹学原理,利用计算机技术,能够快速有效地选取各专业合适的人员进行设计或检审工作,在人员选配方面保证整个设计项目的工期和质量。

习 题

1. 试用匈牙利法求解下述指派问题,已知效率矩阵分别如下。

$$(1) \begin{pmatrix} 3 & 14 & 10 & 5 \\ 10 & 4 & 12 & 10 \\ 9 & 14 & 15 & 13 \\ 7 & 8 & 11 & 9 \end{pmatrix} \quad (2) \begin{pmatrix} 7 & 9 & 10 & 12 \\ 13 & 12 & 16 & 17 \\ 15 & 16 & 14 & 15 \\ 11 & 12 & 15 & 16 \end{pmatrix} \quad (3) \begin{pmatrix} 3 & 8 & 2 & 10 & 3 \\ 8 & 7 & 2 & 9 & 7 \\ 6 & 4 & 2 & 7 & 5 \\ 8 & 4 & 2 & 3 & 5 \\ 9 & 10 & 6 & 9 & 10 \end{pmatrix}$$

2. 有 3 台设备,可用于 5 项不同的工程。但由于设备数有限,只能分给其中的 3 项工程。表 6-13 给出了不同的工程得到设备后创造的利润,试确定使总利润最大的设备分配方案(单位:万元)。

表 6-13 习题 2 的表格

设备	工程				
	B_1	B_2	B_3	B_4	B_5
A_1	3	7	2	9	11
A_2	6	8	10	7	5
A_3	9	4	12	5	6

3. 假设有 5 项工作任务要分派给 5 名工人,由于每个工人的工作能力不同,而且同一工人对各项工作可能发挥的效率也不相等,所以必须认真指派,希望各项工作都能由最适当的工人担任。表 6-14 给出了每个工人担任不同工作所能产生的价值,试求指派方案。

表 6-14 习题 3 的表格

工人	任务				
	A	B	C	D	E
甲	9	4	6	8	5
乙	8	5	9	10	6
丙	9	7	3	5	8
丁	4	8	6	9	5
戊	10	5	3	6	8

4. 设有 6 辆汽车,需要指派驶往 6 个不同的地点,各种指派的运输成本如表 6-15 所示,试求能使总成本最低的指派方案。

表 6-15 习题 4 的表格

车辆	地点					
	D_1	D_2	D_3	D_4	D_5	D_6
1	46	62	39	51	28	47
2	24	31	49	65	74	53
3	29	38	56	49	38	42
4	43	51	32	36	43	49
5	26	43	34	60	38	36
6	76	50	42	58	51	32

5. 已知下列 5 名运动员各种姿势的 50m 游泳成绩如表 6-16 所示。试问如何从中选拔一个参加 200m 混合泳的接力队，使预期比赛成绩为最好？

表 6-16 习题 5 的表格

姿势	运动员				
	赵	钱	孙	李	周
仰泳	37.7	32.9	33.8	37.0	35.4
蛙泳	43.4	33.1	42.2	34.7	41.8
蝶泳	33.3	28.5	38.9	30.4	33.6
自由泳	29.2	26.4	29.6	28.5	31.1

6. 某航空公司经营 A、B、C 三个城市之间的航线，这些航线每天班机起飞与到达时间如表 6-17 所示。

表 6-17 习题 6 的表格

航班号	起飞城市	起飞时间	到达城市	到达时间
101	A	9:00	B	12:00
102	A	10:00	B	13:00
103	A	15:00	B	18:00
104	A	20:00	C	24:00
105	A	22:00	C	2:00（次日）
106	B	4:00	A	7:00
107	B	11:00	A	14:00
108	B	15:00	A	18:00
109	C	7:00	A	11:00
110	C	15:00	A	19:00
111	B	13:00	C	18:00
112	B	18:00	C	23:00
113	C	15:00	B	20:00
114	C	7:00	B	12:00

设飞机在机场停留的损失费用大致与停留时间的平方成正比，每架飞机从降落到下一班起飞至少需 2h 的准备时间，试确定一个停留费用损失最小的飞行方案。

第7章 目标规划

对于一个经济系统,由于其自身结构的复杂性和环境条件的多变性,其管理目标一般有多个(近期或长期)。如设计一个新产品的工艺过程,不仅希望利润大,而且希望产量高、消耗低、质量好、投入少等。这些目标既有轻重缓急之分,又往往互相排斥、互相矛盾。因此,欲使所有目标都能取得绝对最优值是不可能的。1961 年,美国学者 A. Charnes 和 W. W. Cooper 首次提出了目标规划这一概念;1965 年,Y. Ijiri 提出了目标的优先等级概念和目标规划单纯形法;1972 年,S. M. Lee 出版了第一本线性目标教科书《决策分析的目标规划》;1976 年,J. P. Ignizio 出版了专著《目标规划及其进展》并荣获了美国 Lanchester 奖。本章介绍目标规划的基本思想、原理和应用。

7.1 目标规划数学模型

7.1.1 基本概念

我们先来看一个例子。

例7-1

某木器厂生产椅子与桌子两种产品,每周生产时间为 48 h,生产一把椅子平均需要 0.4 h,生产一张桌子需要 1 h。根据市场预测,椅子的销量为每周 60 把,桌子销量为每周 30 张。每把椅子的利润为 8 元,每张桌子的利润为 20 元。在制订生产计划时,组长按优先次序提出下述 4 项目标:

(1)产量不能超过市场预测的销售量。
(2)工人加班时间尽可能少。
(3)总利润尽可能大。
(4)尽可能满足市场需求。

那么怎样来安排生产计划？

该计划其实就是要确定椅子和桌子每周的产量问题。可设决策变量为

$$x_1 = 每周椅子的产量，\quad x_2 = 每周桌子的产量$$

显然，该问题与我们前面各章所探讨的问题有点不同，前面各章我们都是针对单个目标求最优，而这里同时需要对多个目标进行优化。目标规划是解决多目标决策的方法之一。下面我们介绍建立目标规划模型的有关概念。

（1）一般地，对于多目标决策问题，每个目标都应有一个理想值，但由于目标的矛盾性，让所有目标都达到理想值是很难的，因此决策者只能尽可能达到其理想值，即

$$\min |z_k(x) - t_k|$$

其中，t_k 为第 k 个目标的值或"靶值"，$|z_k(x) - t_k|$ 为 $z_k(x)$ 偏离靶值 t_k 的大小。

当 $z_k(x) > t_k$ 时，令 $d^+ = z_k(x) - t_k$，表示正偏差，即超过靶值的部分，此时：

$$z_k(x) - d^+ = t_k \qquad ①$$

当 $z_k(x) < t_k$ 时，令 $d^- = t_k - z_k(x)$，表示负偏差，即没有达到靶值的部分，此时：

$$z_k(x) + d^- = t_k \qquad ②$$

当 $d^+ = 0$ 且 $d^- = 0$ 时，表示没有偏差，此时：

$$z_k(x) = t_k \qquad ③$$

显然无论何种情况，均有 $d^+ \times d^- = 0$，实际上①、②、③三种情形只会有一种发生，因而可将三个等式统一写成如下等式。

$$z_k(x) + d^- - d^+ = t_k$$

（2）绝对约束和目标约束。我们称必须严格满足的约束条件为绝对约束或硬约束。这些约束条件不能违背，否则不是可行解。如前面介绍的线性规划模型中的约束条件，其实都是硬约束。目标约束则是目标规划所特有的，它由各个目标转化而来，反映决策者对达到理想值的期望。最终的求解结果与理想值间可以出现正偏差也可以出现负偏差，没有严格的约束，因此也称为软约束。

例如，本例"产量不能超过市场预测的销售量"的目标，在线性规划中可用约束 $x_1 \leq 60$，$x_2 \leq 30$ 来表达。但作为多目标决策中的一个目标，决策者不一定要求所有目标都必须严格满足。比如，当椅子的产量为 $x_1 = 63$，或者桌子的产量为 $x_2 = 31$ 时，也是可接受的。因此，硬约束无法表达这种关系，我们可引入偏差变量，用目标约束来表达：

$$x_1 + d_1^- - d_1^+ = 60$$
$$x_2 + d_2^- - d_2^+ = 30$$

这其实是把右端项作为靶值。

（3）优先因子（优先系数）与权系数。由于目标之间互相牵制，同时让所有目标都达到理想值的情况是比较少见的。各个目标在决策者心中必然有主次、轻重缓急之分。凡要求第1位达到的目标赋予优先因子 P_1，第2位赋予 P_2，第 k 位赋予 P_k……并规定 $P_k \gg P_{k+1}$（$\gg$ 表示远远大于），表示 P_k 比 P_{k+1} 有更大的优先权。只有在 P_1 级目标满足的前提下，才考虑 P_2 级的目标，依此类推。而若考虑具有相同优先因子的两个目标间的差别，可用权系数 ω_i 来反映。这些都取决于决策者的偏好。本例中，组长对4个目标确定了优先关系，因此我们可分别用 P_1、P_2、P_3、P_4 来反映其优先关系。

（4）目标规划的目标函数。目标规划的目标函数是按各目标约束的正负偏差变量和赋予各目标的优先因子和权系数而构造的。当靶值确定后，决策者的要求就是使得与靶值间的偏差尽可能地小。因此目标规划的目标函数为 $\min z = f(d^-, d^+)$，其具体形式随决策要求有所不同，如表 7-1 所示。

表 7-1 目标函数的具体形式随决策要求有所不同

决策要求	目标期望	目标约束形式	目标函数形式
准确达到	$z_k(x) = t_k$	$z_k(x) + d_k^- - d_k^+ = t_k$	$\min(d_k^- + d_k^+)$
不希望小于	$z_k(x) \geq t_k$	$z_k(x) + d_k^- - d_k^+ = t_k$	$\min(d_k^-)$
不希望大于	$z_k(x) \leq t_k$	$z_k(x) + d_k^- - d_k^+ = t_k$	$\min(d_k^+)$

对于本例，对目标约束 $x_1 + d_1^- - d_1^+ = 60$ 而言，因为决策者不希望产量超过预测值，因而目标函数中应使得 d_1^+ 最小化，即 $\min d_1^+$。

下面我们给出例 7-1 的完整分析，建立其目标规划模型。

解： 设决策变量为 $x_1 =$ 每周椅子的产量，$x_2 =$ 每周桌子的产量；

第 1 优先级目标为产量不超过市场预测，即 $x_1 \leq 60$，$x_2 \leq 30$。我们引进偏差变量 $d_1^+, d_1^-, d_2^+, d_2^-$，把上述两个不等式改写为等式约束条件：

$$x_1 + d_1^- - d_1^+ = 60，x_2 + d_2^- - d_2^+ = 30$$

其中，d_1^+ 为椅子产量 x_1 超过 60 把的偏差量；d_1^- 为椅子产量 x_1 不足 60 把的偏差量；d_2^+ 为桌子产量 x_2 超过 30 张的偏差量；d_2^- 为桌子产量 x_2 不足 30 张的偏差量。

引进偏差变量后，可将目标 $x_1 \leq 60$，$x_2 \leq 30$ 表示成两个极小化问题 $\min d_1^+$ 和 $\min d_2^+$，并且可合并为 $\min(d_1^+ + d_2^+)$。这是第 1 优先级需要完成的任务。

第 2 优先级的目标是工人加班时间尽可能少，因为椅子与桌子的每周产量是 x_1 和 x_2，所以工人每周工作时间为 $0.4x_1 + x_2$ h，但规定的标准时间是每周 48h，即

$$0.4x_1 + x_2 + d_3^- - d_3^+ = 48$$

其中，d_3^+ 为超过 48 h 的偏差量，d_3^- 为工作不足 48 h 的偏差量。决策者希望工人加班时间最少，即第 2 优先级需要完成的任务是 $\min d_3^+$。

第 3 优先级的目标是总利润最大，当产量是 x_1 和 x_2 时，总利润为 $8x_1 + 20x_2$，假设决策者想象中的最高利润为 1 500 元，可建立如下约束条件：

$$8x_1 + 20x_2 + d_4^- - d_4^+ = 1\ 500$$

决策者希望 d_4^- 尽可能小，即 $\min d_4^-$，这是决策者第 3 优先级需要完成的任务。

第 4 优先级的目标是希望产量 x_1 和 x_2 尽可能满足市场需求。从前面已经建立的两个约束条件：

$$x_1 + d_1^- - d_1^+ = 60，x_2 + d_2^- - d_2^+ = 30$$

可以看出，这要求 d_1^-, d_2^- 尽可能小。另外从顾客的角度看，每张桌子的重要性是每把椅子的两倍，因此希望减少 d_2^- 的愿望也是 d_1^- 的两倍。第 4 优先级需要完成的任务是 $\min(d_1^- + 2d_2^-)$，其中 d_2^- 的权因子是 2，d_1^- 的权因子是 1。

将上述 4 个极小问题按优先次序统一写成：

$$\min z = P_1(d_1^+ + d_2^+) + P_2 d_3^+ + P_3 d_4^- + P_4(d_1^- + 2d_2^-)$$

其中，$P_i(i=1,2,3,4)$ 为优先因子，并且有 $P_1 \gg P_2 \gg P_3 \gg P_4$。

综上所述，该问题可用以下数学模型描述：

$$\min z = P_1(d_1^+ + d_2^+) + P_2 d_3^+ + P_3 d_4^- + P_4(d_1^- + 2d_2^-)$$

$$\text{s.t.} \begin{cases} x_1 + d_1^- - d_1^+ = 60 \\ x_2 + d_2^- - d_2^+ = 30 \\ 0.4x_1 + x_2 + d_3^- - d_3^+ = 48 \\ 8x_1 + 20x_2 + d_4^- - d_4^+ = 1\,500 \\ x_1, x_2 \geq 0, d_i^-, d_i^+ \geq 0 (i = 1,2,3,4) \end{cases}$$

这是一个典型的目标规划模型。

7.1.2 数学模型

一般地，目标规划的数学模型为

$$\min z = \sum_{l=1}^{L} P_l \sum_{i=1}^{K} (w_{li}^- d_i^- + w_{li}^+ d_i^+)$$

$$\text{s.t.} \begin{cases} \sum_{j=1}^{n} a_{ij} x_j (\leq, =, \geq) b_i, i = 1, 2, \cdots, m \\ \sum_{j=1}^{n} c_{kj} x_j + d_k^- - d_k^+ = b_k, k = 1, 2, \cdots, K \\ x_j \geq 0, j = 1, 2, \cdots, n; d_k^- \geq 0, d_k^+ \geq 0, k = 1, 2, \cdots, K \end{cases}$$

其中，第 1 组约束条件为硬约束，第 2 组由各个目标转化而来，属于目标约束。显然，当我们将所有偏差变量当作决策变量时，目标规划模型其实就是一个线性规划模型，因而其求解可以采用第 2 章所介绍的线性规划求解方法，比如单纯形法来完成。

7.2 目标规划应用建模举例

例7-2 职工的调资方案问题

某单位领导在考虑本单位职工的升级调资方案时，要求相关部门遵守以下的规定：
（1）月工资总额尽量不超过 600 000 元。
（2）每级的人数尽量不超过定编人数。
（3）Ⅱ、Ⅲ级的升级面尽可能达到现有人数的 20%。
（4）Ⅲ级不足编制的人数可录用新职工，Ⅰ级的职工中有 10% 的人要退休。
相关资料汇总于表 7-2 中，试为该单位领导拟定一个满足要求的调资方案。

表 7-2　例 7-2 相关资料

等　级	工资额（元/月）	现有人数	编制人数
Ⅰ	2 000	100	120
Ⅱ	1 500	120	150
Ⅲ	1 000	150	150
合　计		370	420

解：这是一个多目标决策问题，适合用目标规划模型求解，故需要确定该问题的决策变量、目标值、优先等级及权系数等。

显然，这里的 4 项规定除（4）外都是决策的目标。可确定各目标的优先因子为

P_1：月工资总额不超过 600 000 元；

P_2：每级的人数不超过定编规定的人数；

P_3：Ⅱ、Ⅲ级的升级面尽可能达到现有人数的 20%；

设 x_1, x_2, x_3 分别表示提升到Ⅰ、Ⅱ级和录用到Ⅲ级的新职工人数。由于调整后的各级人数 = 现有人数 − 调出人数 + 调入人数，因而，

Ⅰ级调整后人数：$100 - 100 \times 10\% + x_1 = 90 + x_1$

Ⅱ级调整后人数：$120 - x_1 + x_2$

Ⅲ级调整后人数：$150 - x_2 + x_3$

下面来确定目标约束。

目标（1）：月工资总额不超过 600 000 元，即

$$2\,000(90 + x_1) + 1\,500(120 - x_1 + x_2) + 10\,000(15 - x_2 + x_3) + d_1^- - d_1^+ = 600\,000$$

且正偏差变量 d_1^+ 要尽可能小。

目标（2）：要求每级的人数不超过定编规定的人数，即

对Ⅰ级有：$90 + x_1 + d_2^- - d_2^+ = 120$，且正偏差变量 d_2^+ 要尽可能小；

对Ⅱ级有：$120 - x_1 + x_2 + d_3^- - d_3^+ = 150$，且正偏差变量 d_3^+ 要尽可能小；

对Ⅲ级有：$150 - x_2 + x_3 + d_4^- - d_4^+ = 150$，且正偏差变量 d_4^+ 要尽可能小。

目标（3）：Ⅱ、Ⅲ级的升级面尽可能达到现有人数的 20%，即

$x_1 + d_5^- - d_5^+ = 120 \times 20\%$，且负偏差变量 d_5^- 要尽可能小；

$x_2 + d_6^- - d_6^+ = 150 \times 20\%$，且负偏差变量 d_6^- 要尽可能小。

由此，我们可得到该问题的目标规划模型为

$$\min z = P_1 d_1^+ + P_2(d_2^+ + d_3^+ + d_4^+) + P_3(d_5^- + d_6^-)$$

$$\text{s.t.} \begin{cases} 500x_1 + 500x_2 + 1\,000x_3 + d_1^- - d_1^+ = 90\,000 \\ x_1 + d_2^- - d_2^+ = 30 \\ -x_1 + x_2 + d_3^- - d_3^+ = 30 \\ -x_2 + x_3 + d_4^- - d_4^+ = 0 \\ x_1 + d_5^- - d_5^+ = 24 \\ x_2 + d_6^- - d_6^+ = 30 \\ d_j^-, d_j^+ \geq 0 \quad (j = 1, 2, \cdots, 6) \\ x_i \geq 0, \text{且为整数} \ (i = 1, 2, 3) \end{cases}$$

求解该模型可得：$x_1 = 24, x_2 = 52, x_3 = 52$。

例7-3 物资的调运安排问题

有一供需不平衡（供应量＜需求量）的物资调运问题如表 7-3 所示，请为其构建数学模型，制订物资调运方案，使之满足以下的目标要求。

P_1：尽量保证满足重点客户 B_3 的需求；
P_2：要求总运费不超过预算指标 660 000 元；
P_3：至少满足客户 B_1，B_2，B_3 各自需求指标的 80%；
P_4：由 A_3 至 B_1 的运输量按合同规定不少于 1 万 t；
P_5：A_1 至 B_3 的道路危险，运量要减少到最低点。

表 7-3 例 7-3 相关数据

仓库	客户			供应量/万 t
	B_1	B_2	B_3	
A_1	C_{11}	C_{12}	C_{13}	5
A_2	C_{21}	C_{22}	C_{23}	8
A_3	C_{31}	C_{32}	C_{33}	7
需求量/万 t	8	6	10	

这仍然是一个多目标规划问题，虽然未给出仓库到客户之间的单位运价，但这并不影响分析与建模。

解：设从仓库 $A_i(i=1,2,3)$ 调拨到客户 $B_j(j=1,2,3)$ 的货运量为 x_{ij}。

目标 P_1 为尽量保证满足重点客户 B_3 的需求指标，故有：
$$x_{13}+x_{23}+x_{33}+d_1^- -d_1^+ =10,$$
且 d_1^-,d_1^+ 都要尽可能小。

对目标 P_2：因要求总运费不超过预算指标 660 000 元，故有：
$$\sum_{i=1}^{3}\sum_{j=1}^{3}c_{ij}x_{ij}+d_2^- -d_2^+ =660\ 000,$$
且 d_2^+ 应尽可能小。

对目标 P_3：因要求至少满足客户 B_1，B_2，B_3 各自需求指标的 80%，故有：
$$x_{11}+x_{21}+x_{31}+d_3^- -d_3^+ =8\times 80\%$$
$$x_{12}+x_{22}+x_{32}+d_4^- -d_4^+ =6\times 80\%$$
$$x_{13}+x_{23}+x_{33}+d_5^- -d_5^+ =10\times 80\%$$
且 $d_i^-(i=3,4,5)$ 应尽可能小。

对目标 P_4：因要求由 A_3 至 B_1 的运输量按合同规定不少于 1 万 t，故有：
$$x_{31}+d_6^- -d_6^+ =1,$$
且 d_6^- 应尽可能小。

对目标 P_5：因 A_1 至 B_3 的道路危险，而要求运量要减少到最低点，故有：
$$x_{13}+d_7^- -d_7^+ =0,$$
且 d_7^+ 应尽可能小。

另外,从仓库 A_1,A_2,A_3 调拨到客户 B_j 的货运量 $x_{1j}+x_{2j}+x_{3j}(j=1,2,3)$ 不可能超过该客户的需求量,故有:

$$x_{11}+x_{21}+x_{31} \leq 8$$
$$x_{12}+x_{22}+x_{32} \leq 6$$
$$x_{13}+x_{23}+x_{33} \leq 10$$

同样,从仓库 A_i 调拨到客户 B_1,B_2,B_3 的货运量 $x_{i1}+x_{i2}+x_{i3}(i=1,2,3)$ 不可能超过该仓库的供应量,故有:

$$x_{11}+x_{12}+x_{13} \leq 5$$
$$x_{21}+x_{22}+x_{23} \leq 8$$
$$x_{31}+x_{32}+x_{33} \leq 7$$

至此,我们得到该问题的目标规划模型为

$$\min z = P_1(d_1^- + d_1^+) + P_2 d_2^+ + P_3(d_3^- + d_4^- + d_5^-) + P_4 d_6^- + P_5 d_7^+$$

$$\text{s.t.} \begin{cases} x_{13}+x_{23}+x_{33}+d_1^- - d_1^+ = 10 \\ \sum_{i=1}^{3}\sum_{j=1}^{3} c_{ij} x_{ij} + d_2^- - d_2^+ = 660\,000 \\ x_{11}+x_{21}+x_{31}+d_3^- - d_3^+ = 8 \times 80\% \\ x_{12}+x_{22}+x_{32}+d_4^- - d_4^+ = 6 \times 80\% \\ x_{13}+x_{23}+x_{33}+d_4^- - d_4^+ = 10 \times 80\% \\ x_{31}+d_6^- - d_6^+ = 1 \\ x_{13}+d_7^- - d_7^+ = 0 \\ x_{11}+x_{21}+x_{31} \leq 8 \\ x_{12}+x_{22}+x_{32} \leq 6 \\ x_{13}+x_{23}+x_{33} \leq 10 \\ x_{11}+x_{12}+x_{13} \leq 5 \\ x_{21}+x_{22}+x_{23} \leq 8 \\ x_{31}+x_{32}+x_{33} \leq 7 \\ x_{ij}, d_k^-, d_k^+ \geq 0 (i=1,2,3; j=1,2,3; k=1,\cdots,9) \end{cases}$$

例7-4

某酒厂用三种等级的原料酒甲、乙、丙兑制成三种混合酒 A、B、C。原料受到严格限制,每日供应量分别为 1 500kg、2 000 kg 和 1 000 kg,供应价分别为 18 元/kg、13.5 元/kg 和 9 元/kg。三种混合酒的配方(乙为剩余部分)及售价如表 7-4 所示。试问应如何兑制以实现如下目标?

表 7-4 例 7-4 相关数据

混合酒	兑制要求	售价(元)
A	丙不多于 10%,甲不少于 50%	16.5
B	丙不多于 70%,甲不少于 20%	15
C	丙不多于 50%,甲不少于 10%	14.4

P_1：尽量按要求进行兑制；
P_2：获利尽量大；
P_3：混合酒 A 每日高于 2 000kg。

解： 先确定决策变量，设 x_{ij} 表示第 i 种原料在第 j 种酒中的含量。其次，确定约束条件，由于供应量受严格控制，相应约束属于硬约束，因此有：

$$x_{11} + x_{12} + x_{13} \leq 1\,500$$
$$x_{21} + x_{22} + x_{23} \leq 2\,000$$
$$x_{31} + x_{32} + x_{33} \leq 1\,000$$

由 P_1：按规定比例兑制，可得：

$$x_{31} \leq 0.1(x_{11} + x_{21} + x_{31}) \Rightarrow 0.1x_{11} + 0.1x_{21} - 0.9x_{31} + d_1^- - d_1^+ = 0, \min(d_1^-)$$
$$x_{11} \geq 0.5(x_{11} + x_{21} + x_{31}) \Rightarrow -0.5x_{11} + 0.5x_{21} + 0.5x_{31} + d_2^- - d_2^+ = 0, \min(d_2^+)$$
$$x_{32} \leq 0.7(x_{12} + x_{22} + x_{32}) \Rightarrow 0.7x_{12} + 0.7x_{22} - 0.3x_{32} + d_3^- - d_3^+ = 0, \min(d_3^-)$$
$$x_{12} \geq 0.2(x_{12} + x_{22} + x_{32}) \Rightarrow 0.2x_{12} + 0.2x_{22} - 0.8x_{32} + d_4^- - d_4^+ = 0, \min(d_4^+)$$
$$x_{33} \leq 0.5(x_{13} + x_{23} + x_{33}) \Rightarrow 0.5x_{13} + 0.5x_{23} - 0.5x_{33} + d_5^- - d_5^+ = 0, \min(d_5^-)$$
$$x_{13} \geq 0.1(x_{13} + x_{23} + x_{33}) \Rightarrow -0.9x_{13} + 0.1x_{23} + 0.1x_{33} + d_6^- - d_6^+ = 0, \min(d_6^+)$$

由 P_2：获利尽量大，可得：

$$16.5(x_{11} + x_{21} + x_{31}) + 15(x_{12} + x_{22} + x_{32}) + 14.4(x_{13} + x_{23} + x_{33}) -$$
$$18(x_{11} + x_{12} + x_{13}) - 13.5(x_{21} + x_{22} + x_{23}) - 9(x_{31} + x_{32} + x_{33}) \geq 81\,000 \Rightarrow$$
$$-1.5x_{11} - 3x_{12} - 3.6x_{13} + 3x_{21} + 1.5x_{22} + 0.9x_{23} + 7.5x_{31} + 6x_{32} +$$
$$5.4x_{33} + d_7^- - d_7^+ = 81\,000, \min(d_7^-)$$

注意，为使获利最大，这里的理想值取利润的上界（也可取一个很大的数）。

由 P_3：混合酒 A 产量每天高于 2 000kg，可得：

$$x_{11} + x_{21} + x_{31} \geq 2\,000 \Rightarrow x_{11} + x_{21} + x_{31} + d_8^- - d_8^+ = 2\,000, \min(d_8^-)$$

最后，整理得目标规划模型为

$$\min z = P_1(d_1^- + d_2^+ + d_3^- + d_4^+ + d_5^- + d_6^+) + P_2 d_7^- + P_3 d_8^-$$

$$\text{s.t.} \begin{cases} x_{11} + x_{12} + x_{13} \leq 1\,500 \\ x_{21} + x_{22} + x_{23} \leq 2\,000 \\ x_{31} + x_{32} + x_{33} \leq 1\,000 \\ 0.1x_{11} + 0.1x_{21} - 0.9x_{31} + d_1^- - d_1^+ = 0 \\ -0.5x_{11} + 0.5x_{21} + 0.5x_{31} + d_2^- - d_2^+ = 0 \\ 0.7x_{12} + 0.7x_{22} - 0.3x_{32} + d_3^- - d_3^+ = 0 \\ 0.2x_{12} + 0.2x_{22} - 0.8x_{32} + d_4^- - d_4^+ = 0 \\ 0.5x_{13} + 0.5x_{23} - 0.5x_{33} + d_5^- - d_5^+ = 0 \\ -0.9x_{13} + 0.1x_{23} + 0.1x_{33} + d_6^- - d_6^+ = 0 \\ -1.5x_{11} - 3x_{12} - 3.6x_{13} + 3x_{21} + 1.5x_{22} + 0.9x_{23} + 7.5x_{31} + 6x_{32} + \\ \quad 5.4x_{33} + d_7^- - d_7^+ = 81\,000 \\ x_{11} + x_{21} + x_{31} + d_8^- - d_8^+ = 2\,000 \\ x_{ij} \geq 0, (i, j = 1, 2, 3); d_k^-, d_k^+ \geq 0, (k = 1, 2, \cdots, 8) \end{cases}$$

求解得:$x_{11}=1\,000, x_{12}=0, x_{13}=0, x_{21}=800, x_{22}=1\,200, x_{23}=0, x_{31}=200, x_{32}=800, x_{33}=0$。

7.3 操作实践

7.3.1 Excel求解目标规划

如前所述,目标规划模型的实质是线性规划模型,因而可以采用单纯形法求解。同样,在Excel中可采用和线性规划相同的方法进行求解。下面举例说明。

例7-5

一家生产某种产品的公司在生产周期内的正常生产时间为100h。为了提高产量,该公司可加班生产、转包或雇临时工,相关数据如表7-5所示。

表7-5 例7-5相关数据

	单位产品生产时间/h	每小时生产费用(元)	平均优质水平
正常生产	2.0	100	99%
加班生产	2.0	150	98%
转包	2.5	80	95%
临时工	3.0	80	90%

决策目标如下。

P_1:尽量满足100单位产品的市场需求。
P_2:优质品不低于98%的水平;
P_3:生产费用不超过22 000元。

试建立该问题的目标规划模型,并用Excel求解。

解:设x_1, x_2, x_3, x_4分别表示正常生产、加班生产、转包、临时工所生产的产品数量,可建立目标规划模型为

$$\min z = P_1 d_1^- + P_2 d_2^- + P_3 d_3^+$$

$$\text{s.t.} \begin{cases} 2x_1 \leq 100 \\ x_1 + x_2 + x_3 + x_4 + d_1^- - d_1^+ = 100 \\ x_1 - 3x_3 - 8x_4 + d_2^- - d_2^+ = 0 \\ 200x_1 + 300x_2 + 200x_3 + 240x_4 + d_3^- - d_3^+ = 22\,000 \\ x_j, d_i^-, d_i^+ \geq 0 (j=1,2,3,4, i=1,2,3) \end{cases}$$

由于需要计算目标函数值,因而优先因子必须赋予具体的值,为满足$P_1 \gg P_2 \gg P_3$,本例取$P_1=1\,000\,000, P_2=1\,000, P_3=1$。在Excel中输入有关数据,如图7-1所示。

	A	B	C	D	E	F	G	H	I	J	K
1		x_1	x_2	x_3	x_4	d_1^-	d_1^+	d_2^-	d_2^+	d_3^-	d_3^+
2	决策变量										
3	约束1	0	≤	100							
4	约束2	0	=	100							
5	约束3	0	=	0							
6	约束4	0	=	22000							
7											
8		P_1	P_2	P_3				目标值	0		
9	优先因子数	1000000	1000	1							

图 7-1　在 Excel 中输入相关数据

该表格中，B2:J2 为可变单元格，B2:B6 为约束条件表达式单元格，H8 为目标单元格。其具体表达式如表 7-6 所示。

表 7-6　部分单元格表达式

B2	=2*B2	B4	=B2−3*D2−8*E2+H2−I2
B3	=B2+C2+D2+E2+F2−G2	B5	=200*B2+300*C2+200*D2+240*E2+J2−K2
H8	=B8*F2+C8*H2+D8*K2		

规划求解参数设置如图 7-2 所示。

图 7-2　"规划求解参数"对话框

与线性规划求解类似，在选项设置中选中"假设非负"和"采用线性模型"，结果如图 7-3 所示。

由图 7-3 给出的结果可看出，第 1 和第 2 优先级目标能够达到，而第 3 优先级目标无法达到，生产费用超出限额 1 333.33。目标规划所得到的满意解表明该公司应安排正常生产、加工生产和转包生产的产品数量分别为 50、33.33 和 16.67 单位。

	A	B	C	D	E	F	G	H	I	J	K
1		x_1	x_2	x_3	x_4	d_1^-	d_1^+	d_2^-	d_2^+	d_3^-	d_3^+
2	决策变量	50	33.33	16.67	0	0	0	0	0	0	1333.33
3	约束1	100		≤	100						
4	约束2	100		=	100						
5	约束3	7.1E-15		=	0						
6	约束4	22000		=	22000						
7											
8		P_1	P_2	P_3			目标值	1333.33			
9	优先因子数	1000000	1000	1							

图 7-3　例 7-5 的 Excel 求解结果

7.3.2　OR for Windows求解目标规划

仍以例 7-5 为例介绍 OR for Windows 软件求解目标规划问题。首先进入 OR for Windows 主窗口界面，在"模型"菜单中选择"目标规划（G）"。接下来在"文件"菜单中单击"新建"或直接单击工具栏的"▯"按钮，弹出"创建数据集"对话框，输入问题名称"例 7-5"，设置目标/约束个数为 4、决策变量个数为 4，单击"确定（O）"按钮，进入数据表格界面，如图 7-4 所示。输入数据窗口的前 4 列 Wt(d+)，Prty(d+)，Wt(d−)，Prty(d−)分别表示输入目标函数的正偏差权重、正偏差优先级、负偏差权重、负偏差优先级。通常权重根据实际需要确定，一般设置为 1，而优先级因子按照优先级顺序用 1、2、3……顺序码输入，无则输入 0。若相应的约束为绝对约束或硬约束，则这 4 项的系数均设置为 0。其余数据的输入与线性规划类似。输入完数据后，单击工具栏"直接求解"按钮，便可得到问题的求解结果如图 7-5 所示。

	Wt(d+)	Prty(d+)	Wt(d−)	Prty(d−)	X1	X2	X3	X4		b
目标/约束1	0	0	0	0	2	0	0	0	<=	100
目标/约束2	0	0	1	1	1	1	1	1	=	100
目标/约束3	0	0	1	2	1	0	−3	−8	=	0
目标/约束4	1	3	0	0	200	300	200	240	=	22000

图 7-4　数据表格界面

由图 7-5 给出的结果可看出，第 1 和第 2 优先级目标能够达到，而第 3 优先级目标无法达到，生产费用超出限额 1 333.33。

Item			
Decision variable analysis	Value		
X1	50		
X2	33.33		
X3	16.67		
X4	0		
Priority analysis	Nonachievement		
Priority 1	0		
Priority 2	0		
Priority 3	1333.33		
Constraint Analysis	RHS	d+ (row i)	d- (row i)
目标/约束1	100	0	0
目标/约束2	100	0	0
目标/约束3	0	0	0
目标/约束4	22000	1333.33	0

图 7-5　例 7-5 的 OR for Windows 求解结果

7.4 实际应用案例

7.4.1 问题的提出

配棉是纺纱的前一道工序。为了生产一定质量指标的棉纱，棉纺厂需要根据本厂原棉的库存情况，把多种不同性能的原棉搭配混合使用，称为配棉。不同产品（棉纱）有不同的配棉方案。每千克配棉成本哪怕降低 1 分钱，一个全年消耗 20 万担原棉（折合 10 万 t）的中型棉纺厂，全年就可节约 100 万元，经济效益是可观的。

配棉过程要考虑很多互相牵制的因素，过去棉纺厂长期沿用的是人工配棉的方式。即由经验丰富的配棉人员根据厂里原棉的库存、质量、国家指标、成本、产品目标等实际情况，通过反复试探搭配完成。这不仅对人员的经验技术要求高，而且劳动强度大，决策时间长，并且考虑因素不一定全面，很难求出最优配棉方案。

某棉纱厂领导希望采用运筹学的方法，从全局出发，给出一个总体配棉模型，根据每个计划期的实际数据值，迅速确定最优的配棉方案。

7.4.2 基本情况分析

运筹学专家深入企业，通过对有关人员的调查访问，了解到该棉纺厂现在共有 50 种库存原棉，并生产三种棉纱产品，即中甲 20^s、细甲 42^s、涤棉 45^s，今后可能还会开发一些新的产品。每天产棉量目前分别为 20t、10t、10t，但企业管理人员希望能主动控制这个数字。因为不同原棉的库存情况不同，某种原棉的短缺会造成工厂停产或需要重新配棉。工厂定义了一个参数：配棉方案有效期 N，其定义为

$$N = \min_{1 \leq j \leq 50} \{原棉\ j\ 的现有库存量 / 原棉\ j\ 的日用量\}$$

采用人工配棉的方式，该值只能在事后确定，即当某种原棉用完后才能确定，然后

再需重新配棉。管理人员希望该值大一点好，因为这样可减少配棉的工作，最好能事先决定 N，提高控制的主动性。另外，运筹学专家还获得了目前在库的 50 种原棉的入库理化检验指标值、原棉单价和库存量，如表 7-7 所示（限于篇幅，省略了部分数据）。

表 7-7　原棉入库检验记录及单价、库存量

序号	品级	平均长度	主长	右长	细度	品质指标	基数	短绒率	均匀度	棉杂	单价（元/kg）	库存量/t
1	1	29	30.54	33.19	5 305	2 380	32.16	14.0	982	155	3.292	43.7
2	1	35	35.26	37.78	6 942	3 945	33.24	11.2	1 172	99	3.507	27.000
3	1	29	29.54	32.46	5 905	2 094	36.68	13.0	1 083	68	3.299	40.194
4	1	29	28.66	31.67	5 739	2 396	38.36	9.4	1 097	71	3.299	6.768
5	1	29	29.26	31.70	5 618	2 260	36.53	11.4	1 069	66	3.299	62.487
⋮	⋮	⋮	⋮	⋮	⋮	⋮	⋮	⋮	⋮	⋮	⋮	⋮
47	2	27	29.11	31.56	6 971	2 420	34.35	15.1	1 000	84	2.96	50.076
48	2	27	28.50	30.50	5 900	2 250	35.00	15.5	1 000	80	3.964	5.880
49	2	29	28.13	31.08	7 238	2 441	34.56	14.2	1 040	157	3.029	63.555
50	1	29	27.37	31.37	5 950	2 206	34.52	13.2	965	75	3.299	16.058

此外，国家规定的各种棉纱的质量标准以及企业上级主管确定的配棉成本上限值如表 7-8 所示。

表 7-8　配棉目标值（棉纱质量国家标准和配棉成本规定）

	中甲 20^s	细甲 42^s	涤棉 45^s
品级	⩾ 2.80	⩾ 1.70	⩾ 1.25
平均长度 /mm	⩽ 27.5	⩽ 29.4	⩽ 29.2
主长 /mm	⩽ 27.5	⩽ 29.4	⩽ 29.2
右长 /mm	⩽ 31.2	⩽ 33.0	⩽ 32.5
细度（支数）	6 550 左右	6 000 左右	5 850 左右
品质指标（kg 支数）	⩾ 2 350	⩾ 2 500	⩾ 2 200
基数（%）	⩽ 36.2	⩽ 36.4	⩽ 36.4
短绒率（%）	⩽ 18	⩽ 13.5	⩽ 11.5
均匀度	⩾ 900	⩾ 1 000	⩾ 1 100
棉杂（粒/g）	⩽ 95	⩽ 85	⩽ 75
配棉成本（元/kg）	⩽ 3.00	⩽ 3.20	⩽ 3.30

棉纱的各项质量指标由其原棉的质量和它们在其中所占的比重加权决定。另外，出于经营和其他技术上的考虑，每种原棉在棉纱中所占百分比也须控制在一定范围之内。比如，目前规定每种原棉在中甲 20^s 棉纱中所占比重最大不能超过 18%，在细甲 42^s 棉纱中

所占比重最大不能超过 20%，在涤棉 45^s 棉纱中所占比重最大不超过 23%。当然，也可能规定其最小界限。

7.4.3 问题建模

运筹学专家在整理调查了解到的信息，并充分讨论分析后，认为该企业的问题可以通过建立目标规划模型来解决。为了使模型具有一定的灵活性，在一定程度上适应企业未来发展和变化需要，运筹学专家并没有把获得的一些数据完全确定下来，而是将其进行参数化处理，并开发了相应的计算机软件来求解。建立的总体配棉模型如下。

1. 变量和常数

m ——棉纺厂生产棉纱的种数；

n ——棉纺厂现在库存原棉的种数；

l ——每种原棉入库检验质量指标的项数；

W_j ——第 j 种原棉的现有库存量（t）；

C_j ——第 j 种原棉的单价（元/kg）；

G_j ——第 j 种原棉的日用棉量（t/天）；

a_{kj} ——第 j 种原棉的第 k 项质量指标值；

h_{kj} ——第 j 种原棉的第 k 项质量指标值（国家标准）；

C^i ——第 i 种原棉的成本上限（元/kg），由企业主管部门规定；

N ——计划需要的配棉方案有效期（天）；

x_{ij} ——第 j 种原棉在 i 种棉纱中的配棉百分比（决策变量）；

t_{ij} ——第 j 种原棉在 i 种棉纱中的配棉百分比下限；

T_{ij} ——第 j 种原棉在 i 种棉纱中的配棉百分比上限；

d_{ki}^- ——第 i 种棉纱的 k 项质量指标小于国家标准的负偏差变量；

d_{ki}^+ ——第 i 种棉纱的 k 项质量指标大于国家标准的正偏差变量。

上述变量中 i,j,k 的变化范围均为 $1 \leqslant i \leqslant m, 1 \leqslant j \leqslant n, 1 \leqslant k \leqslant l$。

2. 约束条件

（1）配棉质量指标约束，第 i 种棉纱的配棉结果必须满足国家规定的各项质量指标，其中"≥"表示增益型（越大越好），"≤"表示损益型（越小越好）。

$$\sum_{j=1}^{n} a_{kj} x_{ij} \gtreqless h_{ki} \tag{7-1}$$

引入正、负偏差，改写为

$$\sum_{j=1}^{n} a_{kj} x_{ij} + d_{ki}^- - d_{ki}^+ = h_{ki} \quad (1 \leqslant i \leqslant m, 1 \leqslant k \leqslant l) \tag{7-2}$$

（2）配棉百分比约束，每种棉纱的配棉百分比都必须等于 1。

$$\sum_{j=1}^{n} x_{ij} = 1 \quad (1 \leq i \leq m) \tag{7-3}$$

（3）成本约束，每种棉纱的配棉成本不能超过规定的上限值。

$$\sum_{j=1}^{n} C_j x_{ij} \leq C^i \quad (1 \leq i \leq m) \tag{7-4}$$

（4）库存约束和配棉方案有效期，假定生产计划期为 N 天，配棉方案保证在计划期 N 天内有效，原棉耗用总量不能超过现有库存量。

$$N \sum_{i=1}^{m} G_i x_{ij} \leq W_j \quad (1 \leq j \leq n) \tag{7-5}$$

（5）配棉混用比例约束，根据不同棉纱的特殊要求，配棉时各种原棉的混用比例必须满足一定的上、下限要求。

$$\begin{cases} x_{ij} \geq t_{ij} \\ x_{ij} \leq T_{ij} \end{cases} \quad (1 \leq i \leq m, 1 \leq j \leq n) \tag{7-6}$$

（6）非负约束，所有的决策变量和偏差变量必须非负。

$$x_{ij} \geq 0, d_{ki}^- \geq 0, d_{ki}^+ \geq 0 \quad (1 \leq i \leq m, 1 \leq j \leq n, 1 \leq k \leq l) \tag{7-7}$$

3.目标函数

以保证棉纱质量为目标，以国家规定的棉纱质量指标值为目标值，具体地，按优先等级，确定第 1 目标为品级、第 2 目标为长度、第 3 目标为细度、第 4 目标为品质指标等。所有产品不分品种，重要性一视同仁。同一优先等级各偏差变量的权因子根据产品的产量比例分配。因此，目标函数为

$$\min z = \sum_{k=1}^{l} P_k \left[\sum_{i=1}^{m} (W_{ki}^- d_{ki}^- + W_{ki}^+ d_{ki}^+) \right]$$

其中，目标优先等级 $P_1 \gg P_2 \gg P_3 \gg \cdots \gg P_l$，$W_{ki}^-$ 和 W_{ki}^+ 是第 k 个目标等级中的优先权因子 $(1 \leq i \leq m, 1 \leq k \leq l)$。

式（7-1）~式（7-7）就构成了最基本的多产品、多指标最优配棉方案的目标规划模型。这是一个带参数的、变量有界的线性目标规划模型，共有 l 个目标优先等级、$m(n+2l)$ 个变量（其中决策变量 mn 个，偏差变量 $2ml$ 个），以及 $m(l+2)+n$ 个约束条件（不计非负约束和变量上、下限约束）。

7.4.4 结果分析

将该棉纺厂当前的实际数据输入模型当中。显然，$m=3, n=50, l=10$，这是一个有 10 个目标优先等级、210 个变量（其中有 150 个带上限的决策变量和 60 个偏差变量）和 86 个约束条件的参数目标规划。

该厂某次生产会议决定的人工配棉方案如表 7-9 所示，序号表示原棉入库的顺序记录号，其中只列出了非 0 变量。总体配棉目标规划模型按计划期 $N_1 = 7$ 天和 $N_2 = 10$ 天，确定

了两个配棉方案，即方案 1（见表 7-10）和方案 2（见表 7-11）。

表 7-9 人工配棉方案（只包括非 0 变量）

20^s	序号	23	29	36	38	41	45	46	47	49
	用量	0.02	0.07	0.09	0.18	0.18	0.07	0.18	0.14	0.07
42^s	序号	1	2	24	28	35	37	50		
	用量	0.10	0.06	0.20	0.14	0.20	0.20	0.10		
45^s	序号	3	8	10	12	25	27			
	用量	0.16	0.15	0.23	0.15	0.08	0.23			

表 7-10 目标规划配棉（方案 1）（只包括非 0 变量）

20^s	序号	8	12	17	31	32	38	41	44	49	50
	用量	0.03	0.08	0.07	0.13	0.01	0.14	0.18	0.18	0.16	0.02
42^s	序号	1	2	15	17	20	28	31	35	48	50
	用量	0.10	0.11	0.03	0.01	0.12	0.20	0.09	0.06	0.08	0.20
45^s	序号	5	8	12	16	19	30	42	46	49	
	用量	0.23	0.15	0.20	0.14	0.15	0.02	0.04	0.01	0.06	

表 7-11 目标规划配棉（方案 2）（只包括非 0 变量）

20^s	序号	17	26	38	39	41	43	45	46	47	49	50
	用量	0.03	0.01	0.10	0.18	0.07	0.13	0.18	0.04	0.17	0.01	0.08
42^s	序号	1	2	8	17	21	22	23	40	42	43	45
	用量	0.08	0.10	0.20	0.06	0.05	0.02	0.10	0.04	0.14	0.01	0.20
45^s	序号	5	8	13	15	16	19	20	31	49		
	用量	0.15	0.23	0.13	0.07	0.10	0.11	0.08	0.04	0.09		

为了便于比较各种方案的优劣，定义每种产品配棉方案的三个考核指标如下。

1. 质量指标合格率 η

国家规定的 10 项质量指标是否全部合格？全部合格为 100%，有一项不合格减去 10%。

2. 配棉经济效益 ΔC（元/kg）

$$\Delta C = 规定的配棉成本上限 - 配棉成本$$

3. 配棉方案有效期 T

人工配棉方案有效期 T 必须事后计算。总体配棉方案的有效期 T 就是计划期 N，这是由人控制、事先决定的，从而保证了生产的主动性。

三种产品的人工配棉和目标规划模型配棉结果及三项考核指标如表 7-12 所示。

表 7-12 配棉结果比较

比较维度		中甲 20^s			细甲 42^s			涤棉 45^s		
		人工配棉	方案 1	方案 2	人工配棉	方案 1	方案 2	人工配棉	方案 1	方案 2
质量指标	品级	3.04	2.80	2.87	1.70	1.70	1.97	1.25	1.25	1.25
	平均长度	27.50	27.50	27.10	29.40	29.00	28.62	29.20	29.12	29.03
	主长	27.67 Δ	27.02	27.02	30.31	29.40	28.66	29.90 Δ	29.20	29.20
	右长	30.63	30.13	30.13	33.04 Δ	32.18	31.54	33.37 Δ	32.00	32.00
	细度	6 554	6 550	6 550	5 912	6 000	6 000	5 863	5 850	5 948
	品质指标	2 379	2 386	2 350	2 524	2 500	2 500	2 223	2 289	2 306
	基数	33.27	36.2	33.09	34.76	35.65	36.4	38.82 Δ	37.28 Δ	37.39 Δ
	均匀度	925	993	900	957 Δ	1 024	1 023	1 152	1 100	1 100
	短绒率	17.6 Δ	16.68	18	12.9	13.5	13.5	11.38	11.5	11.5
	棉杂	96.1 Δ	95	95	102 Δ	85	85	86.5 Δ	75	75
成本	配棉成本	2.806 5	2.775 0	2.819 8	3.160 9	3.090 0	3.060 0	3.247 2	3.245 2	3.235 3
考核指标	η	80%	100%	100%	70%	100%	100%	60%	90%	90%
	ΔC	0.193 5	0.225 7	0.180 2	0.039 1	0.110 0	0.140 0	0.052 8	0.054 8	0.064 7
	T	3	7	10	3	7	10	16	7	10

注：表中凡指标不合格者，均以 Δ 标出。

考虑配棉方案的优劣，应该从全局出发，综合考虑三种产品的这三项指标，做出总体的评价。为此，定义综合指标如下（记三种产品为 A、B、C）：

（1）质量指标综合合格率 $\eta^* = \frac{1}{3}(\eta_A + \eta_B + \eta_C)$；

（2）综合经济效益 $\Delta C^* = \frac{1}{4}(2\Delta C_A + \Delta C_B + \Delta C_C)$（根据产品 A、B、C 的产量比例作加权平均）；

（3）综合有效期 $T^* = \min\{T_A, T_B, T_C\}$。

综合结果如表 7-13 所示。

表 7-13 配棉方案综合比较表

配棉方案		质量指标综合合格率 η^*	综合经济效益 ΔC^*（元/kg）	综合有效期 T^*（天）
人工配棉		70%	0.119 7	3
总体配棉	方案 1	97%	0.153 7	7
	方案 2	97%	0.141 3	10

综合比较结果说明：总体配棉方案优于人工配棉方案，不仅质量好，配棉有效期长，生产主动，而且能降低成本，经济效益很显著。例如，方案 1 比人工配棉降低成本 0.034 元/kg，方案 2 比人工配棉降低成本 0.021 6 元/kg，从而每年可为该厂节约成本数百万元。

习 题

1. 若用以下表达式作为目标规划的目标函数，试述其逻辑是否正确。
   （1）$\max z = d^- + d^+$
   （2）$\max z = d^+ - d^-$
   （3）$\min z = d^- + d^+$
   （4）$\min z = d^+ - d^-$

2. 为什么说目标规划是特殊的线性规划问题？

3. 某厂生产录音机和收音机两种产品。该厂装配车间每日共有工人 140 人可用来装配两种产品。已知录音机装配速度为 2 人日/台，收音机 1 人日/台。据预测，市场每日需求为录音机 60 台，收音机 100 台，每台录音机和收音机的利润分别为 300 元和 120 元。显然，由于受到装配劳动力的限制，装配车间不能满足市场需求量。为了增加收益，厂领导考虑从其他车间抽调工人支援装配车间，但人数不能太多，否则将会使成本增加。最后，厂领导制定了 4 个目标，按优先等级列举如下：

P_1：避免开工不足，使装配车间能正常生产；
P_2：允许工人支援装配，但每天最多不能超过 40 名；
P_3：尽可能达到计划日装配量，录音机和收音机优先权系数由所带来的利润而定；
P_4：尽可能减少支援工人数，以节约费用。

试建立该问题的目标规划模型。

4. 某电视机厂生产彩色电视机，有两条生产线，甲生产线每小时生产 2 台，乙生产线每小时生产 1.5 台。甲、乙两条生产线每周正常工作时间都是 40 h。厂长的目标如下：

P_1：每周生产 180 台彩色电视机；
P_2：限制甲生产线的加班时间为 10h；
P_3：保证甲、乙生产线的正常生产，避免停工（根据两条生产线的生产率不同给予不同的权重）；
P_4：甲、乙两生产线的加班时间应加以限制（根据加班的相对费用给予权重），假定两生产线的代价是一样的。

试建立问题的目标规划模型。

5. 用单纯形法求解下列问题：

$$\min z = P_1(d_1^- + d_1^+) + P_2 d_2^- + P_3 d_3^- + 5P_4 d_3^+ + 3P_4 d_2^+$$

$$\text{s.t.} \begin{cases} x_1 + x_2 + d_1^- - d_1^+ = 800 \\ 5x_1 + d_2^- - d_2^+ = 2\,500 \\ 3x_2 + d_3^- - d_3^+ = 1\,400 \\ x_1, x_2, d_i^-, d_i^+ \geq 0, i = 1, 2, 3 \end{cases}$$

6. 某厂生产 I、II 两种产品，有关数据如表 7-14 所示。

表 7-14 习题 6 的表格

项目	I	II	拥有量
原材料 /kg	4	6	150
设备台时 /h	3	2	70
单件利润（元）	300	450	

如果工厂经营目标的期望值和优先等级如下。

P_1：每周总利润不得低于 10 000 元；
P_2：因合同要求，产品 I 至少生产 10 件，产品 II 至少生产 15 件；

P_3：希望原材料的每周消耗量正好为150kg，设备的开工时间最好用足，甚至可适当加班。

试建立这个问题的目标规划模型。

7. 某纺织厂生产两种布料，一种用来做服装，另一种用来做窗帘。该厂实行两班生产，每周生产时间定为80h，这两种布料每小时都能生产1 000m。假定每周窗帘布可销售70 000m，每米的利润为2.5元；衣料布可销售45 000m，每米的利润为1.5元。

该厂在制定生产计划时有以下各级目标。

P_1：每周必须用足80h的生产时间；

P_2：每周加班时数不超过10h；

P_3：满足每周销售窗帘布70 000m，衣料布45 000m的需求（按产量加权）；

P_4：加班时间尽可能少。

试建立这个问题的目标规划模型并求解。

第8章 图与网络分析

图论是数十年来蓬勃发展的一个运筹学分支，它的理论和方法在许多领域中得到了重要的应用，并取得了丰硕的成果。在本章，你将可以看到用线性规划、整数规划解决的资源分配问题、运输问题、生产计划问题、设备更新改造问题，有时也可以用图论的方法来构造模型并求解。图的直观性有助于描述问题，此外，有些研究对象，如交通网、通信网等，它们本身就是一个网络，用图论的方法来研究更加方便。

世界上公认的第一篇关于图论的论文是数学家欧拉于1736年发表的《哥尼斯堡的七座桥》。哥尼斯堡有一条河，河中有两个岛，共有七座桥联系着被河隔开的四块陆地，如图8-1所示。当时这个城的居民热衷于这样一个问题：能否从一块陆地出发，经过每座桥一次且仅一次，再回到出发点。很多人不断探索，但都没有得到结论，于是便去请教当时的大数学家欧拉。欧拉用一个点表示陆地，用点的连线表示陆地间的桥，这样就得出了图8-2，问题就变为，在图8-2中是否可以从某一起点出发只经过每条边一次且仅一次，再又回到出发点，即一笔画问题。欧拉证明了这样的走法不存在，由此得到了这类问题的有关推论，创立了图论基础。此后200年内，图论发展极其缓慢，平均每年只有一篇论文出现，直到1936年，匈牙利数学家 D. Kong 发表了图论的第一本专著，图论才由此成为数学的一个独立学科。20世纪50年代，美国数学家 Ford 和 Fulkerson 发现了最大流最小割定理，使图论发展日新月异，成为运筹学中十分活跃的重要分支。

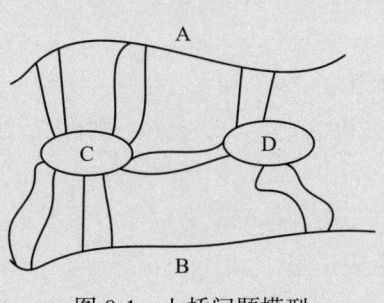

图 8-1 七桥问题模型

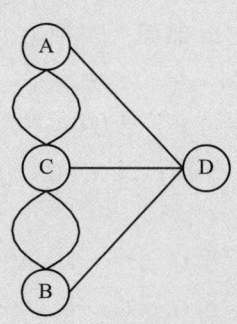

图 8-2 欧拉的七桥模型

8.1 图的基本概念

在客观世界里，若干对象之间的联系都可以用点及点与点之间的连线所构成的图来表示，这里所说的图与数学中的几何图形不完全相同，点的相对位置、连线的长短曲直，对于反映对象之间的联系是无关紧要的。

8.1.1 无向图

无向图由顶点和边组成。设 G 表示图，V 表示非空的顶点集合，E 表示边的集合，E 中任一条边 e 对应 V 中两个元素 $[u,v]$，记 $G=(V,E)$，其中 $v \in V$ 为顶点，$e \in E$ 为边。

例8-1

如图 8-3 所示，
$V = \{v_1, v_2, v_3, v_4, v_5\}$
$E = \{e_1, e_2, e_3, e_4, e_5, e_6, e_7, e_8, e_9\}$
$e_1 = [v_1, v_2]$，$e_2 = [v_1, v_4]$，$e_3 = [v_2, v_3]$，$e_4 = [v_5, v_5]$，
$e_5 = [v_3, v_4]$，$e_6 = [v_2, v_5]$，$e_7 = [v_3, v_5]$，$e_8 = [v_4, v_5]$，$e_9 = [v_2, v_5]$

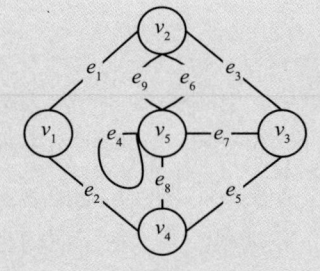

图 8-3 例 8-1 图示

假设 v_i，v_j 是 V 中的两个顶点，它们之间有一条边 e_k，可记为 $e_k = [v_i, v_j]$，称顶点 v_i，v_j 相邻，v_i，v_j 为边 e_k 的两个端点。

假设 e_i，e_j 是 E 中的两条边，它们有共同的顶点 v_k，则称 e_i，e_j 相邻，e_i，e_j 为顶点 v_k 的关联边。

阶：图中顶点的个数称为图 G 的阶，用 $n(G)$ 表示，简记为 n。

环：若一条边的两个端点相同，则称该边为环。如图 8-3 中的 e_4。

平行边：若图 G 中两条不同的边 e 与 e' 具有相同的端点，则称 e 与 e' 为图 G 的平行边。如图 8-3 中 e_6 与 e_9 是平行边。

简单图：若图 G 无平行边，则称 G 为简单图。

完备图：若图 G 中任两个顶点间恰有一条边与之相关联，则称该图为完全图。

二部图：若图 G 的顶点集 V 可以分为不重叠的两个子集 X 和 Y，即 $V = X \cup Y$，$X \cap Y = \varnothing$，E 中每条边的两个端点必有一个属于 X，另一个属于 Y，则称 G 为二部图，又称偶图，记为 $G = (X, Y, E)$，如图 8-4 所示。

子图：设 $G = (V, E)$，$G_1 = (V_1, E_1)$，如果 $V_1 \subseteq V$，$E_1 \subseteq E$，则称 G_1 为 G 的子图，记为 $G_1 \subseteq G$。

当 $G_1 \subseteq G$，$V_1 \neq V$ 时，称 G_1 为 G 的真子图，也可记为 $G_1 \subset G$。

当 $G_1 \subseteq G$，$V_1 = V$ 时，称 G_1 为 G 的生成子图，如图 8-5 所示。

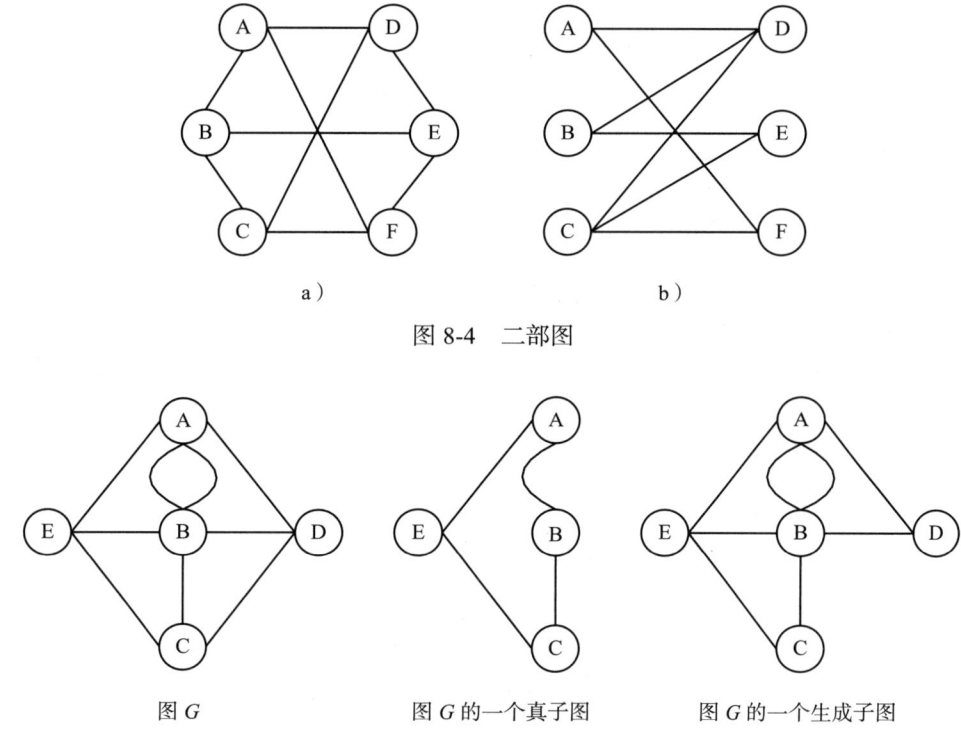

图 8-4 二部图

图 G   图 G 的一个真子图   图 G 的一个生成子图

图 8-5 真子图和生成子图

同构：若图 $G=(V,E)$ 和 $G'=(V',E')$ 的顶点集合 V，V' 以及边集合 E，E' 之间存在保持关联性质的条件下的一一对应，称 G 和 G' 同构。

例8-2

在图 8-6 中，v_i 与 v_i'（$i=1,\cdots,4$）相对应，则 E 中边 $[v_1,v_2]$，$[v_2,v_3]$，$[v_3,v_4]$，$[v_4,v_1]$ 与 E' 中边 $[v_1',v_2']$，$[v_2',v_3']$，$[v_3',v_4']$，$[v_4',v_1']$ 一一对应，且对应边与对应顶点相关联，所以这两个图同构。

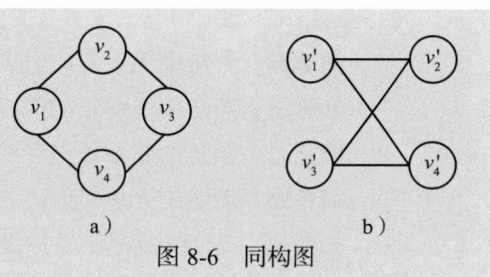

图 8-6 同构图

形象地说，边是完全有弹性的（可以拉长、缩短或弯曲），将顶点挪动位置后得到的图就会与原图同构。同构的图被认为是相同的，这样就可以将复杂的图改画成清晰的、简单的图。

顶点阶数（次）：$G=(V,E)$ 中与顶点 v_i 相关联边（即以 v_i 为端点的边）的数量称为顶点 v_i 的阶数（简称次），记为 $\deg(v_i)$。若 $\deg(v_i)$ 为奇数，称 v_i 为奇次顶点（奇点），否则称为偶次顶点（偶点）。如图 8-3 中，$\deg(v_2)=4$，$\deg(v_4)=3$，$\deg(v_5)=6$（其中 e_4 计算了两次）。

悬挂点：若 $\deg(v_i)=1$，则称顶点 v_i 为悬挂点，以 v_i 为端点的边称为悬挂边。

孤立点：若 $\deg(v_i)=0$，则称顶点 v_i 为孤立点。

定理 8-1 任何图中，顶点次的总和都等于边数的两倍。

证明：因为每条边与两个顶点相关联，在计算顶点的次时，每条边均被计算了两次，所以顶点次的总和等于边数的两倍。

推论 1：任何图中奇次顶点的个数必为偶数。

证明：令 V_1 为奇次顶点集，V_2 为偶次顶点集，则有

$$\sum_{v \in V_1} \deg(v) + \sum_{v \in V_2} \deg(v) = 2m$$

$$\sum_{v \in V_1} \deg(v) = 2m - \sum_{v \in V_2} \deg(v)$$

因为 $2m$ 为偶数，$\sum_{v \in V_2} \deg(v)$ 为偶数之和，仍为偶数，所以 $\sum_{v \in V_1} \deg(v)$ 是偶数，因此 V_1 中元素的数目为偶数。

链：无向图中一个顶点与边交错而成的非空有限序列称为链。

$Q = v_{i_1} e_{j_1} v_{i_2} e_{j_2} \cdots v_{i_s} e_{j_s} v_{i_{s+1}} \cdots v_{i_{k-1}} e_{j_k} v_{i_k}$ 且 $e_{j_s} = (v_{i_s}, v_{i_{s+1}})$ $(s=1,2,\cdots,k-1)$，则 Q 为连接 v_{i_1} 和 v_{i_k} 的链。

简单链：若链中无重复的边，则称该链为简单链。

初等链：若链中无重复的顶点，则称该链为初等链。

圈：若一条链的起始顶点和终止顶点相同，则称该链为圈。

简单圈：若链中无重复的边，则称该圈为简单圈。

初等圈：若链中除第一个和最后一个顶点外，无其他重复的顶点，则称该圈为初等圈。

在简单图中，链由其顶点序列确定，所以简单图的链可以用其顶点序列表示。

例 8-3

在图 8-7 中，$\{v_1 e_1 v_2 e_2 v_3 e_5 v_4 e_7 v_5 e_6 v_3 e_5 v_4 e_8 v_6\}$ 是一条链。$\{v_1 e_1 v_2 e_2 v_3 e_3 v_1 e_4 v_4 e_5 v_3\}$ 是一条简单链，简记为 $\{v_1 v_2 v_3 v_1 v_4 v_3\}$。$\{v_1 v_2 v_3 v_4 v_5 v_6 v_8 v_7\}$ 是一条初等链。$\{v_1 v_2 v_3 v_5 v_4 v_1\}$ 是一个圈。

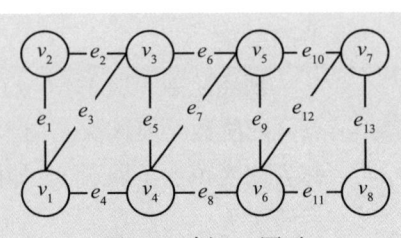

图 8-7 例 8-3 图示

注意：用点边序列表示链，并非指集合，而是一种习惯表示法。

连通图：若图 G 中任意两点 u,v 都连通（即 u,v 之间存在一条通路），则称 G 为连通图。否则称为非连通图。

连通性是一种等价关系，因为它满足以下三个性质。

（1）自反性：u 和 u 连通。

（2）对称性：若 u 和 v 连通，则 v 和 u 连通。

（3）传递性：若 u 和 v 连通，v 和 t 连通，则 u 和 t 连通。

若顶点的集合 V 可分解成互不相交的子集 $V_1,V_2,\cdots,V_k$，同一个子集 V_i 中的任意两顶点均连通，不同子集中的顶点不连通，对应的子图 $G_1,G_2,\cdots,G_k$ 称为 G 的分支，分支数记为 $k(G)$。

显然，当 $k(G)=1$ 时，G 为连通图，当 $k(G)>1$ 时，G 为非连通图。

下面介绍一下无向图的矩阵表示形式。

关联矩阵：对于 $G=(V,E)$，$V=\{v_1,v_2,\cdots,v_n\}$，$E=\{e_1,e_2,\cdots,e_m\}$，其关联矩阵为一个 $n\times m$ 阶矩阵 $A=(a_{ij})_{n\times m}$，其中，

$$a_{ij}=\begin{cases}0 & v_i \text{ 与 } e_j \text{ 不关联}\\ 1 & v_i \text{ 与 } e_j \text{ 关联}\\ 2 & e_j \text{ 是以 } v_i \text{ 为端点的一个环}\end{cases}$$

例8-4

图 8-3 的关联矩阵如下：

$$\begin{array}{c} & \begin{matrix}e_1 & e_2 & e_3 & e_4 & e_5 & e_6 & e_7 & e_8 & e_9\end{matrix} & \deg(v_i)\\ \begin{matrix}v_1\\v_2\\v_3\\v_4\\v_5\end{matrix} & \begin{pmatrix}1 & 1 & 0 & 0 & 0 & 0 & 0 & 0 & 0\\ 1 & 0 & 1 & 1 & 0 & 1 & 0 & 0 & 0\\ 0 & 0 & 1 & 1 & 1 & 0 & 1 & 0 & 0\\ 0 & 1 & 0 & 0 & 1 & 0 & 0 & 1 & 0\\ 0 & 0 & 0 & 0 & 0 & 1 & 1 & 1 & 2\end{pmatrix} & \begin{matrix}2\\4\\4\\3\\5\end{matrix}\end{array}$$

显然，各行元素之和为该顶点的次，各列元素之和为 2。

邻接矩阵：对于 $G=(V,E)$，$V=\{v_1,v_2,\cdots,v_n\}$，其邻接矩阵为一个 $n\times n$ 阶矩阵 $B=(b_{ij})_{n\times n}$，其中 b_{ij} 为连接顶点 v_i 与 v_j 边的数目。

例8-5

图 8-3 的邻接矩阵如下：

$$\begin{array}{c} & \begin{array}{ccccc} v_1 & v_2 & v_3 & v_4 & v_5 \end{array} \\ \begin{array}{c} v_1 \\ v_2 \\ v_3 \\ v_4 \\ v_5 \end{array} & \begin{pmatrix} 0 & 1 & 0 & 1 & 0 \\ 1 & 0 & 2 & 0 & 1 \\ 0 & 2 & 0 & 1 & 1 \\ 1 & 0 & 1 & 0 & 1 \\ 0 & 1 & 1 & 1 & 1 \end{pmatrix} \end{array}$$

由于图的邻接矩阵比其关联矩阵要小得多，通常图以邻接矩阵的形式存贮于计算机中。

8.1.2 有向图

有向图由顶点和弧组成。设 G 表示图，V 表示非空的顶点集合，E 表示弧的集合，E 中任一条弧 e 对应 V 中两个有序元素组 (u,v)，记 $G=(V,E)$，其中 $v\in V$ 为顶点，$e\in E$ 为边。

例8-6

如图 8-8 所示。
$V=\{v_1,v_2,v_3,v_4,v_5\}$
$E=\{e_1,e_2,e_3,e_4,e_5,e_6,e_7,e_8,e_9\}$
$e_1=(v_1,v_2)$，$e_2=(v_1,v_4)$，$e_3=(v_3,v_2)$，$e_4=(v_5,v_5)$，
$e_5=(v_4,v_3)$，$e_6=(v_2,v_5)$，$e_7=(v_5,v_3)$，$e_8=(v_5,v_4)$，$e_9=(v_2,v_5)$

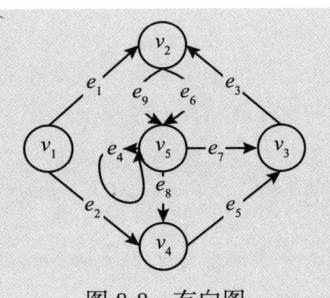

图 8-8 有向图

形象地说，无向图中的边加上箭头后就为有向图。

若弧 $e=(u,v)$，则称 u 为 e 的起始顶点（起点），v 为终止顶点（终点）。

若弧 $e=(u,v)$，则称 u 与 v 相邻（而不是 v 与 u 相邻）。

若弧 $e_i=(u,v)$，$e_j=(v,t)$，则称 e_i 和 e_j 相邻，v 为公共顶点，如图 8-8 中 e_5 与 e_3 相邻。

平行弧：若图 G 中两条不同的边 e 与 e' 具有相同的端点，则称 e 与 e' 为图 G 的平行弧。如图 8-8 中 e_6 与 e_9 是平行弧。

简单图：若图 G 无平行弧，则称 G 为简单图。

完备图：若图 G 中任意两个顶点 u 与 v 之间，恰有两条弧 (u,v) 和 (v,u)，则称图 G 为完备图。

基本图：把有向图 G 每条弧上的箭头除去，得到的相应的无向图称为基本图。

有向图同构的概念与无向图相似。图 8-9a 与图 8-9b 同构。

出度：有向图 G 中，以顶点 v 为起点的弧的数目，称为 v 的出度，记为 $d^+(v)$。

入度：有向图 G 中，以顶点 v 为终点的弧的数目，称为 v 的入度，记为 $d^-(v)$。

在图 8-8 中，$d^+(v_5)=3$，$d^-(v_5)=3$。

有向链：若 Q 在有向图 G 的基本图中是一条链，且 Q 上所有弧都沿同一方向，则称 Q 为 G 的有向链。

初等链：若有向链 Q 在有向图 G 的基本图中是一条初等链，则称 Q 为 G 的初等链，也称为有向通路、路。

圈：若有向链 C 在有向图 G 的基本图中是一个圈，则称 C 为有向圈，也称为有向回路、回路。

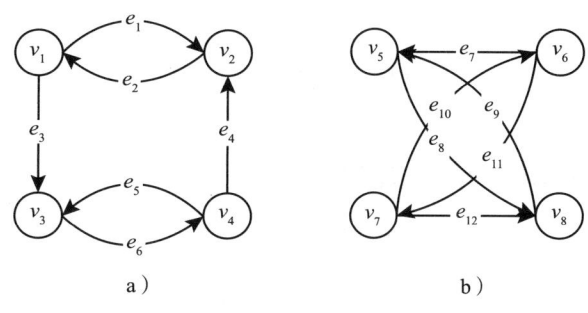

图 8-9　同构图

可达：u 可达 v，是指从 u 出发到 v 有一条有向通路。

例8-7

在图 8-8 中，$\{v_2 e_6 v_5 e_8 v_4\}$ 是一条有向通路，因而 v_2 可达 v_4。

单连通图：若有向图 G 中任两个顶点 u, v，或 u 可达 v，或 v 可达 u，则称图 G 为单连通图。

强连通图：若有向图 G 中任两个顶点之间相互可达，则称图 G 为强连通图。

下面介绍一下无向图的矩阵表示形式。

关联矩阵：对于 $G=(V,E)$，$V=\{v_1,\cdots,v_n\}$，$E=\{e_1,\cdots,e_m\}$，其关联矩阵为一个 $n\times m$ 阶矩阵 $\boldsymbol{A}=(a_{ij})_{n\times m}$，其中，

$$a_{ij}=\begin{cases}1 & v_i \text{ 为 } e_j \text{ 起点} \\ -1 & v_i \text{ 为 } e_j \text{ 终点} \\ 0 & \text{其他}\end{cases}$$

邻接矩阵：对于 $G=(V,E)$，$V=\{v_1,v_2,\cdots,v_n\}$，其邻接矩阵为一个 $n\times n$ 阶矩阵 $\boldsymbol{B}=(b_{ij})_{n\times n}$，其中 b_{ij} 是以 v_i 为起点，以 v_j 为终点的弧的数目。

最后再进一步介绍一下网络的概念。

权：对 G 的每一条边（弧）e，可以赋以一个实数 $w(e)$，称为 e 的权。据具体问题，权可以是距离、时间、成本等。若 $w(e) \geq 0$，则称 $w(e)$ 为 e 的容量。

若 H 是赋权图 G 的一个子图，则 H 的权 $W(H)$ 是指 H 中各边（弧）的权和 $\sum_{e\in E(H)} w(e)$。

网络：连通的赋权图称为网络。如果网络是无向图，则称之为无向网络，若网络是有向图，则称之为有向网络。

网络分析主要研究的问题有：最小生成树问题、最短路问题、网络最大流问题、最小费用最大流问题等。下面各节将逐一介绍。

8.2 最小生成树问题

在各式各样的图中，有一类图是极其简单但是有着广泛用途的，这就是树。本节中关于树的讨论仅限于无向图。

8.2.1 基本概念

不包含圈的图称为无圈图，连通的无圈图称为树。树中的边称为枝。

例8-8

4个顶点的树可以举出几种，如图8-10所示。

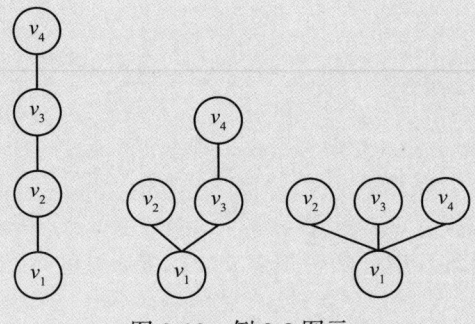

图 8-10　例 8-8 图示

定理 8-2　若无向图 $T=(V,E)$，$V=\{v_1,\cdots,v_n\}$（$n>1$），则下列命题等价：
（1）T 是连通的且无圈。
（2）T 无圈且有 $n-1$ 条边。
（3）T 连通且有 $n-1$ 条边。
（4）T 无圈，但不相邻的两个顶点之间加上一条新边，恰得唯一的一个圈。
（5）T 连通，但去掉 T 的任意一边便不连通。
（6）对于 T 的任两个顶点，恰有唯一的一条初等链相连。

证明时可由（1）推导出（2），由（2）推导出（3）……由（6）推导出（1）。这里只证明（1）$\Rightarrow$（2）。

证明：（1）$\Rightarrow$（2）

已知 T 是连通的，且无圈，要证明 $m=n-1$。

对顶点个数 n 用数学归纳法：

（1）当 $n=2$ 时，T 只有两个顶点，且无圈，而又必须连通，故只可能有一条边，故 $m=1$，命题成立。

（2）假设 $n=k-1$ 时命题成立，即有 $k-1$ 个顶点的树必有 $k-2$ 条边。现要证明 $n=k$

时命题亦成立。

当 $n=k$ 时，T 无圈，当把 T 中一条边去掉，再把该边的两端点重合在一起时，T 的边数和顶点数均减少 1，这时 T 仍然是无圈的连通图，故是 $k-1$ 个顶点的树，由假设可得，其边数为 $k-2$。

于是，当 T 的顶点数为 k 时，边数为 $k-1$，即 $n=k$ 时命题成立。证毕。

定理 8-3 一棵树至少有两个悬挂点。

证明：根据定理 8-1，有 $\sum_{u\in V} \deg(u) = 2m$

而对树而言，$m=n-1$，$\sum_{u\in V}\deg(u) = 2(n-1) = 2n-2$。

树是连通的，无孤立顶点，故树中至少有两个顶点，其次为 1，即至少有两个悬挂点。

注意：该定理的逆命题不成立。

不连通的无圈图称为森林，其每个连通子图都是树。

对有向图而言，有下列概念。

若有向图 G 的基本图是一棵树，且存在一个顶点 u，G 中任一顶点 v 都可以由 u 到达（u 可达 v），则称 u 为 G 的根，G 为有向树。

8.2.2 生成树

若图 G 的生成子图 T 是一棵树（这时两者顶点集合相同），则称该树为 G 的生成树，也称支撑树，如图 8-11 所示。图 G 中属于生成树的边称为枝，树以外的边称为弦，由弦组成的图称为生成树对应的余树，记为 T_c。需要注意的是，T_c 不一定连通。

由定义可知：若 G 有生成树，则 G 必为连通图。

反过来是否也成立呢？若 G 是连通的，那么将 G 中的边一条一条去掉，并使剩余图始终连通，当不再有这样可去掉的边时，剩余图 G' 中必定不含圈，按树的定义，G' 为一棵树。因而下述定理成立。

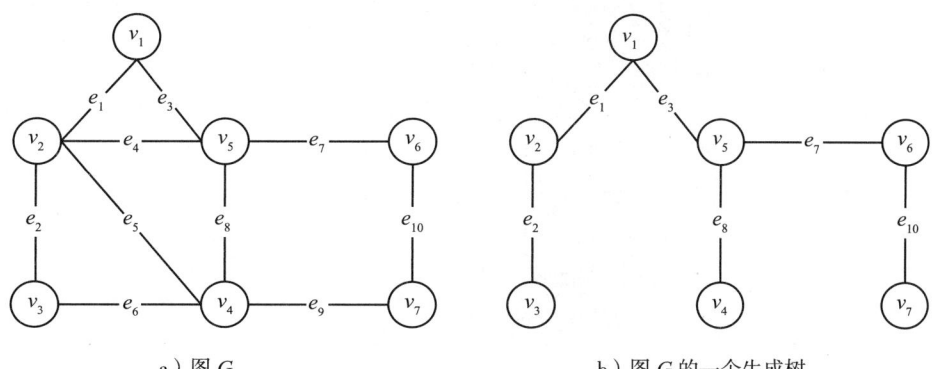

a）图 G b）图 G 的一个生成树

图 8-11 图 G 及其生成树

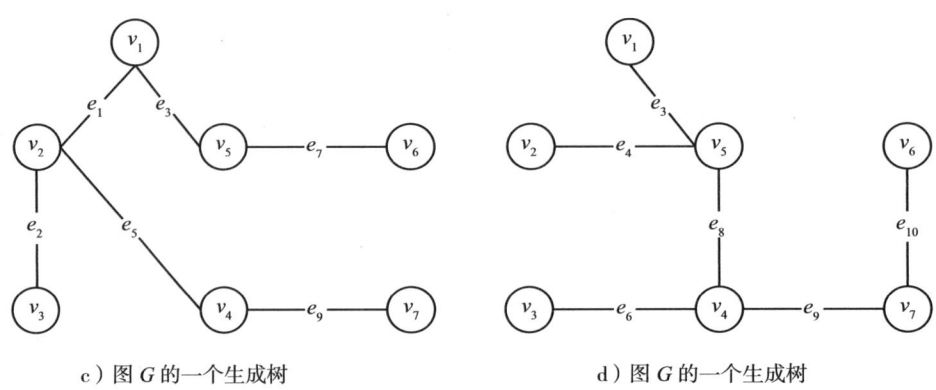

c）图 G 的一个生成树　　　　　　　d）图 G 的一个生成树

图 8-11　图 G 及其生成树（续）

定理 8-4　G 为连通图 ⇔ G 有生成树。

下面介绍求解连通图生成树的两种方法。

破圈法：任取一个圈，划去圈中任何一边，对余下的图重复此步骤，直到无圈为止，剩下不含圈的连通图就是一棵生成树。

避圈法：在图中任取一条边 e_1，找一条不与 e_1 构成圈的边 e_2，然后再找一条与 e_1，e_2 不构成圈的边 e_3，重复此步骤，直到这个过程不能继续进行时为止，这时所得图就是一棵生成树。

例8-9

分别用上述两种方法求解图 8-12 的生成树。

（1）破圈法：

在圈 $\{v_1v_2v_3v_1\}$ 中划去 e_1；

在圈 $(v_1v_3v_4v_1)$ 中划去 e_5；

在圈 $(v_2v_5v_3v_2)$ 中划去 e_4；

在圈 $(v_5v_3v_7v_6v_5)$ 中划去 e_{11}；

在圈 $(v_6v_3v_7v_6)$ 中划去 e_{12}；

在圈 $(v_1v_3v_7v_4v_1)$ 中划去 e_{10}；

得到的生成树为 G_1（见图 8-13）。

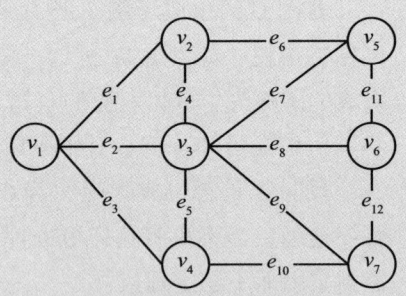

图 8-12　例 8-9 图示

（2）避圈法：

取 e_2，找一条不与 e_2 构成圈的边 e_6；

再找一条不与 e_2，e_6 构成圈的边 e_7；

再找一条不与 e_2，e_6，e_7 构成圈的边 e_8；

再找一条不与 e_2，e_6，e_7，e_8 构成圈的边 e_9；

再找一条不与 e_2，e_6，e_7，e_8，e_9 构成圈的边 e_3；

得到的生成树为 G_1（见图 8-13）。

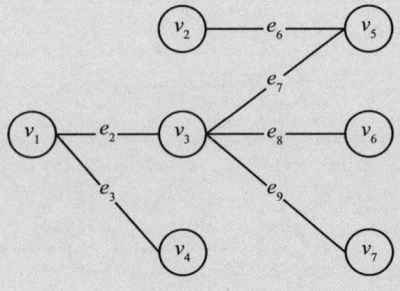

图 8-13　图 8-12 的生成树 G_1

8.2.3 最小生成树的算法

生成树 T 上所有树枝的权之和称为该生成树的权，记为 $W(T)$。

最小生成树：对于一个连通的非负的赋权圈 G，在其所有的生成树中，权最小的生成树称为最小生成树。

下面来讨论求最小生成树的两种算法。

1. 避圈法

1956 年 Kruskal 推广了寻找生成树的"避圈法"，给出了最小生成树的一个算法，值得注意的是，该算法对任意的实数权均有效。算法如下：

（1）先选定一个边 e_1，使得 $w(e_1)$ 尽可能小。

（2）若已选定 $e_1, e_2, \cdots, e_i$，则从 E 中的其余边选取 e_{i+1}，使 $G\{e_1, e_2, \cdots, e_{i+1}\}$ 仍为无圈图，且 $w(e_{i+1})$ 尽可能小。

（3）当第（2）步不能再继续执行时停止。

显然 Kruskal 算法能产生一棵生成树，并且可以证明，由 Kruskal 算法得到的生成树都是最小生成树。

例8-10

考察世界上六个城市，伦敦（L）、墨西哥城（MC）、纽约（NY）、巴黎（Pa）、秘鲁（Pe）和东京（T）之间的航线如图 8-14a 所示。其中，$w(L,Pa)=2$，$w(T,Pe)=13$，$w(MC,NY)=21$，$w(L,NY)=35$，$w(Pa,NY)=36$，$w(Pe,Pa)=51$，$w(L,Pe)=51$，$w(L,MC)=56$，$w(Pa,MC)=57$，$w(T,L)=60$，$w(T,Pa)=61$，$w(T,NY)=68$，$w(Pe,NY)=68$，$w(T,MC)=70$，$w(Pe,MC)=78$。

试问如何设计航线使总航程最小？

现要从中选出 6-1=5 条边（顶点数为 6）。

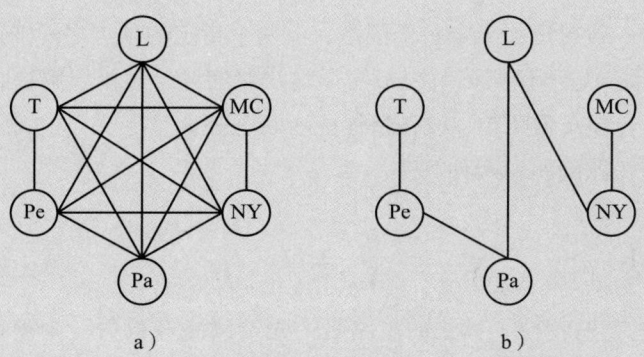

图 8-14 例 8-10 图示

按边次序，依次取 (L,Pa)、(T,Pe)、(MC,NY)、(L,NY)，这时还未构成圈，取 (Pa,NY)，则 {L,Pa,NY} 构成圈，故舍去 (Pa,NY)，再取 (Pe,Pa)，仍未构成圈，此时已有 5 条边，故得出一棵生成树，此时最小生成树的权为 2+13+21+35+51=122，如图 8-14b 所示。

2. 破圈法

这是 1975 年由山东师范学院（现山东师范大学）的管梅谷教授提出的算法。算法如下：

（1）首先取全赋权图 $G_0 = G$，在 G_0 中取一圈，去掉这个圈中最大的一条边，得一子图 G_1。

（2）在 G_1 中取一圈，去掉这个圈中权最大的边，得一子图 G_2，如此进行，直到剩下的子图不含有圈为止，那么这个子图就是 G 的一棵最小生成树。

显然破圈法能产生一棵生成树，并且可以证明，由破圈法得到的生成树都是最小生成树。

例8-11

用破圈法求解图 8-14a 的最小生成树。
任找一个圈 {T,L,Pe,T}，去掉最大权边 (T,L)；
再找一个圈 {T,Pe,Pa,T}，去掉最大权边 (T,Pa)；
再找一个圈 {L,Pe,Pa,L}，去掉任意一条最大权边，如 (Pe,Pa)；
再找一个圈 {MC,Pa,NY,MC}，去掉最大权边 (Pa,MC)；
再找一个圈 {L,MC,NY,L}，去掉最大权边 (L,MC)；
再找一个圈 {Pe,MC,NY,Pe}，去掉最大权边 (Pe,MC)；
再找一个圈 {T,NY,Pe,T}，去掉任意一条最大权边，如 (NY,Pe)；
再找一个圈 {L,Pa,NY,L}，去掉最大权边 (Pa,NY)；
再找一个圈 {L,Pe,T,NY,L}，去掉最大权边 (T,NY)；
至此，已找到最小生成树，权和为 122，如图 8-15 所示。

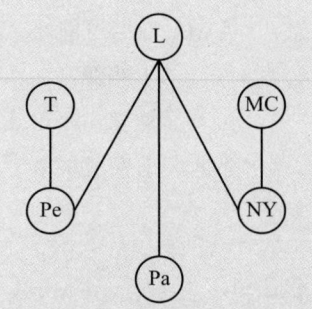

图 8-15 用破圈法求解的图 8-14a 的最小生成树

8.3 最短路问题

最短路问题一般提法：给定一个网络，在两个指定的顶点之间确定一条最短路线（最短通路）。最短路问题不仅可以解决最短运输线路问题，还可以解决企业管理中的许多问题，如厂区平面合理布置问题、设备最佳更新问题等。

下面介绍最短路问题的两种算法。

8.3.1 Dijkstra算法

Dijkstra（迪克斯特拉）算法的思路是：先给网络 G 的每一个顶点标号，临时标号 T 表示从起点到该点的最短通路长度的上界，固定标号 P 则表示从起点到该点的最短通路长度。每一步都把某个顶点的 T 标号改为 P 标号，这样，一旦终点得到 P 标号，算法就停止。若寻求从起点到每一点的最短通路，则最多经过 $n(G)-1$ 步后算法停止。

设 $w(v_i,v_j)$ 为弧 (v_i,v_j) 的权，$w(v_i,v_j) \geq 0$，求解起点 v_1 到终点 v_n 的最短路的 Dijkstra 算法如下：

（1）写出 v_1 到所有顶点的"距离"，若无直接通路可达，则记为 ∞，构造一个矩阵 L。

（2）给起点 v_1 标上 P 标号，$P(v_1)=0$，给其他各顶点 $v_2, v_3, \cdots, v_n$ 标上 T 标号，$T(v_j)=\infty, j=2,3,\cdots,n$。

（3）计算具有 T 标号的各顶点的 T 标号，将顶点 v_j 的 T 标号设为 $\min\{T(v_j), P(v_1)+w(v_1,v_j)\}$。

（4）将满足 $T(v_k)=\min\{T(v_j)\}$ 的顶点 v_k 设为 P 标号，将顶点 v_j 的 T 标号修改为 $\min\{T(v_j), P(v_k)+w(v_k,v_j)\}$。

（5）重复上述步骤，直到将 v_n 设为 P 标号。

例8-12

采用 Dijkstra 算法求解图 8-16 中无向网络中 v_1 到 v_7 的最短路。

（1）先将网络用矩阵形式表示如下：

$$L = v_4 \begin{matrix} & v_1 & v_2 & v_3 & v_4 & v_5 & v_6 & v_7 \\ v_1 \\ v_2 \\ v_3 \\ v_4 \\ v_5 \\ v_6 \\ v_7 \end{matrix} \begin{pmatrix} 0 & 2 & 5 & 4 & \infty & \infty & \infty \\ 2 & 0 & 2 & \infty & 7 & \infty & \infty \\ 5 & 2 & 0 & 1 & 5 & 3 & \infty \\ 4 & \infty & 1 & 0 & \infty & 4 & \infty \\ \infty & 7 & 5 & \infty & 0 & 1 & 5 \\ \infty & \infty & 3 & 4 & 1 & 0 & 7 \\ \infty & \infty & \infty & \infty & 5 & 7 & 0 \end{pmatrix}$$

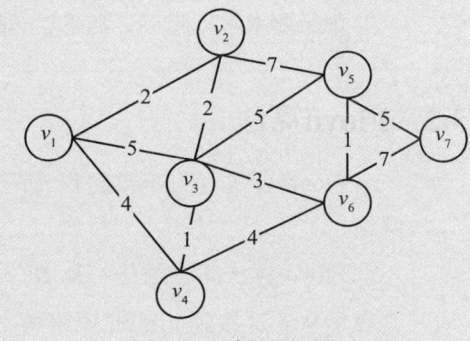

图 8-16 例 8-12 图示

令 $T(v_i)=\infty$，$i=2,3,\cdots,7$。

（2）给起点 v_1 标上 P 标号，$P(v_1)=0$。

（3）重新计算 $v_2, v_3, \cdots, v_7$ 的标号：

$T(v_2) = \min\{T(v_2), P(v_1)+w(v_1,v_2)\} = \min\{\infty, 0+2\} = 2$；

同理可得：$T(v_3)=5$，$T(v_4)=4$，$T(v_5)=T(v_6)=T(v_7)=\infty$。

（4）计算 $\min\{T(v_2), T(v_3), T(v_4), T(v_5), T(v_6), T(v_7)\} = 2$，对应的顶点 v_2 改为 P 标号，$P(v_2)=2$。

（5）重新计算 $v_3, v_4, \cdots, v_7$ 的 T 标号：

$T(v_3) = \min\{T(v_3), P(v_2)+w(v_2,v_3)\} = \min\{5, 2+2\} = 4$；

同理可得：$T(v_4)=4$，$T(v_5)=9$，$T(v_6)=T(v_7)=\infty$。

（6）$T(v_3) = T(v_4) = 4$，均为最小值，故同时改为 P 标号，即 $P(v_3)=P(v_4)=4$。

（7）重新计算 v_5、v_6、v_7 的 T 标号：

$T(v_5) = \min\{T(v_5), P(v_3)+w(v_3,v_5)\} = \min\{9, 4+5\} = 9$；

$T(v_6) = \min\{T(v_6), P(v_3)+w(v_3,v_6)\} = \min\{\infty, 4+3\} = 7$；

$T(v_7) = \min\{T(v_7), P(v_3)+w(v_3,v_7)\} = \min\{\infty, 4+\infty\} = \infty$；

及

$T(v_5) = \min\{T(v_5), P(v_4)+w(v_4,v_5)\} = \min\{9, 4+5\} = 9$；

$T(v_6) = \min\{T(v_6), P(v_4)+w(v_4,v_6)\} = \min\{\infty, 4+4\} = 8$；

$T(v_7) = \min\{T(v_7), P(v_4) + w(v_4, v_7)\} = \min\{\infty, 4+\infty\} = \infty$。

（8）$T(v_6)$ 值最小，改为 P 标号，即 $P(v_6) = 7$（注意不是 8），从 v_3 而来。

（9）重新计算 v_5、v_7 的 T 标号：

$T(v_5) = \min\{T(v_5), P(v_6) + w(v_6, v_5)\} = \min\{9, 7+1\} = 8$；

$T(v_7) = \min\{T(v_7), P(v_6) + w(v_6, v_7)\} = \min\{\infty, 7+7\} = 14$。

（10）将 $T(v_5)$ 改为 P 标号，$P(v_5) = 8$。

（11）计算 v_7 的 T 标号：

$T(v_7) = \min\{T(v_7), P(v_5) + w(v_5, v_7)\} = \min\{14, 8+5\} = 13$。

（12）由上可得：$P(v_7) = 13$。

由于终点 v_7 已经设为 P 标号，故计算结束，由上述计算过程可知，v_1 到 v_7 的最短路为 $v_1 \to v_2 \to v_3 \to v_6 \to v_5 \to v_7$，全长为 13。

如果要求解从起点 v_1 到终点 v_k 的最短路，则一旦将 v_k 标为固定标记 $P(v_k)$，计算就结束。

8.3.2 Floyd 算法

Floyd 算法可用于求解任意两点之间的最短路，适用于正负权混合图、负权图等一般网络。

Floyd 算法的思路是：从 $\boldsymbol{D}^{(0)} = (l_{ij})$ 出发，依次构造出 k 个矩阵 $\boldsymbol{D}^{(1)}$，$\boldsymbol{D}^{(2)}$，$\cdots$，$\boldsymbol{D}^{(k)}$，l_{ij} 表示从 v_i 直接到 v_j 的最短距离。第 k 个矩阵 $\boldsymbol{D}^{(k)} = (d_{ij}^{(k)})$ 表示从 v_i 到 v_j 至多经过 $2^k - 1$ 个中间点时的所有通路中的最短通路。

若已知 $\boldsymbol{D}^{(k-1)} = (d_{ij}^{(k-1)})$，则第 k 个矩阵 $\boldsymbol{D}^{(k)} = (d_{ij}^{(k)})$ 的定义为

$$d_{ij}^{(k)} = \min\{d_{ij}^{(k-1)}, \min_{m=1,2,\cdots,n}\{d_{im}^{(k-1)} + d_{mj}^{(k-1)}\}\}$$

$$= \min_{m=1,2,\cdots,n}\{d_{ij}^{(k-1)}, d_{im}^{(k-1)} + d_{mj}^{(k-1)}\} = \min_{m=1,2,\cdots,n}\{d_{im}^{(k-1)} + d_{mj}^{(k-1)}\}$$

由上式可知，$d_{ij}^{(k)}$ 为矩阵 $\boldsymbol{D}^{(k-1)}$ 中 $d_{ij}^{(k-1)}$ 以及 $\boldsymbol{D}^{(k-1)}$ 第 i 行与第 j 列元素相加取最小值。设网络有 n 个顶点，则 v_i 到 v_j 最多有 $n-2$ 个中间点，对于没有负权的网络，k 的最大取值可由下式确定：

$$2^{k-1} - 1 \leqslant n - 2 \leqslant 2^{k-1} \Rightarrow 2^{k-1} \leqslant n - 1 \leqslant 2^{k-1} + 1 \Rightarrow k \leqslant \frac{\ln(n-1)}{\ln 2} + 1$$

对于有负权的网络，运用 k 值确定迭代次数通常会失效，此时当构造的矩阵 $\boldsymbol{D}^{(k)} = \boldsymbol{D}^{(k-1)}$ 时表示算法收敛，已经得到了网络中任意两点间最短距离矩阵，停止计算。

例 8-13

仍以图 8-16 为例，计算任意二顶点之间的最短通路。令 $\boldsymbol{D}^{(0)} = (l_{ij})_{7\times 7}$，这时 $k \leqslant \dfrac{\ln(7-1)}{\ln 2} +$

$1 = 3.6$,故应计算到 $\boldsymbol{D}^{(3)}$。

$$\boldsymbol{D}^{(0)} = \begin{pmatrix} 0 & 2 & 5 & 4 & \infty & \infty & \infty \\ 2 & 0 & 2 & \infty & 7 & \infty & \infty \\ 5 & 2 & 0 & 1 & 5 & 3 & \infty \\ 4 & \infty & 1 & 0 & \infty & 4 & \infty \\ \infty & 7 & 5 & \infty & 0 & 1 & 5 \\ \infty & \infty & 3 & 4 & 1 & 0 & 7 \\ \infty & \infty & \infty & \infty & 5 & 7 & 0 \end{pmatrix}$$

计算 $\boldsymbol{D}^{(1)}$,$d_{ij}^{(1)}$ 为矩阵 $\boldsymbol{D}^{(0)}$ 中 $d_{ij}^{(0)}$,以及 $\boldsymbol{D}^{(0)}$ 第 i 行与第 j 列元素相加取最小值。

$$d_{11}^{(1)} = \min\{d_{11}^{(0)}, d_{11}^{(0)} + d_{11}^{(0)}, d_{12}^{(0)} + d_{21}^{(0)}, d_{13}^{(0)} + d_{31}^{(0)}, d_{14}^{(0)} + d_{41}^{(0)}, d_{15}^{(0)} + d_{51}^{(0)}, d_{16}^{(0)} + d_{61}^{(0)}, d_{17}^{(0)} + d_{71}^{(0)}\}$$
$$= \min\{0, 0+0, 2+2, 5+5, 4+4, \infty+\infty, \infty+\infty, \infty+\infty\} = 0$$

$$d_{12}^{(1)} = \min\{d_{12}^{(0)}, d_{11}^{(0)} + d_{12}^{(0)}, d_{12}^{(0)} + d_{22}^{(0)}, d_{13}^{(0)} + d_{32}^{(0)}, d_{14}^{(0)} + d_{42}^{(0)}, d_{15}^{(0)} + d_{52}^{(0)}, d_{16}^{(0)} + d_{62}^{(0)}, d_{17}^{(0)} + d_{72}^{(0)}\}$$
$$= \min\{2, 0+2, 2+0, 5+2, 4+\infty, \infty+7, \infty+\infty, \infty+\infty\} = 2$$

$$d_{13}^{(1)} = \min\{d_{13}^{(0)}, d_{11}^{(0)} + d_{13}^{(0)}, d_{12}^{(0)} + d_{23}^{(0)}, d_{13}^{(0)} + d_{33}^{(0)}, d_{14}^{(0)} + d_{43}^{(0)}, d_{15}^{(0)} + d_{53}^{(0)}, d_{16}^{(0)} + d_{63}^{(0)}, d_{17}^{(0)} + d_{73}^{(0)}\}$$
$$= \min\{5, 0+5, 2+2, 5+0, 4+1, \infty+\infty, \infty+\infty, \infty+\infty\} = 4$$

同样可计算 $\boldsymbol{D}^{(1)}$ 中其他元素,计算结果为

$$\boldsymbol{D}^{(1)} = \begin{pmatrix} 0 & 2 & 4 & 4 & 9 & 8 & \infty \\ 2 & 0 & 2 & 3 & 7 & 5 & 12 \\ 4 & 2 & 0 & 1 & 4 & 3 & 10 \\ 4 & 3 & 1 & 0 & 5 & 4 & 11 \\ 9 & 7 & 4 & 5 & 0 & 1 & 5 \\ 8 & 5 & 3 & 4 & 1 & 0 & 6 \\ \infty & 12 & 10 & 11 & 5 & 6 & 0 \end{pmatrix}$$

同理计算 $\boldsymbol{D}^{(2)}$,$d_{ij}^{(2)}$ 为矩阵 $\boldsymbol{D}^{(1)}$ 中 $d_{ij}^{(1)}$,以及 $\boldsymbol{D}^{(1)}$ 第 i 行与第 j 列元素相加取最小值:

$$\boldsymbol{D}^{(2)} = \begin{pmatrix} 0 & 2 & 4 & 4 & 8 & 7 & 14 \\ 2 & 0 & 2 & 3 & 6 & 5 & 11 \\ 4 & 2 & 0 & 1 & 4 & 3 & 9 \\ 4 & 3 & 1 & 0 & 5 & 4 & 10 \\ 8 & 6 & 4 & 5 & 0 & 1 & 5 \\ 7 & 5 & 3 & 4 & 1 & 0 & 6 \\ 14 & 11 & 9 & 10 & 5 & 6 & 0 \end{pmatrix}$$

同理计算 $\boldsymbol{D}^{(3)}$,$d_{ij}^{(3)}$ 为矩阵 $\boldsymbol{D}^{(2)}$ 中 $d_{ij}^{(2)}$,以及 $\boldsymbol{D}^{(2)}$ 第 i 行与第 j 列元素相加取最小值:

$$\boldsymbol{D}^{(3)} = \begin{pmatrix} 0 & 2 & 4 & 4 & 8 & 7 & 13 \\ 2 & 0 & 2 & 3 & 6 & 5 & 11 \\ 4 & 2 & 0 & 1 & 4 & 3 & 9 \\ 4 & 3 & 1 & 0 & 5 & 4 & 10 \\ 8 & 6 & 4 & 5 & 0 & 1 & 5 \\ 7 & 5 & 3 & 4 & 1 & 0 & 6 \\ 13 & 11 & 9 & 10 & 5 & 6 & 0 \end{pmatrix}$$

$D^{(3)}$ 中元素表示从 v_i 到 v_j 最短距离（最多经过5个顶点）。经回溯可知：v_1 到 v_7 的最短路为 $v_1 \to v_2 \to v_3 \to v_6 \to v_5 \to v_7$，全长为 13。

8.4 网络最大流问题

最大流问题就是指在一定的条件下，如何使流过网络的物质流、能量流或总流等流量达到最大的问题。本节讨论的是有向网络。

8.4.1 基本概念

对于有向赋权图，把其每条弧上的权称为弧的容量 c_{ij}。图中有一个发点（源），该点只有出弧，没有入弧；一个收点（汇），该点没有出弧，只有入弧。其余顶点称为中间点；各弧上实际的流量 $f_{ij} \le c_{ij}$。确定了所有弧上流量 f_{ij} 后，称集合 $F = \{f_{ij}\}$ 为网络流。

例 8-14

图 8-17 为一个自来水输送管道系统，其中 v_s 为自来水厂，v_t 为终点站，其他为中间点（泵水站），弧上数表示该管道单位时间内最大输送量。问应如何安排，才能使 v_s 到 v_t 的总运水量最大？

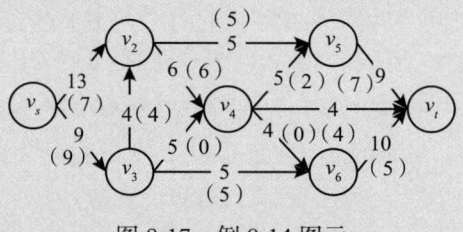

图 8-17 例 8-14 图示

可行流：如果一个网络流 $F = \{f_{ij}\}$，满足下列两个条件。

（1）容量约束条件，即对任一弧 (v_i, v_j)，$f_{ij} \le c_{ij}$。

（2）平衡条件：

① 对于发点 v_s，从该点发出的弧上流量之和为 Q，即

$$\sum_j f_{sj} = Q$$

② 对于收点 v_t，流入该点的弧的流量之和为 Q，即

$$\sum_i f_{it} = Q$$

③ 对于中间点，流入该点的弧的流量之和等于从该点流出的弧的流量之和。即

$$\sum_i f_{ik} - \sum_j f_{kj} = 0$$

则称 $\{f_{ij}\}$ 为可行流。

如图 8-17 所示，括号内数字为网络流。对于 v_4，入弧流量之和为 $f_{24}+f_{34}=6+0=6$，出弧流量之和为 $f_{45}+f_{4t}+f_{46}=2+4+0=6$。

网络最大流 $F^*=\{f_{ij}^*\}$ 就是使总流量 Q 达到最大的可行流。

饱和弧：若给定一个可行流 $\{f_{ij}\}$，则称网络中 $f_{ij}=c_{ij}$ 的弧为饱和弧。

非饱和弧：若给定一个可行流 $\{f_{ij}\}$，则称网络中 $f_{ij}<c_{ij}$ 的弧为非饱和弧。

0 弧：若给定一个可行流 $\{f_{ij}\}$，则称网络中 $f_{ij}=0$ 的弧为 0 弧。

前（后）向弧：若 L 是网络中从发点 v_s 到收点 v_t 的一条链，链的方向定义为从发点 v_s 到收点 v_t，则称一条链上各弧的箭头方向与链的方向相同（相反）者为前（后）向弧。前向弧集合记为 L^+，后向弧集合记为 L^-。

图 8-17 中的一条链 $L=\{v_s,v_2,v_3,v_6,v_4,v_t\}$，其 $L^+=\{(v_s,v_2),(v_3,v_6),(v_4,v_t)\}$，$L^-=\{(v_3,v_2),(v_4,v_6)\}$。

增广链：L 是从 v_s 到 v_t 的一条链，对可行流 $\{f_{ij}\}$ 而言，若 L^+ 中每一弧皆为非饱和弧，L^- 中每一弧皆为非 0 弧，则称 L 是关于可行流 $\{f_{ij}\}$ 的一条增广链。

图 8-17 中 $L_1=\{v_s,v_2,v_3,v_4,v_6,v_t\}$ 是一条增广链。

增广链的定义表明：增广链上各弧可以沿链的方向增加流量，流量增加也不会违反网络平衡条件，这样可以通过寻找增广链逐步加大其流量。若可行流不再存在其增广链，则可行流为最大流。

如 L_1 中的各弧流量为 $f_{s2}=7$，$f_{32}=4$，$f_{34}=0$，$f_{46}=0$，$f_{6t}=5$。

若 L_1 方向增加流量 1，则 $f_{s2}=7+1=8$，$f_{32}=4-1=3$，$f_{34}=0+1=1$，$f_{46}=0+1=1$，$f_{6t}=5+1=6$，可以验证 $\{f_{ij}\}$ 仍为可行流。

割集：有向连通图的一个割集是指分割发点和收点的一组弧的集合，从网络中去掉这组弧后，发点就不能到达收点了。

一般地，将网络的顶点集 V 分成两部分：V_1 和 $\overline{V_1}$。其中，$V_1 \cup \overline{V_1}=V$，$V_1 \cap \overline{V_1}=\emptyset$，发点 $v_s \in V_1$，收点 $v_t \in \overline{V_1}$，对割集 K 中任一条弧 (v_i,v_j)，有 $v_i \in V_1, v_j \in \overline{V_1}$。

在图 8-18 中，记 $V_1=\{v_s,v_1,v_2\}$，$\overline{V_1}=\{v_t,v_3,v_4\}$，则 $K=(V_1,\overline{V_1})=\{(v_1,v_3),(v_2,v_4)\}$ 是分离 v_s 和 v_t 的一个割集，$K'=(\overline{V_1},V_1)=\{(v_3,v_2)\}$ 是分离 v_t 和 v_s 的一个割集。

割集的容量：割集 K 中所有弧的容量之和称为割集的容量，记为 $C(V_1,\overline{V_1})$ 或 $C(K)$。

割集的流量：割集 K 中所有弧的流量之和称为割集的流量，记为 $f(V_1,\overline{V_1})$。

对有向图而言，割集可能不止一个，使 $C(V_1,\overline{V_1})$ 最小的割称为最小割。

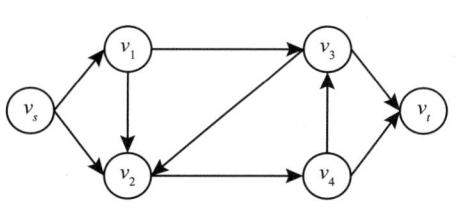

图 8-18 割集

定理 8-5 设网络的一个从发点 v_s 到收点 v_t 的可行流 F，其值为 f_{st}，对于任意一个分离 v_s 和 v_t 的割而言，有 $f_{st} = C(V_1, \overline{V_1}) - C(\overline{V_1}, V_1)$。

推论 2 $f_{st} \leq C(V_1, \overline{V_1})$。

推论 3 $\max\{f_{st}\} \leq \min\{C(k)\}$，即最大流值小于或等于最小割容量。

定理 8-6 （最大流最小割定理）在任何（有向）网络中，最大流的值等于最小割的容量。即 $\max\{f_{st}\} = \min\{C(k)\}$。

推论 4 可行流 F 是最大流的充要条件是：不存在从发点 v_s 到收点 v_t 的增广链。

8.4.2 Ford-Fulkerson算法

Ford-Fulkerson算法的思路是：从任一可行流（如 0 流）出发，用给顶点标号的方法求解该可行流的增广链，并调整这个可行流的流量，这样可得一个新的可行流。一旦某个新可行流没有增广链，则最后这个新可行流就是最大流（同时也获得一个最小割），该算法如下。

1.标号过程（找一条增广链）

（1）发点 v_s 标号 $(+, \infty)$。

（2）任选一个已标号的顶点 v_i，找出 v_i 所有未标号的相邻点 v_j，对 v_j 进行标号：

1）若弧 $(v_i, v_j) \in E$ 是非饱和弧（$f_{ij} < c_{ij}$），则将 v_j 标上 $(+v_i, \delta_j)$，其中 $\delta_j = \min\{(c_{ij} - f_{ij}), \delta_i\}$（如果是饱和弧，则不标记 v_j）。

2）若弧 $(v_j, v_i) \in E$ 是非 0 弧（$f_{ji} > 0$），则将 v_j 标上 $(-v_i, \delta_j)$，其中 $\delta_j = \min\{f_{ji}, \delta_i\}$。

3）注意要将 v_i 所有未标号的相邻点 v_j 全部标号，此后称 v_i 已检查。

（3）重复（2），直到收点 v_t 被标号，或不再有可标号顶点为止。

（4）若不再有可标号顶点，则整个标号过程停止，此时的可行流就是最大流；若 v_t 被标号，即找到一条增广链，可进入调整过程。

2.调整过程

（1）确定调整量 δ，令 $\delta = \delta_t$。

（2）对于增广链上的前向弧f_{ij}，用$f_{ij}+\delta$来代替，对于增广链上的后向弧f_{ij}，用$f_{ij}-\delta$来代替。

（3）去掉所有标号，回到标号过程。

例8-15

对于图 8-19 所示网络，用 Ford-Fulkerson 算法找出最大流。

（1）v_s标号为$(+,\infty)$（先给定一个 0 流）。

（2）找出v_s相邻的顶点v_2,v_3。(v_s,v_2)是非饱和弧，v_2标号为$(+v_s,13)$，$+v_s$表示从v_s而来。(v_s,v_3)是非饱和弧，故v_3标号为$(+v_s,9)$。此时v_s已检查。

（3）找出v_2相邻的未标号顶点v_5,v_4。(v_2,v_5)是非饱和弧，故v_5标号为$(+v_2,\min\{13,5\})=(+v_2,5)$。类似地，$v_4$标号为$(+v_2,6)$，此时$v_2$已检查。

（4）找出与v_3相邻的未标号点，v_6标号为$(+v_3,5)$，此时v_3已检查。

（5）找出与v_5相邻的未标号点，v_t标号为$(+v_5,5)$，此时v_t已标号，从v_s到v_t的一条增广链为$L=\{v_s,v_2,v_5,v_t\}$。

（6）调整过程：L上全部为正向弧，故其流量均增加 5。如图 8-20 所示，得到一条新可行流。

（7）去掉所有标号，重新从v_s开始标号。得增广链$L=\{v_s,v_2,v_5,v_t\}$调整量为 4，L上全部为正向弧，故其均增加 4，去掉标号，得到图 8-21，最终可得图 8-22。此时，标号过程中断，最大流为 20。

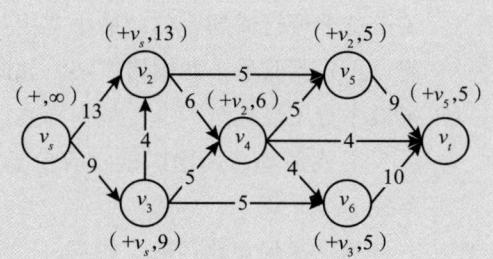

图 8-19　例 8-15 图示

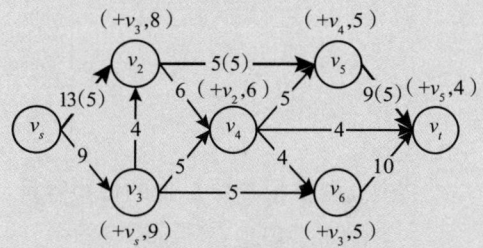

图 8-20　调整后的网络图 1

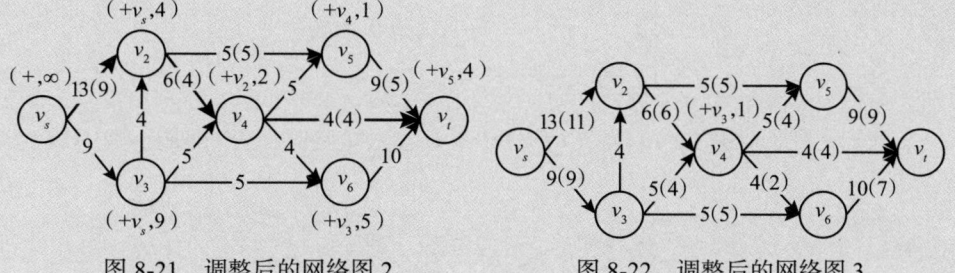

图 8-21　调整后的网络图 2　　　　图 8-22　调整后的网络图 3

8.5　最小费用最大流问题

在实际生活中，当研究某个系统的物流问题时，我们不但需要考虑货物的流量，而且要考虑输送物流的费用。上一节虽然讨论了寻求网络最大流的方法，但没有考虑所求出的网络最大流是否花费最小。本节介绍最小费用最大流问题。

所谓最小费用最大流问题，就是在保证从发点 v_s 到收点 v_t 能流过最大流的条件下，使输送流量的费用之和最小。显然，网络最大流并不一定是最小费用流。我们可以设想，网络的最大流方案不止一个，因此问题就是从各个最大流方案中寻求一个总费用最小的方案。

求解最小费用最大流的思路：借助求解最大流的思路，从某个可行流出发，设法找到关于这个可行流的一条"最小费用"增广链，再调整该链上各弧的流量，以获得新的可行流，再找到其最小费用增广链，如此进行，直到再也找不到最小费用增广链，此时就获得了最小费用最大流。

寻找最小费用增广链，等价于在一个构造的赋权有向图中寻求从发点到收点的最短路径。

算法（最短路径法）如下。

（1）取 0 流 $f_{ij}^{(0)} = 0$ 为最小费用可行流。

（2）为最小费用流 $f_{ij}^{(0)}$ 构造一个费用增广网络 $W(f^{(0)})$。

（3）在 $W(f^{(0)})$ 上找到发点到收点的最短路 L'，在原网络中找出该最短路相应的增广链 L，在 L 上对 $f_{ij}^{(0)}$ 进行调整：

$$f_{ij}^{(1)} = \begin{cases} f_{ij}^{(0)} + \Delta & (v_i, v_j) \text{为正向弧} \\ f_{ij}^{(0)} - \Delta & (v_i, v_j) \text{为反向弧} \\ f_{ij}^{(0)} & \text{其他} \end{cases}$$

其中，调整量 Δ 为 L' 上的最小容量，$f_{ij}^{(1)}$ 为一条新可行流。

（4）一般地：

$$f_{ij}^{(k)} = \begin{cases} f_{ij}^{(k-1)} + \Delta & (v_i, v_j) \text{为正向弧} \\ f_{ij}^{(k-1)} - \Delta & (v_i, v_j) \text{为反向弧} \\ f_{ij}^{(k-1)} & \text{其他} \end{cases}$$

（5）对 $f_{ij}^{(k)}$ 重复步骤（2），当 $W(f^{(k)})$ 中不存在最短路时，$f_{ij}^{(k)}$ 即最小费用最大流。

例8-16

求解图 8-23 的最小费用最大流。

解：（1）令 $f_{ij}^{(0)} = 0$ 为可行流。

（2）构造 $W(f^{(0)})$，得新图 G_1，如图 8-24a 所示。

（3）求出以 b_{ij} 为权的最小费用路 $\{v_s, v_2, v_1, v_t\}$，用粗线表示，记为 L，如图 8-24a 所示。调整量 $\Delta = \min\{8, 5, 7\} = 5$，在原图 G 中找出相应的增广链 $L = \{v_s, v_2, v_1, v_t\}$，弧 (v_s, v_2)，

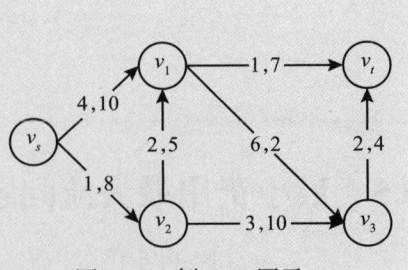

图 8-23　例 8-16 图示 G

(v_2,v_1)，(v_1,v_t) 全部为正向弧，流量均增加 5，得新图 G_2，如图 8-24b 所示。

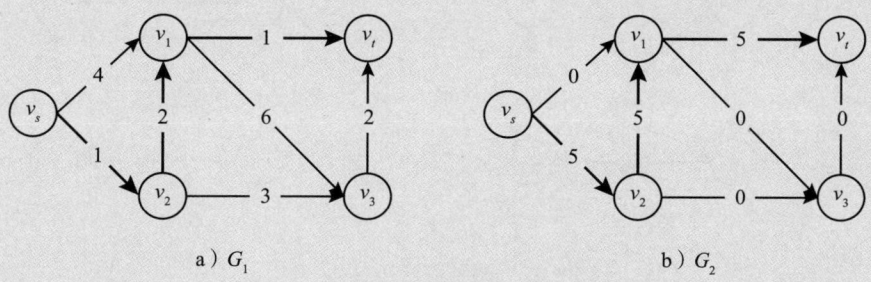

图 8-24 调整后的图 8-23

（4）新图 G_2 中的可行流记为 $f_{ij}^{(1)}=5$。构造 $W(f^{(1)})$，得新图 G_3，如图 8-25a 所示。

（5）找出最小费用路，由于这时图中出现了负权弧，故应由贝尔曼法求出 v_t 到 v_s 的最短路。用粗线表示，记为 $L'=\{v_s,v_1,v_t\}$；调整量 $\Delta=\min\{10,2\}=2$，在 G_3 中找出 $L=\{v_s,v_1,v_t\}$，弧 (v_s,v_1)，(v_1,v_t) 均为正向弧，流量均增加 2，得出新图 G_4，如图 8-25b 所示。

（6）G_4 中的可行流记为 $f_{ij}^{(2)}=7$，构造 $W(f^{(2)})$，得新图 G_5，如图 8-26a 所示。

（7）找出最小费用路 $L'=\{v_s,v_2,v_3,v_t\}$，在 G_4 中找出 $L=\{v_s,v_2,v_3,v_t\}$，(v_s,v_2)，(v_2,v_3)，(v_3,v_t) 均为正向弧，流量均增加 3，得新图 G_6，如图 8-26b 所示。

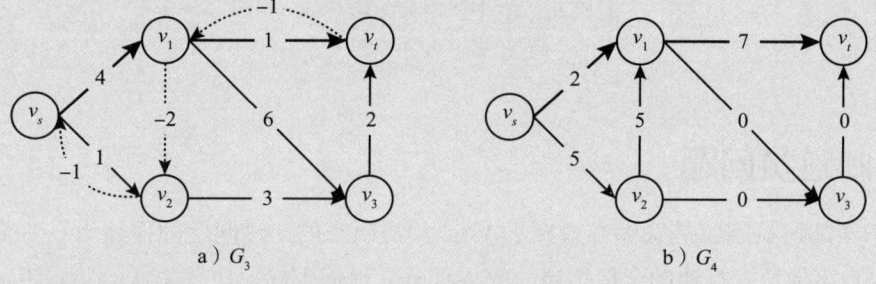

图 8-25 调整后的图 8-24

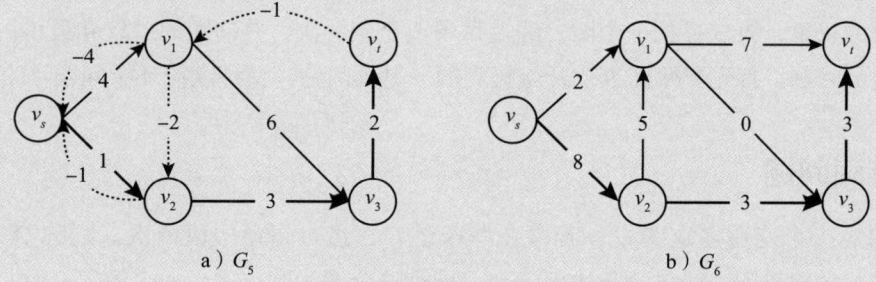

图 8-26 调整后的图 8-25

（8）G_6 中的可行流为 $f_{ij}^{(3)}=10$，构造 $W(f^{(3)})$，得新图 G_7，如图 8-27a 所示。

（9）找出 $L'=\{v_s,v_1,v_2,v_3,v_t\}$，$\Delta=\min\{8,5,7,1\}=1$，在 G_6 中找出 $L=\{v_s,v_1,v_2,v_3,v_t\}$，弧 (v_s,v_1)，(v_2,v_3)，(v_3,v_t) 为正向弧，流量均增加 1，(v_1,v_2) 为反向弧，流量减去 1，得新图 G_8，如图 8-27b 所示。

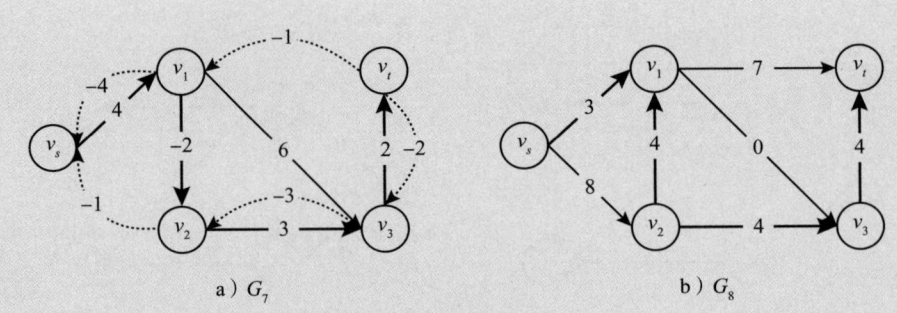

图 8-27 调整后的图 8-26

（10）G_8 中的可行流 $f_{ij}^{(4)} = 11$，构造 $W(f^{(4)})$，如图 8-28 所示，显然 $W(f^{(4)})$ 中已不存在 v_s 到 v_t 的最短路，所以 $f_{ij}^{(4)}$ 是所求的最小费用最大流。

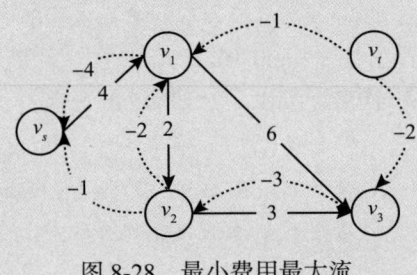

图 8-28 最小费用最大流

8.6 中国邮递员问题

中国邮递员问题是管梅谷教授于 1962 年提出来的，该问题的描述为：一个邮递员送信，要走完他负责投递的全部街道，完成任务后返回邮局，应按怎样的路线走，使所走的路程最短？如果把这个问题抽象为图论的语言，就是给定一个连通图，在每条边上赋予一个非负的权重，要求寻找一个圈，经过每条边至少一次，并使圈的总权和最小。要解决中国邮递员问题，首先要研究本章开篇提到的一笔画问题，又称欧拉环游问题。

8.6.1 一笔画问题

给定一个连通多重图 G，若存在一条链 Q，经过每条边仅一次，则称 Q 为欧拉链。若存在一个简单圈，经过每条边仅一次，则称这个圈为欧拉圈。一个图若有欧拉圈，则称为欧拉图。显然，一个图若能一笔画出，该图必含有欧拉链或是欧拉圈。

要判别一个无向图中是否有欧拉链，是否为欧拉图，可以依据下列定理。

定理 8-7 连通无向图 G 为欧拉图的充要条件是 G 中无奇点。

定理 8-8　连通无向图 G 含有欧拉链的充要条件是 G 中只有两个奇点。

对于本章开篇提到的哥尼斯堡七桥问题（见图 8-2），因为它有四个奇点，所以不能一笔画出。

下面介绍一下 Fleury 在 1921 年提出的构造欧拉圈的算法。

（1）任意选取一个顶点 v_0，令 $w_0 = \{v_0\}$。

（2）假定链 $w_i = \{v_0 e_1 v_1 e_2 \cdots v_{i-1} e_i v_i\}$，$e_1, e_2, \cdots, e_i$ 互不相同，且 $G_i = G \setminus \{e_1 v_1 e_2 v_2 \cdots v_{i-1} e_i\}$（$G$ 中去除链 $\{e_1 v_1 e_2 v_2 \cdots v_{i-1} e_i\}$）仍为连通图。那么按下述方法从中选取边 e_{i+1}：

① e_{i+1} 与 v_i 相关联。

② 当 G_i 中仅有唯一的一条边与 v_i 相关联时，将其作为 e_{i+1}。当 G_i 中与 v_i 关联的边不止一条时，这时取一条不是 G_i 的割边（所谓割边就是删除后使连通图不再连通的边）的边作为 e_{i+1}。

（3）当②不能再进行时，算法停止。

例8-17

在图 8-29 中，若已得链 $w_3 = \{v_0 e_1 v_1 e_2 v_2 e_3 v_3\}$，此时 $G_3 = G \setminus \{e_1 v_1 e_2 v_2 e_3\}$ 中与 v_3 关联的边有 e_4, e_6, e_7。若取 e_7 作为 w_3 的延长，则当 w_3 延长为 $\{v_0 e_1 v_1 e_2 v_2 e_3 v_3 e_7 v_6 e_8 v_0\}$ 时，就不能得到欧拉圈，原因在于 e_7 是 G_3 的割边，而 e_4 不是 G_3 的割边，所以 $w_4 = \{v_0 e_1 v_1 e_2 v_2 e_3 v_3 e_4 v_4\}$ 就能继续延长得到欧拉圈。

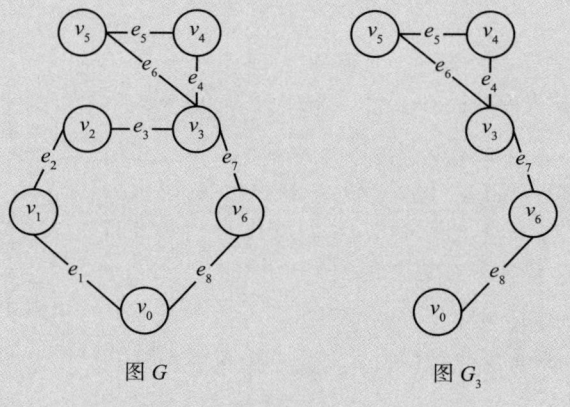

图 8-29　例 8-17 图示

8.6.2　中国邮递员问题的解决方案

中国邮递员问题是一个既与欧拉图有关，又与最短路有关的一个问题。显然，如果网络是一个欧拉图，则从邮局出发，每条边恰好走一次即可返回邮局，此时总权和必定最小。如果不是欧拉图，则某些边必然要重复走，我们当然要求重复走过的边的总权和最小。此时，原来的问题可描述为：在一个有奇点的连通图中，增加一些重复边，使新图不含奇点，并且重复边的总权和最小。

现在的问题是第一个可行方案如何确定，如何判定一个可行方案是否最优，如果不是最优，如何进行调整。下面我们逐一解决。

1.确定一个可行方案

由于奇点数目为偶数，因而可以将其配对，每对奇点间必有一条链，将这条链上的所有边作为重复边加到原图中，就消除了奇点，得到了一个欧拉图，即确定了一个可行方案。

2.调整可行方案，确定最优方案

（1）如果某条边上的重复边数多于一条，则可以从重复边中删除偶数条，使得图中无奇点。

（2）检查图中的每个圈，当该圈重复边总权和大于该圈总权和的一半时，进行调整：将该圈中的重复边去掉，将该圈中原来没有重复边的各边加上重复边，其他边保持不变，返回步骤（1）。

（3）重复上述步骤，直到每条边上最多有一条重复边，且图中每个圈的重复边的总权和不大于该圈总权和的一半。

例8-18

求解图 8-30 中图 G 所示的中国邮递员问题。

将图 G 中所有奇点分为四对：$\{v_3, v_{10}\}$，$\{v_2, v_5\}$，$\{v_{11}, v_8\}$，$\{v_{12}, v_7\}$。

（1）分别取链 $\{v_3 v_2 v_1 v_{10}\}$，$\{v_2 v_3 v_4 v_5\}$，$\{v_{11} v_8\}$ 和 $\{v_{12} v_7\}$，将它们的边作为重复边，得到可行方案 F，并得到图 8-31 中的图 G_1（见图 8-31），添加的重复边的总权和为 $W(F) = w_{1,2} + 2w_{2,3} + w_{3,4} + w_{4,5} + w_{7,12} + w_{8,11} + w_{1,10} = 20$。

（2）v_2, v_3 之间有 3 条重复边，故删除 2 条，得到图 8-31 中的图 G_2（见图 8-31）。

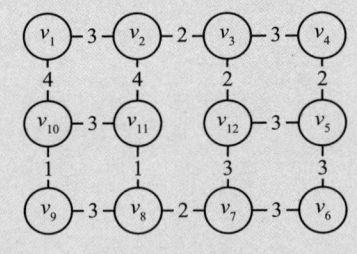

图 8-30　图 G

检查图 G_2 中的圈 $C = \{v_1 v_2 v_3 v_{12} v_7 v_8 v_{11} v_{10} v_1\}$，其总权和为 20，而相应的重复边的总权和为 11，大于圈 C 总权和的一半。因此进行一次调整，得到图 8-31 中的图 G_3（见图 8-31）。

检查 G_3 中的圈 $C = \{v_3 v_4 v_5 v_{12} v_3\}$，其总权和为 10，而相应的重复边的总权和为 7，大于圈 C 总权和的一半。因此进行一次调整，得到图 8-31 中的图 G_4（见图 8-31）。

对于图 G_4，每条边上最多有一条重复边，且图中每个圈的重复边的总权和不大于该圈总权和的一半。因而图 G_4 对应的方案为最优方案。

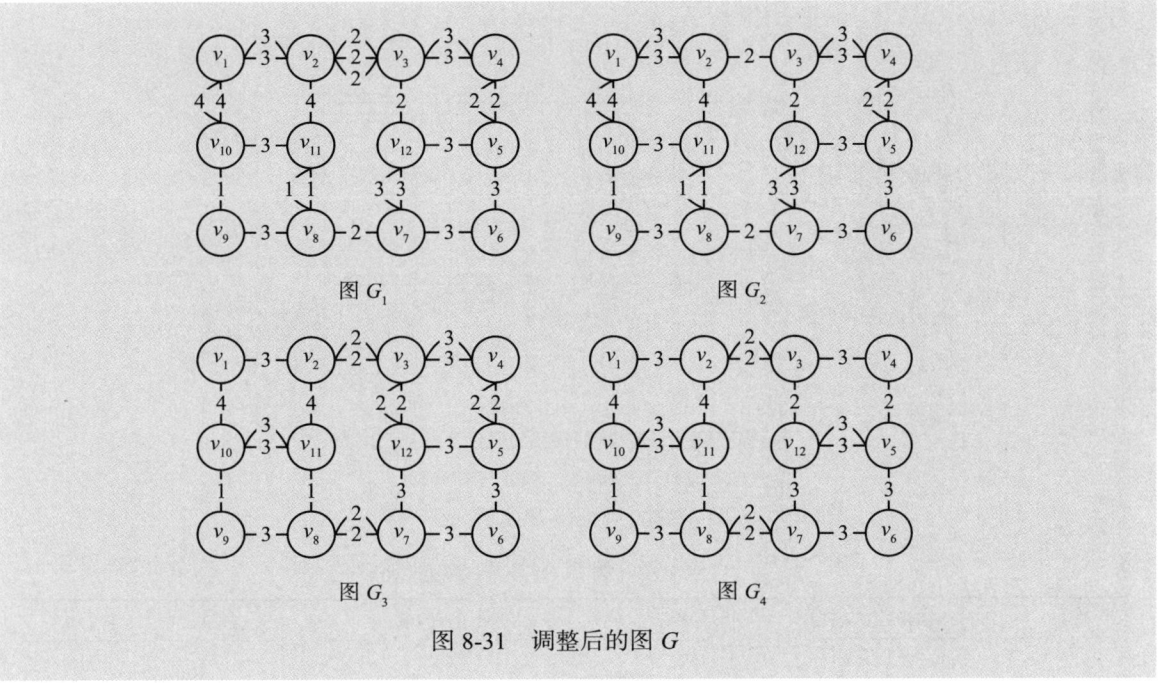

图 8-31 调整后的图 G

8.7 操作实践

8.7.1 Excel求解图论问题

1. 最短路问题

例8-19

有9个城市 v_1，v_2，…，v_9，其公路网如图 8-32 所示，弧上标注的是该段公路的长度，有一批货物要从 v_1 运到 v_9，试问走哪条路最短？

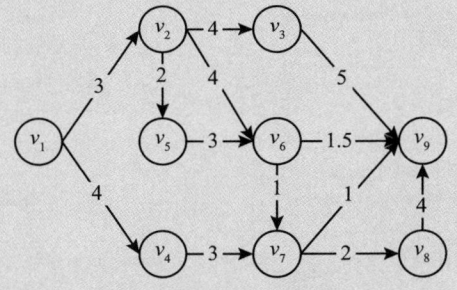

图 8-32 例 8-19 图示

按照图 8-33 在相应的单元格内输入文本，按照表 8-1 在相应灰色单元格内输入公式。

	A	B	C	D	E	F	G	H	I	J
1	最短路		8							
2										
3		v2	v3	v4	v5	v6	v7	v8	v9	
4	v1	3		4						
5	v2		4		2	4				
6	v3								5	
7	v4						3			
8	v5					3				
9	v6						1		1.5	
10	v7							2	1	
11	v8								4	
12										
13		v2	v3	v4	v5	v6	v7	v8	v9	
14	v1	0		1						1
15	v2		0		0	0				0
16	v3								0	0
17	v4						1			1
18	v5					0				0
19	v6						0		0	0
20	v7							0	1	1
21	v8								0	0
22		0	0	1	0	0	1	0	1	
23		=	=	=	=	=	=	=	=	
24		0	0	1	0	0	1	0		

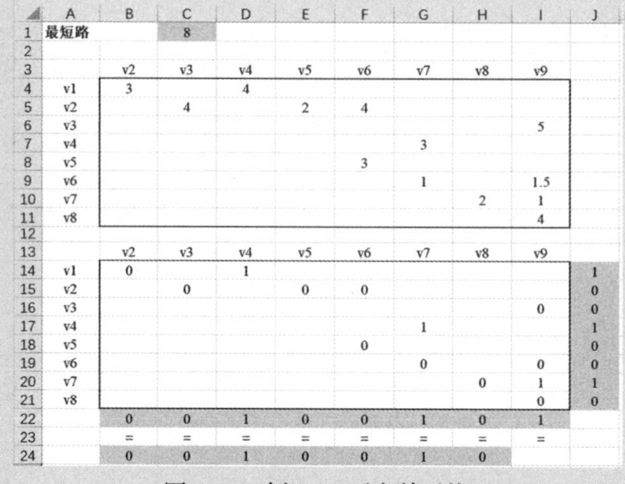

图 8-33　例 8-19 可变单元格

表 8-1　例 8-19 单元格内的公式

J14	=SUM（B14:I14）	B22	=SUM（B14:B21）	B24	=J15
J15	=SUM（B15:I15）	C22	=SUM（C14:C21）	C24	=J16
J16	=SUM（B16:I16）	D22	=SUM（D14:D21）	D24	=J17
J17	=SUM（B17:I17）	E22	=SUM（E14:E21）	E24	=J18
J18	=SUM（B18:I18）	F22	=SUM（F14:F21）	F24	=J19
J19	=SUM（B19:I19）	G22	=SUM（G14:G21）	G24	=J20
J20	=SUM（B20:I20）	H22	=SUM（H14:H21）	H24	=J21
J21	=SUM（B21:I21）	D1	=SUMPRODUCT（B4:I11，B14:I21）		

按照图 8-34 设置参数，其中目标单元格为 C1，可变单元格为 B14，D14，C15，E15，F15，I16，G17，F18，G19，I19，H20，I20，I21。在约束条件中将所有可变单元格设置为 0-1 变量。

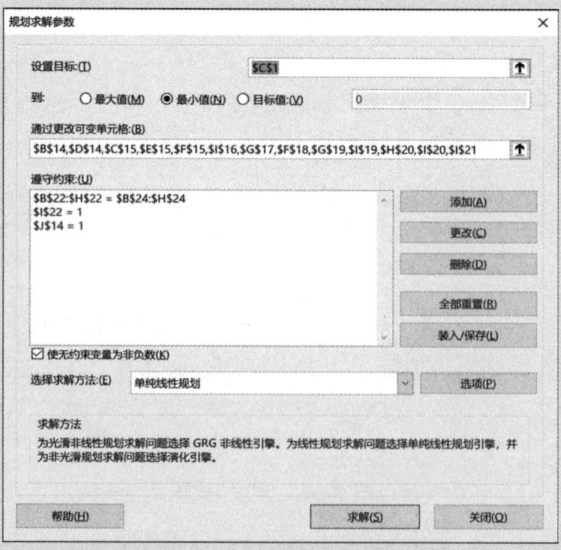

图 8-34　例 8-19 参数设置

进行求解,计算结果可知,最短路为 $v_1 \to v_4 \to v_7 \to v_9$,路长为 8。

2.最大流问题

例8-20

对图 8-19 所示网络,用 Excel 找出最大流。

按照图 8-35 在相应的单元格内输入文本;按照表 8-2 在相应灰色单元格内输入公式。

表 8-2 例 8-20 单元格内的公式

单元格	公式	单元格	公式	单元格	公式
H11	=SUM(B11:G11)	B17	=SUM(B11:B16)	B19	=H12
H12	=SUM(B12:G12)	C17	=SUM(C11:C16)	C19	=H13
H13	=SUM(B13:G13)	D17	=SUM(D11:D16)	D19	=H14
H14	=SUM(B14:G14)	E17	=SUM(E11:E16)	E19	=H15
H15	=SUM(B15:G15)	F17	=SUM(F11:F16)	F19	=H16
H16	=SUM(B16:H16)	B17	=SUM(G11:G16)	G19	=H11
B1	=H11				

按照图 8-36 设置参数,其中目标单元格为 B1,可变单元格为 B11:G16。每条弧的实际流量如图 8-35 所示,最大流量为 20。

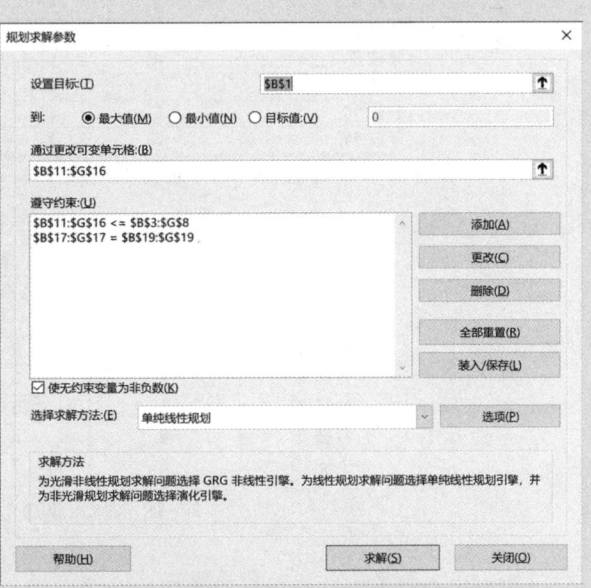

图 8-35 例 8-20 可变单元格 图 8-36 例 8-20 参数设置

8.7.2　OR for Windows求解图论问题

1. 最短路问题

例8-21

以图 8-16 为例，计算 v_1 到 v_7 的最短路。

首先进入 OR for Windows 主窗口界面，在"模型"菜单中选择"图与网络分析（N）"。接下来在"文件"菜单中单击"新建"或直接单击工具栏的"□"按钮，在子菜单中选择"最短路问题"，弹出"创建数据集"对话框，输入问题名称"例8-21"，设置分枝边个数为7，网络类型选择"无向"，单击"确定（O）"按钮，进入数据表格界面，如图 8-37 所示。在数据表格中输入各分枝边起点、终点及其距离。输完分枝边数据后在参数面板输入计算最短路起点和终点编号。单击工具栏"直接求解"按钮，输出结果如图 8-38 所示。

例8-21			
	起点	终点	Distance
分枝 1	1	2	2
分枝 2	1	3	5
分枝 3	1	4	4
分枝 4	2	3	2
分枝 5	2	5	7
分枝 6	3	4	1
分枝 7	3	6	3
分枝 8	4	6	4
分枝 9	5	6	1
分枝 10	5	7	5
分枝 11	6	7	7

图 8-37　例 8-21 数据表格界面

例8-21 求解结果				
Total distance = 13	起点	终点	Distance	Cumulative Distance
分枝 1	1	2	2	2
分枝 4	2	3	2	4
分枝 7	3	6	3	7
分枝 9	6	5	1	8
分枝 10	5	7	5	13

图 8-38　例 8-21 输出结果

根据求解结果，v_1 到 v_7 的最短路为 $v_1 \to v_2 \to v_3 \to v_6 \to v_5 \to v_7$，全长为 13。

2. 最大流问题

例8-22

对图 8-39 所示的网络，用 OR for Windows 求解最大流。

进入 OR for Windows 主窗口界面，在"模型"菜单中选择"图与网络分析（N）"。接下来在"文件"菜单中单击"新建"或直接单击工具栏的"□"按钮，在子菜单中选择"最大流问题"，弹出"创建数据集"对话框，输入问题名称"例 8-22"，设置分枝边个数为 12，单击"确定（O）"按钮，进入数据

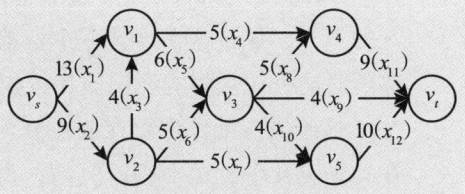

图 8-39　例 8-22 图示

表格界面，如图 8-40 所示。将图 8-39 中的节点 $v_s, v_1, \cdots, v_t$ 重新编号为 1-7，在数据表格中输入各分枝边起点、终点编号，起点到终点弧容量，反向弧容量。在软件的参数面板设置计算最大流网络的起点为 1 和终点为 7，单击工具栏"直接求解"按钮，输出结果如图 8-41 所示。

Branch name	起点	终点	Capacity	Reverse capacity
例8-22				
分枝 1	1	2	13	0
分枝 2	1	3	9	0
分枝 3	2	4	6	0
分枝 4	2	5	5	0
分枝 5	3	2	4	0
分枝 6	3	4	5	0
分枝 7	3	6	5	0
分枝 8	4	5	5	0
分枝 9	4	6	4	0
分枝 10	4	7	4	0
分枝 11	5	7	9	0
分枝 12	6	7	10	0

图 8-40　例 8-22 数据表格界面

Branch name	起点	终点	Capacity	Reverse capacity	Flow
Maximal Network Flow	20				
分枝 1	1	2	13	0	11
分枝 2	1	3	9	0	9
分枝 3	2	4	6	0	6
分枝 4	2	5	5	0	5
分枝 5	3	2	4	0	0
分枝 6	3	4	5	0	4
分枝 7	3	6	5	0	5
分枝 8	4	5	5	0	-5
分枝 9	4	6	4	0	4
分枝 10	4	7	4	0	2
分枝 11	5	7	9	0	9
分枝 12	6	7	10	0	9

图 8-41　例 8-22 输出结果

8.8 实际应用案例

8.8.1 问题描述

BMZ 公司是欧洲一家生产豪华汽车的制造商。该公司因为提供优质的服务而获得很好的声誉,保持这个声誉一个很重要的秘诀就是该公司有着充裕的汽车配件供应,从而能够随时向公司众多的经销商和授权维修店供货。

这些供应配件主要存放在公司的配送中心里,这样一有需求就可以立即送货。该公司在美国有几个配送中心。但是,离洛杉矶配送中心最近的一个配送中心却坐落于距离洛杉矶 1 000 多 mile① 的西雅图。保证洛杉矶良好的供应尤为重要,因此,目前那里供应不断减少的现状成了公司高层管理真正关心的问题。

大部分的汽车配件是在该公司坐落于德国的斯图加特的总厂和新车一起生产的,也就是这家工厂向洛杉矶配送中心供应汽车配件,每月有超过 300 000ft³② 的配件需要运送到洛杉矶配送中心。下个月需要多得多的数量以补充正在减少的库存。

现在需要尽快制订一个方案,使得下个月从总厂运送到洛杉矶配送中心的供应配件尽可能多。这是最大流问题:一个使得从总厂运送到洛杉矶配送中心的配件数量最大的问题。因为总厂生产的配件数量要远远大于能够运送到配送中心的数量,所以,运送多少配件的限制条件就是公司配送网络的容量。

8.8.2 问题分析

这个配送网络如图 8-42 所示,其中标有 ST 和 LA 的节点分别代表斯图加特的工厂和洛杉矶的配送中心。由于工厂所在地有一个铁路转运点,首先通过铁路把配件运输到欧洲的三个港口:鹿特丹(RO)、波尔多(BO)、和里斯本(LI);然后通过船舶运输到美国的港口纽约(NY)或新奥尔良(NO);最后用卡车运送到洛杉矶的配送中心。

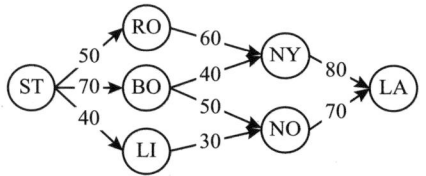

图 8-42 网络模型(每条弧的数字代表该弧的容量)

表 8-3 是 BMZ 公司最大流问题电子表格,包括目标单元格最大流量(D13),可变单元格流量(D4:D12)显示的是由规划求解软件获得的最优解。

表 8-3 BMZ 公司最大流问题电子表格

	B	C	D	E	F	G	H	I	J
2									
3	从	到	运输量		容量	节点	净流量		流出量 – 流入量

---

① 1mile ≈ 1 609m。
② 1 ft³ ≈ 0.028 3m³。

(续)

			BMZ公司最大流问题					
4	斯图加特	鹿特丹	50	<=	50	斯图加特	150	=	
5	斯图加特	波尔多	70	<=	70	鹿特丹	0	=	0
6	斯图加特	里斯本	30	<=	40	波尔多	0	=	0
7	鹿特丹	纽约	50	<=	60	里斯本	0	=	0
8	波尔多	纽约	30	<=	40	纽约	0	=	0
9	波尔多	新奥尔良	40	<=	50	新奥尔良	0	=	0
10	里斯本	新奥尔良	30	<=	30	洛杉矶	−150	=	
11	纽约	洛杉矶	80	<=	80				
12	新奥尔良	洛杉矶	70	<=	70				
13	总运输量		150						

8.8.3 进一步改善的方案

在柏林，即斯图加特的工厂的北面，公司有一家较小的工厂也生产汽车配件。虽然通常这家工厂是用来协助供应给北欧、加拿大和美国北部地区的配送中心（包括在西雅图的一个）的，但是它也同样可以运输配件到洛杉矶的配送中心。而且，当洛杉矶配送中心出现库存短缺时，西雅图的配送中心有能力给洛杉矶配送中心的客户供应配件。

这为解决当前洛杉矶存货短缺的问题开发了一个更好的方案，与其仅仅使得从斯图加特的工厂运送到洛杉矶配送中心的运输量最大，不如使得两个工厂到洛杉矶和西雅图这两个配送中心的运输量最大。

图8-43显示的网络模型代表扩展后的配送网络。这个经过扩展的网络多包括了两个工厂和两个配送中心。除图8-42的节点以外，节点BE代表位于柏林的较小的工厂，节点HA和节点BN分别代表为这家工厂提供服务的汉堡和波士顿的两大港口。和图8-42一样，弧代表了运输路线，每条弧的数字代表该弧的容量，即下个月可以通过这条运输路线的最大运输单位数。将经过扩展的BMZ公司的配送问题看作最大流问题的网络模型。

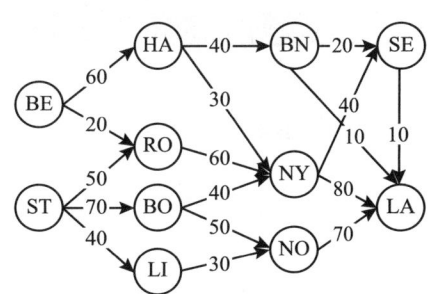

图8-43 扩展后的配送网络

表8-4中的可变单元格流量（D4:D19）得到的是下个月通过每一条运输路线运输的单位数的最优解。把这个解和表8-3中得到的解相比较，可以看到，运送到洛杉矶的单位数由150增长到了160，增加了60单位到西雅图作为洛杉矶库存短缺的备份，这个方案解决了洛杉矶的危机。表8-4所用的格式和表8-3是一样的。但是，现在的目标单元格最大流量（D20）得到的数据是从斯图加特和柏林两个工厂运出的总流量，即D20=H4+H5。

表 8-4 改进后的 BMZ 公司最大流问题电子表格

	B	C	D	E	F	G	H	I	J
2	\multicolumn{9}{c	}{**BMZ 公司最大流问题（改进）**}
3	从	到	运输量		容量	节点	净流量		流出量 - 流入量
4	柏林	汉堡	60	<=	60	柏林	70		
5	柏林	鹿特丹	10	<=	20	斯图加特	150		
6	斯图加特	鹿特丹	50	<=	50	汉堡	0	=	0
7	斯图加特	波尔多	70	<=	70	鹿特丹	0	=	0
8	斯图加特	里斯本	30	<=	40	波尔多	0	=	0
9	汉堡	波士顿	30	<=	40	里斯本	0	=	0
10	汉堡	纽约	30	<=	30	波士顿	0	=	0
11	鹿特丹	纽约	60	<=	60	纽约	0	=	0
12	波尔多	纽约	30	<=	40	新奥尔良	0	=	0
13	波尔多	新奥尔良	40	<=	50	西雅图	-60		
14	里斯本	新奥尔良	30	<=	30	洛杉矶	-160		
15	波士顿	西雅图	20	<=	20				
16	波士顿	洛杉矶	10	<=	10				
17	纽约	西雅图	40	<=	40				
18	纽约	洛杉矶	80	<=	80				
19	新奥尔良	洛杉矶	70	<=	70				
20	最大流量		220						

习 题

1. 证明：有 n 个节点，n 条边的简单图中必存在圈。
2. 试用整数规划对图 8-44 中的最小生成树问题建模。

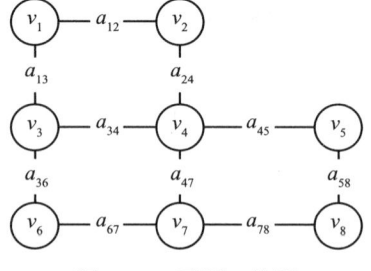

图 8-44 习题 2 的图

3. 分别用避圈法和破圈法寻找图 8-45 中的最小生成树。

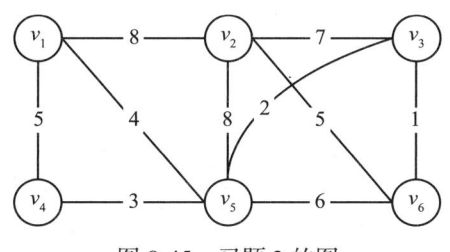

图 8-45　习题 3 的图

4. 用 Dijkstra 算法求解 v_1 到 v_7 的最短路（见图 8-46）。

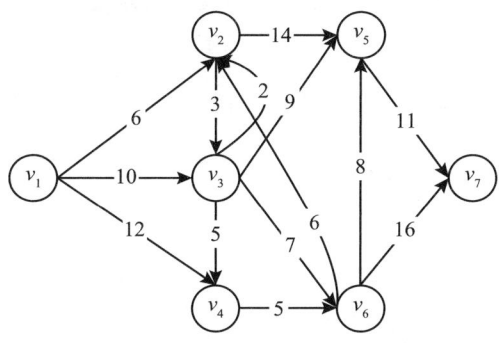

图 8-46　习题 4 的图

5. 用 Floyd 算法求解任意两点间的最短路（见图 8-47）。

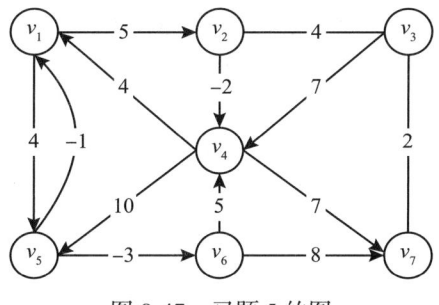

图 8-47　习题 5 的图

6. 已知有 6 个小区，其中 A 区 5 000 人，B 区 4 000 人，C 区 6 000 人，D 区 2 000 人，E 区 7 000 人，F 区 9 000 人，相互间的道路距离如图 8-48 所示。拟新建一所邮局，试问应将邮局建于哪个小区，才能使得 6 个小区的居民最方便？

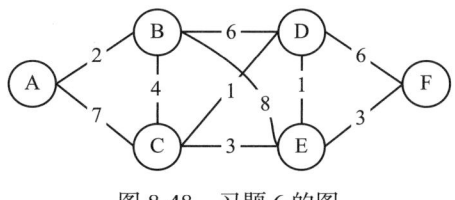

图 8-48　习题 6 的图

7. 用 Ford-Fulkerson 算法求解 v_s 到 v_t 的最大流量（见图 8-49），并找出该网络的最小割。

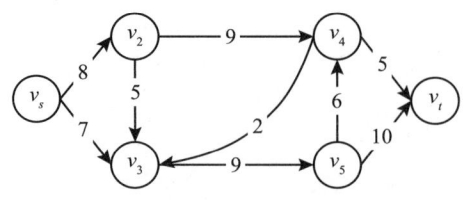

图 8-49 习题 7 的图

8. 某产品从仓库运往市场销售，各仓库的供应量、各市场的需求量以及从各个仓库到各个市场的运输能力如表 8-5 所示，试求从仓库运往市场的最大产品量。

表 8-5 习题 8 的表格

仓库	市场				供应量
	1	2	3	4	
A	30	10		40	20
B			10	50	20
C	20	10	40	5	100
需求量	20	20	60	20	

9. 求解 v_s 到 v_t 的最小费用最大流（见图 8-50）。

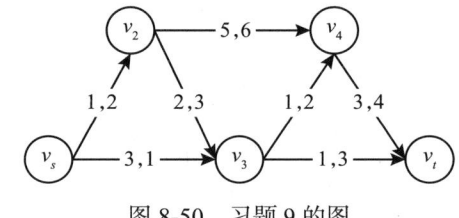

图 8-50 习题 9 的图

10. 已知某运输问题的产销平衡表与单位运价表（见表 8-6），试将该问题转化为最小费用最大流问题，并进行求解。

表 8-6 习题 10 的表格

产地	销地			供应量
	1	2	3	
A	20	24	5	8
B	30	22	20	7
需求量	4	5	6	

11. 求解图 8-51 所示的中国邮递员问题。

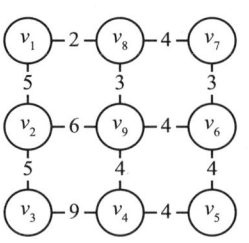

图 8-51 习题 11 的图

第9章 动态规划

动态规划主要研究多阶段决策过程的最优化问题,是解决优化问题的一种特殊途径。自 1951 年开始,美国数学家理查德·贝尔曼(Richard Bellman)等人提出了解决这类问题的最优化原理,并讨论了一些实际问题,创建了动态规划。1957 年,贝尔曼出版了关于动态规划的第一本专著 Dynamic Programming,首次对动态规划的主要内容做了系统的阐述。其后,贝尔曼和许多学者发表了一系列有关动态规划的著作,包括动态规划在经济学、管理科学、控制理论中的应用。

9.1 多阶段决策问题

9.1.1 多阶段决策过程

多阶段决策问题是指一类特殊的活动,它们可以按时间和空间特征划分若干个互相联系的阶段,在它们的每一个阶段都需要做出决策,上一个阶段的决策会影响下一个阶段的决策,从而影响整个过程的活动路线。

各阶段所确定的决策构成一个决策序列,叫作策略,由于每一阶段做出的决策不同,形成的决策序列也不同,确定的活动效果也不同。求解多阶段决策问题就是要找出使活动效果最好的策略。

动态规划与前面介绍的线性规划有相似之处。动态规划也有一个目标函数,有一定的约束条件。但是动态规划有自身的特点,即把一个较为复杂的问题,按其时间和空间特征,尽可能分解为较小的,更容易求解的局部问题,然后根据局部问题的顺序,依次做出一系列相应的最优决策,直到整个问题得到最优解。

多阶段决策问题举例如下。

例9-1 最短路线问题

某人想从城市 1 通过若干中间城市到达城市 10,其中相关的两个城市之间的距离如图 9-1 所示,求最短路线。

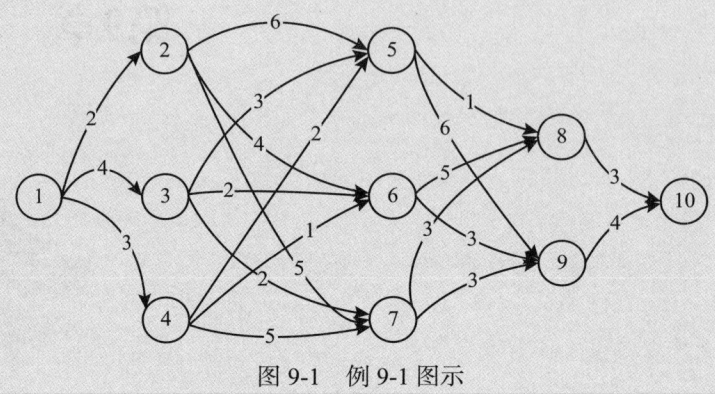

图 9-1 例 9-1 图示

例9-2 投资分配问题

某公司有资金400万元,可以向A、B、C三个项目追加投资,各个项目可以有不同的投资额,相应的效益值如表 9-1 所示,试问应如何分配资金才能使总效益值最大?

表 9-1 例 9-2 的表格

投资项目	投资额(万元)				
	0	1	2	3	4
A	38	41	48	60	66
B	40	42	50	60	66
C	48	64	68	78	76

9.1.2 基本概念

1. 阶段(Stage)

将所给问题的过程,按时间或空间特征恰当地划分若干互相联系的阶段,以便于表示决策的时间或空间次序。

阶段的个数可以是确定的,也可以是不确定的。为了描述阶段的顺序,引入阶段变量 k,其作用是按顺序对划分后的阶段进行编号。

最常见的阶段变量是离散的,阶段顺序可以用 $1,2,\cdots,n$ 来编号。阶段变量连续的情况也是存在的。一个动态规划问题,如果其阶段变量是离散的,则称之为离散的动态规划问题。

在例 9-1 中，可以把从城市 1 走到城市 10 看作一个 4 阶段问题，即 $k=1,2,3,4$。第 1 阶段包括（1,2），（1,3），（1,4）；第 2 阶段包括（2,5），（2,6），（2,7），（3,5），（3,6），（3,7），（4,5），（4,6），（4,7）；第 3 阶段包括（5,8），（5,9），（6,8），（6,9），（7,8），（7,9）；第 4 阶段包括（8,10），（9,10）。

在例 9-2 中，可以将问题划分为 3 个阶段。第 1 阶段只考虑对项目 A 的追加投资，第 2 阶段考虑对项目 A 和项目 B 的追加投资，第 3 阶段考虑对全部项目的追加投资。

阶段的总数称为全过程的历程数。

2. 状态（State）

各阶段开始时的具体条件、具体情况就是状态。状态是用于描述阶段当前特征且无后效性的量，一个阶段通常包括若干个状态。状态的无后效性是指当给定某阶段状态之后，该阶段以后的过程的演变不受该阶段以前各阶段，即历史状态的影响。

描述各阶段状态的变量叫状态变量，常用 s_k 表示第 k 阶段的状态变量，其值为状态。状态变量可能是离散的，也可能是连续的。

状态变量的取值范围称为 k 阶段的状态空间（状态集合），用 S_k 表示。

如果一个多阶段决策过程，可以通过网络图的形式来表示，则一般取节点作为状态。若第 k 阶段有 r 个初始节点，那么该阶段的状态集合 S_k 可表示为 $S_k=\{x_{k1},x_{k2},\cdots,x_{ki}\}$，其中 x_{ki} 是第 k 阶段第 i 个初始节点。

例 9-1 中第 2 阶段的 $k=2$，$S_2=\{2,3,4\}$

如果状态变量的取值不是数字，则为了方便，可人为进行规定，比如将第 k 阶段的节点自上而下编号以后，就可以直接用数字表示状态。

上例中，如果 S_2 中元素按顺序编号，则 S_2 可表示为 $S_2=\{1,2,3\}_2$。

有许多问题，需要一组变量，才能完整描述其状态，这时状态变量就是 n 维向量。

在例 9-2 中，第 1 阶段的状态为对项目 A 的追加投资额，状态变量值为项目 A 追加投资额的具体数值。显然，状态变量是连续的。

第二阶段的状态为对项目 A 和项目 B 的投资额。

第三阶段的状态为对全部项目 A、B、C 的总投资额。

3. 决策（Decision）

在多阶段决策的每 1 阶段，当本阶段的状态取定以后，我们可以选择不同的决定，从而影响下一阶段的状态，这种决定称为决策。换句话说，本阶段采用的影响过程发展的方式称为决策。描述决策的变量称为决策变量，常用 $u_k(s_k)$ 来表示第 k 阶段，状态为 s_k 时的决策变量，简记为 u_k，其值为具体决策，能影响下一阶段的状态。

决策变量的取值范围称为允许决策集合，常用 $D_k(s_k)$ 表示第 k 阶段状态为 s_k 时允许决策的集合，记为

$$D_k(s_k)=\{u_k(s_k)\}$$

在例 9-1 中，当人走到城市 3 时，表示 $s_2=\{3\}$，用决策 $u_2(3)$ 表示决定从城市 3 出发走哪一条支路，共有三条支路：(3,5)，(3,6)，(3,7)，即 $D_2(s_2)=\{5,6,7\}$，若选择支路 (3,5)，则 $u_2(3)=5$。

4. 策略（Strategy）

所有阶段依次排列，构成问题的全过程，在全过程的各阶段中所选取的决策组成一个决策序列，称为策略。同一个问题的全部可能的策略组成的集合叫作允许策略集，记为 P。

如全过程历程数为 n，k 阶段决策为 $u_k(s_k)$，则称 $\{u_1(s_1),u_2(s_2),\cdots,u_k(s_k),\cdots,u_n(s_n)\}$ 为全过程策略，记为 $p_{1n}(s_1)=\{u_1,u_2,\cdots,u_k,\cdots,u_n\}$。

使整个问题达到最佳效果的策略叫作最优策略。

在例 9-1 中，从城市 1 到城市 10 共有 18 条路线，即有 18 条走法（策略），这 18 条路线组成策略集 P。

从第 1 阶段到第 k 阶段的过程称为 k 前部子过程，各阶段的决策组成的序列称为 k 前部子策略，记为 $P_{1k}(s_1)$。

从第 k 阶段到第 n 阶段的过程称为 k 后部子过程，各阶段的决策组成的序列称为 k 后部子策略，记为 $P_{kn}(s_k)$。

在例 9-1 中，$k=2$ 时，$s_2=3$，若取 $u_2(3)=5$，$u_3(5)=8$，$u_4(8)=10$，则 $\{u_2(3),u_3(5),u_4(8)\}$，即 $\{5,8,10\}$ 组成一个后部子策略。

5. 状态转移方程（State Transformation Function）

对于多阶段决策过程而言，如果已给定第 k 阶段的状态 s_k，则在该阶段的决策变量 u_k 确定以后，第 $k+1$ 阶段的状态变量 s_{k+1} 也就随之确定。因此，可以将 s_{k+1} 看作 s_k 和 u_k 的函数，记为

$$s_{k+1}=T_k(s_k,u_k)$$

这一关系式描述了第 k 阶段到第 $k+1$ 阶段的状态转移规律，称为状态转移方程。

在例 9-1 中，其状态转移关系由交通图给出，可写出状态转移方程：

$$s_{k+1}=u_k$$

如果 s_{k+1} 与 (s_k,u_k) 存在确定性的对应关系，则称该过程为确定性多阶段决策过程。此时，当给定初始状态 s_1 和选定一个策略 $\{u_1,u_2,\cdots,u_n\}$ 后，就可以得到一个确定的状态序列，即全过程的一个实现。

在例 9-1 中，初始状态为 1，选定一个策略 $\{2,5,8,10\}$，即从城市 1 走到城市 10 的一种走法就是 $1\rightarrow 2\rightarrow 5\rightarrow 8\rightarrow 10$。

在实际问题中，可能出现随机因素，使 s_{k+1} 与 (s_k,u_k) 存在非确定性关系，这种过程称为随机性多阶段决策过程。此时，由 (s_k,u_k) 得到的 s_{k+1} 是一个随机变量。

6. 指标函数或收益函数（Return Function）

多阶段决策问题的求解就是寻找最优策略，即寻找最优的、可行的决策序列。这就需要一个指标，用以衡量一个策略总体效果的优劣，这样一个数量指标就称为指标函数，常用 V 表示。

在例 9-1 中，从 1 到 10 的路线长度就是这样一个指标。

在不同的问题中，指标的含义也不同，可以是距离、成本、利润、产量、资源消耗等。

由于动态规划问题采用的是递推求解的方法，故作为动态规划模型的指标函数，还应满足下列条件。

（1）指标函数应在全过程和所有局部子过程上有定义。

第 k 阶段后部子过程指标函数记为 V_k，由于 k 后部子过程的实现由初始状态 s_k 和后部子策略 $p_{k,n}$ 所决定，故 V_k 是 s_k 和 $p_{k,n}$ 的函数，定义 $V_k = V_k(s_k, p_{k,n})$。

在例 9-1 中，$V_2(3, p_{2,4})$ 表示从城市 3 到城市 10 的距离。

（2）指标函数应满足下列递推关系：对任意 $k(1 \leq k \leq n)$，有

$$V_k = \varphi_k(s_k, u_k, V_{k+1})$$

即 V_k 可以通过函数关系由 V_{k+1} 和 (s_k, u_k) 得到。

在每个阶段，在每一状态下做出的每一个决策都存在着一个影响全过程总体效果的直接效果，这种效果可以用阶段指标函数来描述，它是 u_k 和 s_k 的函数，记为 $V_k(s_k, u_k)$。

在例 9-1 中，阶段指标函数可定义为两个相邻节点之间的距离。

常见的指标函数总是阶段指标函数的某种组合，这种组合通常是"和"或"乘积"的形式。如

$$V_k(s_k, p_{k,n}) = \sum_{i=k}^{n} V_i(s_i, u_i) = V_k(s_k, u_k) + V_{k+1}(s_{k+1}, u_{k+1}) + \cdots + V_n(s_n, u_n)$$

或 $V_k(s_k, p_{k,n}) = \prod_{i=k}^{n} V_i(s_i, u_i) = V_k(s_k, u_k) V_{k+1}(s_{k+1}, u_{k+1}) \cdots V_n(s_n, u_n)$

当初始条件确定时，最优化的任务就是找出使 V_k 最大（或最小）的策略 $p_{k,n}$，即最优决策 $p_{k,n}^*$。此时，V_k 的最大（或最小）值就是最优值，称为最优指标函数，用 $f_k(s_k)$ 表示。显然它是 s_k 的函数 [s_k 确定后，$p_{k,n}^*$ 也就可以确定，$f_k(s_k)$ 的值亦可以确定]。

$f_k(s_k)$ 与 $V_{k,n}(s_k, p_{k,n})$ 的关系为

$$f_k(s_k) = V_{k,n}(s_k, p_{k,n}^*) = \underset{p_{k,n} \in P_{k,n}}{\mathrm{opt}}\, V_{k,n}(s_k, p_{k,n})$$

opt 表示最优，对具体问题而言，可以是最大（或最小）值。特别地，当 $k=1$ 时，$f_1(s_1)$ 就是从初始状态到全过程的整体最优函数。

在例 9-1 中，$f_2(3)$ 表示从城市 3 到城市 10 的最短距离。

有了上述这些基本概念以后，我们还需要最优指标的递推关系，以写出其基本方程，并求出多阶段决策问题的最优解，这就涉及动态规划的基本定理——最优化原理。

9.2 最优化原理与动态规划的数学模型

9.2.1 最优化原理

最优化原理：一个最优策略具有这样的性质，不管初始状态或初始策略如何，相对于初始策略产生的状态来讲，其后的策略必须构成最优策略。

这是贝尔曼于1957年首次阐明的，后来有学者将该原理表述为，"作为全过程的最优策略具有这样的性质：即无论过去的状态和决策如何，对于前面的决策所形成的状态而言，余下的诸决策必须构成最优策略"。

仍然以例9-1最短路问题为例。我们把这个问题按图9-1所示分为4个阶段，每个阶段有几个状态（不同的出发位置）。首先要注意的是，在每个阶段都选最短距离的走法并不一定是最短路线，如从图9-1中选取路线 $1 \to 2 \to 6 \to 9 \to 10$，其距离共 $2+4+3+4=13$ 单位，但路线 $1 \to 4 \to 6 \to 9 \to 10$，其距离共 $3+1+3+4=11$ 单位。因此，在某个阶段的损失（例如 $1 \to 4$）可能会带来以后的获利。

我们现在来研究一下最短路线的重要特征。先用枚举法把所有可能的路线长度计算出来，加以比较，并取得最短路线（共有18条路线，最短路线长度为11单位），可知 $1 \to 4 \to 6 \to 9 \to 10$ 为其中一条最短路线。对于该路线上的任一节点，比如从城市6出发到城市10的路线 $6 \to 9 \to 10$，其距离是 $3+4=7$ 单位。我们可以断定，这条路线性必是从城市6到城市10的一条最短路线，也就是说路线 $6 \to 9 \to 10$ 是所有从6出发到10的路线中距离最短的。如果不是这样，则从城市6到城市10有另外一条距离更短的路线存在，其长度小于7单位。把它和原来最短路线（$1 \to 4 \to 6 \to 9 \to 10$）上由城市1到达城市6的那部分（即 $1 \to 4 \to 6$，长度为 $3+1=4$）连接起来，就形成了一条由城市1到城市10的新路线，该路线长度小于11单位，这就意味着 $1 \to 4 \to 6 \to 9 \to 10$ 不是最短路线了，与实际情况矛盾。

由上述分析可知，如果 $1 \to 4 \to 6 \to 9 \to 10$ 是城市1到城市10的最短路线，则 $4 \to 6 \to 9 \to 10$ 必是城市4到城市10的最短路线，$6 \to 9 \to 10$ 必是城市6到城市10的最短路线，$9 \to 10$ 必是城市9到城市10的最短路线。

既然最短路线上各节点的最短子路线也在该路线上，则完全可以先求出最后一阶段初始节点（状态）到终点的最短子路线，再在此基础上求出倒数第二阶段各初始节点（状态）到终点的最短子路线，这样一直计算下去，就可以求出第1阶段初始节点到终点的最短路线。

这就是动态规划问题求解的基本思路。

如果已求出某阶段的 k 个状态（初始节点）的最短子路线，再以此为基础求 $k-1$ 阶段状态的最短子路线，则必须要先确定 $k-1$ 阶段各状态的最短子路线与 k 阶段各状态最短子路线之间的关系，这种关系称为递推关系，用函数表示后称为该问题的基本方程。

根据最优化原理和具体问题的指标函数特点，列出计算最优指标值的递推方程，即相邻两个阶段的最优指标值的递推方程，从最后一阶段开始，逐次向前递推计算，一直到求出全过程的整体最优指标值为止。该方法的最优方向与全过程发展方向相反，因而称为逆序解法。

值得注意的是，最优化原理要求构成动态规划模型的状态一定要具有"无后效性"。即在状态转移过程中，一旦达到某一阶段的某一状态，以后过程的发展仅仅取决于这一状态以及从这一阶段到最后一阶段所采用的后部子策略，而与这一阶段以前的状态和决策无关。

在例 9-1 中，如果第 3 阶段的状态为 $s_3 = 6$，那么不管前面两个阶段的决策如何（即不管城市 1 从哪条路线到城市 6），都不影响从城市 6 出发的后一阶段的决策（即决定走哪一条支路）。

9.2.2 动态规划的基本方程

假设共有 n 个阶段，第 k 阶段状态变量为 s_k，状态集合为 S_k，决策变量为 u_k，u_k 的允许决策集合为 $D_k(s_k)$。

则状态转移方程为

$$s_{k+1} = T_k(s_k, u_k)$$

全过程的最优指标函数为各阶段指标之和，即 $V = \sum_{i=1}^{n} V_i(s_i, u_i)$，其中 $V_i(s_i, u_i)$ 为第 i 阶段的指标函数，最优是指使 V 值取最小。

现在我们来推导出这类问题的基本方程。

该模型可写成：

$$\min V_k \{s_k, p_k(u_k)\}$$
$$\text{s.t.} \quad p_k(s_k) \in P_k(s_k)$$

其中，$P_k(s_k)$ 是以 s_k 为状态的后部允许策略集合。

假设用 $p_k^*(s_k)$ 表示以 s_k 为 k 阶段状态的后部最优策略，则 $p_k^*(s_k)$ 为该模型的解。

假设对于 S_{k+1} 中任意一个 s_{k+1}，都已求出其后部最优策略 $p_{k+1}^*(s_{k+1})$，令

$$P_k'(s_k) = \{[u_k, p_{k+1}^*(s_{k+1})]\}$$

其中，$u_k \in D_k(s_k)$，$s_{k+1} = T_k(s_k, u_k)$。

对于同一个 s_k，若 u_k 不同，则 $p_{k+1}^*(s_{k+1})$ 亦不同，显然有 $P_k'(s_k) \subseteq P_k(s_k)$，根据最优化原理，如果 $p_k^*(s_k)$ 是最优子策略，则其序列的后部子策略 $p_{k+1}^*(s_{k+1})$ 也是最优子策略。因而 $p_k^*(s_k) \in P_k'(s_k)$。

于是，模型可改为

$$\min V_k \{s_k, p_k(u_k)\}$$
$$\text{s.t.} \quad p_k^*(s_k) \in P_k'(s_k)$$

另外，由于

$$V_k\{s_k, p_k(s_k)\} = \sum_{i=1}^{n} V_i(s_i, u_i) = V_k(s_k, u_k) + \sum_{i=k+1}^{n} V_i(s_i, u_i)$$
$$= V_k(s_k, u_k) + V_{k+1}\{s_{k+1}, p_{k+1}(s_{k+1})\}$$

其中,

$$s_{k+1} = T_k(s_k, u_k) \tag{9-1}$$

$$p_k(s_k) = \{u_k, p_{k+1}(s_{k+1})\} \tag{9-2}$$

而 $p_k(s_k) \in P_k(s_k)$,即 $P_k(s_k)$ 是 $\{u_k, p_{k+1}^*(s_{k+1})\}$ 这样的形式。

由式 (9-1)、式 (9-2) 可知,原模型等价于:

$$\min\{V_k(s_k, u_k) + V_{k+1}[s_{k+1}, P^*_{k+1}(s_{k+1})]\}$$
$$\text{s.t.} \begin{cases} u_k \in D_k(s_k) \\ s_{k+1} = T_k(s_k, u_k) \end{cases}$$

令 $f_k(s_k)$ 表示以 s_k 为状态的后部子过程指标函数的最优值,即:

$$f_k(s_k) = V_{k,n}(s_k, P^*_{k,n}) = \text{opt} V_{k,n}(s_k, P_{k,n})$$

则模型可改为

$$f_k(s_k) = \min\{V_k(s_k, u_k)\} + f_{k+1}(s_{k+1})$$
$$\text{s.t.} \begin{cases} u_k \in D_k(s_k) \\ s_{k+1} = T_k(s_k, u_k) \end{cases}$$

因此,原模型的求解最终可归结于下列方程的求解:

$$\begin{cases} f_k(s_k) = \min_{u_k \in D_k(s_k)} \{V_k[s_k, u_k(s_k)] + f_{k+1}(s_{k+1})\} & k = n, n-1, \cdots, 2, 1 \\ f_{n+1}(s_{n+1}) = 0 \end{cases} \tag{9-3}$$

式 (9-3) 就是动态规划逆序解法的基本方程,其求解过程,根据边界条件,从 $k = n$ 开始,由后向前逆推,从而逐步求得各阶段的最优决策和相应的最优值,当求出 $f_1(s_1)$ 时,就得到了整个问题的最优解。

很多问题也可以按与实际过程变化相同的方向逐阶段顺序寻求最优策略,这种方法称为顺序解法。顺序解法的基本方程可表述如下:假定阶段序数 k 和状态变量 s_k 的定义不变,而改变决策变量 u_k 的定义,此时的状态转移不是由 s_k,u_k 确定 s_{k+1},而是反过来由 s_{k+1},u_k 确定 s_k,状态转移方程的一般形式为

$$s_k = T'_k(s_{k+1}, u_k)$$

因而第 k 阶段的允许决策集合也做相应的改变,记为 $D'_k(s_{k+1})$,指标函数也应换成以 s_{k+1},u_k 为变量的函数,于是可得动态规划顺序解法的基本方程:

$$\begin{cases} f_k(s_{k+1}) = \min_{u_k \in D'_k(s_{k+1})} \{V_k[s_{k+1}, u_k(s_{k+1})] + f_{k-1}(s_k)\} & k = 1, 2, \cdots, n-1, n \\ f_0(s_1) = 0 \end{cases} \tag{9-4}$$

当全过程指标函数为连加型,即 $V = \sum_{i=1}^{n} V_i(s_i, u_i)$ 时,动态规划逆序解法的基本方程为

$$\begin{cases} f_k(s_k) = \operatorname*{opt}_{u_k \in D_k(s_k)} \{V_k[s_k, u_k(s_k)] + f_{k+1}(s_{k+1})\} & k = n, n-1, \cdots, 2, 1 \\ f_{n+1}(s_{n+1}) = 0 \end{cases} \quad (9\text{-}5)$$

当全过程指标函数为连乘型，即 $V = \prod_{i=1}^{n} V_i(s_i, u_i)$ 时，动态规划逆序解法的基本方程为

$$\begin{cases} f_k(s_k) = \operatorname*{opt}_{u_k \in D_k(s_k)} \{V_k[s_k, u_k(s_k)] f_{k+1}(s_{k+1})\} & k = n, n-1, \cdots, 2, 1 \\ f_{n+1}(s_{n+1}) = 1 \end{cases} \quad (9\text{-}6)$$

类似可得相应的顺序解法的基本方程。

9.2.3 动态规划的数学模型

建立实际问题的动态规划模型，就是确定过程的阶段、历程数、状态变量和决策变量的取法，找出允许状态集合和允许决策集合，确定状态转移方程及指标函数。

动态规划逆序解法建模求解的一般步骤如下：

（1）将具体问题恰当地划分为若干阶段；

（2）正确地选择状态变量，要求所选择的状态变量既要充分反映系统变化的决策条件，从而描述过程的演变，又必须具有无后效性，并且每个阶段的初始状态可以根据前一阶段的初始状态和某一确定的状态转移方程得到；

（3）正确选择决策变量并确定每个阶段在每个可能的状态下的允许决策范围；

（4）写出状态转移方程；

（5）根据实际问题确定指标函数，指标函数要在全过程和所有后部子过程上有意义，并且具有递推性，根据指标函数确定各阶段相应的阶段指标函数，列出计算各阶段的后部子过程的最优指标值的递推方程（基本方程）；

（6）根据状态转移方程和最优指标值递推方程，按与实际过程的相反方向，用逆序解法寻求全过程的最优策略。

与线性规划相反，在动态规划建模中并没有一个标准，一般的处理方法是根据具体问题建立相应的方程，这需要对具体问题的结构进行深入的理解，并需要一定的经验和技巧。关键在于识别问题的多阶段特征，正确地选择状态变量并保证各阶段之间的状态变量具有递推关系。只有学习了动态规划的广泛应用实例并研究了这些问题的共性之后，这些能力才会培养起来。

我们来举例说明。

例9-3

求解例9-1中的最短路问题。

解：在例9-1中，可分为4个阶段，$n=4$。

第 k 阶段状态变量为 s_k，状态集合为 S_k，则 $S_1 = \{1\}$（为本阶段初始节点），$S_2 = \{2, 3, 4\}$，

$S_3 = \{5,6,7\}$，$S_4 = \{8,9\}$。

第 k 阶段决策变量为 u_k，u_k 表示初始状态为 s_k 时，走哪一条支路，可以用该支路的终点表示 u_k 的值。

如当 $s_1 = 1$ 时，$u_1(1,2)$ 表示支路 $1 \to 2$，$u_1(1,3)$ 表示支路 $1 \to 3$，$u_1(1,4)$ 表示支路 $1 \to 4$。则当 $s_1 = 1$ 时，$D_1(1) = \{2,3,4\}$；当 $s_2 = 2$ 时，$D_2(2) = \{5,6,7\}$。

状态转移方程：

$$s_{k+1} = u_k(s_k)$$

当 $s_3 = 6$ 时，如果 $u_3(6)$ 的值为 8，则 $s_4 = 8$。

令 $d(s_k, u_k)$ 表示从初始节点 s_k，采用决策 u_k 到达下一阶段初始点 s_{k+1} 时两点之间的距离，即 s_k 和 s_{k+1} 之间的距离（相邻两点的距离），则指标函数可定义为

$$V = \sum_{i=1}^{4} d(s_i, u_i)$$

$$V_k = \sum_{i=k}^{4} d(s_i, u_i)$$

基本方程为

$$\begin{cases} f_k(s_k) = \min_{u_k \in D_k(s_k)} \{d(s_k, u_k) + f_{k+1}(s_{k+1})\} \\ f_{n+1}(s_{n+1}) = 0 \end{cases}$$

利用上述基本方程可求得最短路线有三条：$1 \to 3 \to 5 \to 8 \to 10$，$1 \to 4 \to 5 \to 8 \to 10$，$1 \to 4 \to 6 \to 9 \to 10$。

9.3 常见的动态规划问题模型

9.3.1 资源分配问题

资源分配问题就是将一定量的若干种资源，如资金、原材料、机器设备、劳动力等，适当地分配给若干使用者以获得最大收益。如果是一种资源，则是一维资源分配问题，如果是多种资源，则是多维资源分配问题。

一维资源分配问题：设有某种资源，总数量为 a，计划用于生产几种产品。若分配数量 x_i 用于生产第 i 种产品，可获利润为 $g_i(x_i)$，问应如何分配，才能使生产 n 种产品的总利润达到最大？

这是一个与时间无明显关系的静态规划问题，其模型为

$$\begin{aligned} \max \quad & V = g_1(x_1) + g_2(x_2) + \cdots + g_n(x_n) \\ \text{s.t.} \quad & \begin{cases} x_1 + x_2 + \cdots + x_n = a \\ x_i \geq 0 \quad (i = 1, 2, \cdots, n) \end{cases} \end{aligned} \quad (9\text{-}7)$$

当 $g_i(x_i)$ 均为线性函数时，模型为线性规划模型；当 $g_i(x_i)$ 不全为线性函数时，模型为非线性规划模型。

在用动态规划求解这类问题时，通常把资源分配给全部使用者作为第 1 阶段，分配给除第一个使用者外的其他使用者作为第 2 阶段，分配给前两个使用者外的其他使用者作为第 3 阶段，依此类推来划分阶段。把规划问题中的变量取为决策变量，将每阶段可供使用的资源数目作为状态变量。

动态规划建模过程如下。

按使用者数量划分为 n 个阶段，$k=1,2,\cdots,n$。

状态转移方程：

$$s_{k+1} = s_k - u_k$$

最优指标值：$f_k(s_k)$ 表示以数量 s_k 的资源生产第 k 种至第 n 种产品时，按最优决策所能获得的最大利润，则可得递推关系式为

$$\begin{cases} f_k(s_k) = \max_{u_k \in D_k(s_k)} \{g_k(u_k) + f_{k+1}(s_k - u_k)\} & k = n, n-1, \cdots, 2, 1 \\ f_{n+1}(s_{n+1}) = 0 \end{cases} \quad (9\text{-}8)$$

利用这一递推关系，逐次向前计算即可得问题的最优值（最大利润），以及用于生产各种产品的最优资源分配。

9.3.2 一维背包问题

一维背包问题也是动态规划的典型问题之一。一般提法为：一位旅行者携带背包去登山，已知背包所能承受的重量限制为 a kg，现有 n 种物品可供选择以装入背包；第 i 种物品的单位重量为 w_i kg，其价值是数量 x_i 的函数 $c_i(x_i)$，问旅行者应如何选择携带各种物品的件数，使总价值最大，又不超过重量限制。

如果把背包改成车、船等交通工具，就是最优装载问题。

显然，这是一个静态规划问题，令 $x_i(i=1,2,\cdots,n)$ 表示第 i 种物品装载件数，则模型为

$$\max \quad V = \sum_{i=1}^{n} c_i x_i$$

$$\text{s.t.} \begin{cases} \sum_{i=1}^{n} w_i x_i \leq a \\ x_i \geq 0, x_i \in \mathbf{Z}, (i=1,2,\cdots,n) \end{cases} \quad (9\text{-}9)$$

显然这是一个整数规划模型。

动态规划建模过程如下。

按装运物品种类划分为 n 个阶段，$k=1,2,\cdots,n$。

状态变量 s_k：第 k 阶段，背包中允许装入的第 k 种物品到 n 种物品的总重量。

决策变量 u_k：第 k 种物品装载件数 x_k，即

$$u_k = x_k$$

状态转移方程：

$$s_{k+1} = s_k - w_k u_k$$

允许决策集合：

$$D_k(s_k) = \left\{ u_k \mid 0 \leq u_k \leq \frac{s_k}{w_k}, u_k \in \mathbf{Z} \right\}$$

指标函数：

$$V = \sum_{k=1}^{n} u_k c_k$$

基本方程：

$$\begin{cases} f_k(s_k) = \max_{u_k \in D_k(s_k)} \{u_k c_k + f_{k+1}(s_{k+1})\} & k = n, n-1, \cdots, 2, 1 \\ f_{n+1}(s_{n+1}) = 0 \end{cases} \tag{9-10}$$

9.3.3 生产与存储问题

在生产和经营管理中，经常遇到要合理地安排生产（购买）与库存的问题，既要满足社会需要，又要尽量降低成本费用，即确定正确的生产（购买）策略，使总生产成本和库存费用之和为最小。

某公司计划在今后 n 个月内出售某产品，最大生产能力为 M，第 k 个月的单位存贮费为 h_k，生产成本为 c_k，销量为 q_k，要求制订一个生产计划，既能满足销售，又能使总成本最低。

动态规划建模过程如下。

以每个月为一个阶段，共分 n 个阶段，$k = 1, 2, \cdots, n$。

状态变量 s_k：第 k 阶段的存贮量。

决策变量 u_k：第 k 阶段的生产（购买）量。

状态转移方程：

$$s_{k+1} = s_k + u_k - q_k$$

阶段指标函数：

第 k 阶段成本 $e_k(s_k, u_k) = c_k u_k + h_k s_k$

基本方程：

$$\begin{cases} f_k(s_k) = \min_{u_k \leq M} \{e_k(s_k, u_k) + f_{k+1}(s_{k+1})\} & k = n, n-1, \cdots, 2, 1 \\ f_{n+1}(s_{n+1}) = 0 \end{cases} \tag{9-11}$$

9.3.4 复合系统可靠性问题

可靠性是指在规定的条件和时间内，系统完成规定功能的能力。某复合系统由 n 个工作部件串联组成，只要有一个部件失灵，整个系统就不能正常工作。为提高可靠性，每个部件上均装有若干备用元件，当部件失灵时，备用元件自动顶替继续正常工作。显然，备用元件越多，系统可靠性越高，但系统的成本、重量、体积均相应增加。问：在上述限制条件下，应如何决定各部件的备用元件数，使系统可靠性最高？

设部件 $i(i = 1, 2, \cdots, n)$ 上装有 x_i 个备用元件，其正常工作概率为 $p_i(x_i)$，因此整个系统的可靠性可用正常工作的可靠度 P 来衡量，即：

$$P = \prod_{i=1}^{n} p_i(x_i)$$

设装配一个部件 i 的备用元件的费用为 c_i，重量为 w_i，要求备用件的总费用不超过 c，总重量不超过 w，则这个问题有两个约束条件，其静态规划模型为

$$\max \quad P = \prod_{i=1}^{n} p_i(x_i)$$
$$\text{s.t.} \begin{cases} \sum_{i=1}^{n} c_i x_i \leq c \\ \sum_{i=1}^{n} w_i x_i \leq w \\ x_i \geq 0,\ x_i \in \mathbf{Z} \quad (i=1,2,\cdots,n) \end{cases} \quad (9\text{-}12)$$

这是一个非线性整数规划问题。

动态规划建模过程如下。

可分为 n 个阶段，第 k 阶段确定 k 部件装备的元件数。

由于有两个条件，我们选用二维状态变量 (s_k, t_k)，其中 s_k 为第 k 种至第 n 种部件的备用元件所容许使用的费用，t_k 为第 k 种至第 n 种部件的备用元件所容许具有的重量。

决策变量 u_k 为部件 k 备用元件装备数（即 $u_k = s_k$）。

状态转移方程：

$$\begin{cases} s_{k+1} = s_k - u_k c_k \\ t_{k+1} = t_k - u_k w_k \end{cases}$$

允许决策集合：

$$D_k(s_k, t_k) = \left\{ u_k \mid 0 \leq u_k \leq \min\left[\frac{s_k}{c_k}, \frac{t_k}{w_k}\right], u_k \in \mathbf{Z} \right\}$$

指标函数：

$$V = \prod_{i=1}^{n} p_i(u_i),\quad V_k = \prod_{i=k}^{n} p_i(u_i)$$

最优指标函数值 $f_k(s_k, t_k)$ 为状态 (s_k, t_k) 时，部件 k 到 n 的系统可靠性最高。

基本方程：

$$\begin{cases} f_k(s_k, t_k) = \max_{u_k \in D_k(s_k)} \{p_k(u_k) f_{k+1}(s_{k+1}, t_{k+1})\} \quad k = n, n-1, \cdots, 2, 1 \\ f_{n+1}(s_{n+1}, t_{n+1}) = 1 \end{cases} \quad (9\text{-}13)$$

9.3.5 设备更新问题

设备更新是企业进行正常生产的必要保证，当一台设备使用年限较少时，其维修和生产费用低，生产效率高，但随着使用年限的增加，其效率降低，维修等费用也会增加，因此应选择适当时间对它进行更新。设备更新问题的一般提法是：若计算期为 n 年，每次更

新只在年初进行,每年年初都必须对已有的一台设备进行决策,即更新或继续使用,目标就是使 n 年的总效益达到最大。

显然,这是一个多阶段决策问题。动态规划建模过程如下。

设状态变量 s_k 表示第 k 年机器的役龄(已使用了 s_k 年)。

决策变量 u_k 表示第 k 年年初对役龄为 s_k 的机器采用的决策,它只能取两个值:更新(用 R 表示)或继续使用(用 K 表示),即 $D_k(s_k)=\{R,K\}$。

状态转移方程:

$$s_{k+1} = \begin{cases} s_k + 1 & u_k = K \\ 1 & u_k = R \end{cases}$$

另外,设 $t_{n+1}(s_{n+1})$ 表示第 n 年时(第 $n+1$ 年年初)役龄为 s_{n+1} 的机器残值,$r_k(s_k)$、$u_k(s_k)$ 分别表示第 k 年年初役龄为 s_k 的机器继续使用一年的收入、年维修费,$c_k(s_k)$ 表示第 k 年年初对役龄为 s_k 的机器进行更新时的一次性以旧换新的费用(购买和安装新机器的费用与旧机器残值之差)。

第 k 年的年利润为

$$V_k(s_k, u_k) = \begin{cases} r_k(s_k) & u_k = K \\ r_k(s_0) - u_k(s_0) - c_k(s_k) & u_k = R \end{cases}$$

$f_k(s_k)$ 表示第 k 年至第 n 年内,期初有一台役龄为 s_k 的机器,采用最优更新策略所能获得的最大利润额,则基本递推方程为

$$\begin{cases} f_k(s_k) = \max_{u_k \in \{R,K\}} \{V_k(s_k, u_k) + f_{k+1}(s_{k+1})\} & k = n, n-1, \cdots, 2, 1 \\ f_{n+1}(s_{n+1}) = t_{n+1}(s_{n+1}) \end{cases} \quad (9\text{-}14)$$

9.4 操作实践

9.4.1 Excel求解动态规划问题

例9-4

一艘货船欲装运3种货物,每种货物的单位重量和价值如表9-2所示,货船的最大载重量是5t,在不超过货船最大载重的条件下,请确定一个最佳装运方案,使得货船上货物价值最大。

表 9-2 例 9-4 的表格

货号	单位重量 / t	单位价值(万元)
1	2	65
2	3	80
3	1	30

为了求解该问题，我们采用 Paul A. Jensen 教授开发的 teachdp 宏（https://utw11041.utweb.utexas.edu/ORMM/frontpage/jensen.lib/teachdp.xla.zip）。

在"选项"信任中心设置"启用所有宏"，双击"teachdp.xla"，用 Excel 打开文件加载 teachdp 宏，加载成功后，Excel 在"加载项"菜单面板会增加一个"Teach"命令按钮，如图 9-2 所示。

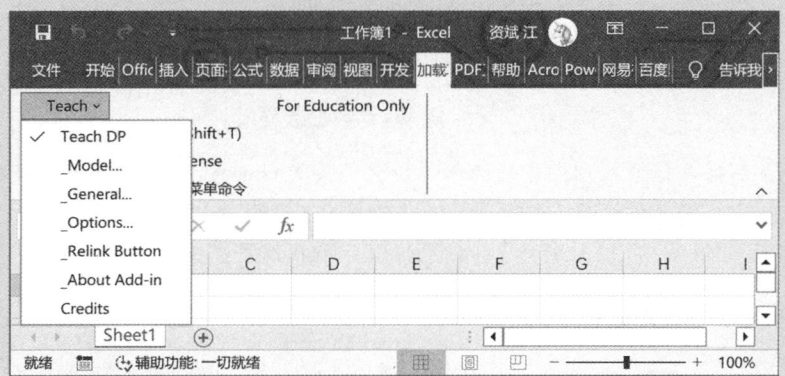

图 9-2　加载宏成功示意图

单击加载项中的"_Model"，出现如图 9-3 的对话框。

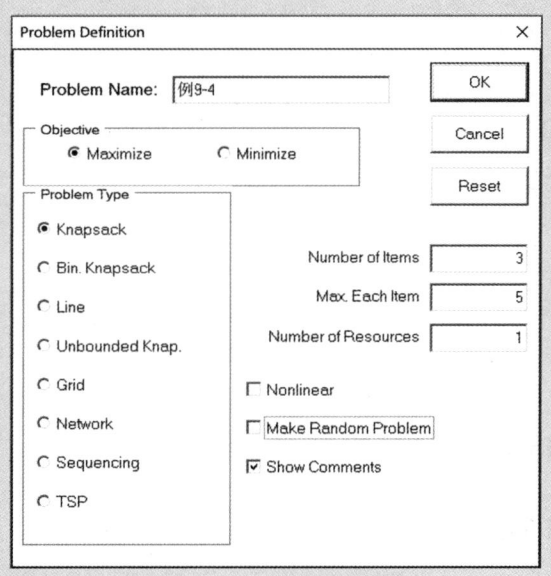

图 9-3　建立背包问题模型

例 9-4 是一个典型的背包问题，因此在"Problem Definition"对话框的"Problem Type"选项框中选择"Knapsack"，在"Number of Items"文本框内输入 3，表示装载货物数量；在"Max. Each Item"文本框内输入 5，表示每艘货船最大装载相应的货物重量；在"Number of Resources"文本框内输入 1，表示只考虑 1 艘货船的情况。接下来，单击"OK"按钮，进入数据表格，如图 9-4 所示。

		Items 货物号		
		1	2	3
单位价值	Benefit	65	80	30
最大载重量	Maximum	5	5	5

Resources Required per unit		单位重量		
	Max.	1	2	3
1	5	2	3	1

图 9-4 数据表格

在 Items 数据表格输入相应货物的单位价值、最大载重量，在 Resources 表格输入相应货物的单位重量，1 个资源单位的最大装载量，单击如图 9-5 所示的“Solve”按钮，计算结果如图 9-6 所示，货船应运载 2t 货物 1，1t 货物 3，货物价值为 160 万元。

Teach Dynamic Programming	Name:	Exam 9_4		Strategy
	Type:	Knapsack	Generation:	Forward
	State Var.:	2	Recursion:	Backward
Solve	Decision Var.:	1	Recovery:	Forward
	Goal:	Max	Output:	None
	Option:	Run	Graphics:	No
	States/Stop:	100	Bounds:	No

图 9-5 求解

	B	C	D	E	F	G
108	Optimum Solution by Forward Recovery					
109		State		Decision		
110	Index	1	2	1	Value	Action
111	1	1	0	2	160	Stage 1: Bring 2 of Item 1
112	2	2	4	0	30	Stage 2: Bring 0 of Item 2
113	3	3	4	1	30	Stage 3: Bring 1 of Item 3
114	4	4	5	--	0	Final
115		The decisions leave the states.				

图 9-6 计算结果

9.4.2 OR for Windows求解动态规划问题

1. 最短路问题

例9-5

求解图 9-1 中城市 1 到城市 10 的最短距离。

首先进入 OR for Windows 主窗口界面，在“模型”菜单中选择“动态规划（Y）”。接下来在“文件”菜单中单击“新建”或直接单击工具栏的“🗋”按钮，弹出“DP Problem Specification”对话框，如图 9-7 所示，选择问题类型为“Stagecoach（Shortest Route）Problem”，输入问题名称为“例 9-5”，节点个数为 10，单击确定进入数据表格窗口，如图 9-8 所示。

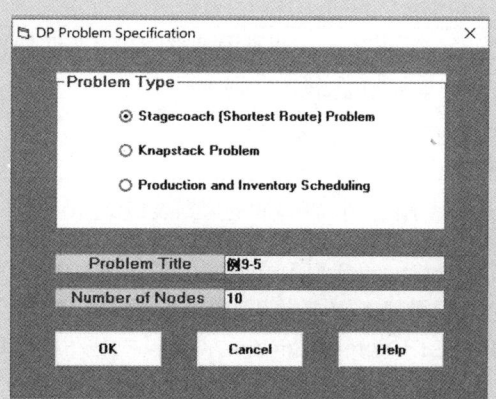

图 9-7 "DP Problem Specification" 对话框

From \ To	Node1	Node2	Node3	Node4	Node5	Node6	Node7	Node8	Node9	Node10
Node1		2	4	3						
Node2					6	4	5			
Node3					3	2	2			
Node4					4	1	5			
Node5								1	6	
Node6								5	3	
Node7								3	3	
Node8										3
Node9										4
Node10										

图 9-8 例 9-5 的数据表格窗口

在数据表格中，按照图 9-1 所示的有向弧输入各个节点之间的距离，两点之间没有弧连接时不输入数据。单击菜单栏的"直接求解"，选择路线节点 1→节点 10，得到如图 9-9 所示结果。

2024-07-17 Stage	From Input State	To Output State	Distance	Cumulative Distance	Distance to Node10
1	Node1	Node3	4	4	11
2	Node3	Node5	3	7	7
3	Node5	Node8	1	8	4
4	Node8	Node10	3	11	3
	From Node1	To Node10	Min. Distance	= 11	CPU = 0.00

图 9-9 例 9-5 的求解结果

2. 背包问题

例 9-6

求解例 9-4 的最佳装运方案。

首先进入 OR for Windows 主窗口界面，在"模型"菜单中选择"动态规划（Y）"。接下来在"文件"菜单中单击"新建"或直接单击工具栏的"□"按钮，弹出对话框，选择问题类型为"Knapstack Problem"，输入问题名称为"例 9-6"，货物数量为 3，单击确定进入数据表格窗口，如图 9-10 所示。

Item (Stage)	Item Identification	Units Available	Unit Capacity Required	Return Function (X: Item ID) (e.g., 50X, 3X+100, 2.15X^2+5)
1	Item1	5	2	65Item1
2	Item2	5	3	80Item2
3	Item3	5	1	30Item3
Knapsack	Capacity =	5		

图 9-10 例 9-6 的数据表格窗口

数据表格中第 2 列为货物名称，第 3 列为货物重量限量和船的最大载重量，第 4 列为单位货物重量。最后一列为货物价值函数，如果只输入 65、80 和 30，软件会将其看作与数量无关的固定价值。因此，此处输入 65Item1、80Item2 和 30Item2 表示价值与对应的装载数量成比例。单击菜单栏的"直接求解"，得到如图 9-11 所示结果。货船应运载 2t 货物 1，1t 货物 3，货船空间没有剩余，货物总价值为 160 万元。

2024-07-17 Stage	Item Name	Decision Quantity (X)	Return Function	Total Item Return Value	Capacity Left
1	Item1	2	65Item1	130	1
2	Item2	0	80Item2	0	1
3	Item3	1	30Item3	30	0
	Total	Return	Value =	160	CPU = 0.01

图 9-11 例 9-6 的求解结果

3. 生产与存储问题

例9-7

某工厂与用户订立合同，在 4 个月内出售一定数量的某种产品，产量限定为 10 的倍数，工厂每月最多生产 100 件，产品可以存储，存储费用为每台 200 元，每个月的需求及每件产品的生产成本如表 9-3 所示，试问工厂应如何安排生产计划，才能既能满足需求，又能使总成本最低。

表 9-3 例 9-7 相关数据

月份	每件生产成本（百元）	需求量（件）
1	70	60
2	72	70
3	80	120
4	76	60

这是一个典型的生产与存储问题，可以按照 9.3.3 建立模型。

运用 OR for Windows 求解该问题时，在主窗口界面"模型"菜单中选择"动态规划（Y）"。接下来在"文件"菜单中单击"新建"或直接单击工具栏的"🗋"按钮，弹出对话框，选择问题类型为"Production and Inventory Scheduling"，输入问题名称为"例 9-7"，生产周期数为 4，单击确定进入数据表格窗口，如图 9-12 所示。

Period (Stage)	Period Identification	Demand	Production Capacity	Storage Capacity	Production Setup Cost	Variable Cost Function (P,H,B: Variables) (e.g., 5P+2H+10B, 3(P-5)^2+100H)
1	1月	60	100	M	0	70P+2H
2	2月	70	100	M	0	72P+2H
3	3月	120	100	M	0	80P+2H
4	4月	60	100	M	0	76P+2H
Initial	Inventory =	0				

图 9-12　例 9-7 的数据表格窗口

数据输入表格中第 2 列为生产周期名称，第 3 列为各生产周期的需求量，第 4 列为各期的生产能力，第 5 列为存储能力限制，能力无限制默认输入为 M，第 6 列为生产准备成本，第 7 列为变动成本函数，P 是产量、H 是存储量、B 是缺货量。输入完成后，单击菜单栏的"直接求解"，得到如图 9-13 所示的结果。

2024-07-17 Stage	Period Description	Net Demand	Starting Inventory	Production Quantity	Ending Inventory	Setup Cost	Variable Cost Function (P,H,B)	Variable Cost	Total Cost
1	1月	60	0	100	40	0	70P+2H	¥7,080.00	¥7,080.00
2	2月	70	40	100	70	0	72P+2H	¥7,340.00	¥7,340.00
3	3月	120	70	50	0	0	80P+2H	¥4,000.00	¥4,000.00
4	4月	60	0	60	0	0	76P+2H	¥4,560.00	¥4,560.00
Total		310	110	310	110	0		¥22,980.00	¥22,980.00

图 9-13　例 9-7 的求解结果

图 9-13 所示的最优生产与存储方案为第 1 个月生产 100 件，第 2 个月生产 100 件，第 3 个月生产 50 件，第 4 个月生产 60 件，总费用为 2 298 000 元。

由于动态规划针对每一类问题都有各自的模型，很难形成统一的模型，因此我们的软件目前只实现了上述三类问题。

9.5　实际应用案例

9.5.1　问题的提出

硕多岗河是云南省开发条件较好的一条中型河流，在香格里拉市境内按小中甸（1.5 万 kW）、吉沙（12 万 kW，与原规划的一家人水电站联合开发）、吊江岩（2.5 万 kW）、冲江河（一期 2.23 万 kW，二期 4.8 万 kW）、螺丝湾（6 万 kW）、月亮坪（4 万 kW）、黄草坝（4 万 kW）进行"一库多级"的开发。目前干流上已建成冲江河一期（2.23 万 kW）和螺丝湾（6 万 kW）等水电站，分别为径流式和日调节式电站，尾水回归硕多岗河。

试问如何调度才能使得整个梯级的发电量最大？

9.5.2 分析与建模

1. 模型的建立

本模型以年为调度周期,以月为时段,以全梯级年发电量最大作为优化调度模型的目标函数。将各时段各水库的水位作为状态变量,这样可以直观地体现出不同方案对调度结果的影响。将小中甸水库最低水位(死水位)到最高水位(非汛期为正常蓄水位,汛期为防洪限制水位)之间的水位,以 0.1m 为增量进行离散化,将其作为决策变量。由于只有小中甸具有年调节能力,是此梯级的"龙头水库",下游各水库仅具有日调节能力。下游各水电站的运行方式由小中甸水电站调节后的下泄流量和相应的区间入流所确定,因此在长期优化调度时,可以将下游各水电站的出力和发电量归并到小中甸水电站的出力和发电量上,从而将整个梯级的所有电站当作一个水电站进行整个梯级的整体寻优。目标函数为

$$\begin{cases} \max \sum_{n=1}^{6}\sum_{t=1}^{12} E_{n,t} \\ N_{n,t} \geqslant NF_n \quad t=1,2,\cdots,12 \end{cases}$$

其中,调度周期 t 为 1 年,即 12 个月;n 是水库的标号,包括小中甸,吉沙与一家人水电站联合开发,吊江岩,冲江河一期、二期、螺丝湾和月亮坪共 6 个电站;$N_{n,t}$ 为第 n 个电站第 t 时段的发电出力;$E_{n,t}$ 为第 n 个电站第 t 时段的发电量;NF_n 为第 n 个电站的保证出力。

对上式进行拉格朗日变换,可进一步将目标函数转换成如下的形式:

$$\max \sum_{n=1}^{6}\sum_{t=1}^{12} \left[E_{n,t} - A \times \sigma_t (EF_n - E_{nt})^\alpha \right]$$

其中,A,α 为模型参数,一般可取 $5 \leqslant A \leqslant 10$,$2 \leqslant \alpha \leqslant 5$,此处取 $A=5$,$\alpha=2$;EF_n 为保证电能;且有 $EF_n = NF_n \times \Delta t$,$\Delta t$ 为调度时段的时间长度;σ_t 为 0-1 变量,其取值原则为

$$\sigma_t = \begin{cases} 0 & E_t \geqslant EF \\ 1 & E_t < EF \end{cases}$$

其中,E_t 为第 t 时段整个梯级的发电量,即 $E_t = \sum_{n=1}^{6} E_{nt}$;$EF$ 为整个梯级的联合调度总保证电能,即 $EF = \sum_{n=1}^{6} EF_n$。

2. 约束条件

主要考虑如下约束条件。

(1)水量平衡约束。对于龙头水库:

$$V_1^t = V_1^{t-1} + (q_1^t - Q_1^t - Y_1^t)\Delta t$$

对于下游梯级电站:

$$V_i^t = V_i^{t-1} + (Q_{i-1}^t + Y_{i-1}^t + u_i^t - Q_i^t - Y_i^t)\Delta t$$

其中，V_i^t 为第 t 时段末 i 水库的存水量；q_1^t 为龙头水库的自然来流量；Q_i^t、Y_i^t、u_i^t 分别为 i 水库第 t 时段平均发电流量、损失流量和电站间区间入流量；Δt 为时段长度。

（2）泄流量及库容限制约束：

$$\underline{Q}_i \leq Q_i^t \leq \overline{Q}_i, \quad \underline{V}_i \leq V_i^t \leq \overline{V}_i$$

其中，$\overline{Q}_i$ 和 $\underline{Q}_i$ 为 t 时段末 i 水库蓄水的上下限，下限为死库容，汛期时，上限为防洪限制水位对应的防洪库容，非汛期时，上限为正常蓄水位对应的库容；$\overline{V}_i$ 和 $\underline{V}_i$ 分别为 t 时段末 i 水库泄流量的上下限。

（3）电站处理限制约束：

$$\underline{N}_i \leq N_i^t \leq \overline{N}_i$$

其中，$\overline{N}_i$ 为电站的装机容量，$\underline{N}_i$ 为电站的保证出力，N_i^t 为第 t 时段 i 水库的出力。

（4）电站水头约束：

$$\underline{H}_i \leq H_i^t \leq \overline{H}_i$$

其中，$\underline{H}_i$，$\overline{H}_i$ 分别为 i 水库允许的最小、最大龙头。

（5）水位约束：

$$\underline{Z}_t \leq Z_t \leq \overline{Z}_t, \quad t = 1,2,3,4,5,11,12 \text{（非汛期）}$$

$$\underline{Z}_t \leq Z_t \leq \overline{Z'}_t, \quad t = 6,7,8,9,10 \text{（汛期）}$$

其中，$\underline{Z}_t$ 为死水位，$\overline{Z}_t$ 为正常蓄水位，$\overline{Z'}_t$ 为防洪限制水位。

3. 状态转移的伴随效益函数

$$R_t = \sum_{n=1}^{6} E_{nt} - A\sigma_t(EF - \sum_{n=1}^{6} E_{nt})^\alpha$$

4. 边界条件

以水文年的每年 6 月至第 2 年 5 月为调度周期，所以边界条件为调度周期始末小中甸水库水位处于死水位，即

$$H(1) = H(T+1) = \text{HD}$$

其中，HD 为死水位。

5. 递推计算方程

$$\begin{cases} f_t^*(H_t) = \max\{R_t + f_{t+1}^*(H_{t+1})\} & t = T, T-1, \cdots, 2 \\ f_{t+1}^*(H_{t+1}) = 0 \end{cases}$$

其中，$f_t^*(H_t)$ 为 t 时段初，状态为 H_t 时的最优值，$f_{t+1}^*(H_{t+1})$ 为 $t+1$ 时段初，状态为 H_{t+1} 时的最优值。

根据小中甸水库的历史径流资料，经过频率特性统计，其中某些年的 6 月至第 2 年 5 月为丰水年、平水年和枯水年的情况均有。这里对选定的 3 个典型年及多年平均情况进行计算，计算结果如表 9-3 所示。

表 9-3 计算结果

月份	多年平均情况			丰水年平均情况		
	泄流量 /m³s⁻¹	月末水位 /m	总发电量 /亿 kWh	泄流量 /m³s⁻¹	月末水位 /m	总发电量 /亿 kWh
6	13.175 3	3 212.5	1.415 484	9.275 3	3 212.5	1.023 982
7	15.516 1	3 219.3	1.913 274	20.520 4	3 219.8	2.330 141
8	7.595 4	3 230.9	1.684 011	23.108 1	3 223.1	2.408 083
9	18.764 9	3 233.5	2.204 674	31.100 9	3 224.7	2.668 546
10	14.533 5	3 253.0	1.729 566	27.980 5	3 235.0	2.669 765
11	9.314 6	3 235.0	1.033 099	17.824 6	3 235.0	1.887 050
12	9.474 3	3 234.0	0.931 271	8.314 6	3 235.0	0.930 427
1	10.129 3	3 232.3	0.926 745	9.428 4	3 233.9	0.912 689
2	10.348 8	3 230.2	0.924 849	9.907 8	3 232.4	0.923 039
3	10.243 8	3 227.7	0.924 527	9.971 8	3 230.4	0.914 281
4	12.810 3	3 224.9	1.187 407	29.071 9	3 219.7	2.253 121
5	27.817 8	3 212.5	2.284 831	23.379 9	3 212.5	2.146 651
全年发电量 /亿 kWh	17.159 739			21.067 772		
月份	平水年平均情况			枯水年平均情况		
	泄流量 /m³s⁻¹	月末水位 /m	总发电量 /亿 kWh	泄流量 /m³s⁻¹	月末水位 /m	总发电量 /亿 kWh
6	0.052 2	3 216.4	0.251 421	0.113 8	3 222.2	0.552 204
7	16.794 5	3 214.6	1.702 740	3.546 2	3 231.8	1.231 033
8	18.712 3	3 216.1	2.011 968	16.867 0	3 233.5	1.970 537
9	9.870 2	3 227.3	1.749 084	17.824 6	3 233.5	1.888 634
10	8.475 9	3 235.0	1.712 215	3.373 5	3 235.0	0.605 900
11	10.924 6	3 235.0	1.191 115	9.216 5	3 234.1	0.913 637
12	9.079 0	3 234.4	0.934 886	10.169 7	3 232.4	0.927 179
1	9.755 7	3 233.1	0.926 780	10.788 1	3 229.9	0.927 163
2	10.262 4	3 231.2	0.925 147	10.810 3	3 226.9	0.917 618
3	10.252 8	3 228.8	0.917 869	10.752 0	3 223.1	0.918 349
4	13.195 0	3 225.1	1.142 742	10.320 6	3 219.1	0.920 218
5	23.179 5	3 212.5	1.799 602	12.451 9	3 212.5	1.089 947
全年发电量 /亿 kWh	15.265 569			12.862 420		

根据小中甸的泄流量可以计算出下游各水电站的发电量，将多年平均情况下的优化调度结果与常规下的多年平均发电量进行对比，结果如表 9-4 所示。可以看出，经过优化调度以后，尽管小中甸发电量少了 15.76%，吉沙与一家人水电站联合开发少了 12.08%，但是整个梯级的发电量却增加了 8.70%。尤其是吊江岩和冲江河增加效益明显，分别达到了 34.67% 和 32.01%，这是因为汛期吊江岩和冲江河的区间入流比较大，仅需要小中甸补偿很小的流量就可以，到了非汛期，区间入流减小，这时小中甸将汛期储蓄的水量放出，增加了整个梯级的出力，同时减少了汛期整个梯级的弃水量，使得整个梯级发电量提高。

表 9-4 各水电站数据

水电站名	多年平均发电量 / 亿 kWh	优化调度后的发电量 / 亿 kWh	增发电量 / 亿 kWh	增发率 （%）
小中甸	0.54	0.454 912	−0.085 088	−15.76
吉沙	5.716	5.025 51	−0.690 49	−12.08
吊江岩	1.254	1.688 815	0.434 815	34.67
冲江河	3.257 338	4.300 003	1.042 665	32.01
螺丝湾	2.895 19	3.254 071	0.358 881	12.40
月亮坪	2.124 19	2.436 426	0.312 236	14.70
整个梯级	15.786 718	17.159 737	1.373 019	8.70

习 题

1. 用动态规划方法计算图 9-14 中 A 到 G 的最短路线。

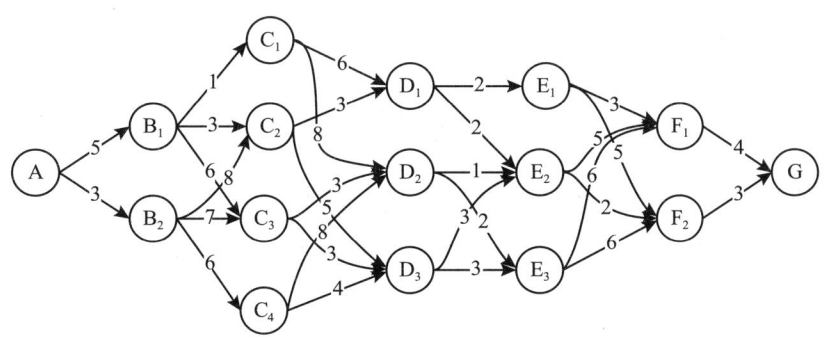

图 9-14 习题 1 的图

2. 某商店按订购合同，下个月每天能收到海鲜品 6 箱，要分给所辖 4 个门市部销售。由于各门市部销售能力不同，预计各门市部销售盈利额（元/天）如表 9-5 所示。问商店应如何分配？

表 9-5 习题 2 的表格

门市	箱数						
	0	1	2	3	4	5	6
Ⅰ	0	100	200	280	330	300	250
Ⅱ	0	90	150	200	170	100	20
Ⅲ	0	100	200	300	385	465	540
Ⅳ	0	95	165	210	185	120	40

3. 为保证某一设备的正常运行，需要 3 种不同的零件 E_1, E_2, E_3 做备件。增加备件的数量，可提高设备的可靠性，但同时会增加相应的支出。若投资额仅为 8 000 元，备用零件数量与设备可靠性的增加量和费用的关系如表 9-6 所示。试问在不超出投资额限制的情况下，为了尽量提高设备的可靠性，各种零件的备件数量应为多少？

表 9-6 习题 3 的表格

备件数量	设备可靠性的增加量			备件费用（元）		
	E_1	E_2	E_3	E_1	E_2	E_3
1	0.3	0.2	0.1	1 000	3 000	2 000
2	0.4	0.5	0.2	2 000	5 000	3 000
3	0.9	0.7	0.7	3 000	6 000	4 000

4. 某厂有 100 台设备，可用于加工甲、乙两种产品。据以往经验，这些设备加工甲产品每季度末损坏 1/3，而加工乙产品每季度末损坏 1/10，损坏的设备当年不能修复。每台机器一季度全加工甲、乙两种产品，利润分别为 100 元、700 元。要使全年获利最大，试问应如何安排各季度加工任务？

5. 某厂生产一种机械设备。据市场调查，今后 4 个时期该产品需求量依次为 2，3，2，4 台。该厂每期最大生产能力为 6 台；每期生产固定费用为 3 万元（若不生产则为 0），单台成本 1 万元，每期贮存保养费为每台 0.5 万元。若第 1 期期初和第 4 期期末均无库存，试确定各期产量，使总费用最少？

6. 用动态规划方法求解下列整数规划。

$$\max \ Z = 60x_1 + 40x_2 + 60x_3$$

$$\begin{cases} 3x_1 + 2x_2 + 5x_3 \leq 10 \\ x_1, x_2, x_3 \geq 0 \end{cases}$$

7. 某企业在今后 5 年内须使用一台机器，这种机器的年收入、运行费及每年年初一次性更新费用随机器的役龄变化如表 9-7 所示。该企业现有一台役龄为 1 年的旧机器，试制订最优更新计划，使它在 5 年内的总收入达到最大（不计 5 年期末的机器残值）。

表 9-7 习题 7 的表格

役龄（年）	0	1	2	3	4	5
年收入（万元）	20	19	18	16	14	10
运行费（万元）	4	4	6	6	9	10
更新费（万元）	25	27	30	32	35	36

第10章 决策分析

决策是在政治、经济和日常生活中普遍存在的一种选择方案的行为,是管理中经常发生的一种活动。诺贝尔经济学奖获得者赫伯特·西蒙认为"管理就是决策",即管理的核心是决策。所谓决策,就是为了达到某种预定的目标,在若干可供选择的方案中,决定一个最佳行动方案的过程。研究决策的学问,并将现代科学技术成就应用于决策,称为决策科学。决策科学的内容十分广泛:决策心理学、决策的量化方法、决策的评价决策支持系统,以及决策自动化等。本章主要从运筹学中的定量分析方法的角度来介绍决策。

10.1 决策问题及类型

10.1.1 决策问题的构成

决策问题是由以下三项基本要素构成的。

(1)任何决策问题都必须具有两个或两个以上的行动方案。否则,就无须进行决策。行动方案简称行动、方案或策略,通常用 A_i($i=1,2,\cdots,n$)表示第 i 个策略,全部策略构成的集合称为策略集合,通常用 $A=\{A_1,A_2,\cdots,A_m\}$ 表示。

(2)任何决策问题,无论采取哪一个行动方案,都存在一种或几种自然状态,自然状态简称状态,也可称事件。通常用 $s_j(j=1,2,\cdots,n)$ 表示第 j 种状态,称为状态变量。全部状态变量构成的集合称为状态集合,通常用 $S=\{s_1,s_2,\cdots,s_n\}$ 表示。状态变量的分布可能是离散分布,也可能是连续分布。

(3)通常用损益函数来度量决策的效果,损益函数的取值就是损益值。通常用 $R(A_i,s_j)$ 表示在状态 s_j 下采取方案 A_i 带来的损失或收益。

行动方案(策略)、自然状态和损益值是形成一个决策问题的三项基本要素。

进行决策的目的就在于根据各种可能的状态,选择某一行动方案,使得损益达到最优

（损失最小或收益最大）。能使损益达到最优的行动方案，称为最优行动方案，或最优策略，记为 A^*。相应的损益值，称为最优值，记为 $R^* = R(A^*)$。所选择的这种最优方案的决策，称为最优决策。

10.1.2 决策的分类

由于决策的内容广泛，层次复杂，方法多样，可以从不同角度将其分成许多类别。

（1）按决策问题所处的条件和环境，可分为确定型决策、风险型决策和不确定型决策三种。

确定型决策是指决策环境是完全确定的，做出选择的结果也是确定的。

风险型决策是指决策环境不完全确定，但其发生的概率是已知的。

不确定型决策是指决策环境不完全确定，而且对其发生的概率一无所知。

（2）按决策的重要性，可分为战略决策、策略决策和执行决策。

战略决策是涉及某组织发展和生存的，有关全局和长远的决策。如新市场的开发、厂址的选择、新产品的开发等。

策略决策是为了完成战略所规定的目标而进行选择的决策。如工艺方案的选择、设备的选择、产品型号规格的选择等。

执行决策是根据策略决策的要求对执行行为方案的选择。如日常生产调度的决策、产品合格标准的选择等。

（3）按决策过程的连续性，可分为单项决策和序贯决策。

单项决策是指整个决策过程只做一次决策就得到结果。

序贯决策是指整个决策过程由一系列决策组成。

（4）按决策的性质，可分为定量决策和定性决策。

描述决策对象的指标都可以量化时可用定量决策，否则只能用定性决策。

10.1.3 决策的程序

决策是一个提出问题、分析问题、解决问题的完整统一的过程。要进行有效的决策，就必须根据系统分析的原理，遵循科学的决策程序。科学的决策程序一般包括以下四个基本步骤，如图 10-1 所示。

1. 提出问题，确定目标

提出问题是指提出当前面临的必须解决的问题。目标是决策的出发点和归宿，也是通过决策所要预期达到的技术经济成果。在确定目标时，必须注意：

（1）目标要有整体观点，着眼于总体效果。

（2）目标要具体明确，尽可能使其数量化。

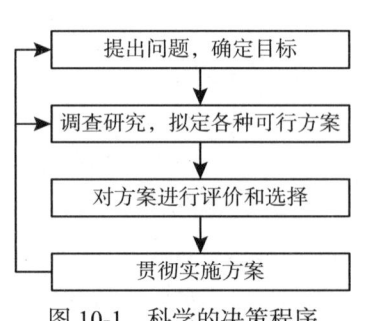

图 10-1 科学的决策程序

(3) 当提出的目标有多个时，要分清主次轻重。
(4) 要注意目标的可行性。

2. 调查研究，拟订各种可行方案

可行方案是指能够解决所提出的问题，保证决策目标实现，具备实施条件的方案。

3. 对方案进行评价和选择

评价方案，首先要根据决策目标，制定一套评价标准。其次要通过各种模型，对备选方案进行系统分析、综合评价。在此基础上，选定行动方案。

4. 贯彻实施方案

决策方案确定后，要落实到有关责任部门和人员，制定实施决策的规划和期限，解决与实施决策有关的问题。在决策实施过程中，还要经过监督、检查等环节，通过信息反馈进行控制，发现差异，迅速纠正，以保证决策目标的实现。

10.2 不确定型决策

不确定型决策是指决策者在多种自然状态发生的概率无法预测的条件下所做的决策。这时决策者会根据自己的主观倾向进行决策，根据决策者的主观态度不同，大致可分为五种决策准则：悲观主义准则、乐观主义准则、乐观系数准则、最小机会损失准则、等可能性准则。

下面用例子来一一介绍。

例10-1

某企业生产一种新产品，有三种推销策略，记为 A_1（让利销售）、A_2（送货上门）、A_3（不采取措施），未来市场可能有畅销（s_1）、一般（s_2）、滞销（s_3）三种状态，但未能确知属于何种状态，也未能判明各种状态发生的可能性。决策者估计出的不同销售情况下采取各种策略的盈利情况，如表 10-1 所示。

表 10-1 不同销售情况下的策略的盈利情况

盈利		市场情况		
		s_1	s_2	s_3
策略	A_1	60	10	−6
	A_2	30	25	0
	A_3	10	10	10

试问应选择何种方案？

1. 悲观主义准则（小中取大准则）

采用这种准则的决策者一般对损失比较敏感，属于怕担风险不求大利的稳重型。在处理问题时比较谨慎，会分析多种最坏的可能结果，并从中取优。

具体方法是：先找出各个方案在不同自然状态下的最差收益值，再从中选取最大收益所对应的方案作为决策方案，因此，悲观主义准则又称小中取大准则，其表达式如下：

$$r^* = \max_{A_i \in A} \left\{ \min_{s_j \in S}(A_i, s_j) \right\} = \max_i \min_j \{r_{ij}\} \quad i=1,2,\cdots,m \quad j=1,2,\cdots,n \quad (10\text{-}1)$$

其中，r_{ij} 是损益矩阵 R 的元素，即收益值。

注意，若决策表给出的是损失矩阵，则悲观法应采用大中取小准则。当然，也可将损失矩阵各元素改变符号化为收益矩阵，然后进行决策。

在例 10-1 中，用悲观主义准则得出的决策如表 10-2 所示，A_3 为最优策略。

表 10-2　悲观主义准则与乐观主义准则决策表

盈利		市场情况			悲观主义准则 $\min_j(r_{ij})$	乐观主义准则 $\max_j(r_{ij})$
		s_1	s_2	s_3		
策略	A_1	60	10	−6	−6	60*
	A_2	30	25	0	0	30
	A_3	10	10	10	10*	10
决策		$\max_i \min_j(r_{ij}) = 10$				$\max_i \min_j(r_{ij}) = 60$

2. 乐观主义准则（大中取大准则）

采用这种方法的决策者一般为敢担风险的进取型，在情况不明时，决不放弃任何一个可获得最好结果的机会，以乐观的态度来选择决策方案。

具体方法是：先找出各个方案在不同自然状态下的最大收益值，再从中选取最大收益所对应的方案作为决策方案，因此，乐观主义准则又称大中取大准则，其表达式如下：

$$r^* = \max_{A_i \in A} \left\{ \max_{s_j \in S}(A_i, s_j) \right\} = \max_i \max_j \{r_{ij}\} \quad i=1,2,\cdots,m \quad j=1,2,\cdots,n \quad (10\text{-}2)$$

在例 10-1 中，用乐观主义准则得出的决策如表 10-2 所示，A_1 为最优策略。

在对客观条件一无所知的情况下，采用这种决策方法，虽然看起来抱有很大的进取心，但却是一种偏于冒进的决策方法，所以一般不宜采用这种方法。

3. 乐观系数准则（折中主义准则）

决策者对客观条件的估计既不乐观也不悲观，主张一种平衡。通常用一个表示乐观程度的系数 $\alpha(0 \leq \alpha \leq 1)$ 来进行平衡。用下式进行计算：

$$CV_i = \alpha \max_j \{r_{ij}\} + (1-\alpha) \min_j \{r_{ij}\} \quad i=1,2,\cdots,m \quad j=1,2,\cdots,n \quad (10\text{-}3)$$

然后比较 CV_i 得：

$$r^* = \max_j \{CV_i\} \tag{10-4}$$

显然，$\alpha = 0$ 时，为悲观主义准则；$\alpha = 1$ 时，为乐观主义准则。

在例 10-1 中，选乐观系数 $\alpha = 0.6$，而 $1-\alpha = 0.4$，由式（10-3）有：

$$CV_1 = 0.6 \times 60 + 0.4 \times (-6) = 33.6$$
$$CV_2 = 0.6 \times 30 + 0.4 \times 0 = 18$$
$$CV_3 = 0.6 \times 10 + 0.4 \times 10 = 10$$

所以 A_1 为最优策略。

4. 最小机会损失准则

最小机会损失准则，又称最小后悔值准则。决策者在决策时，一般易于接受某一状态下收益最大的方案，但由于无法预知哪一状态一定出现，因此，如果决策时没有采纳收益最大的方案，就会感到后悔。我们就把最大收益值与其他收益值之差作为后悔值，称为机会损失值，决策者自然希望机会损失值最小，具体计算方法如下。

（1）根据收益矩阵求得相应的损失矩阵。

先从收益矩阵 R 中找出每列的最大元素：

$$r_j^* = \max_i \{r_{ij}\} \quad i=1,2,\cdots,m \quad j=1,2,\cdots,n \tag{10-5}$$

然后用各列的最大元素 r_j^* 分别减去该列中的各元素，得：

$$\overline{r_{ij}} = r_j^* - r_{ij} = \max_i \{r_{ij}\} - r_{ij} \quad i=1,2,\cdots,m \quad j=1,2,\cdots,n \tag{10-6}$$

这就是后悔值，由后悔值 $\overline{r_{ij}}$ 构成机会损失矩阵 $(\overline{r_{ij}})_{m \times n}$。

（2）对机会损失矩阵按"大中取小准则"进行决策

$$\overline{r}^* = \min_i \{\max_j (\overline{r_{ij}})\} \quad i=1,2,\cdots,m \quad j=1,2,\cdots,n \tag{10-7}$$

所对应的 A_i 即为最优策略。

在例 10-1 中，计算结果列于表 10-3 中，A_1 为最优策略。

表 10-3 后悔值法决策表

后悔值		市场情况			$\max_j (\overline{r_{ij}})$
		s_1	s_2	s_3	
策略	A_1	0	15	16	16*
	A_2	30	0	10	30
	A_3	50	15	0	50
决策		$\overline{r}^* \min_i \{\max_j (\overline{r_{ij}})\} = 16$			

5. 等可能性准则

在决策过程中，决策者不能肯定哪种状态容易出现，所以采取"一视同仁"的态度，认为它们出现的可能性相等，如果有 n 个状态，每个状态出现的概率均为 $\frac{1}{n}$，具体计算方法如下。

（1）令 $P(s_j) = \frac{1}{n}, j = 1, 2, \cdots, n$。

（2）计算各方案 A_i 的收益期望值：

$$ER(A_i) = \sum_{j=1}^{n} R(A_i, s_j) P(s_j) = \frac{1}{n}\sum_{j=1}^{n} r_{ij} \tag{10-8}$$

（3）比较选优：

$$r^* = \max_{A_i \in A}\{ER(A_i)\} = \max_i \left\{\frac{1}{n}\sum_{j=1}^{n} r_{ij}\right\} \tag{10-9}$$

所对应的方案 A_i 即为最优。

在例 10-1 中，每个状态出现的概率 $P(s_j) = \frac{1}{3}$，$j = 1, 2, 3$，由式（10-8）得：

$$ER(A_1) = \frac{1}{3}(60 + 10 - 6) = 21.3, \quad ER(A_2) = 18.3, \quad ER(A_3) = 10$$

从而最优收益期望值为 $ER(A_1) = 21.3$，故最优策略为 A_1。

综上可知，对于不确定型决策问题，采用不同的决策方法所得的结果不尽相同，而且也难以判断各方法之优劣，这是因为这些方法之间并没有一个统一的评价标准。因此在实际应用中究竟采用哪种方法，决策者并无客观标准为依据，需要考虑决策者对各种状态所持态度来决定，为了使不确定型情况下的决策更合理些，最好的办法是对各种状态多做些调查研究，收集一些过去的统计资料，设法估计各状态出现的概率，然后再进行风险型决策。

10.3 风险型决策

风险型决策，也称随机型决策或概率型决策，决策者虽然不能肯定哪种自然状态必然会发生，但能通过统计计算或估计得到各状态出现的概率，风险型决策主要应用于有远期目标的战略决策或随机因素较多的非程序化决策，如投资决策、产品开发决策、技术改选决策等方面。

10.3.1 最大收益期望准则（EMV准则）

所谓最大收益期望准则，就是先计算出每个行动方案的期望收益值，然后比较选优。若问题的决策目标考虑的是收益值，则选择期望值最大的策略。若问题的决策目标考虑的是损失值，则选择期望值最小的策略。如果期望值是用货币表示的，则称为货币期望值，用 EMV（Expected Monetary Value）表示，因而此决策准则又称 EMV 准则。

下面介绍两种 EMV 准则的具体步骤。

1. 期望收益最大（或损失最小）法

（1）先计算各方案 A_i 的收益（或损失）期望值：

$$\text{EMV}(A_i) = \sum_j R(A_i, s_j) P(s_j) \tag{10-10}$$

其中，$P(s_j)$ 是 s_j 出现的概率。

（2）比较 A_i 的期望损益值，对于最大收益问题，有：

$$\text{EMV}(A^*) = \max_{A_i \in A} \{\text{EMV}(A_i)\} = \max_{A_i \in A} \left\{ \sum_j R(A_i, s_j) P(s_j) \right\} \tag{10-11}$$

对于最小损失问题，有：

$$\text{EMV}(A^*) = \min_{A_i \in A} \{\text{EMV}(A_i)\} = \min_{A_i \in A} \left\{ \sum_j R(A_i, s_j) P(s_j) \right\} \tag{10-12}$$

例10-2

为了开发某种新产品，某厂需要对生产设备的投资规模做出决策。现有三种可供选择的方案，即购买大型、中型和小型设备，未来市场对这种产品的需求情况也有三种，即需求量较大、中等和较小。经估计，各种方案在各种自然状态下的效益值如表10-4所示，各种自然状态发生的概率分别为 0.3、0.4 和 0.3。那么工厂选取何种方案时，可使其收益最大？

表 10-4 例 10-2 不同情况下的效益值

效益		自然状态及概率		
		s_1：需求量较大 0.3	s_2：需求量中等 0.4	s_3：需求量较小 0.3
策略	A_1：购买大型设备	50	20	−20
	A_2：购买中型设备	30	25	−10
	A_3：购买小型设备	10	10	10

解：计算各策略的效益期望值

$$\text{EMV}_1 = 50 \times 0.3 + 20 \times 0.4 + (-20) \times 0.3 = 17$$
$$\text{EMV}_2 = 30 \times 0.3 + 25 \times 0.4 + (-10) \times 0.3 = 16$$
$$\text{EMV}_3 = 10 \times 0.3 + 10 \times 0.4 + 10 \times 0.3 = 10$$

因为 EMV_1 最大，所以应购买大型设备。

2. 期望最小机会损失法（EOL准则）

（1）首先计算每个方案的损失期望值：

$$\mathrm{EOL}(A_i) = \sum_j \mathrm{OL}(A_i, s_j), P(s_j) \qquad (10\text{-}13)$$

其中，$\mathrm{OL}(A_i, s_j)$ 是方案 A_i 在 s_j 状态下的机会损失值。

（2）进行比较，得出期望最小机会损失值，即

$$\mathrm{EOL}(A^*) = \min_{A_i \in A} \{\mathrm{EOL}(A_i)\} \qquad (10\text{-}14)$$

例10-3

某商店对某种商品一天的需求量进行 200 天的观察记录，得到表 10-5 的结果，假定每天预订的该种商品卖不出去，则将全部损失；假定不能满足顾客要求，则仅损失销售机会的利润，而不考虑今后顾客可能转移的影响。已知每件商品进价为 2 元，售出价为 5 元（表 10-5 中未列入项目的概率为 0），问商店每天应订购多少件商品，才能使利润最大？

表 10-5 例 10-3 的需求量数据

每天需求量/件	5	6	7	8
天数	30	50	80	40
概率	0.15	0.25	0.40	0.20

解：采用期望最小机会损失法求解该问题。

设 $A_i(i=1,2,3,4)$ 表示订货量，$s_j(j=1,2,3,4)$ 表示需求量，根据已知条件，可计算机会损失值，如表 10-6 所示。

表 10-6 例 10-3 机会损失值

机会损失值 OL·$P(s_j)$		需求量							期望机会损失值 EOL(A_i)
		s_1		s_2		s_3		s_4	
		$P(s_1)$=0.15		$P(s_2)$=0.25		$P(s_2)$=0.25		$P(s_2)$=0.25	
订货量	A_1	0	0	3	0.75	6	2.40	9	1.80	4.95
	A_2	2	0.30	0	0	3	1.20	6	1.20	2.70
	A_3	4	0.60	2	0.50	0	0	3	0.60	1.70*
	A_4	6	0.90	4	1.00	2	0.80	0	0	2.70
决策					EOL(A^*) min{EOL(A_i)=1.70}					

故最优策略为每天订购 7 件商品，相应的期望最大利润值为 18.25 元。

这里需要指出，用期望最小机会损失值法与用期望最大收益值进行决策，对同一个问题而言，其结果是完全相同的。

事实上，我们不难证明这一点，因为：

$$\text{EOL}(A_i) = \sum_j \text{OL}(A_i, s_j) P(s_j)$$
$$= \sum_j (\max_i \{r_{ij}\} - r_{ij}) P(s_j)$$
$$= \sum_j \max_i \{r_{ij}\} P(s_j) - \sum_j r_{ij} P(s_j)$$

其中，$r_{ij} = R(A_i, s_j)$。

设 $\max_i (r_{ij}) = M_j$，其中 M_j 是收益矩阵 $(r_{ij})_{m \times n}$ 中每列的最大元素，$P(s_j)$ 是给定的，故可记 $\sum_j \max_i (r_{ij}) P(s_j) = \sum_j M_j P(s_j) = K$，其中，$K$ 是常数。

于是：

$$\text{EOL}(A_i) = K - \text{EMV}(A_i)$$

所以，当 $\text{EMV}(A_i)$ 最大时，$\text{EOL}(A_i)$ 必然最小。

10.3.2 决策树法

决策树法是以图解方式分别计算各行动方案在不同自然状态下的效益值，然后通过比较做出决策，由于它简单直观，应用较为广泛，尤其适用于分析比较复杂的问题。应用决策树法进行决策的具体步骤如下。

1. 绘制决策树

决策树要自左向右绘制，如图 10-2 所示，图中符号说明如下：

□——表示决策点，由它引出的分枝称为方案分枝，方案分枝数反映了可能的行动方案数；

○——表示方案节点，其上方的数字表示该方案的效益期望值，从它引出的分枝称概率分枝，每条分枝的上面标明了自然状态及其出现的概率，概率分枝数反映了可能的自然状态数；

△——表示决策终点，它旁边的数字表示每个方案在相应的自然状态下的效益值。

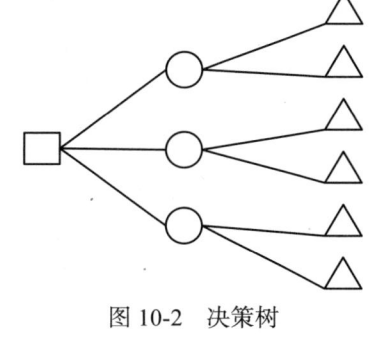

图 10-2 决策树

2. 计算

自右向左分别计算各个方案的效益期望值，并将结果标在相应的方案节点的上方。

3. 比较

将各个方案节点上的效益期望值加以比较，选取最大的效益期望值，写在决策点的上方，表明它所对应的方案为决策方案，同时在其他方案分枝上打上"//"记号，表示下一阶段删除该方案，或称剪枝方案。

例10-4

生产某种产品有如下几个方案，方案一是建大厂，需投资300万元，建成后若销量好，每年可得利润100万元，若销量差，每年要亏损20万元；方案二是先建小厂，需投资180万元，试销3年，若销量差，每年可得利润30万元，若销量好，每年可得利润40万元，且若在第3年末再投资100万元进行扩建，扩建后可使用7年，后7年中每年盈利增至95万元。两个工厂的使用期限都是10年，根据情报和市场预测，这种产品在10年内销量好的概率是0.7，销量差的概率是0.3，问应如何决策？

解： 这个问题可分为前3年和后7年两个阶段来考虑，相应的决策树如图10-3所示。

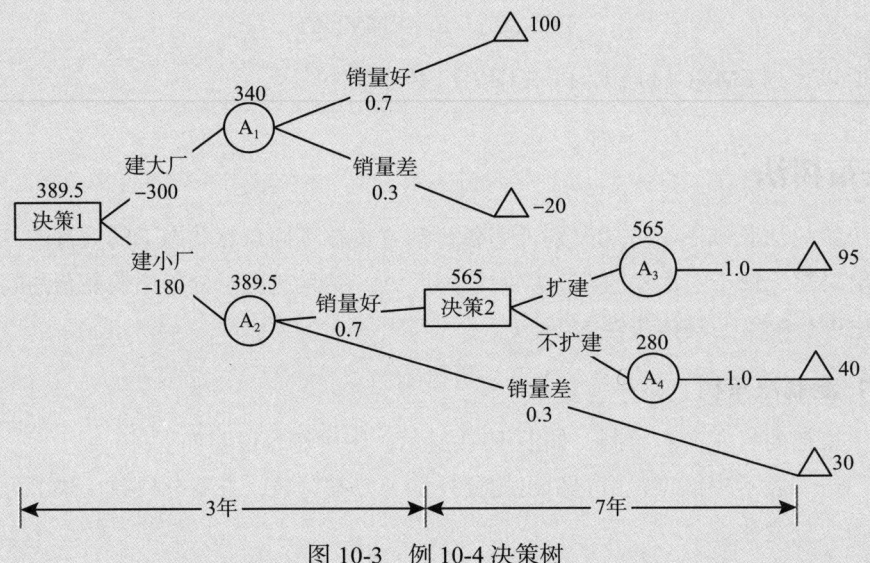

图10-3 例10-4决策树

决策点2处有两个方案分枝：一个是扩建，另一个是不扩建。由于这个决策点是在自然状态点 s_1 销量好下延伸出来的，所以，扩建也好，不扩建也好，它们的前提条件都是"销量好"，故相应的自然状态的概率均为1.0。

首先计算方案 A_3 和 A_4 的效益期望值：

$$EMV(A_3) = 95 \times 1.0 \times 7 - 100 = 565 \text{万元}$$
$$EMV(A_4) = 40 \times 1.0 \times 7 = 280 \text{万元}$$

故决策2应采取扩建方案，此时后7年中的期望值为565万元。

再计算方案 A_1 和 A_2 的效益期望值

$$EMV(A_1) = [100 \times 0.7 + (-20) \times 0.3] \times 10 - 300 = 340 \text{万元}$$
$$EMV(A_2) = 40 \times 0.7 \times 3 + 565 \times 0.7 + 30 \times 0.3 \times 10 - 180 = 389.5 \text{万元}$$

在 $EMV(A_2)$ 的计算中，$40 \times 0.7 \times 3$ 是前3年中建小厂销量好的期望值，565×0.7 是后7年扩建的期望值。

比较 $EMV(A_1)$ 和 $EMV(A_2)$ 可知，决策者应采取的最优决策是先建小厂，试销3年，如销量好再扩建。

10.3.3 全情报价值

假如我们能够根据各种情报完全准确地预测未来出现的各自然状态的信息（情报），则称这样的情报为全情报。

情报可以通过抽样调查、购买情报、请专家预测等各种手段得到，但不管采取什么手段，一般都要付出代价，究竟要花多少代价去获得全情报才合适，这就需要估计全情报的价值。由于事先并不确定会出现哪种状态，全情报实际上并不存在，因而只能计算全情报的期望值。全情报的期望价值记为 EVPI（Expected Value of Perfect Information），简称为全情报价值。

比如在例 10-3 中，全情报条件下的利润如表 10-7 所示。

表 10-7 例 10-3 的全情报利润表

利润		需求量			
		s_1	s_2	s_3	s_4
		$P(s_1)=0.15$	$P(s_2)=0.25$	$P(s_3)=0.40$	$P(s_4)=0.20$
策略	A_1	15			
	A_2		18		
	A_3			21	
	A_4				24

据此可计算全情报的利润期望值 EPPI（Expected Profit of Perfect Information）：

$$\text{EPPI} = 0.15 \times 15 + 0.25 \times 18 + 0.40 \times 21 + 0.20 \times 24 = 19.95$$

而在无全情报时的最大利润期望值为 $\text{EMV}(A^*) = 18.25$，因而全情报的期望值为

$$\text{EVPI} = \text{EPPI} - \text{EMV}^* = 19.95 - 18.25 = 1.7$$

收集全情报所花费的代价称为全情报费用，记为 CPI（Cost of Perfect Information），显然只有当 CPI ≤ EVPI 时，全情报才值得收集。

10.4 效用理论

10.4.1 效用及效用曲线

由贝努利（D. Berneulli）首次提出效用的概念，他认为人们对其财产的真实价值的考虑与财产拥有量之间存在对数关系，如图 10-4 所示，这就是贝努利的货币效用函数曲线。经济学家将效用作为指标，用来衡量人们对某些事物的主观价值判断、态度、偏爱、倾向等。例如在风险情况下进行决策时，决策者对风险的态度是不同的。用效用这个指标来量化决策者对待风险的态度，可以测定每个决策者对待风险的态度的效用曲线（函数）。效用值是一个相对指标值，一般可规定，对决策者最爱好、最倾向、最愿意的事物

的效用值赋予 1；而最不爱好的赋予 0，也可以用其他的数值范围（0～100）。通过效用这个指标可以将某些难于量化、有质的差别的事件给予量化。例如某人在面临多种工作的选择时，要考虑地点、工作性质、福利等，此时可将要考虑的因素都折合成效用值，得到各方案的综合效用值，然后选择效用值最大的方案，这就是最大效用值决策准则。

最大效用值决策准则有时可以用来解决最大收益期望准则不能解决的问题。例如：表 10-8 是三个项目投资方案按最大收益期望值计算的结果，其中三个方案的 EMV 都相同，显然这三个方案并不是等价的。由于 EMV 给出的是平均意义下的最大，当决策只实现一次时，用 EMV 决策准则就不恰当了，此时可用最大效用值决策准则来解决这一问题。

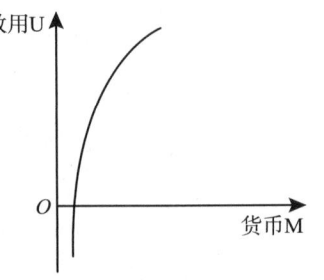

图 10-4　贝努利的货币效用函数曲线

表 10-8　各方案按最大收益期望值计算的结果

利润		状态				EMV
		s_1	s_2	s_3	s_4	
		$P(s_1)=0.35$	$P(s_2)=0.35$	$P(s_3)=0.15$	$P(s_4)=0.15$	
策略	A	418.3	418.3	-60	-60	275
	B	650	-100	650	-100	275
	C	483	211.3	480	-267	275

10.4.2　效用曲线确定

由于决策者的经济地位、个人素质以及对风险的态度不同，同样的期望损益值可能被赋予不同的效用值。若在直角坐标系中，用横坐标表示损益值，纵坐标表示效用值，就可以画出个人的效用曲线，相应的函数关系就是效用函数。

确定效用曲线的基本方法有两种，一种是直接提问法，另一种是对比提问法，前者的提问与回答都很含糊，所以应用较少。下面重点介绍后一种对比提问法。

设决策者面临两种选择方案 A_1、A_2。其中 A_1 表示决策者无任何风险地得到金额 x_2 的方案；A_2 表示他以概率 p 得到金额 x_1，或以概率 $(1-p)$ 损失金额 x_3 的方案；且 $x_1 > x_2 > x_3$，设 $u(x_1)$ 表示金额 x_1 的效用值。若在一定条件下，决策者认为 A_1、A_2 两方案等价，则可表示为

$$pu(x_1)+(1-p)u(x_3)=u(x_2) \qquad (10\text{-}15)$$

式（10-15）的含义是：决策者认为 x_2 的效用值等价于 x_1 和 x_3 的期望效用值，其中有四个变量 x_1，x_2，x_3 和 p，若已知任意三个，可采用对比提问法来确定第四个变量的取值。提问的方式大致有以下三种。

（1）每次固定 x_1，x_2，x_3 的值，改变 p，提问决策者："p 取何值时，认为 A_1 和 A_2 等价？"

（2）每次固定 p，x_1，x_3 的值，改变 x_2，提问决策者："x_2 取何值时，认为 A_1 和 A_2 等价？"

（3）每次固定 p，x_2，x_3（或 x_1）的值，改变 x_1（或 x_3），提问决策者："x_1（或 x_3）取何值时，认为 A_1 和 A_2 等价？"

在实际应用中，经常取 $p=0.5$，固定 x_1，x_3 的值，根据公式：

$$0.5u(x_1)+0.5u(x_3)=u(x_2) \tag{10-16}$$

求得 x_2 效用值，将 x_2 和 x_3 的值改变三次，计算 x_2 的效用值，进而得到决策者的效用曲线。

效用曲线的画法：

第一步，决定两个数作为参考点，一般选择决策问题中最小及最大损益值所对应的效用值分别为 0 和 1；

第二步，将分配到可能状态（事件）的概率与效用相乘求和，形成这个方案的期望效用值［采用式（10-15）或式（10-16）］；

第三步，用同样的方法求出效用曲线上的点，然后将这些点连成一条光滑曲线，即效用曲线。

例10-5

某投资信托公司（简称"投资者"）正面临一个带有风险的投资决策问题。在可供选择的所有投资方案中，可能出现的最大收益为 20 万元，最小收益为 –10 万元，为了确定投资者的效用函数，现对投资者进行了一系列的询问，其结果归纳如下：

（1）投资者认为，以 0.5 的概率获得 20 万元，0.5 的概率失去 10 万元和稳得 0 元对他来说是等价的。

（2）以 0.5 的概率获得 20 万元，0.5 的概率获得 0 元和稳得 8 万元，对他来说是等价的。

（3）以 0.5 的概率获得 0 元，0.5 的概率失去 10 万元和肯定失去 6 万元，对他来说也是等价的。

试计算投资者关于 –10，–6、0、8、20（单位均为万元）的效用值，并画出他的效用曲线。

解：设 $u(x)$ 表示 x 万元的效用值，并令 $u(20)=1$，$u(-10)=0$，于是得效用期望值：

$$u(0)=0.5u(20)+0.5u(-10)=0.5\times 1+0.5\times 0=0.5$$
$$u(8)=0.5u(20)+0.5u(0)=0.5\times 1+0.5\times 0.5=0.75$$
$$u(-6)=0.5u(20)+0.5u(-10)=0.5\times 0.5+0.5\times 0=0.25$$

在直角坐标系中，标出各点（–10，0），（–6，0.25），（0，0.5），（8，0.75），（20，1），再用光滑曲线将以上各点连接起来，得到如图 10-5 所示的效用曲线。

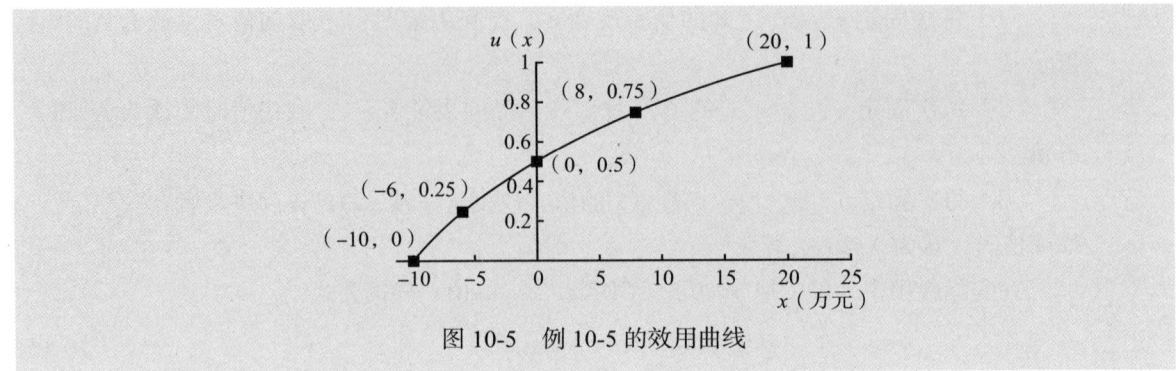

图 10-5 例 10-5 的效用曲线

常见的效用曲线大致有图 10-6 所示的三种类型。其中 L_1 是一条向上凸起的曲线,它表明决策者具有对风险反应敏感,宁愿稳扎稳打,不愿冒太大风险的特点;L_2 是一条向下凹进的曲线,它表明决策者对增加收益反应敏感,喜欢冒险;L_3 是一条效用值与损益值成正比的曲线,它表明决策者是一位循规蹈矩、严格按照期望准则决策的人。

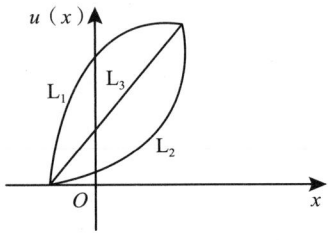

图 10-6 常见的效用曲线

10.4.3 效用曲线的应用

利用效用函数做决策的原则,称为效用值准则,对于一次性且风险较大的决策,利用该准则进行决策非常方便。

当给出决策者的效用曲线后,将决策树末端的损益值用相应的效用值代替,然后根据效用值和相应的概率计算出期望效用值,最后进行决策。

例10-6

在例 10-5 中,如果投资者对某厂开发甲、乙两种新产品的项目进行投资。已知甲产品销量好和销量差的概率均为 0.5,损益值分别为 20 万元和 -10 万元;乙产品销量好和销量差的概率均为 0.5,试用效用准则进行决策。

解: 在例 10-5 中,已经得到这位投资者的效用曲线,如图 10-5 所示。

设 A_1、A_2 分别表示开发产品甲、乙的两个方案,按期望值准则不难算出:

$$EMV(A_1) = 0.5 \times 20 + 0.5 \times (-10) = 5$$
$$EMV(A_2) = 0.5 \times 15 + 0.5 \times (-5) = 5$$

因两者的期望值相等,故难以做出决策,现采用效用值准则来考虑这个问题,图 10-7 是效用值准则的决策树,其中 $u(15) = 0.92$,$u(-5) = 0.35$ 是用图 10-5 的效用曲线求得的,容易求得方案 A_1 的期望效用值:

$$Eu(A_1) = 0.5 \times 1 + 0.5 \times 0 = 0.5$$

方案 A_2 的期望效用值：
$$Eu(A_2) = 0.5 \times 0.92 + 0.5 \times 0.35 = 0.635$$
故以生产产品乙为最优方案，由图 10-5 可见，该投资者是一位保守型的决策者。

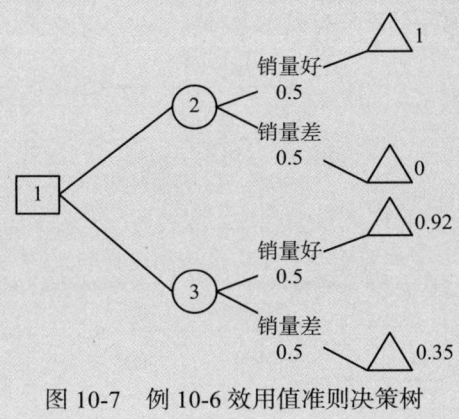

图 10-7 例 10-6 效用值准则决策树

10.5 操作实践

10.5.1 Excel求解决策树

例10-7

某公司有机会参加工程投标，若参加投标，则需要花费 50 000 元经费进行准备，中标概率为 50%，如果中标将获利 250 000 元。中标后可采用三种工艺进行生产：采用传统机械工艺生产须花费 120 000 元，可获得固定收益 80 000 元；采用电子工艺须花费 50 000 元，成功概率为 50%，如果成功将获利 150 000 元，失败将损失 120 000 元；采用磁工艺生产需花费 80 000 元，成功概率为 70%，如果成功将获利 120 000 元，失败将损失 120 000 元。试问该公司应如何决策？

为了求解该问题，我们采用了 treeplan 宏（http://www.treeplan.com/download.htm）。

双击"treeplan.xla"文件加载 treeplan 宏。

依次单击："加载项"菜单→"Decision tree"后出现对话框如图 10-8 所示。

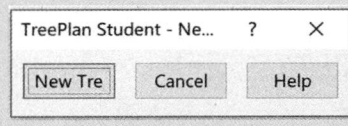

图 10-8 新建决策树

单击"New Tree"选项后，得到界面如图 10-9 所示。

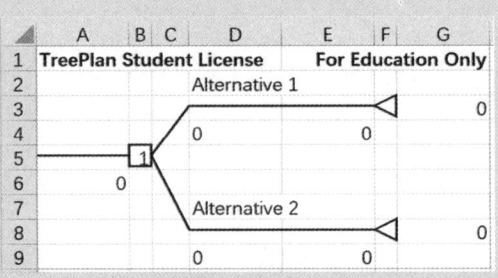

图 10-9 初始决策树

输入相应的数据之后，得到图 10-10。

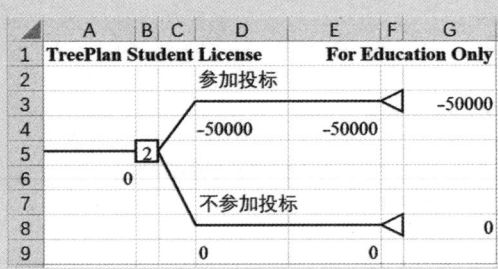

图 10-10 录入数据

选定单元格 F3，单击"工具"→"Decision tree"后出现对话框如图 10-11 所示。

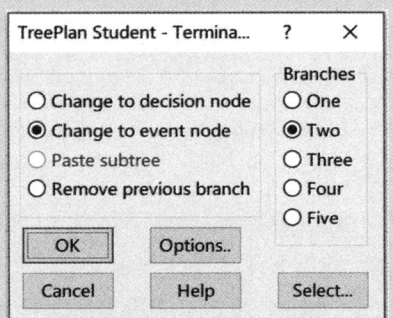

图 10-11 增加事件节点

选择"Change to event node"，"Branches"选择"Two"（2 个分支），单击 OK，输入相应的数据，得到图 10-12。

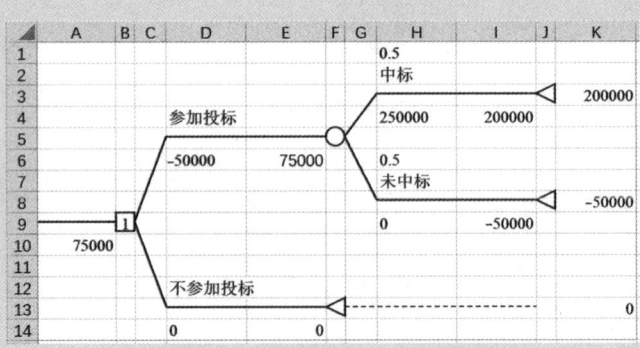

图 10-12 增加事件节点后的决策树

仿照上述步骤，最终可得如图 10-13 所示的决策树，每个决策节点都标注了最优策略，最优的决策序列为参加投标，中标后尝试采用电子工艺生产。

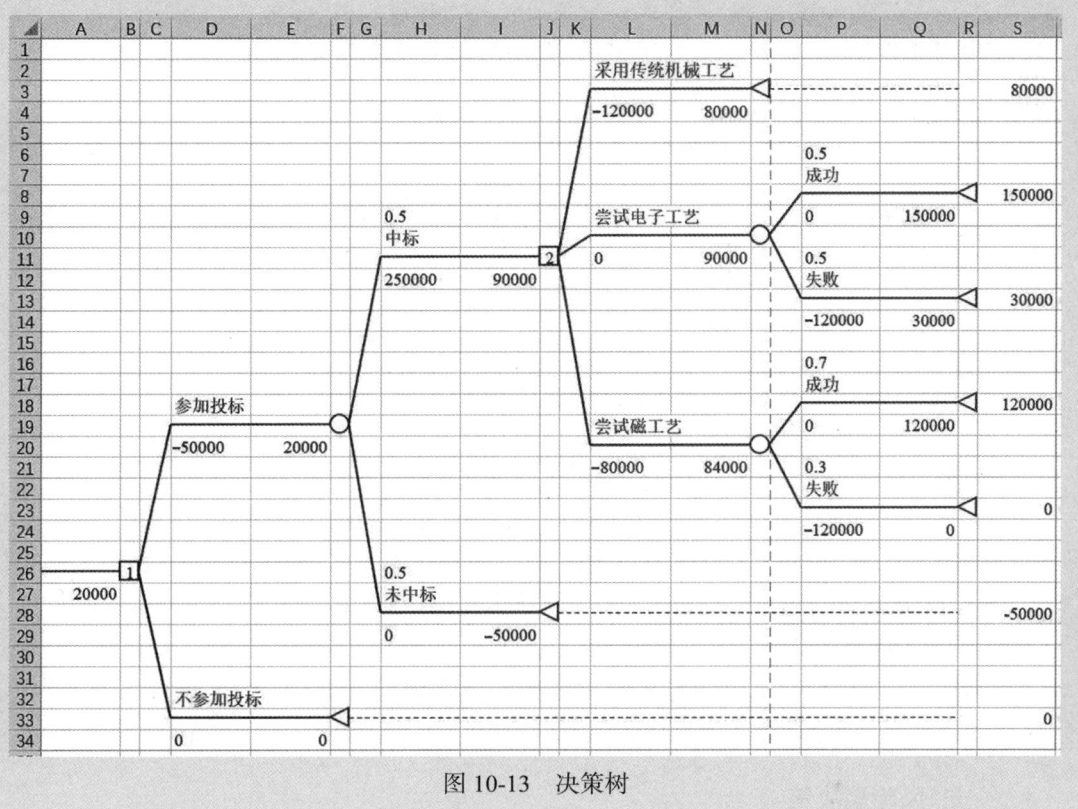

图 10-13　决策树

10.5.2　OR for Windows求解决策分析

1. 不确定型决策

例10-8

运用 OR for Windows 求解例 10-1。

首先进入 OR for Windows 主窗口界面，在"模型"菜单中选择"决策分析（D）"。接下来在"文件"菜单中单击"新建"或直接单击工具栏的"□"按钮，在子菜单中选择"损益表/矩阵"弹出"创建数据集"对话框，输入问题名称"例 10-1"，设置方案个数为 3，自然状态个数为 3，优化目标选择"利润（最大化）"，单击"确定（O）"按钮，进入数据表格界面，如图 10-14 所示。在数据表格中输入各个方案和自然状态的名称，输入各个方案的收益，并输入自然状态发生的概率。在参数面板设置乐观系数 $\alpha = 0.6$。单击工具栏"直接求解"按钮，输出结果如图 10-15 所示。

例10-1			
	S1	S2	S3
概率	.33	.33	.33
A1	60	10	-6
A2	30	25	0
A3	10	10	10

图 10-14　例 10-8 数据表格界面

例10-1求解结果							
	S1	S2	S3	EMV	行最小 min (rij)	行最大 max (rij)	折衷主义
概率	.33	.33	.33				
A1	60	10	-6	21.33	-6	60	33.6
A2	30	25	0	18.33	0	30	18
A3	10	10	10	10	10	10	10
			maximum	21.33	10	60	33.6
				Best EV	maximin	maximax	maximum

最大期望收益值(EMV)是【21.33】，对应 A1
【maximin 准则】值为10，对应 A3
【maximax 准则】值为60，对应 A1

图 10-15　例 10-8 输出结果

2. 风险型决策

例10-9

运用 OR for Windows 求解例 10-2。

首先进入 OR for Windows 主窗口界面，在"模型"菜单中选择"决策分析（D）"。接下来在"文件"菜单中单击"新建"或直接单击工具栏的"□"按钮，在子菜单中选择"决策树（表格）"弹出"创建数据集"对话框，输入问题名称"例 10-2"，设置分枝个数为3，优化目标选择"利润（最大化）"，单击"确定（O）"按钮，进入数据表格界面，如图 10-16 所示。按照提示输入完数据后，单击工具栏"直接求解"按钮，输出结果如图 10-17 所示。

例10-2			
	S1：需求量大	S2：需求量中等	S3：需求量较小
概率	.3	.4	.3
A1：购买大型设备	50	20	-20
A2：购买中型设备	30	25	-10
A3：购买小型设备	10	10	10

图 10-16　例 10-9 数据表格界面

例10-2 求解结果						
	S1：需求量大	S2：需求量中等	S3：需求量较小	EMV	行最小 min (rij)	行最大 max (rij)
概率	.3	.4	.3			
A1：购买大型设备	50	20	-20	17	-20	50
A2：购买中型设备	30	25	-10	16	-10	30
A3：购买小型设备	10	10	10	10	10	10
			maximum	17	10	50
				Best EV	maximin	maximax

最大期望收益值(EMV)是【17】, 对应 A1：购买大型设备

图 10-17　例 10-9 求解结果

例10-10

运用 OR for Windows 求解例 10-4。

首先进入 OR for Windows 主窗口界面，在"模型"菜单中选择"决策分析（D）"。接下来在"文件"菜单中单击"新建"或直接单击工具栏的"□"按钮，在子菜单中选择"决策树（图形）"弹出"创建数据集"对话框，输入问题名称"例 10-4"，设置优化目标选择"利润（最大化）"，单击"确定（O）"按钮，进入决策树图形界面，如图 10-18 所示。

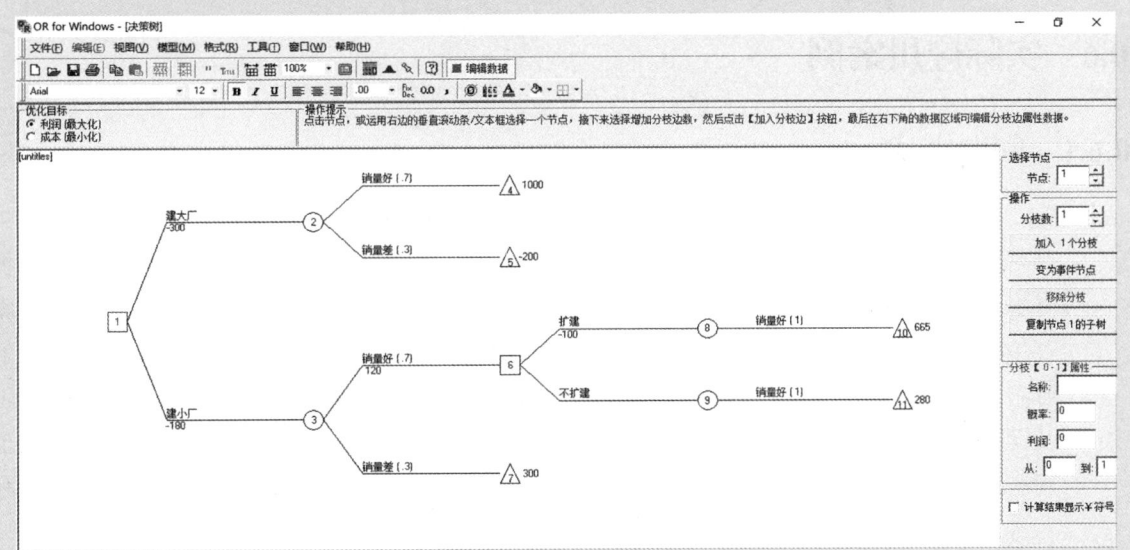

图 10-18　决策树图形界面

根据图 10-3，通过软件右侧工具栏增加节点完成图形的绘制，并在相应的节点设置利润数据，此处节点 6 汇总填写了 4 年利润，节点 10 和节点 11 汇总填写了 7 年利润数据，节点 4、节点 5 和节点 7 汇总填写了 10 年利润数据，单击工具栏"直接求解"按钮，输出结果如图 10-19 所示。

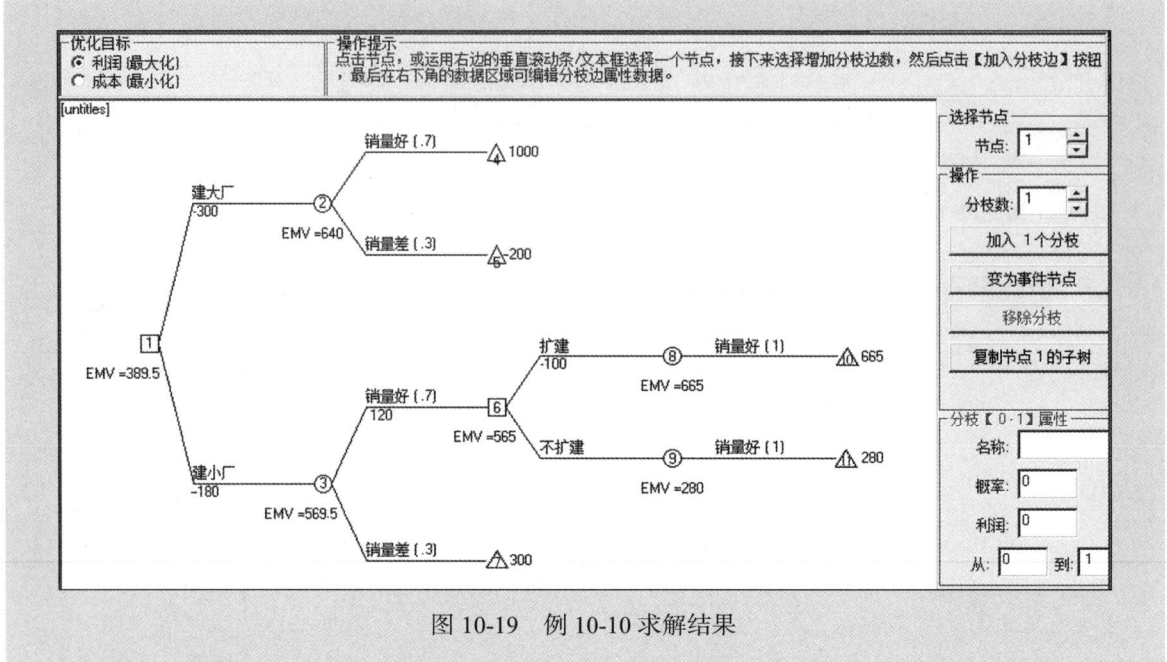

图 10-19　例 10-10 求解结果

10.6　实际应用案例

10.6.1　问题描述

小湾水电站位于云南省西部南涧县与凤庆县交界的澜沧江中游河段，是以发电为主，兼有防洪、灌溉、拦沙及航运等综合利用效益的特大型水利工程，由混凝土双曲拱坝、坝后水垫塘及二道坝、左岸泄洪洞和右岸地下引水发电系统组成，最大坝高 292m，总库容 149 亿 m^3，电站总装机容量 4 200MW。右岸砂石加工及混凝土拌和系统布置于坝址下游右岸大沙坝沟下游侧，高程 1 030～1 130m，主要承担导流洞、缆机、左岸砂石加工及混凝土拌和系统、供水系统、导流洞、泄洪洞、引水发电系统、水垫塘、二道坝等工程所需的全部砂石料和混凝土的生产任务。满足混凝土高峰浇筑强度为 65 000m^3/m，砂石系统设计规模增加到粗碎处理能力 480t/h，混凝土拌和系统由 1 座 4×3.0m 拌和楼，1 座 2×3.0m 拌和站及相应的制冷设施和外围配套设施组成，设计混凝土生产规模为 300m^3/h，配置的制冷装机容量为 400～435.4kJ/h（标准工况），所承担工程的混凝土总量为 247.73×10$^4m^3$，其中预冷混凝土 90.43×10$^4m^3$，喷混凝土量 22.07×10$^4m^3$，上下游围堰反滤料量 11.9×10$^4m^3$。

在小湾水电站右岸砂石系统投标过程中，中国水利水电第七工程局经过充分的信息收集和整理，结合在其他电站砂石拌和系统的中标及经营运作情况，拟采用决策树法对投标报价进行推测演算。

10.6.2 问题分析

小湾水电站右岸砂石系统标段由砂石子系统与拌和子系统组成。根据工程量清单测算，砂石子系统投标报价大致占60%，拌和子系统投标报价大致占40%，第七工程局的竞争对手主要有3家，且部分竞争对手非常具有优势。在不考虑非市场因素的影响条件下，如何决定投标报价方案，以合理价格确保工程中标，投标方案决策就成为具有决定意义的一环。根据过去类似工程项目的投标经验，并全面分析自身优势，第七工程局最后确定两套投标方案。

投标方案Ⅰ：砂石系统作为第七工程局弱项，拟投低标以期作为市场突破口，拌和系统以三峡品牌为依托可考虑投高标；或砂石系统成本不易控制投高标、拌和系统相对优势较大，投低标，但根据过去类似工程（以江口、三峡、白禅寺等工程的砂石拌和项目为基准指标参照体系）统计资料，两种投标方案中标概率分别为0.3、0.2。

投标方案Ⅱ：参照上述投标理念，砂石系统投高标，拌和系统投低标，以扩展市场，优势互补；或砂石系统、拌和系统均投低标，以迅速抢占云南水电市场为目标，中标概率分别为0.4、0.5；参考其他系统运行经验成本，以系统设计砂石、混凝土生产量及各方案报价作为估算工程年均预期目标利润（不考虑资金的时间价值）的依据，拟合概率如表10-9所示，不中标损失的投标费用为6万元。

表 10-9 拟合概率

投标方案	投标组合方式	投标效果	估算预期年均目标利润（万元）	概率
Ⅰ	低 – 高	优	205	0.3
		一般	168	0.4
		亏损	−148	0.3
Ⅰ	高 – 低	优	246	0.3
		一般	179	0.5
		亏损	−135	0.2
Ⅱ	高 – 低	优	225	0.2
		一般	121	0.4
		亏损	−154	0.4
Ⅱ	低 – 低	优	176	0.3
		一般	103	0.4
		亏损	−177	0.3

采用决策树对小湾水电站右岸砂石系统投标进行分析，如图10-20所示。

对投标方案Ⅰ中的低–高组合节点及高–低组合节点的预期利润进行比较，可知高-低投标组合方案利润较高，故应选高–低投标组合方案的报价作为优选方案。

对投标方案Ⅱ中的高–低组合节点及低–低组合节点的预期利润进行比较，可知低–

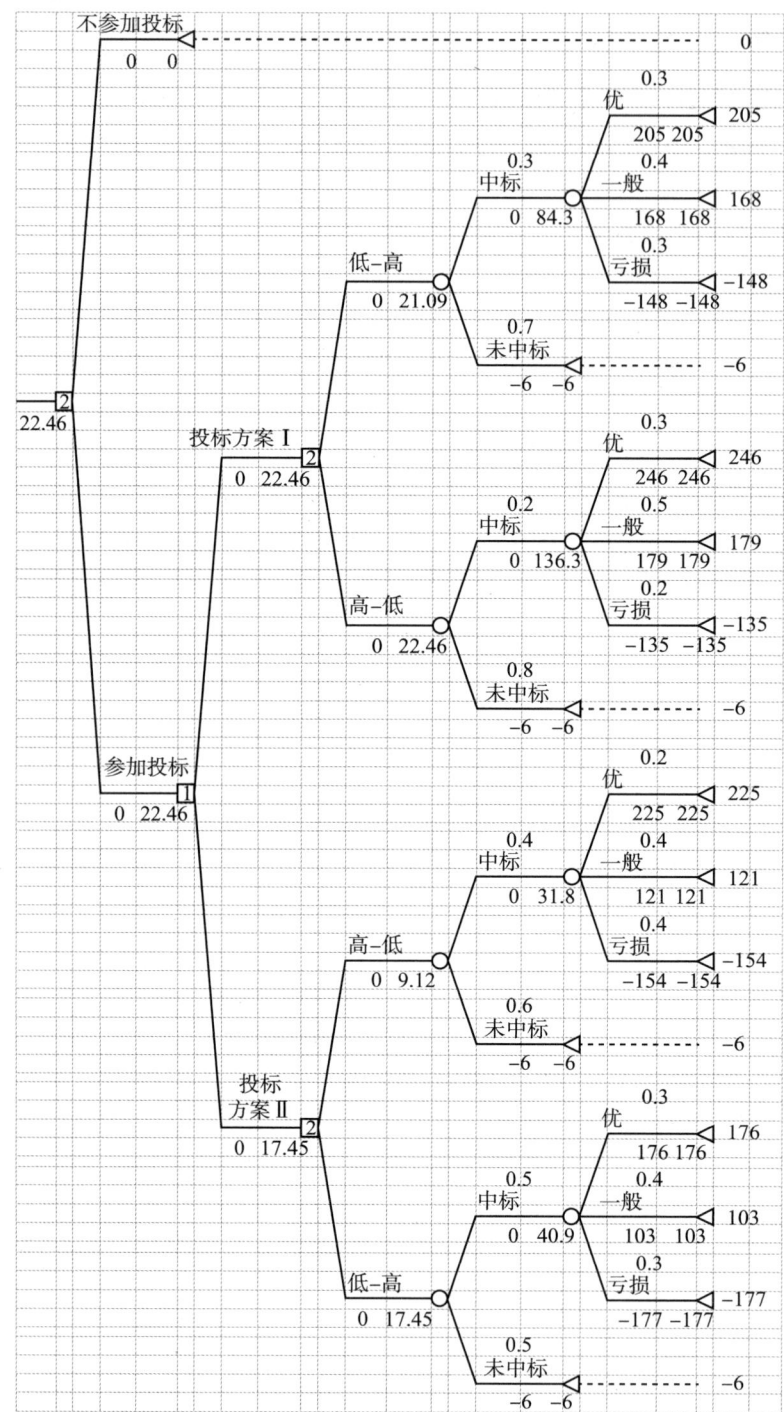

图 10-20 投标决策树

低投标组合方案利润较高，故应选低 – 低投标组合方案的报价作为优选方案。

通过以上分析可以得出结论，在做出该工程的投标报价决策时，将方案 I 的投标报价策略与方案 II 的投标报价策略进行最优比较，应选择方案 I 中的高 – 低投标组合方为最佳报价方案，预期利润额为 22.46 万元。实践证明，小湾水电站右岸砂石系统砂石生产子系统投高标从一定程度上弥补了砂石生产过程中成本消耗大且不易控制的缺点。

习 题

1. 某书店希望订购新出版的一部书籍。据以往经验，新书的销售量可能为 50、100、150 或 200 本。已知每本新书订购价为 4 元，零售价 6 元，滞销书的处理价 1 元。试分别用悲观主义准则、乐观主义准则、折中主义准则（$\alpha=0.6$）和最小机会损失准则确定该书的订购量。

2. 某钟表公司计划通过它的销售网络推销一种低价钟表，计划单件零售价为 10 元，对钟表设计有三种方案：方案 1 需要一次投资 10 万元，投产后单件成本为 5 元；方案 2 需要一次投资 16 万元，投产后单件成本为 4 元；方案 3 需要一次投资 25 万元，投产后单件成本为 3 元。该钟表需求量不确切，但估计有三种可能，E_1：30 000 件，E_2：120 000 件，E_3：200 000 件。

（1）试建立这个问题的损益矩阵。

（2）分别用悲观主义准则、乐观主义准则及等可能性准则进行决策。

（3）建立机会损失矩阵，用最小机会损失准则进行决策。

3. 某厂要革新某产品的工艺，可以自行研究，估计成功率为 0.6；也可以购买专利，估计成功率为 0.8。无论研究成功还是洽谈成功，该产品产量既可以增大，也可以保持不变。若研究和洽谈失败，则仍按原工艺生产且产量不变。估计今后五年内该产品价格变动的情况以及各方案在不同价格下的盈利（万元）如表 10-10 所示。试用 EMV 准则进行决策。

表 10-10 习题 3 的表格

盈利		方案				
		按原工艺生产	洽谈成功		研究成功	
			产量不变	产量增大	产量不变	产量增大
状态概率	价格低落（0.1）	-100	-200	-300	-200	-300
	价格中等（0.5）	0	0	-250	50	50
	价格高涨（0.4）	100	200	600	150	250

4. 某施工队已承包一项小型工程，计划从 7 月 1 日开工，到月末完工。据天气预报报道，16 日以后可能出现中雨（概率 0.5），这样将使工期延长 5 天；也可能出现暴雨（概率 0.3），这样将延期 10 天。延期施工的损失为前 5 天每天 400 元，后 5 天每天 600 元。但若采取紧急措施，有可能减少延期的天数（见表 10-11），这样每天需要增加 200 元应急费用。另外，也可在开工后每天加班赶工，这样能赶在 15 日提前完工，不过每天需要增加 120 元加班费。试问应如何用 EMV 准则进行决策？

表 10-11 习题 4 的表格

天气情况	采取应急措施可减少的天数	概率
中雨	1	0.5
	2	0.3
	3	0.2
暴雨	1	0.6
	2	0.3
	3	0.1

5. 在习题 2 中，如果该钟表公司负责人预测三种需求量出现的概率如表 10-12 所示。
（1）用 EMV 准则决定公司该采取哪个方案。
（2）如有一个部门能帮助调查市场的确切需求量，该公司最多愿意支付多少调查费用？

表 10-12 习题 5 的表格

需求量（件）	30 000	120 000	200 000
概率	0.15	0.75	0.10

6. 为生产某种产品设计了两个方案：一是建大厂，需要投资 300 万元；二是建小厂，需要投资 160 万元，二者使用年限都是 10 年。估计两个方案每年盈利（万元）如表 10-13 所示。

表 10-13 习题 6 的表格

方案	销量	年盈利	
		好	不好
	建大厂	100	−20
	建小厂	40	10

（1）根据市场预测，前三年销量好的概率为 0.7。若前三年销量好则后七年销量好的概率为 0.9；否则后七年销量肯定不好。试用 EMV 准则确定最优方案。
（2）若还有一种方案，即先建小厂，三年后再决定是否追加投资 140 万元进行扩建。扩建后可使用七年，其每年盈利和建大厂相同。试用 EMV 准则进行决策。

7. 某决策者的效用函数可由下式表示：

$$u(x) = 1 - e^{-x}, 0 \leq x \leq 10\ 000$$

如果该决策者面临下列两份合同（见表 10-14），那么他更倾向于选择哪份合同？

表 10-14 习题 7 的表格

合同	概率	
	0.6	0.4
A	6 500	0
B	4 000	4 000

习题参考答案

第2章

1. （1） $\max w = -3x_1 - x_2$

   s.t. $\begin{cases} x_1 - x_2 - x_3 = 6 \\ x_1 - 2x_2 + x_4 = 4 \\ 2x_1 - 2x_2 = 4 \\ x_1, x_2 \geq 0 \end{cases}$

   （2） $\max w = -2x_1' - 3x_2$

   s.t. $\begin{cases} -3x_1' - 4x_2 + x_3 = 60 \\ 2x_1' - 3x_2 = 40 \\ x_1' + 2x_2 - x_4 = 24 \\ x_1', x_2 \geq 0 \end{cases}$

2. （1）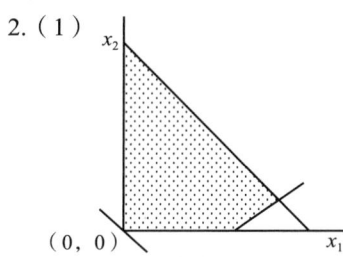

   （2）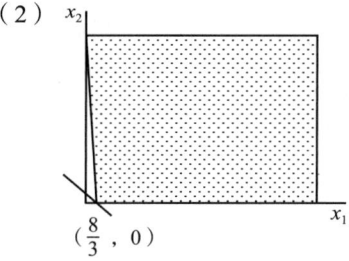

3. 设各种技术方案所占比例分别为 $x_i(i=1,2,3,4)$，$x_1 = 66.7\%, x_2 = 33.3\%$，最小成本为 2 000 万元。

4. 最优生产方案略，最大总利润为 5 544 000 元。

5. 设 x_i 为每月买进的杂粮担数，y_i 为每月卖出的杂粮担数，则线性规划模型为

   $\max z = 3.10y_1 + 3.25y_2 + 2.95y_3 - 2.85x_1 - 3.05x_2 - 2.90x_3$

   s.t. $\begin{cases} \left.\begin{array}{l} y_1 \leq 1\,000 \\ y_2 \leq 1\,000 - y_1 + x_1 \\ y_3 \leq 1\,000 - y_1 + x_1 - y_2 + x_2 \end{array}\right\} \text{存货限制} \\ \left.\begin{array}{l} 1\,000 - y_1 + x_1 \leq 5\,000 \\ 1\,000 - y_1 + x_1 - y_2 + x_2 \leq 5\,000 \end{array}\right\} \text{库容限制} \\ \left.\begin{array}{l} x_1 \leq \dfrac{20\,000 + 3.10y_1}{2.85} \\ x_2 \leq \dfrac{20\,000 + 3.10y_1 - 2.85x_1 + 3.25y_2}{3.05} \\ x_3 \leq \dfrac{20\,000 + 3.10y_1 - 2.85x_1 + 3.25y_2 - 3.05x_2 + 2.95y_3}{2.90} \end{array}\right\} \text{资金限制} \\ 1\,000 - y_1 + x_1 - y_2 + x_2 - y_3 + x_3 \leq 2\,000 \text{期末库存} \\ x_i, y_i \geq 0 (i = 1,2,3) \end{cases}$

6. 设报纸、电台、电视上投入的广告数分别为 x_1, x_2, x_3，

$$\max z = 5x_1 + 10x_2 + 15x_3$$

$$\text{s.t.} \begin{cases} 1.5x_1 + 2x_2 + 4x_3 \geq 100 \\ 2x_1 + 3x_2 + 5x_3 \geq 150 \\ 25 \leq x_1 \leq 100 \\ 30 \leq x_2 \leq 150 \\ 30 \leq x_3 \leq 50 \\ 3x_1 + 1.5x_2 + 15x_3 \leq 1\,000 \\ x_1, x_2, x_3 \geq 0 \end{cases}$$

7. 设两台锅炉给两台汽轮机的产气量为 $x_{ij}(i=1,2; j=1,2)$，

$$\min z = 11x_{11} + 12x_{12} + 11x_{21} + 12x_{22}$$

$$\text{s.t.} \begin{cases} x_{11} + x_{12} \geq 400 \\ x_{11} + x_{12} \leq 900 \\ x_{21} + x_{22} \geq 500 \\ x_{21} + x_{22} \leq 1\,000 \\ x_{11} + x_{21} \geq 400 \\ x_{11} + x_{21} \leq 900 \\ x_{12} + x_{22} \geq 500 \\ x_{12} + x_{22} \leq 1\,000 \\ 5x_{11} + 6x_{12} + 5x_{21} + 6x_{22} \geq 8\,000 \\ x_{11}, x_{12}, x_{21}, x_{22} \geq 0 \end{cases}$$

8. （1）√（2）×（3）√（4）√（5）×（6）×（7）×（8）√（9）√

9. （1）最终单纯形表如下。

	c_j	3	5	0	0	0	
c_B	x_B	x_1	x_2	x_3	x_4	x_5	b
0	x_3	0	0	1	1/3	−1/3	2
5	x_2	0	1	0	1/2	0	6
3	x_1	1	0	0	−1/3	1/3	2
	σ_j	0	0	0	−3/2	−1	36

该问题有唯一最优解 $x_1=2, x_2=6, x_3=2$，最优值为 36。

（2）最终单纯形表如下。

	c_j	2	−1	1	0	0	0	
c_B	x_B	x_1	x_2	x_3	x_4	x_5	x_6	b
0	x_4	0	0	1	1	−1	−2	10
2	x_1	1	0	1/2	0	1/2	1/2	15
−1	x_2	0	1	−3/2	0	−1/2	1/2	5
	σ_j	0	0	−3/2	0	−3/2	−1/2	25

该问题有唯一最优解 $x_1=15, x_2=5, x_3=0$，最优值为 25。

（3）最终单纯形表如下。

c_j		6	2	10	8	0	0	0	b
c_B	x_B	x_1	x_2	x_3	x_4	x_5	x_6	x_7	
0	x_6	11	0	0	12	2	1	0	70
2	x_2	−5	1	0	2	1	0	−2	5
10	x_3	−6	0	1	7	2	0	−3	20
	σ_j	76	0	0	−66	−22	0	34	

该问题无解。

（4）令 $x_1' = x_1 - 1$，$x_2' = x_2 - 2$，$x_3' = x_3 - 3$，代入化简，最终单纯形表如下。

c_j		1	6	4	0	0	0	b
c_B	x_B	x_1'	x_2'	x_3'	x_4	x_5	x_6	
6	x_2'	0	1	0	−1/8	−1/8	3/8	1/4
4	x_3'	0	0	1	1/2	1/6	−1/6	4
1	x_1'	1	0	0	−1/4	1/12	5/12	9/2
	σ_j	0	0	0	−1	0	−2	22

该问题有无穷多最优解，$x_1 = \dfrac{11}{2}, x_2 = \dfrac{9}{4}, x_3 = 7$ 为其中之一，最优值为 22+25=47。

10.（1）$x_1 = \dfrac{31}{3}, x_2 = 13, x_3 = \dfrac{19}{3}$。

（2）无可行解。

11.（1）$x_1 = 1, x_2 = 1, x_3 = 3, x_4 = 0$

（2）$x_1 = 0, x_2 = \dfrac{4}{7}, x_3 = \dfrac{12}{7}, x_4 = 0, x_5 = 0$。

12.（1）入基变量为 x_3，出基变量为 x_4。

（2）由单纯形法的矩阵形式可知

$$c_N - c_B B^{-1} N = c_N - (-1, -3, 1) \begin{pmatrix} 2/3 & 0 & 4/3 \\ -7/3 & 3 & -2/3 \\ -2/3 & -2 & 2/3 \end{pmatrix} = (8/3, -11, 4/3)$$

可得 $c_N = (25/3, -22, 8/3)$，因此原问题为

$$\min z = -x_1 + \dfrac{25}{3} x_2 - 22 x_3 - 3 x_4 + \dfrac{8}{3} x_5 + x_6$$

$$\text{s.t.} \begin{cases} x_1 + \dfrac{2}{3} x_2 + \dfrac{4}{3} x_5 = 4 \\ -\dfrac{7}{3} x_2 + 3 x_3 + x_4 - \dfrac{2}{3} x_5 = 2 \\ -\dfrac{2}{3} x_2 - 2 x_3 + \dfrac{2}{3} x_5 + x_6 = 2 \\ x_1, x_2, \cdots, x_6 \geq 0 \end{cases}$$

13.（1）$d \geq 0, c_1 < 0, c_2 < 0$。

（2）$d \geq 0, c_1 \leq 0, c_2 \leq 0$，且 $c_1 c_2 = 0$。

（3）$d=0$ 或 $d>0, c_1>0$，且 $a_2 d=12$。

（4）$c_2>0, a_1 \leq 0$。

（5）x_5 为人工变量，且 $c_1 \leq 0, c_2 \leq 0$。

第3章

1.（1）$\min w = 6y_1 + 10y_2$

s.t. $\begin{cases} 2y_1 + y_2 \geq 1 \\ -3y_1 + 2y_2 \geq 2 \\ y_1, y_2 \geq 0 \end{cases}$

（2）$\max w = 18y_1 + 16y_2$

s.t. $\begin{cases} 6y_1 + 2y_2 \leq 5 \\ 5y_1 + 7y_2 \leq 4 \\ y_1, y_2 \geq 0 \end{cases}$

（3）$\min w = 12y_1 + 10y_2 + 15y_3$

s.t. $\begin{cases} y_1 + y_2 \geq 2 \\ -3y_1 \leq -4 \\ 2y_1 + y_2 - 2y_3 = 3 \\ y_1, y_2 \geq 0 \end{cases}$

（4）$\min w = \sum_{i=1}^{m} a_i u_i + \sum_{j=1}^{n} b_j v_j$

s.t. $\begin{cases} u_i + v_j \leq c_{ij} \\ i = 1, 2, \cdots, m; j = 1, 2, \cdots, n \end{cases}$

2.（1）略。

（2）对偶最优解为 $(\frac{8}{5}, -\frac{1}{5})$；

（3）根据互补松弛定理可得，原问题最优解 $(\frac{8}{5}, \frac{1}{5}, 0, 0)$。

3.（1）原线性规划问题为

$\max z = 6x_1 - 2x_2 + 10x_3$

s.t. $\begin{cases} x_2 + 2x_3 \leq 5 \\ 3x_1 - x_2 + x_3 \leq 10 \\ x_1, x_2, x_3 \geq 0 \end{cases}$

（2）对偶最优解为 (4,2)。

（3）$0 \leq c_1 \leq 14$，$c_3 \geq 2$。

（4）$0 \leq b_1 \leq 20$，$b_2 \geq 2.5$。

4.（1）设甲、乙两种产品的产量分别为 x_1, x_2

$\max z = 5x_1 + 8x_2$

s.t. $\begin{cases} 2x_1 + 4x_2 \leq 160 \\ 3x_1 + 2x_2 \leq 180 \\ x_1, x_2 \geq 0 \end{cases}$

（2）原料 A、B 的影子价格分别为 1.75 和 0.5。

（3）应该购买原料 A，最多应购入 200kg，可增加利润 350 元。

5.（1）设该工厂每周生产甲产品 x_1 件，乙产品 x_2 件，丙产品 x_3 件

$\max z = 3x_1 + 2x_2 + x_3$

s.t. $\begin{cases} x_1 + 2x_2 + x_3 \leq 400 \\ 2x_1 + x_2 + 2x_3 \leq 500 \\ x_1, x_2, x_3 \geq 0 \end{cases}$

（2）甲产品价格在 1 000 ~ 3 000 元，乙产品价格范围在 1 500 ~ 6 000 元间变化时，该厂计划不变。

（3）仍保持最优。

（4）仍保持最优。

（5）不合适。

（6）租用。

6. 略

第4章

1. 设 x_{ij} 表示从产地 A_i（$i=1,2,3,4$）到销地 B_j（$j=1,2,3,4,5$）的运输量。

最小元素法和差值法调运方案均为

$x_{13}=20, x_{24}=30, x_{32}=15, x_{33}=10, x_{34}=15, x_{41}=25, x_{43}=5, x_{45}=30$。

目标函数值 955。

最优调运方案为

$x_{13}=5, x_{14}=15, x_{24}=30, x_{32}=15, x_{33}=25, x_{41}=25, x_{43}=5, x_{45}=30$。

目标函数值 850。

2. 设 x_{ij} 表示从产地 A_i（$i=1,2,3$）到销地 B_j（$j=1,2,3,4$）的运输量，最优调运方案为 $x_{13}=5, x_{14}=3, x_{21}=3, x_{24}=3, x_{32}=6$，总运费 73。

3. 提示：各煤矿的总产量为 160 万 t，四个地区的最低需求 110 万 t，因此，丁地区最多能分配 60 万 t。这样四个地区最高需求总数 210 万 t，比总产量多出 50 万 t。由于要求全部运出，因此把最高需求量视作销量，得到一个产小于销的运输问题。引入假想煤矿 D，其产量 50 万 t。为了保证各地最低需求，可如下处理，如甲地区分成甲 1 和甲 2 两个销地，甲 1 的销量为 30 万 t，代表最低需求，甲 2 销量 20 万 t，代表额外需求。最后求得结果：甲地区获得 C 煤矿 50 万 t，乙地区获得 70 万 t（其中 A 煤矿供应 50 万 t，B 煤矿供应 20 万 t），丙地区一无所获，丁地区获得 B 煤矿 40 万 t。最小运费为 2 460 万元。

4. $A_1 \rightarrow T_2$：3 单位，$A_2 \rightarrow B_1$：3 单位，$A_2 \rightarrow B_3$：5 单位，$A_3 \rightarrow B_2$：3 单位，$A_3 \rightarrow B_4$：6 单位，$T_2 \rightarrow B_2$：3 单位，总费用 73。

5. 设 x_{ij} 表示从产地 A_i（$i=1,2,3$）到销地 B_j（$j=1,2,3,4$）的运输量，最优方案是：$x_{13}=1, x_{21}=1, x_{23}=3, x_{24}=5, x_{31}=2, x_{32}=2$，其余 $x_{ij}=0$。最小运输费用是 39。

6. 设 x_{ij} 表示从产地 A_i（$i=1,2,3$）到销地 B_j（$j=1,2,3$）的运输量，最优方案是：$x_{11}=2, x_{12}=10, x_{21}=3, x_{23}=11, x_{31}=4$，其余 $x_{ij}=0$。最小运输费用是 38。

第5章

1. **解**：设

$x_i = \begin{cases} 1, \text{站址}i\text{被中} \\ 0, \text{站址}i\text{未被中} \end{cases}$，$i=1,2,3$；$y_i$ 站址 i 处理的污水量，$i=1,2,3$，可得：

$$\min z = 400x_1 + 300x_2 + 250x_3 + 200y_1 + 300y_2 + 400y_3$$

$$\text{s.t.} \begin{cases} 80y_1 + 50y_2 + 60y_3 \geq 80\,000 \\ 60y_1 + 40y_2 + 50y_3 \geq 60\,000 \\ y_1 \leq 800x_1 \\ y_2 \leq 500x_2 \\ y_3 \leq 400x_3 \\ x_1, x_2, x_3 \text{取} 0 \text{或} 1, \ y_i \geq 0 (i=1,2,3) \end{cases}$$

2. 设 x_{ij} 为由 i 地（北京、上海、广州、武汉）发往 j 地（华北、华中、华南）的货物量，

$$y_i = \begin{cases} 1, i \text{地被中} \\ 0, i \text{地未被中} \end{cases}, \text{可得：}$$

$$\begin{aligned}\min z = & 200x_{11} + 400x_{12} + 500x_{13} + 300x_{21} + 250x_{22} + 450x_{23} + \\ & 600x_{31} + 400x_{32} + 250x_{33} + 300x_{41} + 150x_{42} + 350x_{43} + \\ & 45\,000y_1 + 50\,000y_2 + 70\,000y_3 + 40\,000y_4\end{aligned}$$

$$\text{s.t.} \begin{cases} x_{11} + x_{12} + x_{13} \leq 1\,100y_1 \\ x_{21} + x_{22} + x_{23} \leq 1\,100y_2 \\ x_{31} + x_{32} + x_{33} \leq 1\,100y_3 \\ x_{41} + x_{42} + x_{43} \leq 1\,100y_4 \\ x_{11} + x_{21} + x_{31} + x_{41} = 6\,000 \\ x_{12} + x_{22} + x_{32} + x_{42} = 7\,000 \\ x_{13} + x_{23} + x_{33} + x_{43} = 800 \\ y_2 \leq y_4 \\ y_1 + y_2 + y_3 + y_4 \leq 2 \\ y_3 + y_4 \leq 1 \\ x_{ij} \geq 0 (i=1,2,3,4; j=1,2,3); \ y_i = 0 \text{或} 1 \ (i=1,2,3,4) \end{cases}$$

3. 设 $x_{ij} = \begin{cases} 1, \text{设置} i \text{类商品} j \text{状态} \\ 0, \text{不设置} i \text{类商品} j \text{状态} \end{cases}$

$i =$ 食品、珠宝、服装、鞋帽、文具，$j =$ 商店数量为 1、2、3，可得：

$$\begin{aligned}\min z = & 20x_{11} + 36x_{12} + 45x_{13} + 10x_{21} + 18x_{22} + 21x_{23} + 15x_{31} + 26x_{32} + 30x_{33} + 17x_{41} + \\ & 28x_{42} + 33x_{43} + 16x_{51} + 18x_{52} + 18x_{53}\end{aligned}$$

$$\text{s.t.} \begin{cases} x_{11} + x_{12} + x_{13} = 1 \\ x_{21} + x_{22} + x_{23} = 1 \\ x_{31} + x_{32} + x_{33} = 1 \\ x_{41} + x_{42} + x_{43} = 1 \\ 1\,000(x_{11} + 2x_{21} + 3x_{31}) + 500(x_{21} + 2x_{22} + 3x_{23}) + 900(x_{31} + 2x_{32} + 3x_{33}) + \\ 700(x_{41} + 2x_{42} + 3x_{43}) + 600(x_{51} + 2x_{52} + 3x_{53}) = 10\,000 \\ x_{ij} = 0 \text{或} 1, \ i=1,2,3,4; j=1,2,3 \end{cases}$$

4. 设 $y_i = \begin{cases} 1, \text{生产} i \text{类汽车} \\ 0, \text{不生产} i \text{类汽车} \end{cases}$，$x_i$ 表示生产 i 类车的产量，$i =$ 微型，中级，高级，可得：

$$\min z = 2x_1 + 3x_2 + 4x_3$$

$$\text{s.t.} \begin{cases} x_1 \geq 1\,500 y_1 \\ x_2 \geq 1\,200 y_2 \\ x_3 \geq 1\,000 y_3 \\ y_1 + y_2 + y_3 \leq 3 \\ 1.5 x_1 + 2 x_2 + 2.5 x_3 \leq 6\,000 \\ 30 x_1 + 40 x_2 + 50 x_3 \leq 55\,000 \\ y_i = 0 \text{ 或 } 1, x_i \geq 0 \text{ 且为整数}(i=1,2,3) \end{cases}$$

可解得 $y_3 = 1, x_3 = 1\,100$，最大利润为 4 400 万元。

5. 设 $x_{ij} = \begin{cases} 1, \text{第}i\text{个电站}j\text{年建设} \\ 0, \text{第}i\text{个电站}j\text{年不建设} \end{cases}$ $i=1,2,3,4, j=1,2,3,4,5$，可得：

$$\min z = 200\sum_{j=1}^{5}x_{1j} + 160\sum_{j=1}^{5}x_{2j} + 180\sum_{j=1}^{5}x_{3j} + 140\sum_{j=1}^{5}x_{4j} +$$
$$15(5x_{11} + 4x_{12} + 3x_{13} + 2x_{14} + x_{15}) + 8(5x_{21} + 4x_{22} + 3x_{23} + 2x_{24} + x_{25}) +$$
$$13(5x_{31} + 4x_{32} + 3x_{33} + 2x_{34} + x_{35}) + 6(5x_{41} + 4x_{42} + 3x_{43} + 2x_{44} + x_{45})$$

$$\text{s.t.} \begin{cases} 50 + 70x_{11} + 50x_{21} + 60x_{31} + 40x_{41} \geq 100 \\ 50 + 70x_{12} + 50x_{22} + 60x_{32} + 40x_{42} \geq 120 \\ 50 + 70x_{13} + 50x_{23} + 60x_{33} + 40x_{43} \geq 140 \\ 50 + 70x_{14} + 50x_{24} + 60x_{34} + 40x_{44} \geq 160 \\ 50 + 70x_{15} + 50x_{25} + 60x_{35} + 40x_{45} \geq 180 \\ x_{ij} = 0 \text{ 或 } 1 (i=1,2,3,4; j=1,2,3,4,5) \end{cases}$$

6. $x_i = \begin{cases} 1, \text{救护车位于第}i\text{区} \\ 0, \text{救护车不位于第}i\text{区} \end{cases}$ $i = 1, 2, \cdots, 8$

$$\max z = 40x_1 + 30x_2 + 35x_3 + 20x_4 + 15x_5 + 50x_6 + 45x_7 + 60x_8$$

$$\text{s.t.} \begin{cases} x_1 + x_2 \leq 1 & （对于1区）\\ x_1 + x_2 \leq 1 & （对于2区）\\ x_3 + x_4 + x_5 \leq 1 & （对于3区）\\ x_4 + x_3 + x_6 \leq 1 & （对于4区）\\ x_5 + x_3 + x_6 + x_7 \leq 1 & （对于5区）\\ x_6 + x_4 + x_8 \leq 1 & （对于6区）\\ x_7 + x_5 + x_8 \leq 1 & （对于7区）\\ x_8 + x_6 + x_7 \leq 1 & （对于8区）\\ x_1 + x_2 + x_3 + x_4 + x_5 + x_6 + x_7 + x_8 = 2 \\ x_i = 0 \text{ 或 } 1 \quad (i = 1, 2, \cdots, 8) \end{cases}$$

7. （1） $x_1 = 4, x_2 = 0, z = 20$ （2） $x_1 = 4, x_2 = 3, z = 17$。

第6章

1. （1） $x_{14} = x_{22} = x_{32} = x_{43} = 1, z = 29$

（2） $x_{13} = x_{22} = x_{34} = x_{41} = 1, z = 48$

（3）$x_{15} = x_{23} = x_{32} = x_{44} = x_{51} = 1, z = 21$

2. $A_1 \to B_5$，$A_2 \to B_2$，$A_3 \to B_3$，利润最大为31万元。

3. 甲→D、乙→C、丙→E、丁→B、戊→A，总价值最大为43。

4. $1 \to D_5$，$2 \to D_2$，$3 \to D_1$，$4 \to D_4$，$5 \to D_3$，$6 \to D_6$；总成本为190。

5. 这样组成接力队：孙－仰泳，李－蛙泳，钱－蝶泳，赵－自由泳，预期总成绩为126.2s。

6. 把从某城市起飞的飞机当成要完成的任务，到达的飞机看作分配去完成任务的人。只要飞机到达后2h，即可分配去完成起飞的任务。这样可分别对城市A、B、C各列出一个指派问题。各指派问题的效率矩阵的数值为飞机停留的损失费用。设飞机在机场停留1h损失为a元，则停留2h损失为$4a$元，停留3h损失为$9a$元，依次类推。例如对城市A建立的指派问题的效率矩阵如下表所示。

到达	起飞				
	101	102	103	104	105
106	$4a$	$9a$	$64a$	$169a$	$225a$
107	$361a$	$400a$	$625a$	$36a$	$64a$
108	$225a$	$256a$	$441a$	$4a$	$16a$
109	$484a$	$529a$	$16a$	$81a$	$121a$
110	$196a$	$225a$	$400a$	$625a$	$9a$

第7章

1. （1）不正确，（2）（3）（4）正确。

2. 略。

3. 设每日装配录音机的人数为x_1，装配收音机人数为x_2，可建立目标规划模型：

$$\min z = P_1 d_1^- + P_2 d_2^+ + P_3(5d_3^- + 2d_4^-) + P_4 d_1^+$$

$$\text{s.t.} \begin{cases} x_1 + x_2 + d_1^- - d_1^+ = 140 \\ d_1^+ + d_2^- - d_2^+ = 40 \\ 0.5x_1 + d_3^- - d_3^+ = 60 \\ x_2 + d_4^- - d_4^+ = 100 \\ x_i \geq 0, x_2 \geq 0, d_i^-, d_i^+ \geq 0 \quad i = 1,2,3,4 \end{cases}$$

4. 设每周甲生产线的工作时间为x_1，乙生产线的工作时间x_2，可建立目标规划模型：

$$\min z = P_1 d_1^- + P_2 d_4^+ + P_3(4d_2^- + 3d_3^-) + P_4(3d_2^+ + 4d_3^+)$$

$$\text{s.t.} \begin{cases} 2x_1 + 1.5x_2 + d_1^- - d_1^+ = 180 \\ x_1 + d_2^- - d_2^+ = 40 \\ x_2 + d_3^- - d_3^+ = 40 \\ d_2^+ + d_4^- - d_4^+ = 10 \\ x_1, x_2 \geq 0, d_i^-, d_i^+ \geq 0 \quad i = 1,2,3,4 \end{cases}$$

5. $x_1 = 500, x_2 = 300$。

$$\min z = P_1 d_1^+ + P_2(d_2^+ + d_2^-) + P_3 d_3^-$$

$$\text{s.t.} \begin{cases} x_1 - x_2 + d_1^- - d_1^+ = 0 \\ x_1 + 2x_2 + d_2^- - d_2^+ = 10 \\ 8x_1 + 10x_2 + d_3^- - d_3^+ = 56 \\ 2x_1 + x_2 \leq 11 \\ x_1, x_2 \geq 0, d_j^+, d_j^- \geq 0 \quad j = 1,2,3 \end{cases}$$

6. 设Ⅰ、Ⅱ两种产品每周产量分别为 x_1, x_2，可建立目标规划模型：

$$\min z = P_1 d_1^- + P_2(d_2^- + d_3^-) + P_3(d_4^- + d_4^+ + d_5^-)$$

$$\text{s.t.} \begin{cases} 300x_1 + 450x_2 + d_1^- - d_1^+ = 10\ 000 \\ x_1 + d_2^- - d_2^+ = 10 \\ x_2 + d_3^- - d_3^+ = 15 \\ 4x_1 + 6x_2 + d_4^- - d_4^+ = 150 \\ 3x_1 + 2x_2 + d_5^- - d_5^+ = 70 \\ x_1, x_2, d_i^-, d_i^+ \geq 0 \quad i = 1,2,3,4,5 \end{cases}$$

7. 每周生产窗帘布 70h，衣料布 20h。

第8章

1. 略。

2. 设 $x_{ij} = \begin{cases} 1 & [i,j]\text{包含在最小生成树中} \\ 0 & [i,j]\text{不包含在最小生成树中} \end{cases}$

则其数学模型为

$$\min z = \sum_{i,j} a_{ij} x_{ij}$$

$$\text{s.t.} \begin{cases} \sum_{i,j} x_{ij} = 7 \\ x_{12} + x_{13} + x_{24} + x_{34} \leq 3 \\ x_{34} + x_{36} + x_{67} + x_{47} \leq 3 \\ x_{45} + x_{47} + x_{78} + x_{58} \leq 3 \\ x_{12} + x_{13} + x_{24} + x_{36} + x_{67} + x_{47} \leq 5 \\ x_{34} + x_{36} + x_{67} + x_{45} + x_{78} + x_{58} \leq 5 \\ x_{12} + x_{13} + x_{24} + x_{36} + x_{67} + x_{45} + x_{78} + x_{58} \leq 7 \end{cases}$$

3. 最小生成树如下图所示。

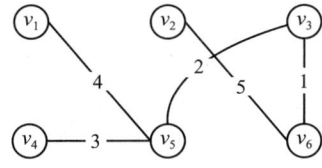

4. v_1 到 v_7 的最短路如下图粗线所示，最短路长为 29。

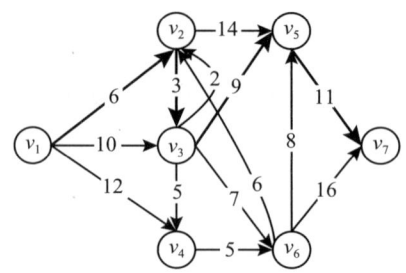

5. 任意两点间的最短路如下表所示。

项目	v_1	v_2	v_3	v_4	v_5	v_6	v_7
v_1	0	5	9	3	4	1	9
v_2	2	0	4	−2	6	3	3
v_3	6	4	0	2	10	7	2
v_4	4	9	9	0	8	5	7
v_6	9	14	10	5	13	0	8
v_7	8	6	2	4	12	9	0

6. 应建在 D 区。

7. v_s 到 v_t 的最大流量为 14，最小割为 $(V, \overline{V}) = \{(v_3, v_1), (v_2, v_4)\}$，如下图所示，虚线表示最小割，$K$ 表示割集。

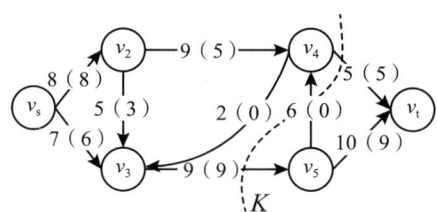

8. 最大运送产品量为 110 单位。

9. v_s 到 v_t 的最大流为 3，最小费用为 12，如下图所示。

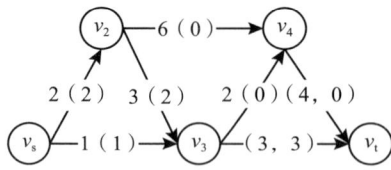

10. 网络图如下图所示，最小费用为 240。

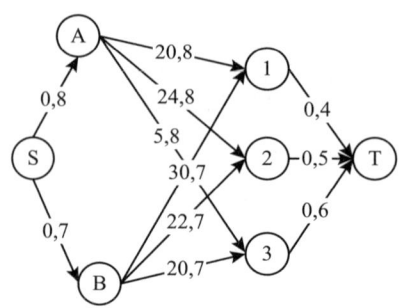

11. 下图所示的方案为最优方案。

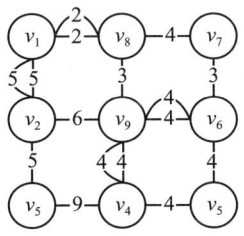

第9章

1. A 到 G 的最短路为 A → B_1 → C_2 → D_1 → E_2 → F_2 → G，全长为 18。

2. $p_1^* = \{2,0,3,1\}$，$f_1^* = 595$ 万元。

3. E_1 备件 1 个，E_2 备件 1 个，E_3 备件 3 个。

4. 前两季生产乙产品，后两季生产甲产品，$f_1^* = 26.8$ 万元。

5. $p_1^* = \{5,0,6,0\}$，$f_1^* = 20.5$ 万元。

6. $X = (0,5,0)$ 或 $X = (3,2,0)$，最优值 $Z^* = 200$。

7. 将 5 个役龄看作 5 个阶段，设 k 为阶段变量（$k=1,2,3,4,5$）；s_k 为状态变量，表示第 k 年机器的役龄，即机器已经使用了 s_k 年，x_k 为决策变量，表示第 k 阶段初对役龄为 s_k 的机器采用的决策，它只能取两个值：更新[用 R（Replacement）表示]或继续使用[用 K（Keep）表示]，即 $D_k(s_k)=\{R,K\}$，状态转移方程为

$$s_{k+1} = \begin{cases} s_k + 1 & x_k = K \\ 1 & x_k = R \end{cases}, \quad k=1,2,3,4,5$$

最优更新策略为 (K,K,K,K,K)，5 年最大总收入为 42 万元。

第10章

1. 悲观主义准则：50 本；乐观主义准则：200 本；折中主义准则：50，100，150，200 本均可；最小机会损失准则：100 本。

2. （1）损益矩阵如下。

方案	事件		
	E_1	E_2	E_3
1	5	50	90
2	2	56	104
3	−4	59	115

（2）悲观主义准则：方案 1；乐观主义准则：方案 3；等可能性准则：方案 3。

（3）机会损失矩阵如下。最小机会损失准则：方案 3。

方案	事件			
	E_1	E_2	E_3	最大后悔值
1	0	9	25	25
2	3	3	11	11
3	9	0	0	9

3. 先洽谈购买专利，若谈成则增加产量；否则自行研究，若成功则增加产量；失败则按原工艺原产量生产，$Z^* = 88.6$ 万元。

4. 应加班突击，$Z^* = 1\,800$ 元。

5. （1）按 EMV 准则应选方案 3；

（2）1.35 万元。

6. （1）建大厂，$Z^* = 281.2$ 万元；

（2）先建小厂，若前三年销路好则扩建，否则不扩建，$Z^* = 287.2$ 万元。

7. 倾向于选择合同 B。

参考文献

[1] 熊伟. 运筹学[M]. 3版. 北京：机械工业出版社，2014.

[2] 胡运权. 运筹学教程[M]. 5版. 北京：清华大学出版社，2018.

[3] 李宗元. 运筹学ABC：成就、信念与能力[M]. 北京：经济管理出版社，2000.

[4] 边文思，焦艳芳. 运筹学：同步辅导及习题全解[M]. 4版. 北京：中国水利水电出版社，2014.

[5] 希利尔F，希利尔M，施梅德斯，等. 数据、模型与决策：运用电子表格建模与案例研究：管理科学篇：第3版[M]. 任建标，译. 北京：中国财政经济出版社，2010.

[6] 薛声家，左小德. 管理运筹学[M]. 2版. 广州：暨南大学出版社，2004.

[7] 胡运权. 运筹学习题集[M]. 5版. 北京：清华大学出版社，2019.

[8] 龙子泉，陆菊春. 管理运筹学[M]. 2版. 武汉：武汉大学出版社，2019.

[9] 徐选华，谭春桥，何晓洁，等. 运筹学[M]. 北京：清华大学出版社，2016.

[10] 钱颂迪. 运筹学[M]. 5版. 北京：清华大学出版社，2021.

[11] 程理民，吴江，张玉林. 运筹学模型与方法教程[M]. 北京：清华大学出版社，2000.

[12] 李工农. 运筹学基础及其MATLAB应用[M]. 2版. 北京：清华大学出版社，2024.

[13] 肖勇波. 运筹学：原理、工具及应用[M]. 北京：机械工业出版社，2021.

[14] 刁在筠，刘桂真，戎晓霞，等. 运筹学[M]. 4版. 北京：高等教育出版社，2016.

[15] 韩伯棠. 管理运筹学[M]. 5版. 北京：高等教育出版社，2020.

[16] 赵国杰，杨敏. 基于动态规划的梯级水电站长期优化调度研究[J]. 水利水电工程设计，2006（4）：44-46，49.

[17] 黄剑峰. 运筹学在宝钢2030mm冷轧2#酸洗机组生产管理中的应用[J]. 宝钢技术，2006（6）：60-63.

[18] 祝显图. 决策树法在小湾电站砂石系统报价决策中的应用[J]. 水利水电工程造价，2004（1）：32-33.